Allez, viens!

HOLT FRENCH

LEVEL 2

HOLT, RINEHART AND WINSTON

A Harcourt Classroom Education Company

Austin • New York • Orlando • Atlanta • San Francisco • Boston • Dallas • Toronto • London

ASSOCIATE DIRECTOR
Barbara Kristof

EXECUTIVE EDITOR
Priscilla Blanton

SENIOR EDITORS
Marion Bermondy
Jaishree Venkatesan

MANAGING EDITOR
Chris Hiltenbrand

EDITORIAL STAFF
Annick Cagniart
Yamilé Dewailly
Virginia Dosher
Ruthie Ford
Serge Laîné
Géraldine Touzeau-Patrick
Leigh Marshall, *Intern*
Mark Eells,
  Editorial Coordinator

EDITORIAL PERMISSIONS
Carrie Jones,
  CCP Supervisor
Nicole Svobodny,
  Permissions Editor
Brigida Donohue,
  Interpreter-Translator

ART, DESIGN, & PHOTO
BOOK DESIGN
Richard Metzger,
  Design Director
Marta L. Kimball,
  Design Manager
Lisa Woods
Andrew Lankes
Alicia Sullivan
Ruth Limon

IMAGE SERVICES
Joe London,
  Director
Jeannie Taylor,
  Photo Research Supervisor
Elisabeth McCoy
Michelle Rumpf,
  Art Buyer Supervisor
Coco Weir

DESIGN NEW MEDIA
Susan Michael,
  Design Director
Amy Shank,
  Design Manager
Kimberly Cammerata,
  Design Manager
Czeslaw Sornat,
  Senior Designer
Grant Davidson

MEDIA DESIGN
Curtis Riker,
  Design Director
Richard Chavez

GRAPHIC SERVICES
Kristen Darby,
  Manager
Linda Wilbourn
Jane Dixon
Dean Hsieh

COVER DESIGN
Richard Metzger,
  Design Director
Candace Moore,
  Senior Designer

PRODUCTION
Amber McCormick,
  Production Supervisor
Colette Tichenor,
  Production Coordinator

MANUFACTURING
Shirley Cantrell,
  Supervisor, Inventory &
  Manufacturing
Deborah Wisdom,
  Senior Inventory Analyst

NEW MEDIA
Jessica Bega,
  Senior Project Manager
Lydia Doty,
  Senior Project Manager
Elizabeth Kline,
  Senior Project Manager

VIDEO PRODUCTION
Video materials produced by
Edge Productions, Inc.,
Aiken, S.C.

AUTHORS

John DeMado
Washington, CT

Mr. DeMado helped form the general philosophy of the French program and wrote activities to practice basic material, functions, grammar, and vocabulary.

Emmanuel Rongiéras d'Usseau
Le Kremlin-Bicêtre, France

Mr. Rongiéras d'Usseau contributed to the development of the scope and sequence for the chapters, created the basic material and listening scripts, selected realia, and wrote activities.

CONTRIBUTING WRITERS

Jayne Abrate
The University of Missouri
Rolla, MO

Jill Beede
Educational writer
Tahoma, CA

Judith Ryser
San Marcos High School
San Marcos, TX

REVIEWERS

Jeannette Caviness
Mount Tabor High School
Winston-Salem, NC

Jennie Chao
Consultant
Oak Park, IL

Gail Corder
Trinity Valley School
Ft. Worth, TX

Robert H. Didsbury
Consultant
Raleigh, NC

Jennifer Jones
U.S. Peace Corps volunteer
Côte d'Ivoire 1991–1993
Austin, TX

Joan H. Manley
The University of Texas at El Paso
El Paso, TX

Marie Line McGhee
Consultant
Austin, TX

Gail Montgomery
Foreign Language Program
Administrator
Greenwich, CT Public Schools

Agathe Norman
Consultant
Austin, TX

Marc Prévost
Austin Community College
Austin, TX

Norbert Rouquet
Consultant
La Roche-sur-Yon, France

Robert Trottier
St. Johnsbury Academy
Saint Johnsbury, VT

Michèle Viard
The Dalton School
New York, NY

Jack Yerby
Farmington High School
Farmington, NM

FIELD TEST PARTICIPANTS

Marie Allison
New Hanover High School
Wilmington, NC

Gabrielle Applequist
Capital High School
Boise, ID

Jana Brinton
Bingham High School
Riverton, UT

Nancy J. Cook
Sam Houston High School
Lake Charles, LA

Rachael Gray
Williams High School
Plano, TX

Katherine Kohler
Nathan Hale Middle School
Norwalk, CT

Nancy Mirsky
Museum Junior High School
Yonkers, NY

Myrna S. Nie
Whetstone High School
Columbus, OH

Jacqueline Reid
Union High School
Tulsa, OK

Judith Ryser
San Marcos High School
San Marcos, TX

Erin Hahn Sass
Lincoln Southeast High School
Lincoln, NE

Linda Sherwin
Sandy Creek High School
Tyrone, GA

Norma Joplin Sivers
Arlington Heights High School
Fort Worth, TX

Lorabeth Stroup
Lovejoy High School
Lovejoy, GA

Robert Vizena
W.W. Lewis Middle School
Sulphur, LA

Gladys Wade
New Hanover High School
Wilmington, NC

Kathy White
Grimsley High School
Greensboro, NC

TO THE STUDENT

Some people have the opportunity to learn a new language by living in another country.
Most of us, however, begin learning another language and getting acquainted with
a foreign culture in a classroom with the help of a teacher, classmates, and a textbook.
To use your book effectively, you need to know how it works.

Allez, viens! (*Come along!*) is organized to help you learn French and become familiar with the cultures of people who speak French. Each chapter presents concepts in French and strategies for learning a new language. This book also has six Location Openers set throughout the francophone world.

Location Opener You'll find six four-page photo essays called Location Openers that introduce different French-speaking places. You can also see these locations on video, the *CD-ROM Tutor,* and the *DVD Tutor.*

Chapter Opener The Chapter Opener pages tell you the chapter theme and goals.

Mise en train (*Getting started*) This illustrated story, which is also on video, shows you French-speaking people in real-life situations, using the language you'll learn in the chapter.

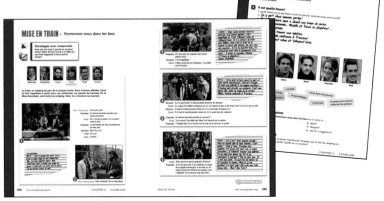

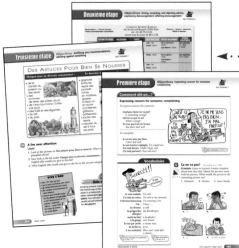

Première, Deuxième, and **Troisième étape** (*First, Second,* and *Third Part*) After the **Mise en train,** the chapter is divided into three sections called **étapes.** Within the **étape** are **Comment dit-on...?** (*How do you say . . . ?*) boxes that contain the French expressions you'll need to communicate and **Vocabulaire** and **Grammaire/Note de grammaire** boxes that give you the French words and grammatical structures you'll need to know. Activities in each **étape** enable you to develop your skills in listening, reading, speaking, and writing.

iv

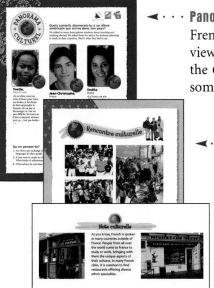

◄ ··· **Panorama Culturel** (*Cultural Panorama*) On this page are interviews with French-speaking people from around the world. You can watch these interviews on video or listen to them on audio CD. You can also watch them using the *CD-ROM tutor,* then check to see how well you understood by answering some questions about what the people say.

◄ ······· **Rencontre culturelle** (*Cultural Encounter*) This section, found in six of the chapters, gives you a firsthand encounter with some aspect of a French-speaking culture.

Note culturelle (*Culture Note*) In each chapter, there are notes with more information about the cultures of French-speaking people.

Lisons! (*Let's read!*) The reading section follows the three ···· ► **étapes.** The selections are related to the chapter themes and help you develop your reading skills in French.

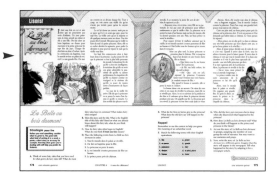

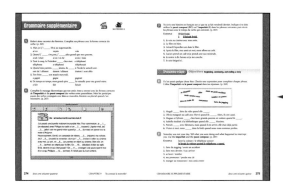

◄ ········· **Grammaire supplémentaire** (*Additional grammar practice*) This section begins the chapter review. You will find four pages of activities that provide additional practice on the grammar concepts you learned in the chapter.

Mise en pratique (*Review*) The activities on these ······ ►
pages practice what you've learned in the chapter and help you improve your listening, reading, and communicaton skills. You'll also review what you've learned about culture. A section called **Ecrivons!** (*Let's write!*) in each chapter will help develop your writing skills.

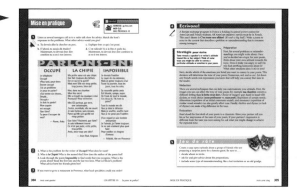

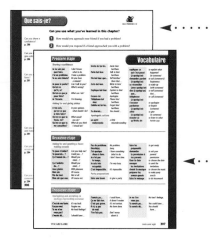

Que sais-je? (*Let's see if I can . . .*) This page at the end of each chapter contains a series of questions and short activities to help you see if you've achieved the chapter goals.

◄ ····· **Vocabulaire** (*Vocabulary*) On the French-English vocabulary list on the last page of the chapter, the words are grouped by **étape.** These words and expressions will be on the quizzes and tests.

v

Si tu as oublié
clothing vocabulary
va à la page R13

Tu te rappelles?
To indicate where things are, you might also want to use à **gauche de** (to the left of), à **droite de** (to the right of), or **près de** (near). Don't forget that after these prepositions, **de** becomes **du** before masculine nouns, and **des** before plural nouns. It doesn't change before feminine nouns or nouns that begin with a vowel.
A gauche **du** salon...
Près **de la** cuisine...
A côté **de l'**étagère...
Grammaire supplémentaire, pp. ??–??, Act. ??
Travaux pratiques de grammaire, p. 15, Act. 7–8

DE BONS CONSEILS
If a writing task seems too complicated, start off by making a list of words and phrases that you might want to use. Then, add adjectives and connectors like **et** and **mais** to make sentences. Using connectors will make you sound more sophisticated in French . . . and in your native language.

Vocabulaire à la carte

Allez, les bleus! A bas les verts!	*Go, blue team! Down with the green team!*
Vive les rouges!	*Hurray for the red team!*
Ecrasez-les!	*Crush them!*
gagner	*to win*
l'équipe	*the team*
marquer un (des) point(s)	*to score*
marquer un but	*to make a goal*

A la française
When you hurt yourself accidentally, say **Aïe!** (Ow!) or **Ouille!** (Ouch!). When you've finished doing something physically difficult, say **Ouf!** (Whew!).

You'll also find special features in each chapter that provide extra tips and reminders.

De bons conseils (*advice*) offers study hints to help you succeed in a language class.
Tu te rappelles? (*Do you remember?*) and **Si tu as oublié** (*If you forgot*) remind you of expressions, grammar, and vocabulary you may have forgotten.
A la française (*The French way*) gives you additional expressions to add more color to your speech.
Vocabulaire à la carte (*Additional Vocabulary*) lists extra words you might find helpful. These words will not appear on the quizzes and tests unless your teacher chooses to include them.

You'll also find French-English and English-French vocabulary lists at the end of the book. The words you'll need to know for the quizzes and tests are in boldface type.

At the end of your book, you'll find more helpful material, such as:
- a summary of the expressions you'll learn in the **Comment dit-on... ?** boxes
- a list of review vocabulary
- additional vocabulary words you might want to use
- a summary of the grammar you'll study
- a grammar index to help you find where structures are presented

Allez, viens! Come along on an exciting trip to new cultures and a new language!

Bon voyage!

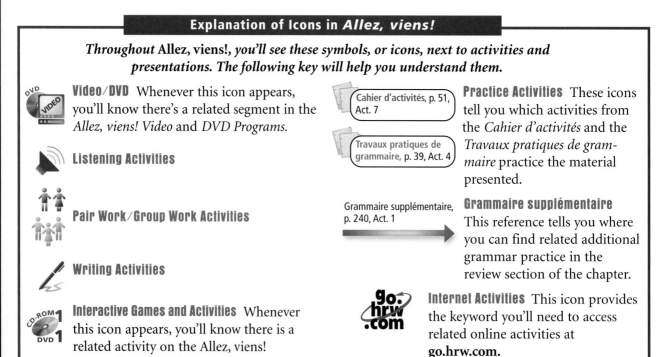

Explanation of Icons in *Allez, viens!*

Throughout Allez, viens!, you'll see these symbols, or icons, next to activities and presentations. The following key will help you understand them.

Video/DVD Whenever this icon appears, you'll know there's a related segment in the *Allez, viens! Video* and *DVD Programs*.

Listening Activities

Pair Work/Group Work Activities

Writing Activities

Interactive Games and Activities Whenever this icon appears, you'll know there is a related activity on the Allez, viens! *Interactive CD-ROM Tutor*.

Cahier d'activités, p. 51, Act. 7
Travaux pratiques de grammaire, p. 39, Act. 4

Practice Activities These icons tell you which activities from the *Cahier d'activités* and the *Travaux pratiques de grammaire* practice the material presented.

Grammaire supplémentaire, p. 240, Act. 1

Grammaire supplémentaire This reference tells you where you can find related additional grammar practice in the review section of the chapter.

Internet Activities This icon provides the keyword you'll need to access related online activities at **go.hrw.com**.

vi

ALLEZ, VIENS
aux environs de Paris!
LOCATION FOR CHAPITRES 1, 2, 3 12

CHAPITRE 1
Bon séjour! 4

MISE EN TRAIN 6
Une méprise

Première étape 9
Comment dit-on...?
• Describing and characterizing yourself and others
• Expressing likes, dislikes, and preferences
• Asking for information
Grammaire
• The verbs **avoir** and **être**
• Adjective agreement
• The interrogative adjective **quel**

Deuxième étape 13
Comment dit-on...?
• Asking for and giving advice
Vocabulaire
• Clothing and travel items
Grammaire
• The -**ir** verbs: **choisir**
• The imperative

PANORAMA CULTUREL 17
Quels conseils donnerais-tu à un élève américain qui arrive dans ton pays?

Troisième étape 18
Comment dit-on...?
• Asking for, making, and responding to suggestions
• Relating a series of events
Grammaire
• The future with **aller**

LISONS! 22
Une année scolaire aux USA
Reading Strategy: Previewing and skimming

GRAMMAIRE SUPPLEMENTAIRE 24

MISE EN PRATIQUE 28
Ecrivons!
Writing a letter to a French exchange student
Writing Strategy: Making a writing plan

QUE SAIS-JE? 30

VOCABULAIRE 31

CHAPITRE 2
Bienvenue à Chartres! 32

MISE EN TRAIN 34
Une nouvelle vie

Première étape 37

Comment dit-on...?
• Welcoming someone and responding to someone's welcome
• Asking how someone is feeling and telling how you're feeling

Grammaire
• The use of **tu** versus **vous**
• Using intonation in yes-no questions and **est-ce que**

Deuxième étape 40

Comment dit-on...?
• Pointing out where things are
• Paying and responding to compliments

Vocabulaire
• Furniture and rooms

Grammaire
• Adjectives that precede the noun

PANORAMA CULTUREL   45
Comment est ta maison?

Troisième étape 46

Comment dit-on...?
• Asking for and giving directions

Vocabulaire
• Places in town

Grammaire
• Contractions with **à**

LISONS! 50
Passez une journée à Chartres, ville d'art
Reading Strategy: Scanning

GRAMMAIRE SUPPLÉMENTAIRE 52

MISE EN PRATIQUE 56
Ecrivons!
Placing an ad for a home
Writing Strategy: Providing details

QUE SAIS-JE? 58

VOCABULAIRE 59

CHAPITRE 3
Un repas à la française.....60

MISE EN TRAIN 62
Une spécialité française

Première étape 65
Comment dit-on...?
• Making purchases
Vocabulaire
• Stores and products
Grammaire
• The object pronoun **en**

PANORAMA CULTUREL 69
Qu'est-ce qu'un petit déjeuner
typique ici?

Deuxième étape 70
Comment dit-on...?
• Asking for, offering, accepting, and refusing
food; paying and responding to compliments
Vocabulaire
• Meal vocabulary
Grammaire
• The partitive articles

RENCONTRE CULTURELLE 74
The euro

Troisième étape 75
Comment dit-on...?
• Asking for and giving advice
• Extending good wishes
Vocabulaire
• Gifts and shops
Grammaire
• The indirect object pronouns **lui**
and **leur**

LISONS! 80
Recettes du monde francophone
Reading Strategy: Guessing meaning
from visual clues and context

GRAMMAIRE SUPPLEMENTAIRE 82

MISE EN PRATIQUE 86
Ecrivons!
*Writing a restaurant critique for a
newspaper*
Writing Strategy: Creating an outline

QUE SAIS-JE? 88

VOCABULAIRE 89

CHAPITRE 4
Sous les tropiques 94

MISE EN TRAIN 96
Un concours photographique

Première étape 99
Comment dit-on...?
• Asking for information and describing a place
Vocabulaire
• Places, flora and fauna

PANORAMA CULTUREL 103
Qu'est-ce qu'il y a à visiter dans cette région?

Deuxième étape 104
Comment dit-on...?
• Asking for and making suggestions
• Emphasizing likes and dislikes
Vocabulaire
• Activities
Grammaire
• Recognizing reflexive verbs
• The reflexive pronouns **se** and **me**
• The relative pronouns **ce qui** and **ce que**

RENCONTRE CULTURELLE 109
Carnaval in Martinique

Troisième étape 110
Comment dit-on...?
• Relating a series of events
Vocabulaire
• Daily activities
Grammaire
• The present tense of reflexive verbs
• Adverbs of frequency

LISONS! 114
An sèl zouk
Reading Strategy: Looking for the main idea and decoding

GRAMMAIRE SUPPLEMENTAIRE 116

MISE EN PRATIQUE 120
Ecrivons!
Creating a brochure
Writing Strategy: Gathering information

QUE SAIS-JE? 122

VOCABULAIRE 123

ALLEZ, VIENS
en Touraine!
LOCATION • CHAPITRES 5, 6, 7 124

CHAPITRE 5
Quelle journée! 128

MISE EN TRAIN 130
   C'est pas mon jour!

Première étape 133
   Comment dit-on...?
   • Expressing concern for someone

   Vocabulaire
   • School day vocabulary

   Grammaire
   • The **passé composé** with **avoir**

Deuxième étape 138
   Comment dit-on...?
   • Inquiring; expressing satisfaction
     and frustration
   • Sympathizing with and consoling someone

   Grammaire
   • Introduction to verbs that use **être**
     in the **passé composé**

Troisième étape 142
   Comment dit-on...?
   • Giving reasons and making excuses
   • Congratulating and reprimanding
     someone

PANORAMA CULTUREL 145
   Qu'est-ce que tu aimes à l'école?

LISONS! 146
   Le Cancre and Page d'écriture
   Reading Strategy: Deducing the
     main idea

GRAMMAIRE SUPPLÉMENTAIRE 148

MISE EN PRATIQUE 152
   Ecrivons!
   Writing a journal for a time capsule
   Writing Strategy: Effective introductions

QUE SAIS-JE? 154

VOCABULAIRE 155

CHAPITRE 6
A nous les châteaux! 156

MISE EN TRAIN 158
   Le disparu

Première étape 161
   Comment dit-on...?
   • Asking for opinions; expressing enthusiasm,
     indifference, and dissatisfaction
   Vocabulaire
   • Activities
   Grammaire
   • The phrase c'était

Deuxième étape 166
   Comment dit-on...?
   • Expressing disbelief and doubt
   Vocabulaire
   • Verbs with être in the passé composé
   Grammaire
   • The passé composé with être

PANORAMA CULTUREL 170
   Qui sont les personnages historiques
      que tu as étudiés?

Troisième étape 171
   Comment dit-on...?
   • Asking for and giving information
   Grammaire
   • Formal and informal phrasing of
     questions
   • The verb ouvrir

LISONS! 174
   La Belle au bois dormant
   Reading Strategy: Determining genre

GRAMMAIRE SUPPLÉMENTAIRE 176

MISE EN PRATIQUE 180
   Ecrivons!
   Writing about a famous person
   Writing Strategy: Summarizing

QUE SAIS-JE? 182

VOCABULAIRE 183

CHAPITRE 7
En pleine forme.....184

MISE EN TRAIN 186
Trop de conseils

Première étape 189

Comment dit-on...?
- Expressing concern for someone and complaining

Vocabulaire
- Illnesses, aches, pains, and injuries

Grammaire
- Reflexive verbs in the **passé composé**

RENCONTRE CULTURELLE 193
Figures of speech using parts of the body

Deuxième étape 194

Comment dit-on...?
- Giving advice; accepting and rejecting advice
- Expressing discouragement and offering encouragement

Vocabulaire
- At the gym

Grammaire
- The pronoun **en** with activities
- The verb **devoir**

PANORAMA CULTUREL 199
Qu'est-ce qu'il faut faire pour être en forme?

Troisième étape 200

Comment dit-on...?
- Justifying your recommendations; advising against something

Vocabulaire
- Eating right

Grammaire
- The verb **se nourrir**

LISONS! 204
Pourquoi manger?
Reading Strategy: Using background knowledge

GRAMMAIRE SUPPLEMENTAIRE 206

MISE EN PRATIQUE 210
Ecrivons!
Creating a health brochure
Writing Strategy: Identifying your audience

QUE SAIS-JE? 212

VOCABULAIRE 213

ALLEZ, VIENS
en Côte d'Ivoire!
LOCATION • CHAPITRE 8.....214

CHAPITRE 8
C'était comme ça.....218

MISE EN TRAIN 220
La Nostalgie

RENCONTRE CULTURELLE 223
Village life in **Côte d'Ivoire**

Première étape 224
Comment dit-on...?
• Telling what or whom you miss; reassuring someone
• Asking about and telling what things were like
Vocabulaire
• Describing places
Grammaire
• The **imparfait** of **être** and **avoir**

Deuxième étape 228
Comment dit-on...?
• Reminiscing
Vocabulaire
• Activities
Grammaire
• The **imparfait**

PANORAMA CULTUREL 233
Est-ce que tu préfères la vie en ville ou à la campagne? Pourquoi?

Troisième étape 234
Comment dit-on...?
• Making and responding to suggestions
Vocabulaire
• Things to see and buy in Abidjan
Grammaire
• **Si on** + the **imparfait**

LISONS! 238
Les questions difficiles, excerpt from *La belle histoire de Leuk-le-Lièvre*
Reading Strategy: Linking words and pronouns

GRAMMAIRE SUPPLEMENTAIRE 240

MISE EN PRATIQUE 244
Ecrivons!
Writing an account of a trip
Writing Strategy: Point of view

QUE SAIS-JE? 246

VOCABULAIRE 247

ALLEZ, VIENS
en Provence!
LOCATION • CHAPITRES 9, 10, 11 248

CHAPITRE 9
Tu connais la nouvelle? 252

MISE EN TRAIN 254
Il ne faut pas se fier aux apparences

Première étape 257
Comment dit-on...?
• Wondering what happened; offering possible explanations; accepting and rejecting explanations

Vocabulaire
• Feelings

Grammaire
• Avoir l'air + adjective

PANORAMA CULTUREL 261
Comment est l'ami idéal?

Deuxième étape 262
Comment dit-on...?
• Breaking some news; showing interest

Vocabulaire
• Personal happenings

Grammaire
• The passé composé vs. the imparfait

Troisième étape 267
Comment dit-on...?
• Beginning, continuing, and ending a story

Grammaire
• The passé composé and the imparfait with interrupted actions
• Etre en train de

LISONS! 270
La Cantatrice chauve : scène IV
Reading Strategy: Reading with a purpose

GRAMMAIRE SUPPLÉMENTAIRE 272

MISE EN PRATIQUE 276
Ecrivons!
Writing an histoire marseillaise
Writing Strategy: Setting

QUE SAIS-JE? 278

VOCABULAIRE 279

Chapitre 10
Je peux te parler? 280

Mise en train 282
   Qu'est-ce que je dois faire?

Première étape 285
   Comment dit-on...?
   • Sharing a confidence
   • Asking for and giving advice

   Vocabulaire
   • Apologetic actions

   Grammaire
   • Object pronouns and their placement

Deuxième étape 290
   Comment dit-on...?
   • Asking for and granting a favor;
     making excuses

   Vocabulaire
   • Party preparation

   Grammaire
   • Direct object pronouns with the
     passé composé

Troisième étape 294
   Comment dit-on...?
   • Apologizing and accepting an apology;
     reproaching someone

   Grammaire
   • Object pronouns before an infinitive

Panorama Culturel 297
   Qu'est-ce que tu fais quand tu
      as un problème?

Lisons! 298
   L'amitié
   Reading Strategy: Using supporting details

Grammaire Supplémentaire 300

Mise en pratique 304
   Ecrivons!
   Writing a poem
   Writing Strategy: Tone

Que sais-je? 306

Vocabulaire 307

CHAPITRE 11
Chacun ses goûts 308

MISE EN TRAIN 310
Bientôt la Fête de la musique!

Première étape 313
Comment dit-on...?
• Identifying people and things
Vocabulaire
• Music
Grammaire
• The verb **connaître**
• **Il/Elle est** vs. **c'est**

PANORAMA CULTUREL 318
Qu'est-ce que tu aimes comme musique?

Deuxième étape 319
Comment dit-on...?
• Asking for and giving information
• Internet for French speakers
Vocabulaire
• Types of films

RENCONTRE CULTURELLE 323
Minitel

Troisième étape 324
Comment dit-on...?
• Giving opinions
• Summarizing
Vocabulaire
• Types of books
Grammaire
• The relative pronouns **qui** and **que**

LISONS! 328
5 films qui ont fait date
Reading strategy: Combining reading strategies

GRAMMAIRE SUPPLEMENTAIRE 330

MISE EN PRATIQUE 334
Ecrivons!
Writing a movie proposal
Writing Strategy: Characterization

QUE SAIS-JE? 336

VOCABULAIRE 337

ALLEZ, VIENS

au Québec!
LOCATION • CHAPITRE 12 338

CHAPITRE 12
A la belle étoile 342

MISE EN TRAIN 344
Promenons-nous dans les bois

Première étape 347
Comment dit-on...?
• Asking for and giving information;
giving directions
Vocabulaire
• Animals
• Outdoor activities

Deuxième étape 352
Comment dit-on...?
• Complaining, expressing discouragement,
and offering encouragement
• Asking for and giving advice
Vocabulaire
• Camping equipment
Grammaire
• The verb emporter

PANORAMA CULTUREL 357
Quels sont les animaux en voie de
disparition dans ta région?

Troisième étape 358
Comment dit-on...?
• Relating a series of events; describing
people and places
Grammaire
• The passé composé and the
imparfait

RENCONTRE CULTURELLE 361
French-Canadian expressions

LISONS! 362
French-Canadian poetry by Anne Hébert
Reading strategy: Using imagery and metaphor

GRAMMAIRE SUPPLÉMENTAIRE 364

MISE EN PRATIQUE 368
Ecrivons!
Writing about an adventure as a
Canadian explorer
Writing Strategy: Story mapping

QUE SAIS-JE? 370

VOCABULAIRE 371

REFERENCE SECTION
SUMMARY OF FUNCTIONS R3
SI TU AS OUBLIÉ R14
ADDITIONAL VOCABULARY R16
GRAMMAR SUMMARY R23
PRONUNCIATION GUIDE R43
NUMBERS R44
VOCABULARY: FRENCH — ENGLISH R47
VOCABULARY: ENGLISH — FRENCH R71
GRAMMAR INDEX R89
CREDITS R93

CULTURAL REFERENCES

CASTLES AND PALACES

Azay-le-Rideau (photo) 161

French **châteaux** (**Note culturelle**) 161

The fountains at **Versailles** (photo) 3

Loches (photo) 161

Map of châteaux region 127

Realia: Brochure of bus tours
in Touraine 171

CHURCHES AND MOSQUES

Basilica of **Notre-Dame,**
Yamoussoukro (photo) 217

A mosque in Abidjan (photo) 234

Notre Dame de Chartres
(**Note culturelle** and photos) 48

The Saint Paul Cathedral, Abidjan (photo) 234

CINEMA

French movie posters 308–309

Realia: Movie listings 319, 322

Movie theaters in France
(**Note culturelle**) 322

Realia: *5 films qui ont
fait date* (article) 328–329

CITIES, TOWNS, AND VILLAGES

Abidjan (**Note culturelle**) 235

Aix-en-Provence (**Note culturelle**) 257, 290

The **Cours Mirabeau,**
Aix-en-Provence (**Note culturelle**) 257

Montreal (photo) 341

Realia: *Passez une journée
à Chartres* (brochure) 50–51

La ville de Saint-Pierre
(**Note culturelle**) 99

CLOTHING

Carnaval costumes (photo) 109

West African **pagnes** (photo) 235

ENVIRONMENT

Ecology in Canada
(**Note culturelle**) 356

Endangered animals
(**Panorama Culturel**) 357

Realia: *Bienvenue dans le
parc de la Jacques-Cartier* 355

FAMILY LIFE

City living versus country living
(**Panorama Culturel**) 233

Ethnic groups in West Africa
(**Note culturelle**) 224

Friendship
(**Panorama Culturel**) 261

Houses in francophone countries
(**Panorama Culturel**) 45

Paying and receiving compliments
(**Note culturelle**) 44

Polite behavior for a guest
(**Note culturelle**) 39

Talking about personal problems
(**Panorama Culturel**) 297

Teenagers' bedrooms in France
(**Note culturelle**) 42

FOLKLORE

Realia: *Les questions difficiles*
(story) 238–239

Realia: *L'histoire de Mamy Wata* (story) 244

FOOD

Courses of a meal (**Note culturelle**) 70

Ethnic restaurants (**Note culturelle**) 19

A **maquis** in Abidjan (photo) 235

Meals at school (**Note culturelle**) 138

Provençale cuisine (**Note culturelle**) 293

Pissaladière (photo) 293

Realia: Recipes from Martinique,
Canada, North Africa, and France 80–81

Realia: Restaurant critiques 86

Realia: *Les restaurateurs de la rue de
la Porte-Morard* (advertisement) 19

Special occasions (**Note culturelle**) 75

Typical meals in the francophone
world (**Panorama Culturel**) 69

HEALTH

Mineral water (**Note culturelle**) 200

Pharmacies in France (**Note culturelle**) 191

Realia: *Des astuces pour bien
se nourrir* (brochure) 200

Realia: Government health poster 203

Realia: *Pourquoi manger?* 204–205

Realia: **Test Super-Forme!** (health quiz) 201

Staying healthy (**Panorama Culturel**) 199

LEISURE ACTIVITIES

Carnaval (**Rencontre culturelle**) 109

Le centre Georges Pompidou,
Paris (photo) 3

People playing the game of **awalé** (photo) 224

Realia: *Guide de l'été* (brochure) 334

Realia: TV listings 21

Yoles rondes (**Note culturelle**) 104

MAPS

Abidjan 234

Africa xxiii

North America xxiv

Chartres 46

France xxii

The Francophone World xxv

Guadeloupe 120

Martinique 100

Quebec 347

MUSIC

Patrick Bruel (photo) 10

Elsa (photo) 10

La Fête de la musique (Note culturelle) 312

Kassav' (photo) 314

Music and dance in Martinique
(**Note culturelle**) 110

Musical tastes (**Panorama Culturel**) 318

Vanessa Paradis (photo) 10

MC Solaar (photo) 10

Zouk song by Kassav' 114–115

PARKS

Les gorges du Verdon (photo) 250

Le jardin de Balata 93

Le parc de la Jacques-Cartier
(**Note culturelle**) 348

Le parc du Mont-Tremblant (photo) 348

Le parc du Saguenay (photo) 348

PEOPLE

Paul Cézanne (**Note culturelle**) 284

Realia: *Un homme de goût* 180

Félix Houphouët-Boigny
(**Note culturelle**) 231

REGIONAL DIFFERENCES

The **créole** language (**Note culturelle**) 106

Figures of speech
(**Rencontre culturelle**) 193

French-Canadian expressions
(**Rencontre culturelle**) 361

Histoires marseillaises
(**Note culturelle**) 264

Places to visit in different regions
(**Panorama Culturel**) 103

Village life in Côte d'Ivoire
(**Rencontre culturelle**) 223

SCHOOL LIFE

Carnet de correspondance
(**Note culturelle**) 133

French grades and report cards
(**Note culturelle**) 142

High school in Côte d'Ivoire
(**Note culturelle**) 224

Meals at school (**Note culturelle**) 138

Realia: **Bulletin trimestriel** 142

Realia: French tardy slip 133

Realia: Two poems about school by
Jacques Prévert 146–147

School life in francophone
countries (**Panorama Culturel**) 145

Studying historical figures
in school (**Panorama Culturel**) 170

SHOPPING

The euro 74

Market at Treichville, Abidjan (photo) 234

Markets in Abidjan (photos) 235

Neighborhood stores (**Note culturelle**) 66

SPORTS

Realia: Ad for **Gymnase Club** 195

Realia: Schedule of activities
offered at **Complex Sportif Raspail** 194

Teens' exercise habits
(**Note culturelle**) 195

TECHNOLOGY

Minitel (**Rencontre culturelle**) 323

TRANSPORTATION

Buses and trains in France
(**Note culturelle**) 171

Realia: Train schedule 173

TRAVEL

Realia: Study-abroad brochures 22–23

Studying abroad (**Panorama Culturel**) 17

Travel documents for foreign countries
(**Note culturelle**) 14

LA FRANCE

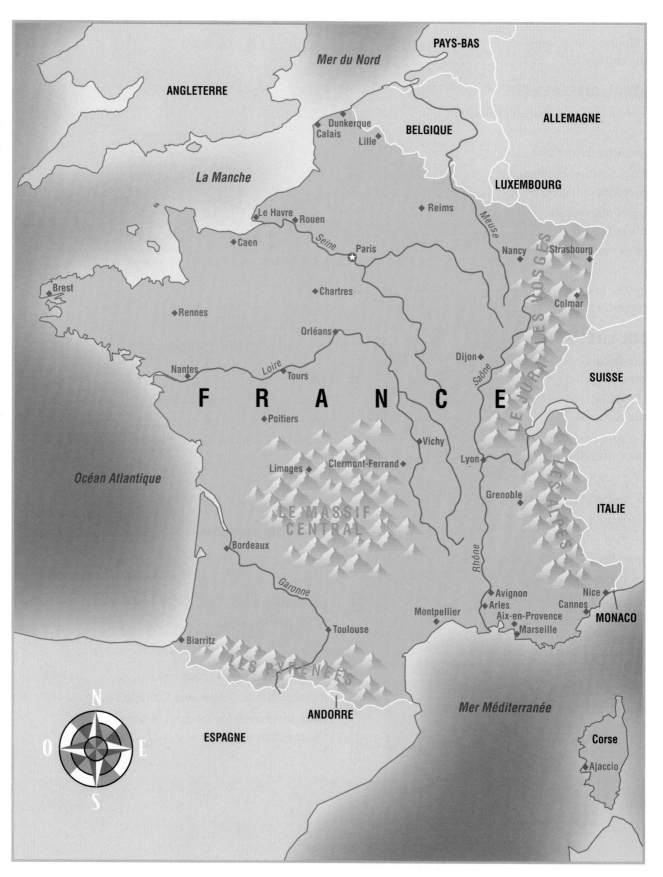

PAYS-BAS
Mer du Nord
ANGLETERRE
ALLEMAGNE
Dunkerque
Calais
Lille
BELGIQUE
La Manche
LUXEMBOURG
Reims
Meuse
Le Havre Rouen
Nancy Strasbourg
Caen
Seine
Paris
Brest
Chartres
Colmar
Rennes
Orléans
Dijon
SUISSE
Loire
Saône
LE JURA LES VOSGES
Nantes
Tours
F R A N C E
Poitiers
Vichy
Océan Atlantique
Limoges Clermont-Ferrand
Lyon
LES ALPES
Grenoble
LE MASSIF
CENTRAL
ITALIE
Bordeaux
Rhône
Garonne
Avignon
Nice
Arles
Cannes
Montpellier Aix-en-Provence
MONACO
Toulouse
Marseille
Biarritz
LES PYRÉNÉES
Mer Méditerranée
N
O E
ANDORRE
S
Corse
ESPAGNE
Ajaccio

L'AFRIQUE FRANCOPHONE

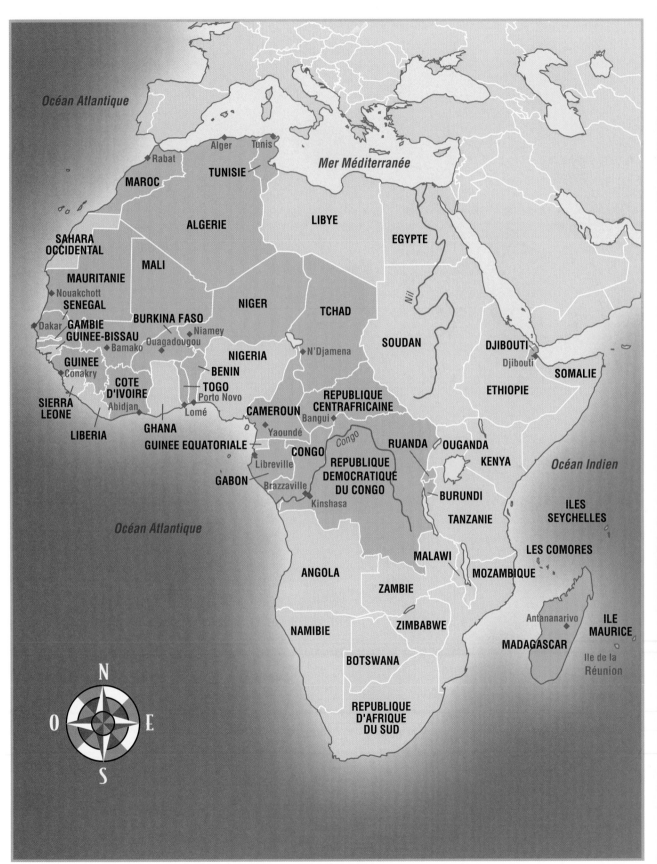

L'AMÉRIQUE FRANCOPHONE

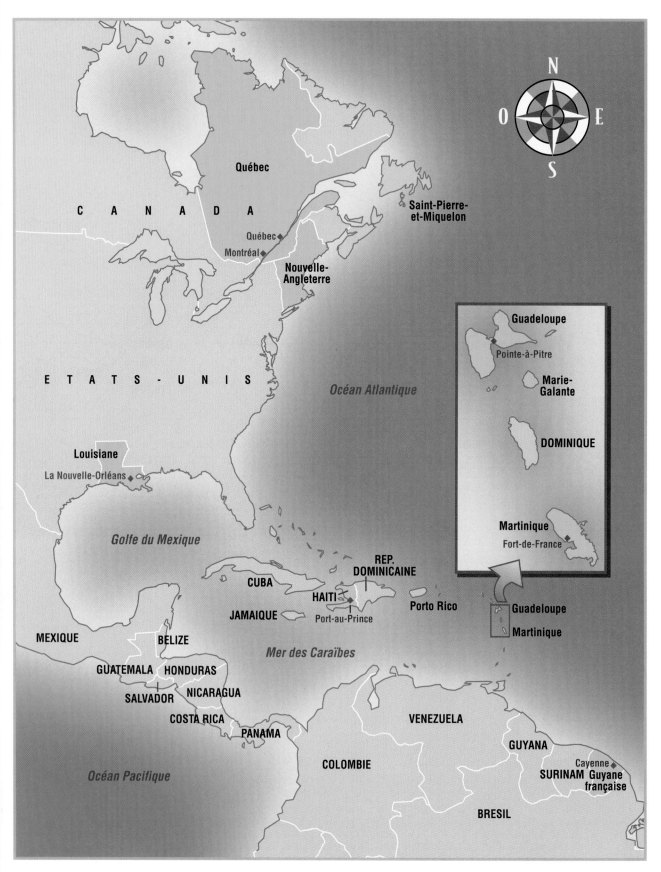

LE MONDE FRANCOPHONE

Allez, viens aux environs de Paris!

Population : plus de 11.000.000

Villes : Paris, Chartres, Chantilly, Provins, Rambouillet, Barbizon, Malmaison, Compiègne

Châteaux : Vaux-le-Vicomte, Versailles, Fontainebleau

Points d'intérêt : le Parc Astérix, la cathédrale Notre-Dame de Chartres, le centre Georges Pompidou

Parcs et jardins : le bois de Vincennes, le bois de Boulogne, le parc des bords de l'Eure

Ressources et industries : agriculture, tourisme, transports

Personnages célèbres : Claude Monet, George Sand, Simone de Beauvoir, Marcel Proust

go.hrw.com
WA3 PARIS REGION

VIDEO

CD-ROM 1
DVD 1

La cathédrale Notre-Dame de Chartres ▶

un 1

Les environs de Paris

Avec ses nombreux châteaux au milieu des forêts, ses cathédrales gothiques et sa merveilleuse campagne immortalisée par les peintres impressionnistes, la région parisienne est le cœur historique et culturel de la France.

1 l'Île de la Cité
C'est à partir de cette île que la ville de Paris s'est développée petit à petit.

2 Le Dimanche d'été à la Grande Jatte
En 1886, quand Georges Seurat a fini ce tableau, cet endroit n'était encore qu'une banlieue où les Parisiens aimaient aller se détendre.

3 Le Parc Astérix
Astérix le Gaulois est devenu le sujet d'un parc d'attractions, qui se trouve à moins d'une heure de Paris.

5 **Le Château de Versailles**
Les grandes eaux, ou fontaines, consomment 3,8 millions de litres d'eau par heure.

4 **Chartres**
Une vue pittoresque de la ville et de sa belle cathédrale

Aux chapitres 1, 2 et 3, tu vas faire la connaissance d'une élève américaine et de la famille chez qui elle va faire un séjour. Ils habitent à Chartres, à 77 kilomètres au sud-ouest de Paris. C'est dans la Beauce, une grande région agricole que l'on a surnommée «le grenier à grain» de la France.

6 **Le centre Georges Pompidou**
La modernité de cette grande structure mi-métal, mi-verre, attire de nombreux visiteurs à l'intérieur comme à l'extérieur.

7 **Giverny**
Le jardin de Claude Monet

trois **3**

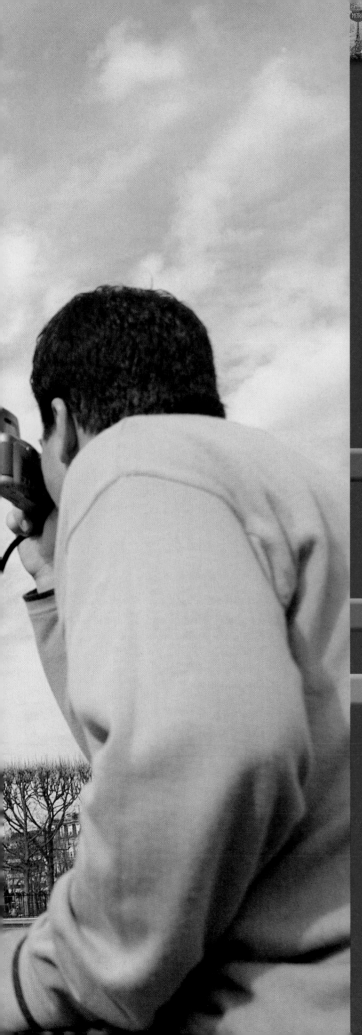

1

Bon séjour!

Objectives

In this chapter you will review and practice how to

Première étape

- describe and characterize yourself and others
- express likes, dislikes, and preferences
- ask for information

Deuxième étape

- ask for and give advice

Troisième étape

- ask for, make, and respond to suggestions
- relate a series of events

internet

go.hrw.com

ADRESSE: go.hrw.com
MOT-CLE:
WA3 PARIS REGION-1

◀ **J'aime bien faire des photos... et j'adore Paris!**

MISE EN TRAIN · *Une méprise*

Stratégie
pour comprendre
The Lepic family runs into some problems when they go to pick up their exchange student at the airport. After looking at the photos, guess what problems they encounter along the way. What does the title of this episode mean? What could have caused this **méprise** to happen?

Sandra   **M. Lepic**   **Mme Lepic**

Pamela   **Bertrand**   **Patricia**

1   **Chez la famille Lepic à Chartres : il est 9h du matin et on est en retard.**

Sandra   Pamela arrive à l'aéroport à dix heures vingt. Dépêchez-vous!

M. Lepic   N'oublie pas que d'abord elle va récupérer ses bagages et puis passer à la douane. Alors, comment est-elle? Brune? Blonde? Grande? Petite?

2   **Sandra**   Elle a 16 ans. Elle est grande et elle a les cheveux bruns. D'après sa lettre, elle va porter une jupe rouge et elle aura une valise noire.

3   **A l'aéroport...**

M. Lepic   Si tu veux, je peux vous retrouver ici.

Mme Lepic   D'accord. Bonne idée.

M. Lepic   Bien. Allez-y!

4   **Quelques minutes plus tard...**

M. Lepic   Ah, c'est elle. Brune, une jupe rouge, une valise noire...

5 **M. Lepic** Bonjour! Tu n'as pas vu ma femme et ma fille?

6 **Pendant ce temps...**

Sandra Alors, tu as fait bon voyage?
Pamela Oui. Excellent.
Mme Lepic Ça va? Pas trop fatiguée?
Pamela Non, ça va. Je suis très contente d'être en France! Je l'adore!

7 **Sandra** Je te présente Pamela. Mais, qui est-ce, Papa?
Patricia Eh bien,... je suis Patricia. Où est Bertrand?

8 **Sandra** Bertrand? Oh là là! Papa, mais qu'est-ce que tu as fait?
Bertrand Patricia?
Patricia Oui. Tu es bien Bertrand?
M. Lepic Oh, excusez-moi, mademoiselle. C'est une méprise.

9 **Mme Lepic** Alors, tout est bien qui finit bien!
M. Lepic Au revoir, Patricia. Et bon séjour à Paris!

10 **Patricia** Attends, ce n'est pas ma valise!
Bertrand Eh, monsieur! Arrêtez-vous!

Cahier d'activités, p. 1, Act. 1–2

1 Tu as compris?

1. Why does Sandra tell her family to hurry?
2. How does Sandra describe her friend?
3. When they arrive at the airport, what do Sandra and Mrs. Lepic do?
4. What is Mr. Lepic's first mistake? Why does he make it?
5. What happens at the end of *Une méprise?*

2 Arrange la scène

Choisis la photo qui correspond à chaque phrase. Ensuite, mets les phrases dans le bon ordre d'après *Une méprise.*

1. Pamela arrive à la voiture avec Mme Lepic et Sandra.
2. Mme Lepic, Pamela et Sandra sortent de l'aéroport.
3. M. Lepic voit Patricia.
4. La famille Lepic arrive à l'aéroport.
5. Patricia a la valise de Pamela.

a.

b.

c.

d.

e.

3 Cherche les expressions

According to *Une méprise,* how do you . . .

1. tell what time it is?
2. ask what someone looks like?
3. ask how someone's trip was?
4. express concern for someone?
5. introduce someone?
6. apologize for your mistake?

Je te présente...

Excusez-moi...

Il est neuf heures du matin.

Comment est-elle?

Ça va? Pas trop fatiguée?

Tu as fait bon voyage?

4 Et maintenant, à toi

With a partner, talk about what might happen next in *Une méprise.*

Première étape

Objectives Describing and characterizing yourself and others; expressing likes, dislikes, and preferences; asking for information

go.hrw.com
WA3 PARIS REGION-1

Moi, je m'appelle Sandra. J'ai 15 ans. Je suis brune et j'ai les yeux marron. Et toi, tu es comment? Dans ma famille, on est quatre. Mon père travaille dans l'informatique. Il a 42 ans. Ma mère travaille dans une boutique de souvenirs. Elle a 39 ans. Mon frère Etienne a 17 ans. Pour l'instant, il est au Texas. J'ai aussi un chat. Il s'appelle Félix. Moi, mon truc, c'est le cinéma. Et toi, qu'est-ce que tu aimes faire? J'ai plein de questions à te poser.

5 Je te présente ma famille

Ecoutons Ecoute Sandra qui parle de sa famille. De quelle photo est-ce qu'elle parle?

a.

b.

c.

d.

e.

Comment dit-on...?

Describing and characterizing yourself and others

CD-ROM 1 DVD 1

To describe yourself:

J'ai quinze **ans.**
J'ai les yeux bleus.
I have . . . eyes.
J'ai les cheveux courts/longs/noirs/roux.
I have short/long/black/red hair.
Je suis grand(e)/petit(e).

To describe others:

Elle a sept **ans.**
Elles ont les yeux marron/bleus/noirs.
Ils ont les cheveux blonds/bruns/châtains.
They have blond/dark brown/light brown hair.
Elle est forte.
Ils sont de taille moyenne.
They're of medium height.

To characterize yourself:

Je suis gourmand(e)!
I love to eat!

To characterize others:

Il est intelligent.
Elles sont sympas.

Cahier d'activités, p. 2, Act. 3

6 **Le hit-parade des stars**

Ecoutons Match the descriptions of these stars with their photos.

a. b. c. d.

Tu te rappelles?

Do you remember how to make liaisons? You pronounce the final consonant of one word when the following word begins with a vowel sound, as in **les yeux** and **ils ont**.

Grammaire

The verbs *avoir* and *être*

You may remember that **avoir** and **être** are irregular verbs. They follow different patterns than regular verbs.

avoir *(to have)*	
j'	**ai**
tu	**as**
il/elle/on	**a**
nous	**avons**
vous	**avez**
ils/elles	**ont**

être *(to be)*	
je	**suis**
tu	**es**
il/elle/on	**est**
nous	**sommes**
vous	**êtes**
ils/elles	**sont**

Grammaire supplémentaire, p. 24, Act. 1–2

Cahier d'activités, p. 2, Act. 4

Travaux pratiques de grammaire, p. 1, Act. 1–2

7 **Grammaire en contexte**

a. **Ecrivons** Voici la première lettre de ton correspondant. Dans ce paragraphe, il fait sa description et la description de son meilleur ami. Complète sa lettre avec les formes appropriées d'**être** ou d'**avoir**.

Eh bien, moi, j' __1__ quinze ans et Claude __2__ seize ans. Nous ne __3__ ni grands ni petits. Nous __4__ les yeux marron, mais Claude __5__ brun et moi, je __6__ blond. Claude __7__ très intelligent, et moi aussi. Nous __8__ en seconde au lycée, et nous __9__ arts plastiques et espagnol ensemble. Et toi, comment tu __10__ ?

b. **Parlons** Décris ton/ta meilleur(e) ami(e) à ton groupe. Utilise **être** et **avoir** pour parler de la couleur de ses yeux, de la couleur de ses cheveux, de son âge et de sa taille.

Grammaire

Adjective agreement

As you remember, you often change the forms of adjectives in French according to the nouns they describe.

- You add an **e** to the masculine form of most adjectives to describe feminine nouns or pronouns. Adjectives that already end in a silent **e** don't change in the singular form.

  Il est **intelligent.** Elle est **intelligente.**   Il est **jeune.** Elle est **jeune.**

- To describe plural nouns, you usually add an **s** to adjectives, unless they end in **s** or **x**.

  Ils sont **jeunes.** Elle a les cheveux **gris.** Ils sont **heureux.**

- Some adjectives have different feminine forms.

  Il est **beau.** Elle est **belle.**   Il est **gentil.** Elle est **gentille.**

  Il est **sportif.** Elle est **sportive.**

- The singular forms of **sympa** are the same; an **-s** is added to make **sympa** plural. The adjective **châtain** is almost never used to describe anything but **les cheveux,** so you'll probably only see the plural form, **châtains.**

  Il/Elle est **sympa.** Ils/Elles sont **sympas.**   Il a les cheveux **châtains.**

- Some adjectives don't change in the feminine or plural. Can you find one in **Comment dit-on... ?** on page 9?*

Grammaire supplémentaire, pp. 24–25, Act. 3–4

Cahier d'activités, p. 3, Act. 5

Travaux pratiques de grammaire, pp. 2–3, Act. 3–5

8 ### Grammaire en contexte

a. Ecrivons Tu as reçu une lettre de ta correspondante Karine. Complète la description de sa famille avec les formes appropriées des adjectifs entre parenthèses.

1. Ma sœur Anne est (pénible), mais elle est (mignon) aussi.
2. Mon frère Alain est très (grand) et (sportif).
3. Ma mère a les cheveux (blond) et mon père a les cheveux (châtain).
4. Ma chatte s'appelle Fifi. Elle est (gentil) et très (intelligent).

b. Ecrivons Dans ton journal, écris un paragraphe où tu décris comment tu es. Ensuite, décris ta famille. Si tu préfères, tu peux décrire une famille imaginaire.

Comment dit-on...?

Expressing likes, dislikes, and preferences

To tell what you like:

J'adore le sport.
J'aime bien faire de la photo.

To tell what you prefer:

Je préfère jouer au foot.
J'aime mieux faire de la vidéo.

To tell what you dislike:

Je n'aime pas le tennis.

Cahier d'activités, pp. 3–4, Act. 6–7

Grammaire supplémentaire, p. 25, Act. 5

* <u>marron</u>

9 **A qui est-ce que je ressemble?**

Ecoutons Listen to Etienne describe his cousins Eric and Caroline. Look at his self-portrait and decide which cousin has more in common with him.

10 **Un auto-portrait**

Ecrivons Ecris une lettre à Etienne. Explique-lui comment tu es et dis ce que tu aimes et ce que tu n'aimes pas. Tu peux utiliser le portrait d'Etienne pour trouver des idées pour ta lettre. Tu peux aussi utiliser les expressions dans la boîte.

> J'ai les cheveux...
> Je n'aime pas...
> Je suis...
> Comme musique, j'aime...

Nom :	**LEPIC**
Prénom :	**Etienne**
Né(e) à :	**Dijon**
Résidence :	**Chartres**
Animaux domestiques :	un chat et deux poissons rouges
Sports pratiqués :	le tennis, le vélo, le foot
Plats préférés :	les hamburgers et le bœuf bourguignon
Passions :	le sport, la musique rock, les copains, la lecture
Ambition :	participer au Tour de France

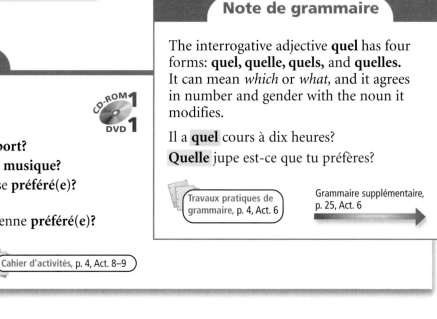

Comment dit-on...?

Asking for information

Qu'est-ce que tu aimes faire?
Qu'est-ce que tu fais comme sport?
Qu'est-ce que tu aimes comme musique?
Quel(le) est ton groupe/**ta** classe **préféré(e)?**
  What is your favorite . . . ?
Qui est ton musicien/**ta** musicienne **préféré(e)?**
  Who is your favorite . . . ?

Cahier d'activités, p. 4, Act. 8–9

Note de grammaire

The interrogative adjective **quel** has four forms: **quel, quelle, quels,** and **quelles.** It can mean *which* or *what,* and it agrees in number and gender with the noun it modifies.

Il a **quel** cours à dix heures?
Quelle jupe est-ce que tu préfères?

Travaux pratiques de grammaire, p. 4, Act. 6

Grammaire supplémentaire, p. 25, Act. 6

11 **Sondage**

Parlons Utilise les questions de **Comment dit-on... ?** pour interviewer trois camarades. Ensuite, dis quel(le) camarade est comme toi.

EXEMPLE —Qui est ta musicienne préférée?
—Jennifer Lopez! J'adore la techno.

Si tu as oublié -er verbs va à la page R33.

Travaux pratiques de grammaire, p. 4, Act. 7

12 **Jeu de rôle**

Parlons Avec un camarade, choisissez une personne célèbre qui vous intéresse et créez une interview. Ensuite, vous allez présenter votre interview à la classe. Utilisez des costumes, de la musique ou des objets appropriés pour amuser votre public.

Ici, le climat est assez doux. Apporte quand même un manteau et deux ou trois gros pulls; il peut faire froid en hiver. Prends aussi un imperméable et des bottes parce qu'il pleut souvent. L'été, il fait chaud mais pas trop. Pense à prendre un maillot de bain. Quand il fait beau, on peut aller se baigner au lac. Pour l'école, on y va le plus souvent en jean et en tee-shirt.

13 Pense à prendre...

Lisons D'après la lettre de Sandra, quels vêtements est-ce que Pamela doit mettre...

1. en hiver?   2. quand il pleut?   3. pour aller à la piscine?   4. pour l'école?

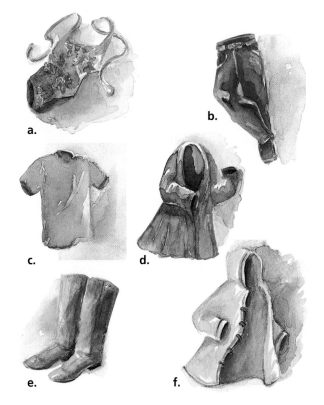

a. b. c. d. e. f.

DE BONS CONSEILS

Do you recall everything you learned last year? It's easy to forget your French when you don't use it for a while. Here are some tips.

- Use the flashcards you've made to review vocabulary. Make new ones for verbs or phrases that you use frequently.

- If you can't remember how to say something in French, look in the glossary or ask someone **Comment dit-on... ?** You can also try using words you do know or gestures to explain what you mean.

- Don't be afraid to speak out. Attempting to speak will sometimes jog your memory. Even if you make a mistake, you're still communicating.

Pour mon voyage, il me faut...

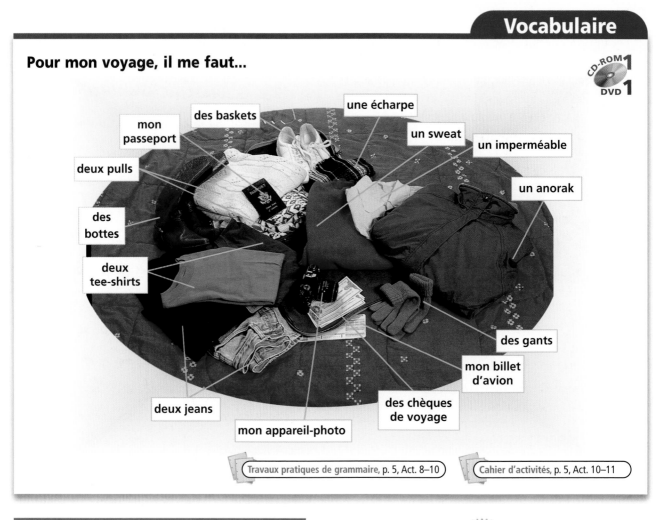

- une écharpe
- des baskets
- un sweat
- un imperméable
- mon passeport
- deux pulls
- un anorak
- des bottes
- deux tee-shirts
- des gants
- mon billet d'avion
- des chèques de voyage
- deux jeans
- mon appareil-photo

Travaux pratiques de grammaire, p. 5, Act. 8–10   Cahier d'activités, p. 5, Act. 10–11

Note de grammaire

To form the present tense of **-ir** verbs like **choisir**, drop the **-ir** and add these endings: **-is, -is, -it, -issons, -issez, -issent.** The past participle of **-ir** verbs ends in **-i:** il a choisi. Some **-ir** verbs you already know are **grandir, maigrir,** and **grossir.**

Travaux pratiques de grammaire, pp. 6–7, Act. 11–13 → Grammaire supplémentaire, p. 26, Act. 7–8

Cahier d'activités, p. 6, Act. 13

Note culturelle

Travel documents and visa requirements vary depending on the countries involved and the purpose of the stay. Students planning to stay more than three months in a country must have a visa, which can usually be obtained from the embassy or consulate of the country to be visited. Citizens of European Union countries now have the same passport, and they need only their national identity card to travel within Europe.

14 Que choisir?

Ecrivons Ton amie Pauline et toi, vous avez gagné à un jeu dans une boutique parisienne. Chaque personne peut choisir cinq articles dans le magasin. Pauline va aller faire du ski. Dis quels articles elle va prendre et en quelle(s) couleur(s). Ensuite, explique ce que toi, tu vas prendre. Utilise le verbe **choisir** dans ta réponse.

15 **Devinons!**

Parlons Write down three activities that you'd like to do. Choose one of the activities. Then, tell your group what you're going to wear for the activity without naming it. The person who guesses what you're going to do takes the next turn.

EXEMPLE —Je vais mettre un jean et un gros pull, un anorak, des gants et des bottes.

—Tu vas faire du ski!

—Oui, c'est ça.

Comment dit-on...?

Asking for and giving advice

To ask for advice:

Qu'est-ce que je dois prendre?
What should I . . . ?

To give advice:

Pense à prendre ton passeport.
Remember to take . . .

Prends un dictionnaire bilingue.
N'oublie pas tes bottes.

Cahier d'activités, p. 7, Act. 15

Note de grammaire

One way to give advice is to use commands.

- When you're talking with a friend, use the **tu** form of the verb without **tu**: **Prends** ton maillot de bain.
- Don't forget to drop the final **s** when you're using the **tu** form of an **-er** verb as a command: **Pense** à moi!
- To make a command negative, put **ne... pas** around the verb: **N'oublie pas** ton billet!

Travaux pratiques de grammaire, pp. 7–8, Act. 14–15   Grammaire supplémentaire, p. 26, Act. 9

Cahier d'activités, p. 6, Act. 14

16 **Où vont-ils en vacances?**

Ecoutons D'après ces conversations, où est-ce que ces gens vont pour les vacances?

a. à Paris
b. à la plage
c. à New York
d. à la montagne pour faire du ski

17 **De bons conseils**

Parlons Tes ami(e)s vont aller en vacances. Dis-leur quels articles ils doivent prendre.

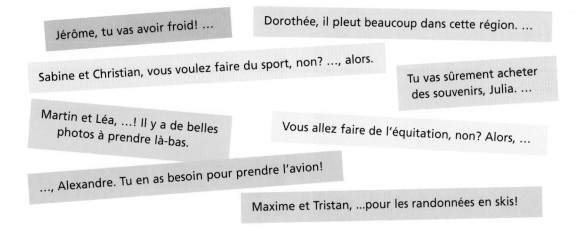

Jérôme, tu vas avoir froid! ...

Dorothée, il pleut beaucoup dans cette région. ...

Sabine et Christian, vous voulez faire du sport, non? ..., alors.

Tu vas sûrement acheter des souvenirs, Julia. ...

Martin et Léa, ...! Il y a de belles photos à prendre là-bas.

Vous allez faire de l'équitation, non? Alors, ...

..., Alexandre. Tu en as besoin pour prendre l'avion!

Maxime et Tristan, ...pour les randonnées en skis!

DEUXIEME ETAPE   *quinze* **15**

18 **A mon avis**

Parlons Tes amis Joseph et Marie-Claire font leurs valises pour partir en vacances, mais ils ont oublié plusieurs choses. Dis-leur ce qu'ils doivent prendre d'autre.

EXEMPLE **Marie-Claire, il va faire froid à Montréal. N'oublie pas tes gants...**

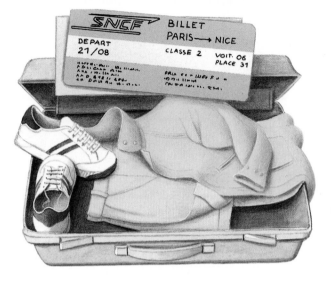
Joseph

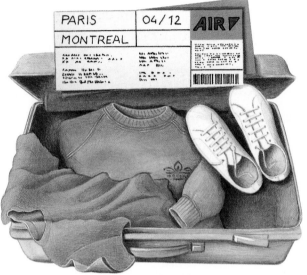
Marie-Claire

19 **Qu'est-ce qu'on prend?**

Parlons Ton ami(e) français(e) va passer une année chez toi. Il/Elle te téléphone pour savoir quoi prendre comme vêtements pour chaque saison. Joue la scène avec un(e) camarade.

EXEMPLE —Qu'est-ce que je prends pour l'été?

—Bon... Il fait très chaud ici. Pense à prendre des shorts et des tee-shirts.

Si tu as oublié weather expressions and seasons va à la page R15.

Travaux pratiques de grammaire, p. 8, Act. 16–17

20 **Des cartes postales**

Ecrivons Imagine que tu es en vacances au Québec ou à la Martinique. Ton ami(e) va aussi y aller. Ecris-lui un petit mot pour lui donner des conseils. Dis-lui ce qu'il/elle doit prendre et parle du temps qu'il fait là-bas.

Quels conseils donnerais-tu à un élève américain qui arrive dans ton pays?

We talked to some francophone students about traveling and studying abroad. We asked them for advice for students planning to study in their countries. Here's what they had to say.

Yvette,
Côte d'Ivoire

«Si cet élève vient en Côte d'Ivoire pour faire ses études, je lui dirais de bien apprendre le français, de ne pas se décourager si c'est un peu difficile. En tout cas, d'être conscient, sérieux, tout ça... c'est pas facile.»

Jean-Christophe,
France

«Un conseil que je donnerais à un étudiant américain arrivant en France... ce serait de s'incorporer dans une famille pour bien s'habituer à leurs manières, pour travailler avec eux, pour voir comment nous vivons et de sortir parce que les jeunes Français savent s'amuser.»

Onélia,
France

«La France est très différente des Etats-Unis. Aux Etats-Unis, on n'a pas le droit de sortir [en boîte] avant 21 ans... [La France,] c'est un peu plus libéral que les Etats-Unis, donc, [il] faut faire attention. [Il ne] faut pas non plus abuser de l'alcool par exemple, et du tabac quand on arrive en France. Donc, voilà. C'est les conseils que je pourrais donner aux Américains.»

Qu'en penses-tu?

1. Are there any exchange students in your school? Where are they from? What languages do they speak?
2. If you were to study in a francophone country, how might your life be different? What kinds of adjustments might you have to make?
3. What advice do you have for foreign students who want to study in your area?

J'ai beaucoup de projets pour cette année avec toi. D'abord, je voudrais te présenter tous mes amis. Ils sont super sympas. Ensuite, tu vas voir Chartres, c'est une très jolie ville et il y a des tas de choses à faire. Si tu veux, on peut aller voir la cathédrale, aller au cinéma, écouter de la musique française... Tu n'as pas envie de manger du bon pain français?... Et pendant les vacances de Noël, on pourrait aller faire du ski avec mes cousins! Écris-nous vite. Pose toutes les questions que tu veux. Vivement ton arrivée! On va bien s'amuser!

Sandra

21 **Que faire?**

Lisons Qu'est-ce que Sandra veut faire avec Pamela? Qu'est-ce que toi, tu voudrais faire en France?

Comment dit-on...?

Asking for, making, and responding to suggestions

To ask for suggestions:

Qu'est-ce qu'on fait?
What should we do?

To make suggestions:

Si tu veux, on peut jouer au foot.
If you like, we can . . .
On pourrait aller au fast-food.
We could . . .
Tu as envie de faire les magasins?
Do you feel like . . . ?
Ça te dit de manger de la soupe?
Does . . . sound good to you?

To respond to suggestions:

D'accord.
C'est une bonne/excellente idée.
That's a good/excellent idea.
Je veux bien.
Je ne peux pas.
Ça ne me dit rien.
Non, je préfère...
No, I'd rather . . .
Pas question!

Cahier d'activités, p. 8, Act. 17–18

22 On va au resto?

Ecoutons Sandra et Etienne vont manger au restaurant ce soir. D'abord, lis ces descriptions de restaurants. Ensuite, écoute Sandra et Etienne. Où est-ce qu'Etienne veut aller? Et Sandra? Qu'est-ce qu'ils décident de faire?

Les restaurateurs de la rue de la Porte-Morard

Au cœur du Secteur Sauvegardé, en prolongement du pont St-Hilaire qui offre un beau panorama sur la rivière et la Cathédrale, les cinq restaurants de la rue de la Porte-Morard vous proposent cinq façons différentes d'apprécier une bonne table :

LE MAHARADJA- Spécialités indiennes et pakistanaises - Tél. 02 37 31 45 06.

LE CHENE FLEURI Hôtel-restaurant avec grande terrasse en saison - Cuisine traditionnelle - Tél. 02 37 35 25 70.

LA CREPERIE DU CYGNE Galettes de sarrasin - Crêpes - Salades - Grillades - Terrasse en été - Tél. 02 37 21 99 22.

LA NAPOLITAINE - Pizza et plats à emporter - Tél. 02 37 34 30 26.

LE TEMPLE- Restaurant indochinois, spécialités du Sud-Est Asiatique - Tél. 02 37 12 27 30.

Parking gratuit proche, place Morard.

Note culturelle

As you know, French is spoken in many countries outside of France. People from all over the world come to France to study or work, bringing with them the unique aspects of their cultures. In many French cities, it is common to find restaurants offering diverse ethnic specialties.

23 Qu'est-ce qu'on mange?

Parlons Tu es à Paris avec ton ami(e). Vous choisissez un restaurant, mais ce n'est pas facile!

EXEMPLE —Tu as envie d'aller dans un restaurant chinois?

—Non, ça ne me dit rien. Je préfère un restaurant...

marocain   indonésien   mexicain

russe   cambodgien   vietnamien

indien   français traditionnel   grec

thaïlandais   libanais   antillais

24 Qu'est-ce qu'on fait?

Parlons Tu as un(e) invité(e) français(e). Tes amis, ton invité(e) et toi, vous allez sortir samedi. Choisissez trois activités que vous avez envie de faire.

aller danser à...   faire les magasins

aller au cinéma pour voir...   aller au match de...   déjeuner au restaurant

faire du roller en ligne   faire un pique-nique au parc

Comment dit-on...?

Relating a series of events

D'abord, je vais visiter la tour Eiffel.
Ensuite, je vais manger des escargots
   dans un bon restaurant.
Et puis, je vais voir la Joconde au Louvre.
Finalement/Enfin, je vais acheter des cadeaux
   pour ma famille.

First, . . .
Next, . . .

Then, . . .
Finally, . . .

Cahier d'activités, p. 9, Act. 20–21

---

25 **Projets de week-end**

 Ecoutons Tarek raconte ses projets pour samedi. Mets les images en ordre.

a.   b.   c.   d.

---

26 **Les vacances de mes rêves**

 Parlons Choisis un endroit où tu veux passer tes vacances. Explique à ton/ta camarade ce que tu vas faire là-bas, mais ne dis pas le nom de l'endroit où tu vas aller. Ton/Ta camarade doit deviner où tu veux aller.

EXEMPLE —D'abord, je voudrais visiter la tour Eiffel.
—Tu vas à Paris!

D'abord,
Ensuite,
Et puis,
Finalement,

je vais
je voudrais

manger...
visiter...
faire la connaissance de...
voir...
acheter...
faire...
aller à...

Note de grammaire

Use the appropriate form of **aller** followed by an infinitive to say that you're going to do something:

— Tu **vas sortir** ce soir?
— Oui, je **vais manger** au restaurant.

To say that you aren't going to do something, put **ne... pas** around the form of **aller**.

Je **ne vais pas** sortir ce soir.

CD-ROM 1
DVD 1

Travaux pratiques de grammaire, pp. 10–11, Act. 20–23

Grammaire supplémentaire, p. 27, Act. 10–11

Cahier d'activités, p. 9, Act. 19

---

27 Le petit écran

Tu es malade et tu dois rester chez toi. Fais une liste des émissions que tu vas regarder et à quelle heure. Ensuite, compare ta liste avec la liste de ton ami(e).

EXEMPLE D'abord, je vais regarder *Friends* à 18h20, puis *Journal* à 20h00. Ensuite,... Finalement,...

Si tu as oublié **how to tell time** va à la page R15.

Travaux pratiques de grammaire, pp. 9–10, Act. 18–19

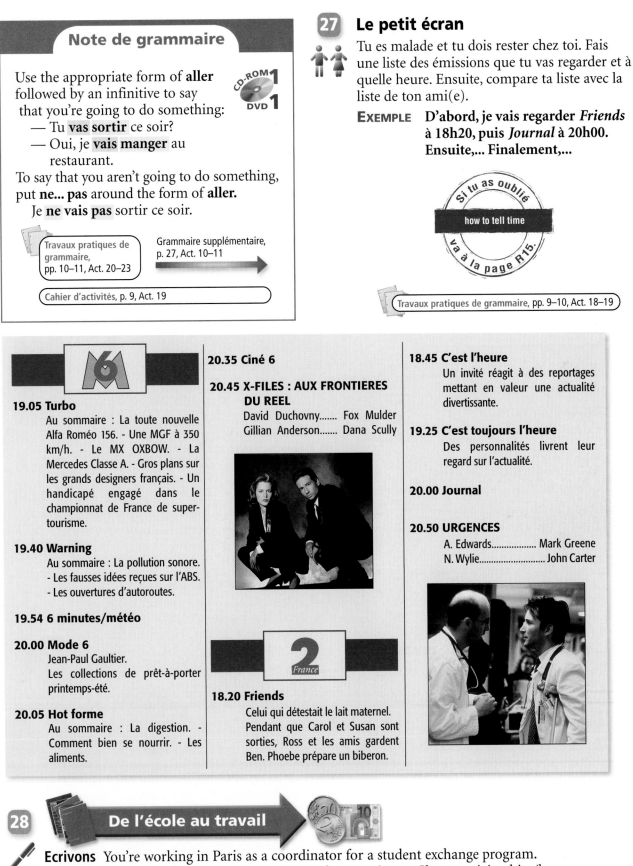

M6

19.05 Turbo
Au sommaire : La toute nouvelle Alfa Roméo 156. - Une MGF à 350 km/h. - Le MX OXBOW. - La Mercedes Classe A. - Gros plans sur les grands designers français. - Un handicapé engagé dans le championnat de France de super-tourisme.

19.40 Warning
Au sommaire : La pollution sonore. - Les fausses idées reçues sur l'ABS. - Les ouvertures d'autoroutes.

19.54 6 minutes/météo

20.00 Mode 6
Jean-Paul Gaultier.
Les collections de prêt-à-porter printemps-été.

20.05 Hot forme
Au sommaire : La digestion. - Comment bien se nourrir. - Les aliments.

20.35 Ciné 6

20.45 X-FILES : AUX FRONTIERES DU REEL
David Duchovny....... Fox Mulder
Gillian Anderson....... Dana Scully

France 2

18.20 Friends
Celui qui détestait le lait maternel. Pendant que Carol et Susan sont sorties, Ross et les amis gardent Ben. Phoebe prépare un biberon.

18.45 C'est l'heure
Un invité réagit à des reportages mettant en valeur une actualité divertissante.

19.25 C'est toujours l'heure
Des personnalités livrent leur regard sur l'actualité.

20.00 Journal

20.50 URGENCES
A. Edwards................. Mark Greene
N. Wylie.......................... John Carter

---

28 De l'école au travail

Ecrivons You're working in Paris as a coordinator for a student exchange program. Your job is to write a letter to an American student coming to Chartres giving him/her advice on what to pack. Tell how the student's host family will meet him/her and give a description of what the family looks like so that the student will recognize them.

Lisons!

Une année scolaire aux USA

Stratégie pour lire
What are the first two things you should do when faced with a new text? A good reader *previews* the reading and then *skims* it. To *preview*, glance quickly at the layout of a reading to understand how it is organized. Next *skim* the sections of the text by reading the headings, captions, and the first sentences of paragraphs or blocks of text. Ask yourself: What is the reading about? Who was it written for? Where is it set? Why was it written?

A. Preview the article. What kind of text do you think it is?

  a. a pamphlet

  b. a pen pal letter

  c. an essay

B. Skim the reading to answer the *W* questions.

  1. Read the major headings. *What* is the article about?

    a. a scholar

    b. an academic year in a high school

    c. a year in France

  2. Look at the photos. *Where* and *why* do you think they were taken?

  3. The major headings talk about **votre année** and the school year being **pour vous.** The headings of the first two paragraphs say "Live the American dream" and "Welcome to the United States." Look at the selections under Guillaume and Sonia's names. *Who* are the intended readers?

  4. *Why* was this article written?

    a. to show American students how their schools differ from French schools

Une année scolaire aux

Une année scolaire à l'étranger pour vous qui avez entre 15–18 ans

Vous serez rapidement la mascotte de l'école, tout le monde viendra vous poser des questions sur la France.

Vivez le "rêve américain"
"The American Dream" est un idéal de liberté, de bonheur et la possibilité de décider de son propre avenir. Une année dans une High School est pour vous l'occasion de découvrir "le pays où tout est possible". Celle-ci sera l'une des plus belles de votre vie! Profitez de cette occasion unique pour devenir américain pendant un an. Ce sera passionnant et vous en tirerez le plus grand profit.

Bienvenue aux Etats-Unis
L'Amérique est véritablement le pays de tous les contrastes. Plus de 250 millions d'Américains de toutes origines peuplent les Etats-Unis. S'il est bien difficile de décrire "l'Américain type", aucune confusion n'est possible quant à leur personnalité. Ils sont tous naturellement accueillants, ouverts et sont très positifs au sujet de la vie. Les Américains sont fiers de leur pays et vous le faire mieux connaître est une joie pour eux.

Participez au bal de la High School, le "Prom".

Votre année en High School aux USA

La fête de la "Graduation" restera un jour mémorable dans votre vie.

GUILLAUME

SONIA

"20 août à l'aéroport d'Orly. Ma destination était Binghamton, petit point sur la carte de l'état de New-York. C'était le début d'une merveilleuse aventure. J'allais avoir 18 ans; j'aurais dû entrer en terminale et je découvrais une autre vie. J'étais le fils de ma famille d'accueil. L'école était comme dans les films américains: des profs très proches des élèves, des copains sûrs faisant tout pour m'aider, et ce jour inoubliable de la graduation avec ma robe de "gradué" et mon bonnet carré. Aujourd'hui je crois que j'ai rêvé mais les rêves sont peut-être ce qu'il y a de plus vrai."

'"Le Michigan est devenu, après mon année en high school, ma deuxième maison. Avec les amis que je m'y suis faits, j'ai vécu les meilleurs moments de mon année: la graduation, le "bal de prom", les matchs de foot-ball. En cas de problème, les professeurs, devenus eux aussi des amis, étaient toujours là. J'ai également découvert lors de cette année un "nouveau monde", les U.S. mais aussi celui des exchange students. Ils venaient de tous les pays: de la Colombie à l'Australie en passant par les pays scandinaves... Je vous souhaite donc à tous de vivre la même expérience extraordinaire."

b. to describe the average American high school

c. to persuade a French student to consider a year abroad in an American high school

Vivez le «Rêve Américain»

C. What are some phrases used to describe "The American Dream"? Do you agree?

Bienvenue aux Etats-Unis

D. If **accueillir** means *to welcome*, someone who is **accueillant** is ____1____.

If **ouvrir** means *to open*, someone who is **ouvert** is ____2____.

If **la fierté** is *pride*, someone who is **fier** is ____3____.

E. Are Americans described favorably? Are all Americans like this? Are you?

Guillaume

F. Guillaume says his host school is like schools he's seen in American movies. In what way? Did Guillaume have a good time as an exchange student? How do you know?

Sonia

G. How does Sonia describe her experience in the States?

H. If you were a French student, would you want to come to the United States after reading this article? Why or why not?

I. Make a pamphlet describing your school to attract French-speaking exchange students. Include events and distinctive features. Add photos or drawings with captions to your pamphlet.

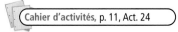
Cahier d'activités, p. 11, Act. 24

Grammaire supplémentaire

CD-ROM 1
DVD 1

internet
go.hrw.com
ADRESSE: go.hrw.com
MOT-CLE:
WA3 PARIS REGION-1

Première étape

Objectives Describing and characterizing yourself and others; expressing likes, dislikes, and preferences; asking for information

1 Pour chaque début de phrase, choisis une fin logique. (**p. 10**)

1. Vous...
2. Tu...
3. Elle...
4. Didier...
5. Nous...
6. Je/J'...
7. Christine et Stéphanie...

a. sont heureuses.
b. as des amis.
c. avons beaucoup de devoirs.
d. sont canadiens.
e. ai maths à dix heures.
f. êtes sympa.
g. est mignonne.
h. est amusant.

2 Complète les phrases suivantes avec le verbe approprié. (**p. 10**)

1. Martha _____ sportive.
      a   sont   est
2. Eric et Christian _____ des cours embêtants.
      sont   a   ont
3. Nous _____ classe le lundi.
      êtes   sommes   avons
4. Ta copine _____ beaucoup de devoirs.
      a   ont   est
5. Tu _____ français à onze heures.
      ai   as   es
6. Vous _____ méchant!
      avons   êtes   sont
7. Elles _____ mignonnes, tes amies.
      sont   ont   a

3 De qui est-ce qu'on parle dans les phrases suivantes? D'un garçon qui s'appelle Daniel ou d'une fille qui s'appelle Danielle? (**p. 11**)

EXEMPLE   **Daniel** est intelligent.

1. _____ est beau.
2. _____ est gentille.
3. _____ est sportive.
4. _____ est roux.
5. _____ est grand.
6. _____ est blonde.
7. _____ est mignonne.
8. _____ est amusant.
9. _____ est heureuse.

4 Choisis un des adjectifs proposés pour compléter les phrases suivantes. Tu peux utiliser le même adjectif plus d'une fois. Fais attention à l'accord de l'adjectif avec le sujet de la phrase. (**p. 11**)

sympa

sportif

jeune

méchant

sérieux

mignon

généreux

amusant

gentil

grand

petit

intelligent

pénible

facile

1. Moi, je suis...

2. Le président des Etats-Unis est...

3. Mon/Ma meilleur(e) ami(e) est...

4. Mes cours sont...

5. Mon professeur est...

6. Mes chiens/chats sont...

5 Luc et Bruno parlent avec leurs amis de ce qu'ils font après l'école. Remets les phrases suivantes dans le bon ordre. N'oublie pas de mettre le verbe à la forme appropriée. (**p. 11**)

1. aimer / Serge / de la musique / écouter

2. la télé / regarder / souvent / tu

3. faire / nous / du sport / préférer

4. je / le français / à la bibliothèque / étudier

5. au volley / Florence / après l'école / jouer

6. mes amis / bien / danser / le tango

7. vous / téléphoner / à vos amis / souvent

6 Tu voudrais mieux connaître le nouvel élève. Pose-lui des questions. N'oublie pas d'utiliser la forme correcte de **quel.** (**p. 12**)

— ___1___ est ton sport préféré?

— Je préfère le tennis.

— ___2___ sont tes acteurs préférés?

— J'adore Gérard Depardieu et Juliette Binoche.

— Quand tu choisis des vêtements, ___3___ sont tes couleurs préférées?

— En général, je préfère le bleu et le noir.

— ___4___ est ta musique préférée?

— J'aime la musique techno.

— ___5___ sont tes animaux préférés?

— Je préfère les lions et les girafes.

Grammaire supplémentaire

CD-ROM 1
DVD 1

go.
hrw
.com
WA3 PARIS REGION-1

Deuxième étape

Objectives Asking for and giving advice

7 Pour chaque phrase, choisis la forme correcte du verbe approprié. Ensuite, choisis la photo qui va avec chaque phrase. (**p. 14**)

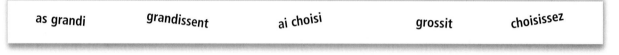

| as grandi | grandissent | ai choisi | grossit | choisissez |

1. Quand on en mange trop, on _____ .
2. Je l'_____ pour ma mère. C'est son anniversaire aujourd'hui.
3. Mais tu _____ ! Il est trop court maintenant.
4. Quand vous allez au Restaurant Kléber quel plat _____ -vous?
5. Ils sont mignons mais ils _____ vite!

8 Complète les phrases suivantes avec le présent du verbe entre parenthèses. (**p. 14**)
1. Quelle chemise est-ce qu'elle _____ (choisir)?
2. Quand je mange trop de chocolat, je _____ (grossir).
3. Ton pantalon est trop court. Tu _____ (grandir) beaucoup!
4. Super! Mes amis _____ (choisir) un cadeau pour mon anniversaire.
5. Vous êtes au régime? Vous _____ (maigrir)?

9 Complète les phrases suivantes avec l'impératif des verbes entre parenthèses. (**p. 15**)

EXEMPLE Catherine et Robert, **<u>allez</u>** (aller) dans vos chambres.

1. Nathalie et Robert, _____ (penser) à prendre vos imperméables.
2. Catherine, n'_____ (oublier) pas de faire tes devoirs.
3. Les filles, _____ (choisir) des vêtements chauds.
4. Robert, _____ (prendre) cet argent pour le week-end.
5. Les enfants, n'_____ (inviter) pas d'amis à la maison.
6. Nathalie, _____ (aller) au supermarché pour nous.

Troisième étape

Objectives Asking for, making, and responding to suggestions; relating a series of events

10 Pour chaque début de phrase, choisis la fin appropriée pour dire ce que ces gens vont faire. (**p. 21**)

1. Moi, je...
2. Elise et Sophie...
3. Et toi, tu...
4. Nous, nous...
5. Vous...
6. Je crois que Paul...

a. vas acheter un appareil-photo.
b. allons prendre des écharpes.
c. allez voir un film au cinéma.
d. vais d'abord aller au restaurant.
e. ne va pas aimer prendre l'avion.
f. vont aller en Italie cet été.

11 Dis ce que ces gens vont faire ce week-end. Utilise le verbe **aller.** (**p. 21**)

EXEMPLE Tu fais tes devoirs. **<u>Tu vas faire tes devoirs.</u>**

1. Marc achète des baskets. _____
2. Je regarde un film. _____
3. Nous allons au restaurant. _____
4. Sylvie fait un pique-nique. _____
5. Mes amis sortent après l'école. _____
6. Tu visites le musée. _____
7. Vous rencontrez des amis. _____
8. Je danse à la discothèque. _____
9. Les filles dorment. _____

Mise en pratique

☑ internet

ADRESSE: go.hrw.com
MOT-CLE:
WA3 PARIS REGION-1

1 You're going to host Patrick, a French exchange student, in your home. He wrote to introduce himself and ask some questions. Read his letter and answer the following questions in English.

Salut!

On m'a dit hier que je vais passer un an chez toi, en Amérique! Je suis fou de joie et j'ai plein de questions.

Mais d'abord, je me présente. Je m'appelle Patrick. J'ai 15 ans et j'habite à Poitiers avec mes parents et mon petit frère Thomas. J'ai un chien aussi. Il s'appelle Léon.

Maintenant, mes questions! Est-ce qu'il fait froid chez toi? Quels types de vêtements est-ce que je dois prendre? Est-ce qu'il y a un stade près de chez toi? A ton avis, j'apporte ma raquette de tennis ou pas? Est-ce qu'on peut jouer au foot dans ta ville? Est-ce que les professeurs sont sévères? Je m'inquiète un peu parce que mon anglais n'est pas très bon.

1. What did Patrick just find out?

2. How would you describe Patrick?

3. Where does he live?

4. How many brothers and sisters does he have?

5. What pets does he have?

6. What sports does he like?

7. Why does he ask about the weather?

8. What does he want to know about teachers? Why?

2 From what you know about life in France and what exchange students expect to find in the United States, what do you think Patrick might have trouble adjusting to? What might surprise him about your home and your school?

3 There's a message on your answering machine from Patrick to let you know when he's arriving, at what time, and on what flight. He also describes himself so you'll recognize him. Jot down the necessary information.

4 Ecrivons!

Answer Patrick's letter from Activity 1. Write about yourself, your home, and your school and tell him what you have planned for his visit. Don't forget to answer all of his questions.

Stratégie pour écrire

Making a writing plan will help make your writing task more manageable. For example, you might want to make a list of the topics you want to cover and jot down a few details related to each topic.

Préparation

After you've made your writing plan, organize your ideas in the order in which you'll talk about them in your letter. Use a cluster diagram to connect each topic with what you want to say about it, or group related topics together.

Rédaction

In Level 1, you learned words such as **et, mais,** and **surtout** to help you make longer, more sophisticated sentences. You also learned **d'abord** and **puis,** words that help you connect a series of events.

As you write to Patrick, use connecting words as effectively as possible to eliminate short, choppy sentences. In addition to the connecting words above, don't forget about the other words for relating a series of events presented on page 20.

Evaluation

After you've read your letter a couple of times, give it to a classmate to evaluate. It's a good idea to tell whoever is reading your letter some of your own concerns about your work. Many times a "fresh eye" can make suggestions you hadn't considered.

When your classmate returns your letter, proofread your work, make any necessary revisions, and complete your final draft.

5 Jeu de rôle

Patrick has arrived! It's the first day of school, and you're both getting ready. Create a conversation to include the following:

- Advise him on what to wear.
- Ask him what his favorite classes are.
- Describe your principal and your favorite teacher.
- Talk about what you're going to do after school.

Can you use what you've learned in this chapter?

Can you describe and characterize yourself and others? p. 9

1 How would you describe and characterize . . .
1. yourself?   2. your best friend?   3. a family member?

Can you express likes, dislikes, and preferences? p. 11

2 How would you say that you like the following things? How would you say that you dislike them? That you prefer something else?

1.   2.   3.

Can you ask for information? p. 12

3 How would you ask someone . . .
1. what he or she likes to do?   3. what type of music he or she likes?
2. what sport he or she plays?   4. what his or her favorite film is?

Can you ask for and give advice? p. 15

4 How would you ask someone what to take on a trip?

5 What would you advise a friend to bring to...
1. the beach?   2. the mountains in the winter?   3. Chicago in the spring?

Can you ask for, make, and respond to suggestions? p. 18

6 How would you . . .
1. ask a friend what to do?
2. suggest that you can go shopping if your friend wants to?
3. suggest that you could play soccer?
4. ask your friend if he or she would like to go to the movies?

7 How would you respond to the following suggestions if you agreed? If you disagreed? If you preferred to do something else?
1. On pourrait faire les magasins.
2. Tu as envie de regarder la télévision?

Can you relate a series of events? p. 20

8 How would your friend tell you that she is going to do these activities in this order?

1.   2.   3.

Première étape

Vocabulaire

Describing and characterizing yourself and others

avoir... ans	to be...years old
J'ai...	I have...
Il/Elle a...	He/She has...
Ils/Elles ont...	They have...
les yeux marron	brown eyes
bleus	blue
verts	green
noirs	black
les cheveux blonds	blond hair
bruns	dark brown
châtains	brown
courts	short
longs	long
noirs	black
roux	red
Je suis...	I am...
Il/Elle est...	He/She is...

Ils/Elles sont...	They are...
beau (belle)	handsome (beautiful)
de taille moyenne	of medium height
fort(e)	strong
gourmand(e)	someone who loves to eat
grand(e)	tall, big
intelligent(e)	smart
jeune	young
petit(e)	short, small
sportif (sportive)	athletic
sympa	nice

Expressing likes, dislikes, and preferences

J'adore...	I love...
J'aime bien...	I like...
Je n'aime pas...	I don't like...

J'aime mieux...	I prefer...
Je préfère...	I prefer...

Asking for information

Qu'est-ce que tu aimes faire?	What do you like to do?
Qu'est-ce que tu fais comme sport?	What sports do you play?
Qu'est-ce que tu aimes comme musique?	What music do you like?
Quel(le) est ton/ta... préféré(e)?	What is your favorite...?
Qui est ton/ta... préféré(e)?	Who is your favorite...?

Deuxième étape

Asking for and giving advice

Qu'est-ce que je dois... ?	What should I...?
Pense à prendre...	Remember to take...
Prends...	Take...
N'oublie pas...	Don't forget...

Clothing and travel items

un imperméable	a raincoat

un jean	a pair of jeans
un tee-shirt	a T-shirt
des bottes (f.)	a pair of boots
des baskets (f.)	a pair of sneakers
un anorak	a ski jacket
un pull	a sweater
un sweat	a sweatshirt
une écharpe	a scarf
des gants (m.)	a pair of gloves
un appareil-photo	a camera

un passeport	a passport
un billet d'avion	a plane ticket
des chèques (m.) de voyage	traveler's checks

Troisième étape

Asking for, making, and responding to suggestions

Qu'est-ce qu'on fait?	What should we do?
Si tu veux, on peut...	If you like, we can...
On pourrait...	We could...
Tu as envie de... ?	Do you feel like...?
Ça te dit de... ?	Does...sound good to you?
D'accord.	OK.

C'est une bonne/ excellente idée.	That's a good/ excellent idea.
Je veux bien.	I'd like to.
Je ne peux pas.	I can't.
Ça ne me dit rien.	That doesn't interest me.
Non, je préfère...	No, I'd rather...
Pas question!	No way!

Relating a series of events

Qu'est-ce que tu vas faire... ?	What are you going to do...?

D'abord, je vais...	First, I'm going to...
Ensuite,...	Next, ...
Et puis,...	Then, ...
Finalement/ Enfin,...	Finally, ...

CHAPITRE

2
Bienvenue à Chartres!

Objectives

In this chapter you will review and practice how to

Première étape

- welcome someone and respond to someone's welcome
- ask how someone is feeling and tell how you are feeling

Deuxième étape

- point out where things are
- pay and respond to compliments

Troisième étape

- ask for and give directions

internet

go.hrw.com
ADRESSE: go.hrw.com
MOT-CLE:
WA3 PARIS REGION-2

◀ Où est la cathédrale?

trente-trois **33**

MISE EN TRAIN ▪ *Une nouvelle vie*

Stratégie pour comprendre

Pamela is seeing the Lepic house for the first time. What are some of the phrases that Sandra uses to point things out? Pay attention to Sandra's gestures and to keywords to help you understand. What does Pamela want to do after seeing the house? What does she do instead?

Sandra   **Pamela**   **Mme Lepic**

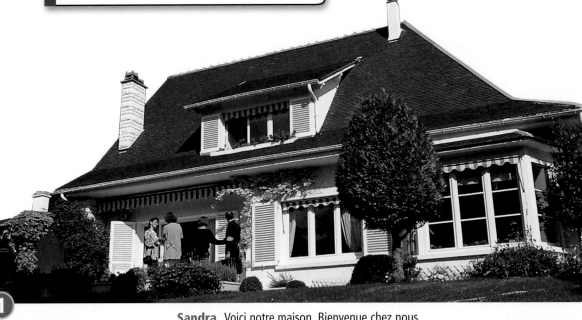

1

Sandra	Voici notre maison. Bienvenue chez nous.
Pamela	C'est sympa ici.
Mme Lepic	Tu trouves?
Sandra	Viens, Pamela, on va visiter la maison.

2

Sandra Ça, c'est l'entrée…
Et là, c'est le salon.

Pamela J'aime bien.

3

Sandra Ça, c'est la salle
à manger…

4

Sandra Et voilà la cuisine…

5 **Sandra** Alors, là, à droite, ce sont nos toilettes.

6 **Sandra** Notre salle de bains est à côté.

7 **Sandra** Et voilà ta chambre.
Pamela Elle est géniale.

8 **Sandra** Ça va? Pas trop fatiguée?
Pamela Non, ça va. J'ai envie de visiter la cathédrale. C'est loin d'ici?
Sandra Non, c'est tout près. Tu prends la rue du Soleil d'Or, à gauche. Puis tu tournes à droite. Et la cathédrale est sur ta droite.

9 **Pamela** On peut y aller aujourd'hui?
Sandra Euh… d'accord.

10 **Sandra** Bon, fais comme chez toi.
Pamela Merci. A tout de suite, alors.

11 **Une demi-heure plus tard…**
Sandra On y va, Pamela?
… Pamela?

Cahier d'activités, p. 13, Act. 1

1 **Tu as compris?**

1. Which rooms of the Lepic house does Pamela see?
2. What would Pamela like to do?
3. Why don't the girls visit the cathedral?

2 **Qui...**

1. trouve la maison sympa?
2. montre la maison à Pamela?
3. aimerait bien visiter la cathédrale?
4. explique comment aller à la cathédrale?

3 **Cherche les expressions**

1. How does . . .
   a. Sandra welcome Pamela?
   b. Mrs. Lepic respond to a compliment?
   c. Sandra ask how Pamela's feeling?
   d. Sandra tell Pamela to make herself at home?

2. How does Pamela . . .
   a. pay compliments?
   b. say how she's feeling?
   c. express a desire to do something?

4 **C'est quelle pièce?**

Qu'est-ce que Sandra dit pour montrer chaque pièce?

1. 2. 3.

4. 5.

5 **Et maintenant, à toi**

Imagine que tu arrives dans une ville française. Qu'est-ce que tu aimerais faire?

Objectives Welcoming someone; responding to someone's welcome; asking how someone is feeling and telling how you are feeling

6 ## Qu'en penses-tu?

Parlons How does the guest act in the cartoon above? How should he act?

Comment dit-on...?

Welcoming someone; responding to someone's welcome

To welcome someone:

Bienvenue chez moi (chez nous).
Welcome to my home (our home).
Faites comme chez vous.
Fais comme chez toi.
Make yourself at home.
Vous avez fait bon voyage?
Tu as fait bon voyage?
Did you have a good trip?

To respond:

Merci.
Thank you.
C'est gentil de votre part.
C'est gentil de ta part.
That's nice of you.
Oui, excellent. *Yes, excellent.*
C'était fatigant! *It was tiring!*

Cahier d'activités, p. 14, Act. 2

7 ## Bienvenue!

Ecoutons Listen to the following dialogues in which people are being welcomed. Did they have a good trip or a tiring trip?

Note de grammaire

Remember to use **tu** when talking to a friend, a family member, or someone your age or younger. Use **vous** when talking to more than one person or to someone older than you.

As someone gets to know you better, he or she might suggest using the **tu** form: **Alors, on se tutoie?**

Travaux pratiques de grammaire, p. 12, Act. 1–2

Grammaire supplémentaire, p. 52, Act. 1–2

Cahier d'activités, p. 14, Act. 3

8 ## Grammaire en contexte

Parlons/Ecrivons Comment est-ce que tu accueilles ces gens quand ils arrivent chez toi? Qu'est-ce qu'ils te répondent?

Sandra

Thierry

M. Belleau

Mme Ducharme

Comment dit-on...?

Asking how someone is feeling and telling how you are feeling

CD-ROM 1
DVD 1

To ask how someone is feeling:

Pas trop fatigué(e)?
(You're) not too tired?
Vous n'avez pas faim?
Tu n'as pas faim?
Aren't you hungry?
Vous n'avez pas soif?
Tu n'as pas soif?
Aren't you thirsty?

To tell how you are feeling:

Non, ça va. *No, I'm fine.*
Si, je suis crevé(e).
Yes, I'm exhausted.
Si, un peu. *Yes, a little.*
Si, j'ai très faim/soif!
Yes, I'm very hungry/thirsty!
Si, je meurs de faim/soif!
Yes, I'm dying of hunger/thirst!

Cahier d'activités, pp. 14–15, Act. 4–6

Note de grammaire

When you make a statement in French, your voice usually falls at the end.

To ask a yes-or-no question, simply raise the pitch of your voice at the end of a statement.

Tu as fait bon voyage?

You can also add **est-ce que** to the beginning of the question.

Est-ce que tu as fait bon voyage?

Travaux pratiques de grammaire, p. 13, Act. 3–4

Grammaire supplémentaire, pp. 52–53, Act. 3–4

9 ## Les deux font la paire

Lisons/Parlons Avec ton/ta camarade, trouvez dans la colonne de droite la bonne réponse à chaque question ou commentaire de la colonne de gauche. Ensuite, crée une conversation logique avec ces phrases.

1. Tu as fait bon voyage?
2. Tu n'as pas soif?
3. Fais comme chez toi.
4. Bienvenue!
5. Pas trop fatiguée?
6. Tu n'as pas faim?

a. Non, ça va.
b. Si, j'ai très soif.
c. Merci.
d. C'est gentil de ta part.
e. Si, je meurs de faim!
f. Oui, excellent.

10 Fais comme chez toi

Ecoutons Il y a beaucoup de visiteurs chez Robert. Ecoute les conversations et choisis la scène qui représente chaque conversation.

a. b. c.

11 Ça ne va pas très bien!

Parlons/Ecrivons Comment est-ce que tu demandes à ces gens comment ça va? Qu'est-ce qu'ils répondent?

Caroline Roberto Mme Prévost

12 Jeu de rôle

Parlons Un(e) élève marocain(e) arrive chez toi. Accueille-le(la), demande-lui comment ça va et comment son voyage s'est passé. L'élève va te répondre. Continue la conversation. Joue cette scène avec un(e) camarade. Ensuite, changez de rôle.

Note culturelle

It is customary for guests to bring a gift when invited to a meal in a French home. Candy or flowers (other than chrysanthemums, which are associated with death) are always acceptable. When engaging in dinner conversation, there are several topics to avoid. These include asking about someone's age, profession, salary, or political affiliation.

13 Une bande dessinée

Ecrivons Crée une bande dessinée sur un(e) invité(e) qui n'est jamais content(e). Tu peux faire des dessins ou, si tu préfères, tu peux utiliser des images d'un magazine. Ecris la conversation entre cet(te) invité(e) et d'autres personnes dans des bulles ou sous les images.

le 2 septembre

Cher journal,

Quelle journée! C'est aujourd'hui mon premier jour en France. La famille Lepic est super gentille.

Sandra m'a fait voir la maison. Elle est jolie, mais un peu bizarre. Ce n'est pas comme aux Etats-Unis. D'abord, quand on entre dans la maison, on n'est pas au premier étage, on est au rez-de-chaussée. Quand on monte l'escalier, on n'est pas au deuxième étage, on est au premier étage.

En plus, la salle de bains, c'est juste pour se laver. Les toilettes sont à part, de l'autre côté du couloir.

J'ai remarqué que les portes des chambres sont toujours fermées et qu'il faut frapper avant d'entrer. Dans ma chambre, mon lit est très confortable mais un des oreillers a une drôle de forme. Il est aussi large que mon lit. Ils appellent ça un traversin. Il n'y a pas de placard, mais une armoire pour les vêtements.

En tout cas, j'aime beaucoup la vie ici. C'est différent, mais c'est bien.

14 Ce n'est pas comme aux Etats-Unis!

Lisons Pamela a pris des photos pour illustrer son journal. Quelle photo correspond à ce qu'elle a écrit?

1. ...c'est juste pour se laver.
2. Quand on monte l'escalier, on n'est pas au deuxième étage, on est au premier étage.
3. Mon lit est très confortable...
4. Il n'y a pas de placard, mais une armoire pour les vêtements.

a.

b.

c.

d.

Pièces et meubles

Je m'appelle Antoine Morel. Bienvenue chez moi! Dans ma maison, il y a cinq pièces.

la chambre de mes parents

le balcon

les toilettes (f.) (les W.-C.)

la chambre de ma sœur

la salle de bains

ma chambre

la salle à manger

la cuisine

le salon

le jardin

des étagères (f.)

un bureau

une lampe

un poster

une chaîne stéréo

une armoire

un lit

un tapis

une commode

le premier étage

le rez-de-chaussée

Cahier d'activités, pp. 16–17, Act. 7–9

Travaux pratiques de grammaire, p. 14, Act. 5–6

Note culturelle

You might be surprised at what you'll see—or won't see—in a typical French teenager's room. Some French homes don't have closets in the bedrooms, so clothes are hung in an armoire. Most families have just one television set, and it's in a room where everyone can watch it. In most French homes, the bathroom **(la salle de bains)** consists of a sink and a shower or bath. You will find the toilet **(les toilettes)** in a room separate from the bathroom. On many French beds, you will find a long pillow called a **traversin** that covers the width of the bed. Having a phone is expensive in France; there is a charge for each call made. For this reason, few young people have a phone in their room.

15 Dans quelle pièce?

Ecoutons The Morels are moving into their new home. Match the furniture with Mrs. Morel's instructions to the movers.

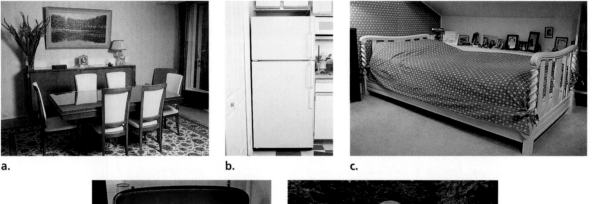

a. b. c.

d. e.

16 Vive la différence!

Parlons/Ecrivons Julie et Nicole ont des choses semblables et des choses différentes dans leurs chambres. Qu'est-ce qu'elles ont qui est semblable? Qu'est-ce qui est différent? A ton avis, quelle chambre est sûrement la chambre d'une jeune Américaine? Pourquoi?

La chambre de Julie

La chambre de Nicole

17 Dessiner, c'est gagner!

Parlons Dessine une section d'une maison, un meuble ou bien un objet de décoration. Utilise les nouveaux mots de vocabulaire à la page 41. Tes camarades vont deviner le mot en français. La personne qui répond en premier va faire un autre dessin.

Comment dit-on...?

Pointing out where things are

Là, c'est la cuisine.
Here/There is . . .

Ça, c'est la chambre des parents, **en face des** toilettes.
This is . . .   *across from . . .*

A côté de la cuisine, **il y a** la salle à manger.
Next to . . .   *there is . . .*

Cahier d'activités, p. 17, Act. 10

18 Chez les Morel

Ecoutons Look at the **Vocabulaire** on page 41 as you listen to a description of the Morel house. Is each statement true or false? Listen again and write down each statement, correcting those that are false.

Tu te rappelles?

To indicate where things are, you might also want to use **à gauche de** *(to the left of),* **à droite de** *(to the right of),* or **près de** *(near).* Don't forget that after these prepositions, **de** becomes **du** before masculine nouns and **des** before plural nouns. It doesn't change before feminine nouns or nouns that begin with a vowel.

A gauche **du** salon...
Près **de la** cuisine...
A côté **de l'**étagère...

Grammaire supplémentaire, p. 53, Act. 5

Travaux pratiques de grammaire, p. 15, Act. 7–8

19 C'est toi, le prof

Ecrivons Ecris cinq phrases (vraies ou fausses) sur la maison des Morel. Ensuite, lis tes phrases à un(e) camarade. Il/Elle va dire si chaque phrase est vraie ou fausse.

Grammaire

Adjectives that precede the noun

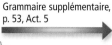

To describe beauty, age, goodness, and size, you use adjectives like **beau, joli, grand, petit, nouveau** *(new),* and **vieux** *(old).* These short adjectives usually precede the nouns they describe: Tu as une **jolie** chambre.

- Some of these adjectives have irregular feminine forms: **beau/belle, nouveau/nouvelle, vieux/vieille**
- They also have irregular masculine forms that you place before nouns beginning with a vowel sound:

  (**beau**) un **bel** anorak   (**vieux**) un **vieil** ami   (**nouveau**) un **nouvel** hôtel

Grammaire supplémentaire, pp. 53–54, Act. 6–7

- To make **beau** and **nouveau** plural, add an **-x**. **Vieux,** however, doesn't change in the plural. To make **belle, nouvelle,** and **vieille** plural, simply add **–s**.

  Tu as vu ces **beaux** tapis?   J'adore les **nouvelles** bottes de Sandrine!

Cahier d'activités, pp. 17–18, Act. 11–12

- **Des** changes to **de** before an adjective that precedes a plural noun.

  Il y a **de** jolies fleurs dans ce jardin!

Travaux pratiques de grammaire, p. 16, Act. 9–10

20

Grammaire en contexte

Ecrivons Ta correspondante française Félicie t'a écrit une lettre. Elle décrit sa chambre. Complète sa description avec les formes appropriées des adjectifs entre parenthèses.

J'ai une très ___1___ (beau) chambre! D'abord, à côté de mon ___2___ (joli) lit, il y a une ___3___ (vieux) armoire que ma grand-mère m'a donnée. A droite de mon lit, j'ai de ___4___ (nouveau) posters. Un ___5___ (vieux) ami de mes parents m'a donné un ___6___ (petit) bureau. A gauche de mon lit, il y a ma super chaîne stéréo, mes CD et mon ___7___ (nouveau) appareil-photo que j'ai eu pour mon anniversaire. Voilà, je crois que je n'ai rien oublié... Ah si, j'ai aussi deux ___8___ (beau) tapis de toutes les couleurs!

21 ## Mon journal

Ecrivons Imagine la chambre idéale. Fais-en une description dans ton journal. N'oublie pas les couleurs! Tu peux aussi faire un dessin.

Comment dit-on...?

Paying and responding to compliments

To pay a compliment:

Elle est vraiment bien, ta chambre.
  Your . . . is really great.
Elle est cool, ta chaîne stéréo.
Il est beau, ton poster.
  génial(e) *great*
  chouette *very cool*

To respond:

Tu trouves?
  Do you think so?
C'est vrai? (Vraiment?)
  Really?
C'est gentil!
  That's nice of you.

Cahier d'activités, p. 19, Act. 14

---

22 ### Quelle belle maison!

Ecoutons Listen as Solange gives Arnaud a tour of her home. What does Arnaud compliment?

23 ### Des compliments

Parlons Décris et «montre» ta chambre idéale à tes camarades. Utilise la description de l'activité 21. Chaque camarade va te faire un compliment. Chaque personne du groupe doit décrire sa chambre idéale et faire un compliment.

Note culturelle

When you compliment a French person's home or possessions, the response will be the same as if you complimented the person's clothing or appearance. **Tu trouves? C'est vrai? Vraiment?** or **C'est gentil!** are standard responses to compliments. Remember that **merci** is not the only appropriate response.

24 ### Elle est géniale, ta chambre!

Ecrivons Imagine que Nicole t'a envoyé un dessin de sa chambre (voir activité 16, p. 42). Ecris un petit mot à Nicole. Fais-lui des compliments sur sa chambre et sur les choses qu'elle a. Ensuite, décris ta chambre à Nicole. Dis-lui si tu as les mêmes choses ou si ta chambre est différente.

Comment est ta maison?

We asked some young people to describe their homes. Here's what they said.

Geneviève,
Québec

«Il y a le salon, la cuisine. Il y a une salle de jeux. Mon frère a une chambre. J'en ai une. Euh... on a une salle pour nos bureaux. Après ça, il y a la salle de bains, il y a la salle de lavage.»

Sandrine,
Martinique

«J'habite dans un appartement. Alors, il est assez petit. Il y a une salle à manger, un salon, ma chambre, celle de ma mère, une salle de bains, bien sûr. Et puis la cuisine et un balcon aussi.»

Comment est ta chambre?

«Je pense qu'elle ressemble à la chambre d'à peu près toutes les filles de mon âge. Il y a des posters. J'ai une chaîne hi-fi aussi. Voilà.»

Adèle, Cameroun

«Ma chambre, je dirais d'abord qu'elle est assez belle. Ce sont mes goûts. Les murs sont blancs et on a fait des décorations en bleu parce que j'adore le bleu et le rose. Donc, j'ai assez de bleu et de rose dans ma chambre. J'ai d'abord comme meubles... j'ai une commode, mon bureau et c'est presque tout. Il n'y a pas grand-chose.»

Qu'en penses-tu?

1. How do homes in the United States differ from those described in the interviews?
2. What was not mentioned that is commonly found in American teenagers' rooms?

Savais-tu que...?

Homes in France are built of stone or cement blocks. In Quebec, houses are similar to American ones—often made of wood and painted in bright colors. Homes in Martinique and Guadeloupe can be large plantation-style houses or small cement-block houses. The porch is the central gathering place, and kitchens are sometimes separate to keep the rest of the house cool. In Côte d'Ivoire, villages are known for specific kinds of houses: some of clay, some of bamboo, and some built on stilts over lagoons. In cities, you'll see modern houses and apartments.

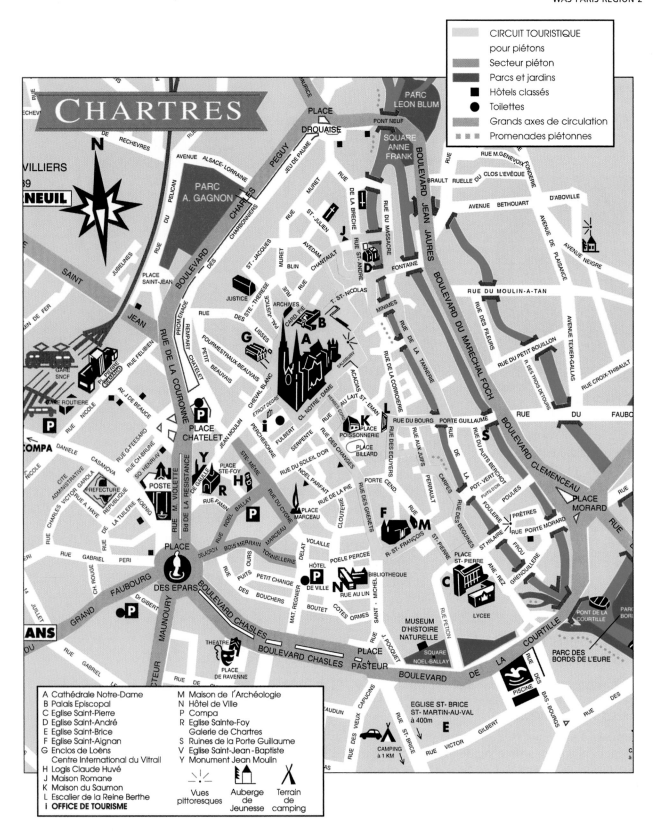

CIRCUIT TOURISTIQUE pour piétons
Secteur piéton
Parcs et jardins
■ Hôtels classés
● Toilettes
Grands axes de circulation
Promenades piétonnes

A Cathédrale Notre-Dame
B Palais Episcopal
C Eglise Saint-Pierre
D Eglise Saint-André
E Eglise Saint-Brice
F Eglise Saint-Aignan
G Enclos de Loëns
  Centre International du Vitrail
H Logis Claude Huvé
J Maison Romane
K Maison du Saumon
L Escalier de la Reine Berthe
I OFFICE DE TOURISME

M Maison de l'Archéologie
N Hôtel de Ville
P Compa
R Eglise Sainte-Foy
  Galerie de Chartres
S Ruines de la Porte Guillaume
V Eglise Saint-Jean-Baptiste
Y Monument Jean Moulin

Vues pittoresques
Auberge de Jeunesse
Terrain de camping

25 Vrai ou faux?

Lisons Trouve les endroits suivants sur le plan de Chartres à la page 46. Ensuite, dis si les phrases suivantes sont vraies ou fausses.

1. La bibliothèque est à côté de la cathédrale.
2. La gare est près du parc des Bords de l'Eure.
3. La poste est dans la rue M. Violette.
4. La piscine est près de la cathédrale.
5. Le lycée est à côté de l'église Saint-Pierre.

Vocabulaire

En ville

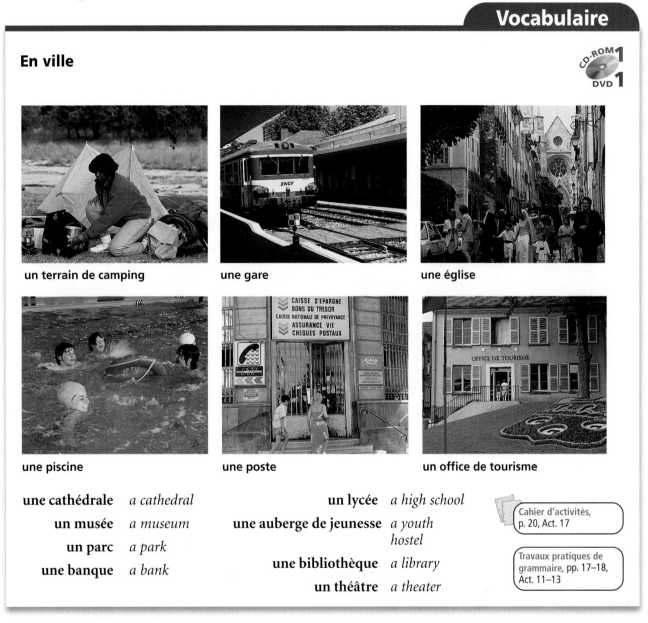

un terrain de camping

une gare

une église

une piscine

une poste

un office de tourisme

une cathédrale *a cathedral*	**un lycée** *a high school*
un musée *a museum*	**une auberge de jeunesse** *a youth hostel*
un parc *a park*	
une banque *a bank*	**une bibliothèque** *a library*
	un théâtre *a theater*

Cahier d'activités, p. 20, Act. 17

Travaux pratiques de grammaire, pp. 17–18, Act. 11–13

26 Qu'est-ce qu'on fait?

Ecoutons Listen to Patrick and Chantal discuss what they're going to do today. First, choose the places they decide to visit. Then, listen again, and put those places in the order in which they'll visit them.

a. le musée des Beaux-Arts
b. la cathédrale
c. le parc
d. l'office de tourisme
e. la poste
f. la piscine

27 **Grammaire en contexte**

Lisons/Parlons Où vas-tu pour…

1. envoyer une lettre?
2. faire du camping?
3. faire un pique-nique?
4. prendre le train?
5. nager?
6. admirer des œuvres d'art?
7. trouver un plan de la ville?
8. emprunter des livres?
9. voir des acteurs et des actrices?
10. admirer des sculptures?

28 **Que faire?**

Parlons Ton ami(e) et toi, vous arrivez à Chartres. Qu'est-ce que vous voulez faire le premier jour de votre visite? Choisissez trois choses.

EXEMPLE —Tu as envie d'aller au parc des Bords de l'Eure?

—Non, ça ne me dit rien. Je préfère aller à la cathédrale.

—D'accord. Et après, on pourrait aller au théâtre sur la place de Ravenne.

Si tu as oublié **making suggestions** va à la page 18.

Note culturelle

Notre-Dame de Chartres, one of the most famous Gothic cathedrals, was built in the thirteenth century on a site where a cathedral had stood since the sixth century. The cathedral can easily be recognized by its different towers—the plain Romanesque tower on the left and the more ornate Gothic tower on the right in the photo below. Spared in all major wars and conflicts, Chartres still has most of its original stained-glass windows, famous for their rich colors. The cathedral's flying buttresses, its great size, and its light-filled interior clearly illustrate the genius of Gothic construction.

Comment dit-on...?

Asking for and giving directions

To ask for directions:

Où est la gare, **s'il vous plaît?**

To give directions:

Traversez la place Châtelet et **prenez** la rue de la Couronne.
Cross . . .   take . . .
Puis, tournez à gauche sur le boulevard de la Courtille.
Then, turn left on . . .
Allez/Continuez tout droit. La gare est **sur la droite** dans la rue Félibien.
Go/Keep going straight ahead.   on the right . . .

Cahier d'activités,
pp. 21–22, Act. 20–23

29 ### C'est où?

Ecoutons Look at the map of Chartres on page 46. Imagine you're at the **place des Epars.** Listen to the following directions and figure out where they lead.

| à la cathédrale | à la poste | à la piscine |
| à l'église Sainte-Foy | au lycée | au parc Gagnon |

30 ### Comment y aller?

Ecrivons Monsieur Dupont est en face de la cathédrale de Chartres, près des toilettes. Il veut aller au théâtre qui est sur la place de Ravenne, mais il ne sait pas comment on y va. Utilise le plan de Chartres à la page 46 pour compléter ce paragraphe pour aider Monsieur Dupont.

Allez tout droit jusqu'à la rue Percheronne. Tournez ____1____ dans la rue Percheronne. Ensuite, tournez ____2____ dans la rue du Soleil d'Or. Continuez ____3____ dans la rue Noël Ballay. A la place des Epars, tournez à gauche sur ____4____. Le théâtre est ____5____.

31 ### Jeu de rôle

You've just arrived at the train station in Chartres and can't wait to visit the town. Choose two places you'd like to go. Ask directions from people—who might not always send you the correct way! Act out a humorous scene. Use the map on page 46.

Vocabulaire à la carte

Zut!	*Darn!*
Oh là là!	*Oh my!*
Où je suis?	*Where am I?*
Qu'est-ce qui se passe?	*What's going on?*
Et alors?	*So what?*

32  **De l'école au travail**

Parlons Imagine que tu travailles à l'office de tourisme de Chartres cet été. Il y a beaucoup de touristes qui te demandent des renseigements pour trouver des sites touristiques. Ton/ta camarade va te demander comment trouver trois sites touristiques. Utilise le plan de Chartres sur la page 46 pour donner des renseignements pour aller de l'office de tourisme à quelques endroits. Ensuite, changez de rôle.

Lisons!

PASSEZ UNE JOURNEE A CHARTRES

Stratégie pour lire

In Chapter 1 you reviewed the first two steps in reading a new selection: previewing and skimming. What should you do next? *Scan* to look for specific information. When you scan, you should look for key words to guide you to the specific information you want to find.

A. What kind of brochure do you see on these pages? What does the title mean? What kind of photos and art do you see? Who would use this information?

B. Scan each section of the brochure briefly. Match the title of each section to the key word(s) that tell you what the section is about.

1. La Passacaille	a. les tours, découvrir
2. Le Musée des Beaux-Arts	b. cuisine traditionnelle
3. Au Plaisir d'offrir	c. cadeaux
4. La Sellerie	d. peintures, sculptures, art
5. Les Tours de la Cathédrale	e. pizzeria

C. Now that you have some key words in mind, scan the brochure again to figure out where you would go to . . .

   1. take a tour of Chartres.

   2. see a house covered with pieces of pottery and glass.

   3. learn about making stained-glass windows.

PASSEZ UNE JOURNEE A CHARTRES... VILLE D'ART

LE MUSEE DES BEAUX-ARTS

29, cloître Notre-Dame - 28000 CHARTRES
Tél. 02 37 36 41 39

Etabli dans l'ancien Palais Episcopal, le Musée des Beaux-Arts présente des collections conjuguant richesse et diversité : peintures (Holbein, Zurbaran, Chardin, une importante collection Vlaminck), sculptures, tapisseries, mobilier, émaux (XVIe s.), clavecins, arts décoratifs, art primitif océanien.

Accès : au chevet de la Cathédrale dans les jardins (secteur piétonnier).

Ouvert de 10 h à 12 h et de 14 h à 17 h toute l'année. Fermé mardi. Fermé dimanche matin du 1/11 au 31/03.

Plein tarif musée : 1,52€   Tarif réduit : 0,53€
Plein tarif exposition : 3,05€   Tarif réduit exposition : 1,52€

·R·E·S·T·A·U·R·A·N·T·
Au Chat qui Court
8 rue de la Couronne — Chartres — Tl. 02 37 28 55 10

UNE PROMENADE INSOLITE, SANS FATIGUE

Départ place de la Cathédrale. **Circuit commenté de 35 minutes de 10 h à 19 h** dans le Vieux Chartres

de fin mars à la Toussaint (novembre)

Nocturnes en été

Prix :
4,57€ adultes
2,74€ enfants
Réservations groupes :

PROMOTRAIN
131, rue de Clignancourt
75018 PARIS - Tél. 01 42 62 24 00 - Fax 01 42 62 50 30

LA SELLERIE Restaurant

Cuisine traditionnelle dans un cadre rustique et incontournable Salle de réception de 50 à 120 pers. - Aire de jeux enfants - Parking privé - Terrasse

48, RN 10 - 28630 THIVARS - Tél. 02 37 26 41 59

à 5 mn de Chartres
Menus à partir de 10€ tout compris Menus enfants

Ouvert 7 j/7

PIZZERIA
La Passacaille

Ouvert 7 jours sur 7
Salles climatisées

Spécialités italiennes
Pâtes fraîches maison
20 Pizzas au choix

30-32, rue Sainte-Même
entre la Place Châtelet et la Cathédrale
Tél. 02 37 21 52 10

LA MAISON PICASSIETTE

22, rue du Repos - 28000
CHARTRES - Tél. 02 37 34 10 76

Un univers surprenant : pas un centimètre de mur, pas un meuble qui ne soit tapissé d'éclats de vaisselle, faïence et verre divers. Un témoignage exceptionnel d'art populaire (classé Monument Historique).

Accès : entre la route de Paris et la route d'Orléans, proche du cimetière de Chartres.

Tous les jours sauf mardi 10 h - 12 h et 14 h - 18 h du 1/04 au 31/10.

Prix : 2,29€

LES TOURS DE LA CATHEDRALE

Découvrir Chartres et ses environs des tours de la cathédrale, base du "Clocher vieux" 800 ans d'âge, 103 m de haut et du "Clocher Neuf" élevé à 112 m au 16e s. par Jehan de Beauce.

Amateurs de photos, n'hésitez pas !

Accès : à l'intérieur de la Cathédrale près du portail nord (gauche).

Tous les jours excepté les matinées des dimanches et fêtes religieuses et durant certains offices et les 1/05, 1/11, 11/11, 25/12.

9 h 30 - 11 h 30, 14 h - 17 h 30 du 1/04 au 30/09

10 h 30 - 11 h 30, 14 h - 16 h du 1/10 au 31/03

Plein tarif : 3,81€
Tarif réduit : 1,52€

Au Plaisir d'offrir
Cadeaux - Souvenirs - Change - Toilettes
28, place Jean Moulin - Chartres

LE CENTRE INTERNATIONAL DU VITRAIL (C.I.V.)
5, rue du Cardinal Pie - 28000 CHARTRES - Tél. 02 37 21 65 72

Le Centre International du Vitrail a pour mission de promouvoir l'art du vitrail. Il offre au grand public les moyens de connaître et d'apprécier un art ancien que notre temps renouvelle. Il présente des expositions de vitraux de tous pays.

Accès : côté gauche rue parallèle à la Cathédrale.

Tous les jours de 9 h 30 à 12 h 30 et de 13 h 30 à 18 h
Fermeture du 1/04 au 12/04 et du 27/10 au 8/11 - Prix : 3,05€

D. Read more closely for the answers to these questions.

  1. Where would you go if you wanted Italian food?

  2. If you wanted to make a dinner reservation for a large group, which restaurant would you choose?

  3. If you were an amateur photographer, would you be allowed to take pictures on the cathedral tours?

  4. If you plan to visit Chartres in July, will the train tour of Old Chartres run at night?

  5. Would you find the **Musée des Beaux-Arts** open on Tuesday?

E. Choose activities that you can do on a Wednesday at 9:30 A.M., noon, 2 P.M., and 5 P.M.

F. You and your friend Héloïse took photos of your day in Chartres. Complete these captions with information you scan from the brochure.

  1. Me voilà à la Sellerie. C'est la première fois que je mange...

  2. Nous voilà au Musée des Beaux-Arts. Héloïse regarde...

  3. C'est Héloïse et moi devant la cathédrale. On va...

  4. C'est moi au Plaisir d'offrir. Si tu veux, on peut...

G. Create a travel brochure for French-speaking tourists about your town, city, or area. Draw and label pictures of places you think they would like to visit, or use photos from the newspaper. Be sure to include important information, such as times and days the places are open, the entrance fees, the type of food available, and so on. Before you make your final brochure, write a rough draft and have two classmates proofread it.

Cahier d'activités, p. 23, Act. 24

cinquante et un **51**

Grammaire supplémentaire

CD-ROM 1
DVD 1

internet
go.hrw.com
ADRESSE: go.hrw.com
MOT-CLE:
WA3 PARIS REGION-2

Première étape

Objectives Welcoming someone; responding to someone's welcome; asking how someone is feeling and telling how you are feeling

1 Décide si tu utilises **tu** ou **vous** pour parler aux personnes suivantes. Divise ta feuille en deux colonnes, l'une pour **tu**, l'autre pour **vous.** (p. 38)

EXEMPLE

tu	vous
	<u>my teacher</u>

your teacher your brother your best friend

a classmate your friends Sabine and Robert

the family dog your parents

your friend's mother your 8-year-old sister a police officer

2 Tu vas utiliser **tu** ou **vous** pour parler aux personnes mentionnées? Pose les questions suivantes et réponds aux questions en français. (p. 38)

1. Ask your best friend if he is not too tired.
2. Ask your parents if they are not hungry.
3. Tell your French teacher to make herself at home.
4. Ask your aunt if she had a good trip.
5. Respond to your older brother's welcome by saying, "That's nice of you."
6. Ask your family dog if he's thirsty.
7. Tell a classmate to make himself at home.
8. Ask your friends Marion and Diane if they had a nice trip.
9. Respond to your neighbors' welcome by saying, "That's nice of you."

3 Tu parles avec des amis à une fête. Tu poses une question à quelqu'un mais il/elle ne t'entend pas parce qu'il y a trop de bruit. Répète tes questions, avec **est-ce que.** (p. 38)

1. Paul aime la musique?
2. Tu as fait bon voyage?
3. Vous êtes français?
4. Tu es d'ici?
5. On va danser?
6. Tu as déjà mangé?

4 Pose une question à chaque personne d'après leur réponse. Utilise est-ce que pour poser tes questions. Après, choisis la photo qui correspond à chaque phrase. (**p. 38**)

 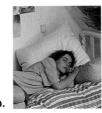  

a.   b.   c.   d.

1. — ...?
   — Si, je meurs de soif.

2. — ...?
   — Oui, j'ai très faim.

3. — ...?
   — Oui, elle a les cheveux bruns.

4. — ...?
   — Si, elle est très fatiguée.

Deuxième étape

Objectives Pointing out where things are; paying and responding to compliments

5 Utilise les expressions entre parenthèses pour décrire où se trouvent les personnes ou les choses suivantes chez toi. (**p. 43**)

EXEMPLE   Mon livre / le bureau (sur)   **Mon livre est sur le bureau.**

1. Ma commode / mon lit (à côté de)

2. Les toilettes / la chambre de ma sœur (en face de)

3. Le salon / la cuisine (loin de)

4. La salle de bains / ma chambre (à gauche de)

5. La salle à manger / la cuisine (à droite de)

6. Mon lit / mon bureau et ma commode (entre)

7. Le poster / ma chaîne stéréo (près de)

8. Le jardin / la maison (devant)

9. Les étagères / mon bureau (derrière)

10. Le balcon / la chambre de mes parents (à côté de)

6 Lorette décrit où elle habite. Complète sa description avec la forme correcte des adjectifs entre parenthèses. (**p. 43**)

J'habite dans un ___1___ (vieux) appartement. Dans l'appartement, il y a trois ___2___ (grand) chambres. Dans ma chambre, j'ai un ___3___ (joli) lit confortable avec deux ___4___ (beau) tables de nuit. J'ai deux ___5___ (grand) posters sur le mur. Je les adore! J'aime lire et j'ai beaucoup de ___6___ (vieux) livres sur mon étagère. Par terre, il y a deux ___7___ (petit) tapis verts. Il y a une ___8___ (vieux) armoire où je mets mes vêtements près de la ___9___ (grand) fenêtre. J'ai aussi deux ___10___ (jeune) chats noirs qui aiment dormir sur mon lit.

7 Utilise les mots proposés pour écrire une phrase qui décrit ce qu'il y a dans ta chambre. Utilise la forme correcte de l'adjectif et place-le correctement dans la phrase. (**p. 43**)

EXEMPLE   une chaîne stéréo / nouveau
J'ai une nouvelle chaîne stéréo.

1. un lit / grand
2. beaucoup de livres / intéressant
3. un tapis / vert
4. une lampe / beau
5. un ordinateur / vieux
6. deux tables de nuit / super
7. un bureau / joli
8. trois disques / nouveau
9. des fleurs / beau
10. un téléphone / petit

Troisième étape   Objectives Asking for and giving directions

8 Manon essaie de décider où elle va aller demain. Utilise **au, à la** et **à l'** pour compléter les phrases suivantes. (**p. 48**)

EXEMPLE   Elle veut voir une exposition. Elle va **au** musée.

1. Elle veut envoyer une lettre. Elle va _____ poste.
2. Elle veut emprunter des livres. Elle va _____ bibliothèque.
3. Elle veut faire du camping. Elle doit aller _____ terrain de camping.
4. Elle préfère étudier avec des amis. Elle va _____ lycée.
5. Elle va acheter des billets de train. Elle doit aller _____ gare.
6. Elle veut lire des brochures sur la ville. Elle va _____ office de tourisme.
7. Elle veut faire un pique-nique. Elle doit aller _____ parc.
8. Elle veut nager. Elle va _____ piscine.

9 Dis où tu vas pour faire les choses suivantes. (**p. 48**)

EXEMPLE   nager?   **Je vais à la piscine.**

1. faire du camping?
2. voir un film?
3. rendre des livres?
4. passer un examen?
5. acheter des timbres?
6. prendre le train?
7. jouer au foot?
8. admirer des tableaux?

10 Tu visites la ville et tu as besoin de demander aux gens comment aller à certains endroits. Utilise **à la, au** et **à l'** pour compléter les phrases suivantes. Après, choisis les renseignements qui correspondent avec l'endroit où tu vas en ville. (**p. 48**)

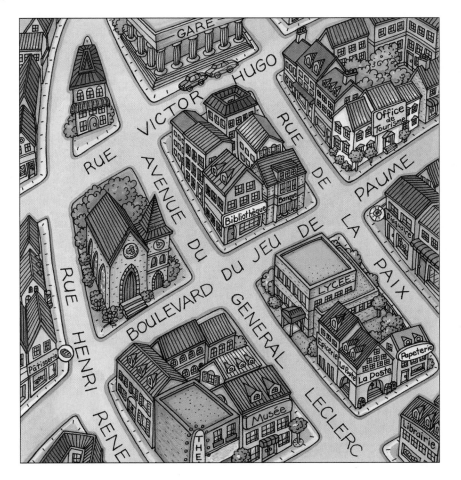

1. Tu es _____ office de tourisme et tu veux aller _____ église.
   _____

2. Tu es _____ banque et tu veux aller _____ lycée.
   _____

3. Tu es _____ gare et tu veux aller _____ poste.
   _____

4. Tu es _____ bibliothèque et tu veux aller _____ pâtisserie.
   _____

a. Prenez le boulevard du Jeu de Paume et tournez à gauche sur l'avenue du Général Leclerc. C'est à gauche.

b. Prenez le boulevard du Jeu de de Paume. Traversez l'avenue de Général Leclerc et la rue Henri René. C'est à droite.

c. Prenez le boulevard du Jeu de Paume. Traversez la rue de la Paix et l'avenue du Général Leclerc. C'est à droite.

d. Prenez la rue Victor Hugo, tournez à gauche sur l'avenue du Général Leclerc. Traversez le boulevard du Jeu de Paume et continuez tout droit. C'est à gauche.

Mise en pratique

CD-ROM 1
DVD 1

internet
ADRESSE: go.hrw.com
MOT-CLE:
WA3 PARIS REGION-2

Echanges Location

Paris, Ile Saint-Louis : appartement 5 pièces, 3 chambres, 1 bain, 2 W.-C., vue Seine et Notre-Dame. Disponible fin juin-mi août contre logement en Californie. 01.45.15.92.38

Alpes, Brides-les-Bains : chalet en bois, 2 chambres, salon - coin cuisine, près des pistes de ski. Disponible hiver contre logement en Floride. 04.79.55.24.37

Côte d'Azur, Le Lavandou : villa, 7 pièces, cuisine équipée, piscine, jardin, 3 chambres, 2 bains, 2 W.- C., vue mer contre logement côte Est des Etats-Unis. 04.94.05.89.63

Franche-Comté, Marigny : ancienne ferme, 5 pièces, style rustique, cuisine moderne, grand jardin, recherche logement Mid-West. 03.84.25.74.47

Loire, Blois : Maison moderne centre-ville, cuisine, salon-salle à manger, 3 chambres, 1 bain-W.- C., jardin. Contre logement en Louisiane. 02.54.74.27.05

1 French people who would like to exchange homes with people in the United States placed the above ads. Which house would you like to stay in and why?

1. In what order is the following information given?
   a. type of home
   b. where the family would like to exchange
   c. phone number
   d. list of rooms

2. Which home(s) would be the best choice for you if . . .
   a. you liked to swim?
   b. you lived in California?
   c. you preferred country living?
   d. you liked newer homes?
   e. you had a large family?
   f. you liked to ski?

2 Look at this map of Paris. You're at the **place St-Michel** in the **Quartier latin** and you're trying to find the museum at the **centre Georges Pompidou.** You ask a passer-by who, unfortunately, gives you the wrong directions. Listen to the directions and figure out where they would actually lead you.

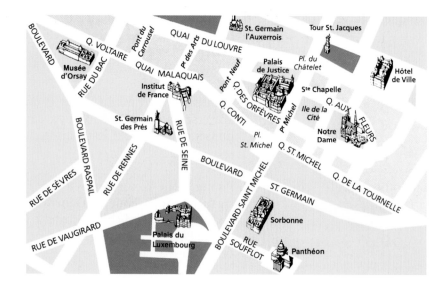

3 **Ecrivons!**

Imagine you're an adult with your own home. For your vacation, you'd like to exchange houses with a French family, so you're going to place an ad in a French newspaper. Write an ad to encourage people to choose your home.

Stratégie pour écrire

Providing details will make your ad more appealing to prospective families. Sharp, specific details will grab your reader's eye immediately. Think about how you would describe your home to someone who has never seen it. You should include information about the climate where your house is located, the location itself, as well as the rooms in your home.

Préparation

Before you create your ad, you'll also want to think about your audience. Who will read your ad? What things might a French family visiting America look for in a house? Which of these features does your house possess? What other unique features does your house have? Jot down ideas for each of these questions.

Rédaction

Using your notes, write an ad persuading prospective families that your house is the one for them. When you give details, don't forget the adjectives you've learned. Remember also that organization is important in good persuasive writing. Point out what you feel is most appealing first and then progress toward points that are less important. You might refer to the ads on page 56 as a model.

Evaluation

After you've completed the first draft of your ad, read it over several times, but with a different purpose each time. Read through it once just to make sure you included all the important information. Next, make sure your ideas are arranged in a logical order. Finally, read for errors in punctuation, capitalization, and grammar.

4 **Jeu de rôle**

An American family has arranged to exchange homes with a French family. The Americans arrive at the French home before the French family leaves for the airport. Play the roles of the two families.

The French family should:
- welcome the American family.
- ask about their trip and how everyone is feeling.
- show the American family around their home.

The American family should:
- respond appropriately to the French family's welcome.
- tell how they are feeling.
- compliment the French family on their home and furnishings.

Can you use what you've learned in this chapter?

Can you welcome someone and respond to someone's welcome?
p. 37

1 What would you say to welcome . . .
1. your pen pal Jean-Louis?
2. your mother's friend?

2 How would you respond to your friend's father, who says . . .
1. Bienvenue chez nous.
2. Fais comme chez toi.
3. Tu as fait bon voyage?

Can you ask how someone is feeling and tell how you are feeling?
p. 38

3 How would you ask Etienne if he's . . .
1. not too tired?   2. hungry?   3. thirsty

4 How would you say that you're . . .
1. fine?   2. very hungry?   3. a little thirsty?

Can you point out where things are?
p. 43

5 When you're showing someone your home, how would you point out . . .
1. your room?   2. the bathroom?   3. the kitchen?

Can you pay and respond to compliments?
p. 44

6 How would you compliment someone on . . . ?

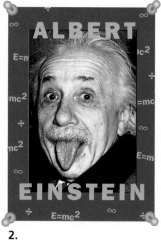

1.   2.   3.

7 How would you respond to a compliment?

Can you ask for and give directions?
p. 49

8 How would you ask directions to . . .
1. the train station?   2. the post office?   3. the library?

9 How would you give someone directions from your school to . . .
1. your favorite fast-food restaurant?   2. the nearest movie theater?

Première étape

Vocabulaire

Welcoming someone; responding to someone's welcome

Bienvenue chez moi (chez nous).	Welcome to my home (our home).
Faites/Fais comme chez vous (chez toi).	Make yourself at home.
Vous avez (Tu as) fait bon voyage?	Did you have a good trip?
Merci.	Thank you.
C'est gentil de votre/ta part.	That's nice of you.

Oui, excellent.	Yes, excellent.
C'était fatigant!	It was tiring!

Asking how someone is feeling and telling how you are feeling

Pas trop fatigué(e)?	(You're) not too tired?
Vous n'avez pas (Tu n'as pas) faim?	Aren't you hungry?
Vous n'avez pas (Tu n'as pas) soif?	Aren't you thirsty?
Non, ça va.	No, I'm fine.

Si, je suis crevé(e).	Yes, I'm exhausted.
Si, un peu.	Yes, a little.
Si, j'ai très faim/soif!	Yes, I'm very hungry/thirsty.
Si, je meurs de faim/soif!	Yes, I'm dying of hunger/thirst!

Deuxième étape

Pointing out where things are

Là, c'est...	Here/There is . . .
A côté de...	Next to . . .
Il y a...	There is/are . . .
Ça, c'est...	This is/are . . .
en face de	across from
à gauche de	to the left of
à droite de	to the right of
près de	near

Paying and responding to compliments

Il/Elle est vraiment bien, ton/ta...	Your . . . is really great.
cool	cool
beau (belle)	beautiful
génial(e)	great
chouette	very cool
Tu trouves?	Do you think so?

C'est vrai? (Vraiment?)	Really?
C'est gentil!	That's nice of you.

Furniture and rooms

l'armoire (f.)	armoire, wardrobe
le balcon	balcony
le bureau	desk
la chaîne stéréo	stereo
la chambre	bedroom
la commode	chest of drawers
la cuisine	kitchen
les étagères (f.)	shelves
le jardin	yard
la lampe	lamp
le lit	bed
la maison	house
la pièce	room (of a house)
le poster	poster

le premier étage	second floor
le rez-de-chaussée	first (ground) floor
la salle à manger	dining room
la salle de bains	bathroom
le salon	living room
le tapis	rug
les toilettes (f.) (les W.-C. (m.))	toilet, restroom
beau (bel)(belle(s)) (beaux)	beautiful
nouveau (nouvel) (nouvelle(s)) (nouveaux)	new
vieux (vieil) (vieille(s))(vieux)	old

Troisième étape

Asking for and giving directions

Où est..., s'il vous plaît?	Where is . . . , please?
Traversez...	Cross . . .
Prenez...	Take . . .
Puis, tournez à gauche dans/sur...	Then, turn left on . . .
Allez/Continuez tout droit.	Go/Keep going straight ahead.
sur la droite/gauche	on the right/left

Places in town

l'auberge (f.) de jeunesse	youth hostel
la banque	bank
la bibliothèque	library
la cathédrale	cathedral
l'église (f.)	church
la gare	train station
le lycée	high school
le musée	museum

l'office (m.) de tourisme	tourist information office
le parc	park
la piscine	pool
la poste	post office
le terrain de camping	campground
le théâtre	theater

3

Un repas à la française

Objectives

In this chapter you will learn to

Première étape

- make purchases

Deuxième étape

- ask for, offer, accept, and refuse food
- pay and respond to compliments

Troisième étape

- ask for and give advice
- extend good wishes

🖅 internet

go.hrw.com
ADRESSE: go.hrw.com
MOT-CLE:
WA3 PARIS REGION-3

◄ **C'est vraiment bon!**

MISE EN TRAIN ▪ *Une spécialité française*

Sandra **Pamela**

Mme Lepic **M. Lepic**

Stratégie **pour comprendre**

What French specialties do you see in these photos? Pay close attention to the French names for these foods. Do you already know what an **escargot** is? If you don't, try to guess what that word means by looking at the photos and considering Pamela's reaction to that dish.

1

Mme Lepic	Alors, qu'est-ce que vous voulez pour le déjeuner?
Pamela	Je ne sais pas. J'aimerais manger quelque chose de bien français.

2

Mme Lepic	Ah, je sais exactement ce que je vais faire.
Sandra	Qu'est-ce que ça va être, Maman?
Mme Lepic	C'est une surprise.

3

Mme Lepic	Voyons, on n'a plus de pain.
Sandra	Nous, on peut en acheter.
Mme Lepic	D'accord. Moi, je vais chercher le reste des provisions.

4

Pamela	Mmm... Regarde les pâtisseries!
Sandra	Elles ont l'air bonnes, mais elles nous couperaient l'appétit.

5 Sandra Voilà une spécialité française : les escargots!
Pamela On mange ça vraiment?
Sandra Mais oui, c'est délicieux.

6 Pamela Je voudrais faire un cadeau à ta mère. Qu'est-ce que je pourrais lui offrir?
Sandra Pourquoi est-ce que tu ne lui achètes pas des fleurs?
Pamela Bonne idée.

7 Pamela Je voudrais un bouquet d'œillets, s'il vous plaît.

8 **Plus tard, chez les Lepic...**
Pamela Tenez, c'est pour vous.
Mme Lepic Oh, c'est trop gentil! Je vais les mettre tout de suite dans un vase.

9 Sandra Pamela, tu veux du pain?
Pamela Oui, je veux bien.

10 Mme Lepic Et maintenant, la surprise. Les escargots!
Sandra Mmmm! J'adore les escargots!
M. Lepic Allez, sers-toi, Pamela.
Pamela ?!
Mme Lepic Bon appétit!

Cahier d'activités, p. 25, Act. 1

MISE EN TRAIN

1 **Tu as compris?**

1. Où sont Mme Lepic, Sandra et Pamela au début d'*Une spécialité française?*

2. Quelles courses est-ce que Pamela et Sandra font pour Mme Lepic?

3. Qu'est-ce que Pamela achète? Pourquoi?

4. Qu'est-ce que Mme Lepic a comme surprise pour Pamela?

2 **Vrai ou faux?**

1. Pamela est allée chez le fleuriste pour acheter du pain.

2. Pamela et Sandra décident d'acheter des pâtisseries.

3. Mme Lepic achète du pain.

4. Pamela achète un bouquet de fleurs pour Mme Lepic.

5. En France, on mange des escargots.

3 **C'est qui?**

Qui a acheté les choses suivantes? Mme Lepic? Sandra? Pamela? Personne?

1.

2.

3.

4.

4 **Une journée intéressante**

Dans son journal Pamela parle de sa journée. Mais elle a oublié quelques petites choses. Tu peux l'aider?

Aujourd'hui, je suis allée en ville avec Mme Lepic et __1__. On a acheté du __2__ à la boulangerie-pâtisserie, mais on n'a pas acheté de __3__ parce que ça coupe l'appétit. J'ai acheté des __4__ pour offrir à Mme Lepic. Elle était très contente. On a eu une surprise pour le déjeuner. Des __5__ !

5 **Cherche les expressions**

What do people in *Une spécialité française* say to . . .

1. ask for advice?

2. make a suggestion?

3. accept a suggestion?

4. offer food?

5. accept food?

6 **Et maintenant, à toi**

Imagine que tu es invité(e) à dîner dans une famille française. On t'offre un plat que tu n'aimes pas. Qu'est-ce que tu fais?

E.LECLERC

2,30€
CAROTTES
le sachet de 2 kg
soit le kg 1,65€

2,87€
RAISINS
Italie, Sicile, le kg

0,90€
BANANES
le kg

1,05€
ENDIVES
le sachet de 1 kg

3,26€
CHOUX-FLEURS
les 2

0,75€
TOMATES
le kg

6,65€
ANANAS
cat. B, les 2

1,44€
POMMES GOLDEN
le sachet de 2 kg
soit le kg 0,72€

1,50€
ORANGES
le sachet de 2 kg
soit le kg 0,75€

7 Les fruits et les légumes

Lisons

1. Quels fruits et légumes est-ce que tu reconnais dans cette publicité? Est-ce qu'il y a des choses que tu n'as jamais vues?

2. Quelles quantités est-ce qu'on utilise pour vendre ces fruits et légumes? A ton avis, qu'est-ce que le mot **sachet** veut dire?

3. Imagine que tu as 5 euros. Tu veux faire une salade de fruits pour une fête. Quels fruits est-ce que tu vas acheter?

Tu te rappelles?

Do you remember how items are sold in French-speaking countries? Fruits and vegetables are priced by the pound **(une livre=500 grammes)** or the kilogram **(un kilo= 2 livres ou 1.000 grammes)**. To give a price in French, say the amount of euros first, then the cents: **7€80=sept euros quatre-vingts**. To review numbers, practice counting by tens from 10 to 100: **dix, vingt, trente, quarante, cinquante, soixante, soixante-dix, quatre-vingts, quatre-vingt-dix, cent.**

Travaux pratiques de grammaire, pp. 20–21, Act. 1–3

Comment dit-on...?

Making purchases

To ask what quantity someone wants:

Combien en voulez-vous?
How many/much do you want?

To ask for a certain quantity of something:

Je voudrais une livre de tomates.
Je vais prendre un kilo de bananes.
Des pommes? **Je vais en prendre** deux
kilos. *I'll take . . . (of them).*

To ask for a price:

C'est combien, s'il vous plaît?
Combien coûtent les pommes?
How much are . . . ?

To ask for the total cost:

Ça fait combien?

Cahier d'activités, p. 26, Act. 2–3

Note de grammaire

The object pronoun **en** means *of them.*
You use it to replace the phrase **de(s)** + **a thing** or **things.**
—Vous voulez **des fraises?**
—Oui, je vais **en** prendre une livre.
—Et avec ça?
—**Des bananes,** s'il vous plaît.
—Combien **en** voulez-vous?
—Un kilo, s'il vous plaît.

Travaux pratiques de grammaire, p. 21, Act. 4–5
Grammaire supplémentaire, p. 82, Act. 1–2

Cahier d'activités, pp. 26–27, Act. 4–5

Note culturelle

In France and in many French-speaking countries, people often do their grocery shopping in small neighborhood stores. Although convenience and lower prices are making supermarkets more popular, many people still prefer specialty shops for fresh food of high quality.

8 **Grammaire en contexte**

Ecoutons Listen to the following conversations to find out what the people are buying at the supermarket. Then, listen a second time for how much they're buying. According to the ad on page 65, how much would each customer pay?

9 **Méli-mélo!**

Parlons Un marchand de fruits et légumes et un client ont une conversation. Mets leur conversation dans le bon ordre. Ensuite, joue la scène avec un(e) camarade, puis changez de rôle. Finalement, jouez cette scène encore une fois. Utilisez des fruits et des légumes différents chaque fois.

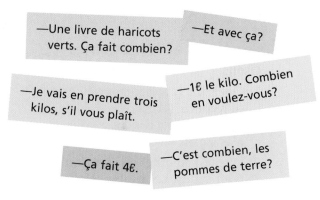

—Une livre de haricots verts. Ça fait combien?

—Et avec ça?

—Je vais en prendre trois kilos, s'il vous plaît.

—1€ le kilo. Combien en voulez-vous?

—Ça fait 4€.

—C'est combien, les pommes de terre?

10 **A vos Caddies®**

Ecrivons/Parlons Des amis végétariens vont venir manger chez toi. Fais une liste des fruits et des légumes nécessaires pour le repas. Ensuite, fais tes courses à **E. Leclerc.** Joue cette scène avec un(e) camarade, puis changez de rôle.

Où est-ce qu'on va pour acheter à manger?

A **la charcuterie,** on trouve...

du pâté

des saucissons du jambon

A **la boulangerie,** on achète...

des pains au chocolat

des baguettes

des croissants

A **la crémerie,** on vend...

des œufs

du beurre

du fromage

du lait

A **la pâtisserie,** on se régale avec...

une tarte aux pommes

des religieuses[1]

des millefeuilles[2]

A **la boucherie,** on peut acheter **de la viande** ou **de la volaille.**

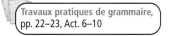

un bifteck

un rôti de bœuf un poulet

A **la poissonnerie,** on trouve du poisson et **des fruits de mer.**

des escargots

des crevettes des huîtres

du poisson

[1]pastries made of two iced cream puffs filled with chocolate or coffee cream
[2]rectangular pastries made of thin layers of puff pastry and cream filling

Travaux pratiques de grammaire, pp. 22–23, Act. 6–10

Cahier d'activités, p. 28, Act. 8–10

11 Les courses

Ecoutons Listen as some parents tell their children what to buy for dinner. Which store(s) will they have to visit?

a. la poissonnerie   c. la boucherie   e. la crémerie
b. la boulangerie   d. la charcuterie   f. la pâtisserie

12 L'intrus

Lisons Dans chaque groupe de mots, trouve le mot qui ne va pas avec les autres. Est-ce que tu peux expliquer pourquoi?

du fromage
du lait
du pâté
du beurre

une religieuse
un gâteau
une tarte
un rôti

la volaille
la charcuterie
la poissonnerie
la pâtisserie

des saucissons
des crevettes
du jambon
du pâté

des huîtres
du poisson
du poulet
des escargots

13 Un cordon bleu attentionné

Lisons Toute la semaine, M. Lepic fait la cuisine! Qu'est-ce qu'il peut préparer pour les personnes suivantes? Qu'est-ce qu'il ne devrait pas préparer?

LUN 12: 072 sᵉ Justine 294 — DÉJEUNER = JEAN (aime la viande) 11

MAR 13: 073 s Rodrigue 293

MER 14: 074 sᵉ Mathilde 292 — Pauline et son mari viennent dîner (n'aiment pas les fruits de mer)

JEU 15: 075 sᵉ Louise 291 — DÉJEUNER avec Louis (végétarien)

VEN 16: 076 sᵉ Bénédic. 290

SAM 17: 077 s Patrice 289 — DÎNER pour Christophe (au régime)

DIM 18: 078 s Cyrille 288 — Sandrine et Emilie (aiment les pâtisseries)

14 Vous en voulez combien?

Parlons Cet après-midi, tu vas faire les courses pour Mme Lepic avec un(e) ami(e). Avec un(e) camarade, jouez le rôle des marchands dans les magasins et du client. Achetez tous les produits sur la liste et choisissez des quantités appropriées.

une douzaine d'œufs
deux baguettes
un poulet
500 grammes de crevettes
2 litres de lait
1 kilo de pommes de terre
une tarte aux pommes
500 grammes de jambon

15 Une publicité

Ecrivons Choisis un magasin d'alimentation et crée une publicité pour ce magasin. Tu peux découper des images dans des magazines ou dans le journal, ou si tu préfères, tu peux faire des dessins. Fais la publicité de six produits au moins et n'oublie pas de donner les prix.

Qu'est-ce qu'un petit déjeuner typique ici?

What's a typical breakfast, lunch, or dinner where you live? We talked to francophone people around the world about their meals. Here's what they told us.

Chantal, Martinique

«Au petit déjeuner, je prends du chocolat, un jus de fruit. Je ne mange pas beaucoup, donc c'est tout ce que je prends.»

Quel est ton repas principal?

«Le déjeuner, soit à la cantine, ou bien chez moi, si je ne suis pas au lycée.»

Qu'est-ce que tu prends?

«D'habitude, enfin c'est varié, ça peut être des pâtes... Je ne sais pas... des pâtes, du riz, enfin c'est très varié. Il n'y a pas de trucs précis.»

Emmanuel, France

«Typiquement? Un déjeuner typiquement français, c'est en général [un] chocolat chaud avec des croissants. C'est tout différent des Américains. C'est... avec des croissants, des toasts, du pain, du beurre, de la confiture... Voilà.»

Sandrine, Martinique

«Au petit déjeuner, des tartines. Je prends des tartines au petit déjeuner, avec du chocolat.»

Quel est ton repas principal?

«Pour moi, c'est... le repas principal, c'est celui du midi.»

Qu'est-ce que tu prends?

«Le midi? C'est très varié, le midi. Je peux prendre du poisson, de la viande, du riz, des légumes du pays aussi.»

Qu'en penses-tu?

1. In what ways are these responses different or similar?
2. How do typical American meals compare with those mentioned in the interviews?
3. How might the area in which people live influence their eating habits?

16 ### Au Lion d'Or

Lisons Regarde le menu du **Lion d'Or.** Combien de catégories est-ce qu'il y a sur le menu? Comment elles s'appellent? Quand tu vas au restaurant, combien de plats est-ce que tu prends? Comment tu appelles ces plats?

17 ### Et au petit déjeuner?

Parlons/Ecrivons D'habitude, qu'est-ce qu'on mange pour le petit déjeuner dans ta région? Est-ce que c'est la même chose qu'au **Lion d'Or** ou est-ce que c'est différent?

Note culturelle

Meals occupy a central place in French family and social life. Lunch and dinner usually consist of several courses: an appetizer, the main course, a simple green salad, cheese, and dessert. A special meal might have as many as nine courses! As an appetizer, the French might eat cold cuts, vegetables in a vinaigrette sauce, or soup. The main course consists of meat or seafood. The French eat a wide variety of meats, fowl, and game such as duck, goose, guinea hen, and rabbit. Potatoes are very common, and you may be served a variety of vegetables like turnips, endive, eggplant, or leeks. For dessert, fresh fruit is often served. Pastries or ice cream are usually reserved for special occasions. The evening meal is generally lighter and often meatless. Eggs are eaten at dinner, but rarely at breakfast.

LE LION D'OR

Entrées
Pâté de campagne	3,05 €
Saucisson sec pur porc	3,05 €
Sardines à l'huile	3,05 €
Carottes râpées	3,05 €
Œuf dur mayonnaise	3,05 €

Viandes-Volaille
Filet de bœuf	9,91 €
Carré d'agneau	9,91 €
Steak au poivre	9,15 €
Poulet garni	6,86 €
Daube de lapin	10,67 €
Filet de canard à l'orange	9,45 €
Tartare (préparé à la commande)	8,54 €

Tous nos plats sont accompagnés de frites ou de salade verte ou de haricots verts

Fromages
Camembert, Gruyère	2,90 €
Yaourt	1,52 €

Fromages Fermiers Sélectionnés
St-Nectaire	3,35 €
Roquefort Papillon (Carte Noire)	3,81 €
Chèvre	4,12 €

Desserts
Crème de marrons	1,83 €
Mont-Blanc	2,44 €
Tarte aux fruits	3,96 €
Crème caramel	3,35 €
Mousse au chocolat	3,66 €

Boissons
Limonade	3,05 €
Eau minérale	3,35 €
Jus de fruit	3,66 €
Thé ou café glacé	3,96 €
Cidre	3,66 €
Milk shake	4,57 €

Au petit déjeuner
Croissant	1,83 €
Tartine	1,37 €
Gâteau Breton	1,37 €

Petit déjeuner complet à . . . . . 7,62 €
Double express ou crème ou chocolat ou thé, 1 croissant, 1 tartine, 1 orange pressée, confiture, beurre, miel

Les repas

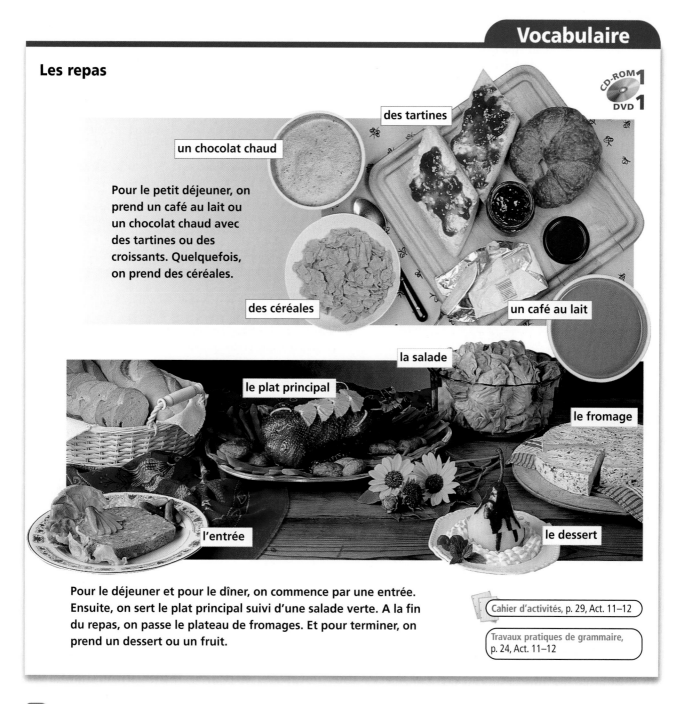

un chocolat chaud

des tartines

Pour le petit déjeuner, on prend un café au lait ou un chocolat chaud avec des tartines ou des croissants. Quelquefois, on prend des céréales.

des céréales

un café au lait

le plat principal

la salade

le fromage

l'entrée

le dessert

Pour le déjeuner et pour le dîner, on commence par une entrée. Ensuite, on sert le plat principal suivi d'une salade verte. A la fin du repas, on passe le plateau de fromages. Et pour terminer, on prend un dessert ou un fruit.

Cahier d'activités, p. 29, Act. 11–12

Travaux pratiques de grammaire, p. 24, Act. 11–12

18 Matin, midi ou soir?

Ecoutons Ecoute ces conversations. Est-ce qu'on parle du petit déjeuner, du déjeuner ou du dîner?

19 A la carte

Parlons Tu vas au **Lion d'Or** pour le déjeuner. Qu'est-ce que tu commandes? Joue la scène avec un(e) camarade.

> EXEMPLE —Qu'est-ce que vous prenez comme entrée?
>
> —Je voudrais…

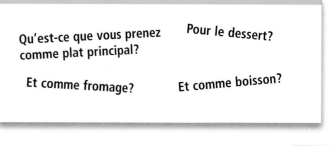

Qu'est-ce que vous prenez comme plat principal?

Pour le dessert?

Et comme fromage?

Et comme boisson?

20 **Les menus de la cantine**

Ecoutons Read this list of school menus from Martinique. Then, listen to some students talking about lunch. Which town are the speakers from? Which day's menu are they talking about?

21 **Une cantine quatre étoiles**

Ecrivons Tu vas créer des menus pour une "semaine francophone" à ton école. Qu'est-ce qu'on va manger? Fais une liste des plats pour chaque jour de la semaine.

LUNDI Entrée :
Plat Principal :
Légumes :
Fromage/Dessert :

CANTINES SCOLAIRES
Les menus de la semaine

VAUCLIN :
Lundi : fromage, lapin chasseur, haricots rosés, mandarines.
Mardi : melon, couscous au mouton, lait gélifié.
Jeudi : salade de laitue, poisson au four, haricots verts et carottes, yaourt.
Vendredi : salade de concombres, steak haché au four, chou vert sauce blanche, cocktail de fruits.

RIVIERE-SALEE :
Lundi : salade de concombres, haricots rosés, poisson grillé, glace.
Mardi : fromage, salade de haricots verts, poisson au four, fruit.
Jeudi : salade de carottes, riz blanc, colombo de cabri, glace.
Vendredi : salade de tomates, sardines, pâté en pot, île au caramel.

Tu te rappelles?

Vouloir *(to want)* and **pouvoir** *(can, to be able)* are conjugated alike in the present tense.

veux, veux, veut, voulons, voulez, veulent
peux, peux, peut, pouvons, pouvez, peuvent

Travaux pratiques de grammaire, p. 25, Act. 13–14

Grammaire supplémentaire, p. 83, Act. 3–4

Comment dit-on...?

Asking for, offering, accepting, and refusing food; paying and responding to compliments

To ask for food:

Je pourrais avoir du pain, **s'il vous plaît (s'il te plaît)?**
May I have some . . . , please?
Vous pourriez (Tu pourrais) me passer le sel?
Would you pass me . . . ?

To respond:

Voilà. *Here it is.*

Tenez (Tiens). *Here you are.*

To offer food or drink:

Vous voulez (Tu veux) de la salade?

Encore du gâteau? *Some more . . . ?*

To accept:

Oui, je veux bien.

To refuse:

Merci, ça va. *Thank you, I've had enough.*
Je n'ai plus faim/soif.
I'm not hungry/thirsty anymore.

To pay a compliment about food:

C'est vraiment bon!
This is really good!
C'était délicieux!
That was delicious!

To respond:

Ce n'est pas grand-chose.
It's nothing special.
Merci, c'est gentil!

Cahier d'activités, pp. 29–30, Act. 13–14

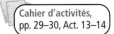

22 A table!

Ecoutons Listen to the following conversations at the table. Is the first speaker asking for food, offering food, or paying a compliment?

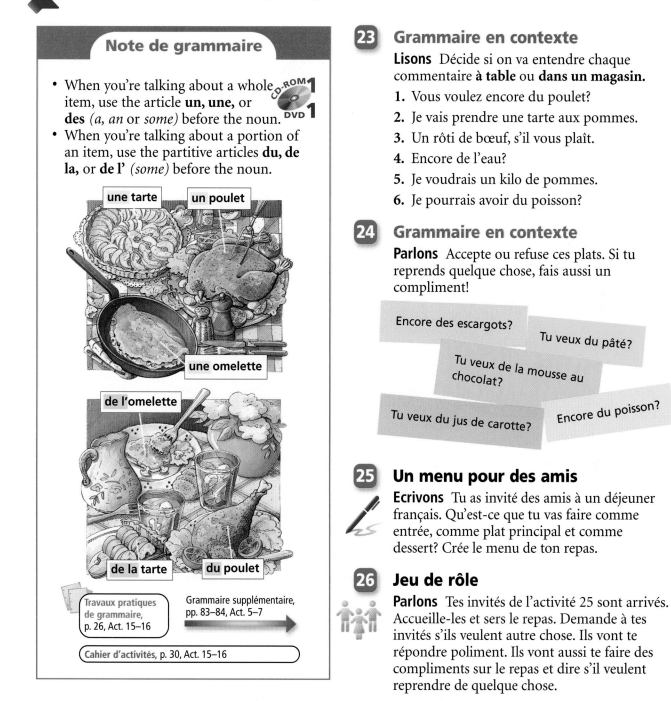

Note de grammaire

- When you're talking about a whole item, use the article **un, une,** or **des** (*a, an* or *some*) before the noun.
- When you're talking about a portion of an item, use the partitive articles **du, de la,** or **de l'** (*some*) before the noun.

une tarte
un poulet
une omelette
de l'omelette
de la tarte
du poulet

CD-ROM 1
DVD 1

Travaux pratiques de grammaire, p. 26, Act. 15–16

Grammaire supplémentaire, pp. 83–84, Act. 5–7

Cahier d'activités, p. 30, Act. 15–16

23 Grammaire en contexte

Lisons Décide si on va entendre chaque commentaire **à table** ou **dans un magasin.**

1. Vous voulez encore du poulet?
2. Je vais prendre une tarte aux pommes.
3. Un rôti de bœuf, s'il vous plaît.
4. Encore de l'eau?
5. Je voudrais un kilo de pommes.
6. Je pourrais avoir du poisson?

24 Grammaire en contexte

Parlons Accepte ou refuse ces plats. Si tu reprends quelque chose, fais aussi un compliment!

Encore des escargots?

Tu veux du pâté?

Tu veux de la mousse au chocolat?

Tu veux du jus de carotte?

Encore du poisson?

25 Un menu pour des amis

Ecrivons Tu as invité des amis à un déjeuner français. Qu'est-ce que tu vas faire comme entrée, comme plat principal et comme dessert? Crée le menu de ton repas.

26 Jeu de rôle

Parlons Tes invités de l'activité 25 sont arrivés. Accueille-les et sers le repas. Demande à tes invités s'ils veulent autre chose. Ils vont te répondre poliment. Ils vont aussi te faire des compliments sur le repas et dire s'il veulent reprendre de quelque chose.

A la française

If you'd like to try eating a meal the French way . . .
- wish everyone **Bon appétit!** before you start to eat.
- keep your hands on or above the table.
- place your bread next to your plate.
- don't change your fork to the other hand after

cutting a piece of meat.
- eat French fries, pizza, and fruit with a knife and fork, not with your hands.
- ask for something politely and never point.
- eat slowly and enjoy the conversation.

Rencontre culturelle

In 2002, France adopted a new currency, replacing its own **francs** with the currency shared by most of the countries of Western Europe, the **euro.** What do you know about the euro?

Qu'en penses-tu?

1. What items are illustrated on the bills and coins? What common element do you see on all the bills and coins?

2. How do these bills compare in design to U.S. dollars?

3. If several countries in the Western Hemisphere decided to use a common currency, how do you think it would affect travel, tourism, and banking?

Savais-tu que... ?

The adoption of a common currency is intended to strengthen Europe economically. One way the euro could do that is by making transactions easier between countries, thereby encouraging trade between them. Euro bills represent the major styles of European architecture with abstract designs of bridges and buildings. Why do you think the design of the bills favors abstract elements instead of real monuments? Euro coins have a common symbol on one face and unique symbols representing each country on the other. How do you think this new currency will affect the economy of Europe? How will it affect the economy of the United States?

Salut,

Juste un petit mot pour te demander de venir manger à la maison samedi soir. J'ai invité Jérôme et Béatrice aussi. On va faire une fondue. Ça te dit ? Viens vers les sept heures. Tu n'es pas obligé d'apporter quelque chose, mais si tu y tiens, amène un dessert ou quelque chose à boire. À bientôt !

Sylvie

On fait une petite fête pour l'anniversaire de Gilles dimanche après-midi au parc de la Victoire. Ça va être une surprise, alors surtout ne lui dis rien ! On s'occupe du gâteau et des bougies. J'espère que tu vas pouvoir venir. Plus on est de fous, plus on rit. À plus tard.

Jean-Pierre
Céline

27 **Tu es invité(e)**

Lisons Quelles sont les informations données dans chaque invitation?

Qu'est-ce qu'on apporte?

Où?

Qu'est-ce qu'on va faire?

Quand?

Avec qui?

Qu'est-ce qu'on va manger?

Note culturelle

In France, a meal is often a way to celebrate friendship or a special occasion. The New Year's dinner is usually spent with friends, while birthday and Christmas dinners are traditionally family celebrations when people exchange gifts and cards. Young people often receive a small gift on their saint's day as well.

Comment dit-on...?

Asking for and giving advice

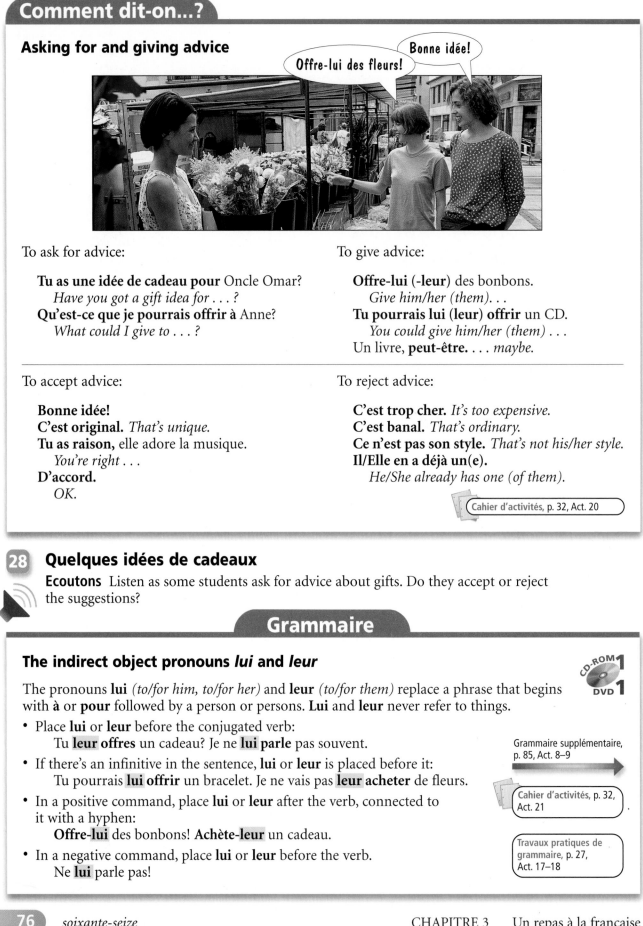

Offre-lui des fleurs!

Bonne idée!

To ask for advice:

Tu as une idée de cadeau pour Oncle Omar?
Have you got a gift idea for . . . ?
Qu'est-ce que je pourrais offrir à Anne?
What could I give to . . . ?

To give advice:

Offre-lui (-leur) des bonbons.
Give him/her (them). . .
Tu pourrais lui (leur) offrir un CD.
You could give him/her (them) . . .
Un livre, **peut-être.** . . . *maybe.*

To accept advice:

Bonne idée!
C'est original. *That's unique.*
Tu as raison, elle adore la musique.
You're right . . .
D'accord.
OK.

To reject advice:

C'est trop cher. *It's too expensive.*
C'est banal. *That's ordinary.*
Ce n'est pas son style. *That's not his/her style.*
Il/Elle en a déjà un(e).
He/She already has one (of them).

Cahier d'activités, p. 32, Act. 20

---

28 **Quelques idées de cadeaux**

Ecoutons Listen as some students ask for advice about gifts. Do they accept or reject the suggestions?

Grammaire

The indirect object pronouns *lui* and *leur*

The pronouns **lui** *(to/for him, to/for her)* and **leur** *(to/for them)* replace a phrase that begins with **à** or **pour** followed by a person or persons. **Lui** and **leur** never refer to things.

- Place **lui** or **leur** before the conjugated verb:
  Tu **leur offres** un cadeau? Je ne **lui parle** pas souvent.

- If there's an infinitive in the sentence, **lui** or **leur** is placed before it:
  Tu pourrais **lui offrir** un bracelet. Je ne vais pas **leur acheter** de fleurs.

- In a positive command, place **lui** or **leur** after the verb, connected to it with a hyphen:
  Offre-lui des bonbons! **Achète-leur** un cadeau.

- In a negative command, place **lui** or **leur** before the verb.
  Ne **lui** parle pas!

Grammaire supplémentaire, p. 85, Act. 8–9

Cahier d'activités, p. 32, Act. 21

Travaux pratiques de grammaire, p. 27, Act. 17–18

29 **Grammaire en contexte**

Parlons Ton ami(e) ne sait pas quels cadeaux offrir à ces gens. Donne-lui des idées.

1. Iman et Sylvie sont toujours à la dernière mode.
2. Catherine fait toujours des photos.
3. Vincent et Paul aiment bien manger.
4. Marc joue au foot tous les jours.
5. Il y a toujours des fleurs sur la table chez tante Marie.
6. Eric va étudier l'allemand à l'université.

un dictionnaire
un joli album de photos
des boucles d'oreilles
des chocolats
des baskets
un vase

Offre-lui...
Tu pourrais lui offrir...
Offre-leur...
Tu pourrais leur offrir...

Vocabulaire

Les magasins et les cadeaux

CD-ROM **1**
DVD **1**

Oh, là là, c'est l'anniversaire de maman. Il me faut des idées de cadeaux...

Des bonbons?
Une boîte de chocolats?

Des fleurs?

Un cadre?
Un vase?

Un foulard?
Un portefeuille?
Un sac à main?

Cahier d'activités, pp. 33–34, Act. 23–25

Travaux pratiques de grammaire, p. 28, Act. 19–21

30 **L'anniversaire de Mme Lepic**

Ecoutons Qu'est-ce que chaque personne offre à Mme Lepic pour son anniversaire?

a.　　　　　b.　　　　　c.　　　　　d.　　　　　e.

31 **Cadeau d'anniversaire**

Parlons Mardi prochain, c'est l'anniversaire de ton meilleur ami (ta meilleure amie). Fais une description de ton ami(e), puis demande des conseils à tes camarades.

Exemple — Patrick aime la musique et le tennis. Qu'est-ce que je pourrais lui offrir?

— Offre-lui des baskets!

— Non, c'est trop cher.

— Tu pourrais lui offrir...

32 **Au grand magasin**

Parlons Ton ami(e) et toi, vous faites des courses dans un grand magasin. Vous avez 75 euros chacun(e). Faites une liste de quatre personnes pour qui vous voulez acheter des cadeaux. Ensuite, fais tes suggestions à ton ami(e). Il/Elle va te donner des idées aussi.

Comment dit-on...?

Extending good wishes

Bonne fête! *Happy holiday! (Happy saint's day!)*
Joyeux (Bon) anniversaire! *Happy birthday!*
Bonne fête de Hanoukkah! *Happy Hanukkah!*
Joyeux Noël! *Merry Christmas!*
Bonne année! *Happy New Year!*
Meilleurs vœux! *Best wishes!*
Félicitations! *Congratulations!*
Bon voyage! *Have a good trip! (by plane, ship)*
Bonne route! *Have a good trip! (by car)*
Bon rétablissement! *Get well soon!*

Cahier d'activités,
p. 34, Act. 26–27

33 ## Qu'est-ce que tu dis?
Parlons/Ecrivons

1. C'est l'anniversaire de ton ami(e).
2. C'est le vingt-cinq décembre.
3. Ton professeur est malade.
4. On allume la menorah.
5. C'est la Fête des Pères.
6. C'est le premier janvier.
7. Ton ami(e) part pour la Côte d'Ivoire.
8. C'est le jour du mariage de ta cousine.
9. Tes parents vont faire du camping.
10. Ta mère a une promotion.

34 ## Les cartes de vœux

Ecrivons Fais une carte de vœux humoristique ou sérieuse pour quelqu'un.

35 **De l'école au travail**

Ecrivons You work as an advertising agent for the well-known French department store **les Galeries Farfouillette.** Create a special advertisement for **La Fête des Mères** featuring the sale items and the menu that the restaurant of your store offers for the occasion.

Lisons!

Gratin de bananes jaunes *Martinique*

INGREDIENTS

- 1 banane jaune [par personne] coupée en rondelles
- 1 oignon haché fin
- 2 gousses d'ail écrasées
- 50 grammes de beurre
- 3 cuillerées à soupe de farine
- 3/4 de litre de lait
- 110 grammes de fromage râpé
- sel et poivre

PREPARATION

1. Faire revenir l'oignon et l'ail dans le beurre, jusqu'à la couleur blonde. Ajouter un peu de sel et poivre.
2. En remuant constamment, rajouter la farine.
3. Hors du feu, ajouter le lait petit à petit.
4. Remettre sur le feu et amener à ébullition.
5. Retirer du feu et mettre la moitié du fromage.
6. Beurrer un plat qui va au four.
7. Alterner des couches de sauce et bananes, terminant avec la sauce.
8. Saupoudrer avec le reste du fromage.
9. Mettre au four à 425 degrés Fahrenheit et laisser dorer.

Servir chaud avec toutes viandes.

Steak au poivre — France

Ingrédients — par personne

- 1 steak
- 1/2 cuillerée à soupe de grains de poivre concassés
- 1/2 cuillerée à soupe de beurre
- 1/2 cuillerée à soupe d'huile
- 2 cuillerées à soupe de bouillon de bœuf
- 1/4 tasse de crème fraîche

Préparation

1. Répartir le poivre sur le steak.
2. Aplatir avec la main.
3. Saler le steak.
4. Faire cuire dans l'huile et le beurre.
5. Sortir le steak et réserver au chaud.
6. Dans la poêle ajouter le bouillon de bœuf et la crème fraîche.
7. Mélanger la sauce et ajouter un peu de sel.

Servir chaud, la sauce sur le steak.

Recettes du monde francophone

Stratégie pour lire

Even if you didn't speak any French at all, you could figure out the meaning of some of the words in the recipes. Become a great guesser! Learn to use visual clues and context to help you guess the meaning of unfamiliar vocabulary. You should try to anticipate the meaning of the words and think about how they fit into the context of what you're reading.

A. From what countries are these recipes? What do you think **soupe arabe** means?

B. Scan the recipes and make a list of at least ten cognates. Which words are related to ingredients? Which words are related to cooking instructions?

C. In what order is the information given?
- **a.** serving instructions
- **b.** ingredients
- **c.** cooking instructions

D. If you were going to make the **Gratin de bananes jaunes**, what are four ingredients that you would need?

E. How long do you need to cook the **Pouding au pain et aux bleuets**? Is it served warm or cold?

Pouding au pain et aux bleuets *Canada*

INGREDIENTS

4 tasses de cubes de pain
1 cuillerée à thé de cannelle
1/4 tasse de sucre granulé
3/4 tasse de beurre fondu
2 tasses de bleuets frais
1/2 tasse de sucre brun

PREPARATION

1. Chauffer le four à 350 degrés Fahrenheit.
2. Placer les cubes dans un grand bol.
3. Ajouter la cannelle et le sucre granulé.
4. Verser le beurre fondu et bien mêler.
5. Mélanger les bleuets et le sucre brun.
6. Dans un plat qui va au four, alterner des rangs de bleuets et pain.
7. Faire cuire au four pendant 30 minutes.

Servir chaud.

Chorba au poulet • *Soupe arabe*

INGREDIENTS (POUR 4 PERSONNES)

- 1 gousse d'ail hachée
- 2 oignons hachés
- 200 grammes de blancs de poulet en cubes
- 50 grammes de concentré de tomate
- 1 grosse boîte de tomates en morceaux
- 1 petite boîte de pois chiches
- 100 grammes de boulghour
- 1 botte de coriandre fraîche hachée
- 1 botte de menthe fraîche hachée
- 3 cuillerées à soupe d'huile d'olive
- 1,5 dl d'eau
- sel et poivre

PREPARATION

1. Faire fondre les oignons dans l'huile avec du sel et du poivre.
2. Ajouter le poulet et faire revenir.
3. Ajouter les tomates, le concentré de tomate et les pois chiches et cuire 10 minutes.
4. Ajouter l'eau, la coriandre, la menthe et le boulghour et laisser mijoter 30 minutes.

F. How many people will the recipe for **Steak au poivre** serve?

G. How much chicken do you need to purchase to make the **Chorba au poulet** for eight people?

H. Match the following cooking instructions with the appropriate recipe.

1. Stir the sauce and add a little salt.
2. Heat the oven to 350°.
3. Remove from heat and add milk little by little.
4. Add the cinnamon and the granulated sugar.
5. Add the chicken and sauté.

a. *Gratin de bananes jaunes*
b. *Pouding au pain et aux bleuets*
c. *Steak au poivre*
d. *Chorba au poulet*

I. Which recipe(s) would you choose to make if you . . .

a. loved fruit?
b. were tired of the usual rice and potatoes?
c. had a lot of leftover bread?
d. liked chicken?
e. liked spicy food?
f. liked tomatoes?

J. Imagine that you're an exchange student in France. Select one of the recipes here to serve at a meal for your host family. Decide what you would like to have with the dish and create a menu. Then, write a shopping list for the items you need and tell where you will purchase the items.

Cahier d'activités, p. 35, Act. 28

LISONS!

quatre-vingt-un **81**

Grammaire supplémentaire

CD-ROM 1
DVD 1

internet

ADRESSE: go.hrw.com
MOT-CLE:
WA3 PARIS REGION-3

Première étape   Objective Making purchases

1 Dans les phrases suivantes, remplace les mots soulignés par le pronom **en**. (**p. 66**)

EXEMPLE   Combien <u>de bananes</u> voulez-vous?
Combien en voulez-vous?

1. Vous voulez <u>des œufs</u>?
2. Je vais prendre deux kilos <u>de tomates.</u>
3. Je veux six <u>oranges</u>, s'il vous plaît.
4. Il va acheter <u>du raisin</u>.
5. On ne trouve pas <u>de pain</u> là-bas.
6. Le pâtissier vend <u>des tartes aux fraises</u>.
7. Les végétariens ne mangent pas <u>de viande</u>.
8. Il achète une livre <u>de pommes de terre</u>.

2 Un étudiant canadien qui vit chez un de tes amis va faire les courses. Ton ami lui a écrit un mot pour lui dire ce qu'il doit acheter. Récris sa petite note. Pour éviter les répétitions, utilise le pronom **en** quand c'est possible. (**p. 66**)

Passe à la pâtisserie pour acheter des baguettes. Prends trois baguettes. Ensuite, à la boucherie, achète des biftecks. Il nous faut six biftecks. Après ça, va à la poissonnerie. On a besoin de crevettes. Tu peux acheter 500 grammes de crevettes? Ah! N'oublie pas les escargots! Prends deux douzaines d'escargots. Pour finir, mon père voudrait du fromage. Est-ce que tu peux acheter du fromage à la crémerie? Merci beaucoup.

3 Choisis le sujet approprié pour chacune des phrases suivantes. (**p. 72**)

1. voulons manger au restaurant.
2. peuvent acheter du fromage.
3. peut lui offrir un cadre.
4. veux en prendre un kilo.
5. pouvez me passer le sel?

a. Moi, je...
b. Eric...
c. Vous...
d. Suzanne et moi, nous...
e. Luc et Franck, ils...

4 Tes amis et toi, vous préparez une fête pour l'anniversaire de Claire. Dis ce que chaque personne fait en complétant les phrases suivantes avec la forme appropriée du verbe entre parenthèses. (**p. 72**)

1. François, tu _____ chercher des escargots? (vouloir)
2. Louise et moi, nous _____ acheter des baguettes après l'école. (pouvoir)
3. Stéphanie _____ acheter du pain. (vouloir)
4. Comme cadeau? Je _____ lui offrir un foulard pour son anniversaire. (pouvoir)
5. Vous _____ aller chercher un gâteau à la pâtisserie? (vouloir)
6. Ils _____ trouver des bonbons aux framboises. (vouloir)
7. Simon _____ acheter des fleurs. (vouloir)
8. Christa et Céline _____ emprunter un vase. (pouvoir)
9. _____ -vous apporter du parfum pour Claire? (pouvoir)
10. Julie, est-ce que tu _____ aller chercher des disques compacts? (vouloir)

5 You're having dinner with a friend. Is your friend offering you a) part of something or b) the whole item? (**p. 73**)

1. Encore une pomme?
2. Tu veux du gâteau au chocolat?
3. Tu veux encore de l'omelette?
4. Encore de l'eau minérale?
5. Tu veux une banane?
6. Encore de la salade?
7. Tu veux encore des petits pois?

6 Voici une liste d'ingrédients pour faire une quiche. Fais une liste de ces ingrédients que tu vas acheter au supermarché cet après-midi. N'oublie pas d'employer les articles partitifs appropriés (**du, de la, des**). (**p. 73**)

Tarte aux pommes

Ingrédients

Pour la pâte :
200 g de farine
100 g de beurre
2 cl d'huile
sel
un verre d'eau

Pour la tarte aux pommes :
1 kg de pommes
2 œufs
60 g de crème
250 ml de lait
125 g de sucre
cannelle en poudre

de la farine

7 Complète la conversation suivante avec les articles appropriés. (**p. 73**)

FRANCINE   Qu'est-ce que tu vas prendre, _____ (du / de l' / de la) poulet ou _____ (un / une / des) bifteck?

THOMAS   Je n'aime pas la viande. Je vais prendre _____ (un / une / des) omelette ou peut-être _____ (un / une / des) crevettes! C'est délicieux!

FRANCINE   Moi, je vais prendre _____ (du / de l' / de la) poisson. Je veux aussi _____ (un / une / des) salade verte et _____ (du / de l' / de la) pain.

THOMAS   Et comme dessert? _____ (Du / De l' / De la) tarte aux pommes, _____ (un / une / des) morceau de gâteau au chocolat ou _____ (un / une / des) religieuse?

FRANCINE   _____ (Du / De l' / De la) mousse (f.) au chocolat, voilà.

THOMAS   Bonne idée! Je vais en prendre aussi. Monsieur, je peux avoir _____ (du / de l' / de la) eau minérale, s'il vous plaît?

8 Tes amis te demandent conseil. Complète les questions de tes amis et tes réponses en utilisant **lui** ou **leur**. (**p. 76**)

EXEMPLE —Marc aime le tennis. Qu'est-ce que je pourrais <u>lui</u> offrir?
—Offre-**lui** des baskets.

1. —Pamela et Luc aiment le chocolat. Qu'est-ce que je pourrais _____ offrir?

   —Offre-_____ des bonbons au chocolat.

2. —Claude a toujours des fleurs dans la cuisine. Qu'est-ce que je pourrais _____ acheter?

   —Achète-_____ un vase.

3. —Eric et Pierre viennent à la boum samedi. Je dois _____ parler?

   —Oui, parle-_____ samedi!

4. —C'est l'anniversaire de Claire. Je fais un gâteau pour elle?

   —Non, ne _____ fais pas de gâteau. Fais-_____ une tarte aux fraises.

5. —Tu as une idée de cadeau pour ma tante et mon oncle? Je _____ offre des fleurs?

   —Non, ne _____ offre pas de fleurs.

9 Ton ami doit acheter des cadeaux pour les personnes suivantes. Dis ce qu'il devrait acheter ou ce qu'il ne devrait pas acheter pour ces personnes, d'après les phrases suivantes. Utilise **lui** ou **leur** dans tes réponses. (**p. 76**)

des disques   un foulard   un cadre

un livre   une cravate

des roses   des bonbons   une montre

EXEMPLE —Sa petite amie aime les photos.
—Offre-lui un cadre. Ne lui offre pas de livre.

1. Sa mère aime les fleurs.

2. Ses grands-parents aiment lire.

3. Ses amis aiment danser.

4. Sa copine aime le chocolat.

5. Son voisin aime aller au théâtre.

6. Son frère est toujours en retard.

7. Ses grands-parents ont beaucoup de photos de lui.

8. Sa tante aime les vêtements féminins.

internet
ADRESSE: go.hrw.com
MOT-CLE:
WA3 PARIS REGION-3

Le Fou du Roy
★ ★ ★

Adresse : 12, rue de la Pie, Chartres

Les prix : menu à 21 euros (entrée, plat, fromage, dessert), carte

Le cadre : Un joli restaurant dans une ancienne cave. Musique classique et ambiance tamisée au rendez-vous.

La cuisine : Cuisine française traditionnelle. En entrée, le pâté au poulet et aux amandes est délicieux. Les escargots constituent aussi un choix excellent. Comme plats, ce restaurant offre une grande variété de viandes et de volaille. Nous recommandons le rôti de bœuf. Et pour finir, la tarte aux pommes est un vrai délice!

L'Air Marin
★ ★ ★ ★

Adresse : 38, place Saint-Pierre, Chartres

Les prix : menus à 20 euros et 25 euros

Le cadre : Le bleu est la couleur de la maison. Décor original avec toutes sortes d'objets insolites et grande terrasse ombragée en été.

La cuisine : De nombreuses spécialités de poissons et de fruits de mer. Pour 25 euros, vous pourrez déguster deux entrées, un plat principal, un assortiment de fromages et un dessert. Les crevettes au gingembre et les huîtres sont délicieuses. A essayer aussi, les religieuses et les millefeuilles faits maison.

1 Read the restaurant reviews and answer these questions.

1. What information do the reviews give about the restaurants?
2. How many courses would you get if you ordered the **menu à 25 euros** at **L'Air Marin?**
3. Which restaurant would you go to if you liked seafood?
4. What type of food does **Le Fou du Roy** serve?
5. What are two specialties at **Le Fou du Roy?**
6. What does the critic recommend you try at **L'Air Marin?**

2 Martin-Alexandre and his sister, Stéphanie, are organizing a birthday party for Claude. Listen to their conversation and answer the following questions.

1. What meal are they having together?
2. What is Stéphanie going to buy at the **boulangerie?**
3. Where is Martin-Alexandre going to buy the dessert?
4. What does Martin-Alexandre think about Stéphanie's first suggestion?
5. What does Martin-Alexandre decide to get for Claude?

3 If you were invited to dinner in a French home, which of the following would be appropriate?

1. eating pizza with your hands
2. placing your bread next to your plate
3. pointing to something you'd like
4. eating with one hand resting in your lap

4 **Ecrivons!**

Imagine that you have been hired as the food critic for a French newspaper. Write an article in which you review the food, service, and atmosphere of a new restaurant, **L'Escargot bleu.**

Stratégie pour écrire

Creating an outline is an effective way to arrange the information for your article in a logical order. A good outline will also help you avoid leaving out important information.

I. le déjeuner / le dîner
   A. l'entrée
      1.
      2.
   B. le plat principal
      1.
      2.

Préparation

First, put your ideas in related groups. In this case, the groups could be the meal (**le déjeuner** or **le dîner**), the service (**le service**), and the atmosphere (**l'ambiance**). Then, put these groups in the order in which you want to present them. Within each group, add subgroups to develop your ideas in more detail. For example, under **le déjeuner/le dîner,** you should tell what you had for each course and what you thought of the food.

Rédaction

Using the information from your outline, write the account of your experience at **L'Escargot bleu.** In your writing, try to avoid repetition and wordiness. A good way to do this is to use pronouns such as **en, y, lui,** and **leur** instead of repeating phrases over and over. Also, don't forget **le, la,** and **les,** the direct object pronouns you've learned.

Evaluation

A good way to evaluate your own writing is to read it aloud to yourself. This can often alert you to awkward wording or other problems with the flow of your writing. You might also read your work aloud to a classmate and have him or her point out anything that is unclear or difficult to follow.

5 **Jeu de rôle**

The French Club is planning a **soirée francophone.** Create a humorous skit as entertainment for the evening. Choose one of these scenarios or invent your own.

—A guest at a home in France does not act appropriately!

—Someone who knows little about French dining customs eats a meal in an elegant French restaurant.

—Two people meet for the first time, and one asks questions that shock the other.

Que sais-je?

Can you use what you've learned in this chapter?

Can you make purchases?
p. 66

1 In France, how would you . . .
1. ask how much the shrimp costs?
2. ask for two kilograms (of them)?
3. ask how much all your purchases cost?

2 Where would you go to buy . . .
1. a pastry?   3. cheese?   5. chicken?
2. eggs?   4. ham?   6. a croissant?

3 What would you expect to have for a typical French breakfast, lunch, and dinner?

Can you ask for, offer, accept, and refuse food?
p. 72

4 How would you . . .
1. ask for more of your favorite dessert?
2. ask someone to pass your favorite main dish?
3. offer someone something to drink?

5 How would you respond if you were offered a second helping?
1. You'd like some more.
2. You just couldn't eat any more.

Can you pay and respond to compliments? p. 72

6 What would you say to compliment the meal you had just eaten? How would you respond to that compliment?

Can you ask for and give advice?
p. 76

7 How would you ask for advice about what to give someone for his or her birthday?

8 How would you advise your friend to give his or her grandmother these gifts?

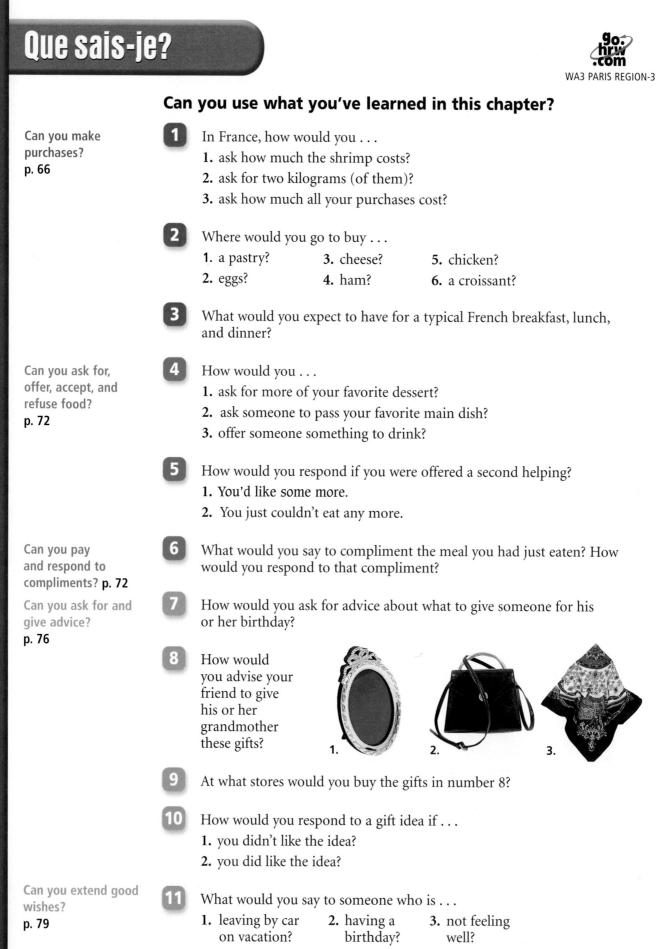

1.   2.   3.

9 At what stores would you buy the gifts in number 8?

10 How would you respond to a gift idea if . . .
1. you didn't like the idea?
2. you did like the idea?

Can you extend good wishes?
p. 79

11 What would you say to someone who is . . .
1. leaving by car on vacation?
2. having a birthday?
3. not feeling well?

Première étape

Making purchases

C'est combien, s'il vous plaît?	How much is it, please?
Combien coûte(nt)... ?	How much is (are)...?
Combien en voulez-vous?	How many/much do you want?
Je voudrais une livre (un kilo) de...	I'd like a pound (kilo) of...
Je vais (en) prendre...	I'll take... (of them).
Ça fait combien?	How much does that make?

Stores and products

la boucherie	butcher shop
la boulangerie	bakery
la charcuterie	delicatessen
la crémerie	dairy
la pâtisserie	pastry shop
la poissonnerie	fish shop
la baguette	long loaf of bread
le beurre	butter
le bifteck	steak
les crevettes (f.)	shrimp
les croissants (m.)	croissants
les escargots (m.)	snails
le fromage	cheese
les fruits de mer (m.)	seafood
les huîtres (f.)	oysters
le lait	milk
le jambon	ham
le mille-feuille	layered pastry

Vocabulaire

les œufs (m.)	eggs
le pain au chocolat	croissant with a chocolate filling
le pâté	paté
le poisson	fish
le poulet	chicken
la religieuse	cream puff pastry
le rôti de bœuf	roast beef
le saucisson	salami
la tarte aux pommes	apple tart
la viande	meat
la volaille	poultry

Deuxième étape

Asking for, offering, accepting, and refusing food

Je pourrais avoir..., s'il vous plaît?	May I have some..., please?
Vous pourriez (Tu pourrais) me passer... ?	Would you pass...?
Vous voulez (Tu veux)... ?	Do you want...?
Encore... ?	Some more...?
Voilà.	Here it is.
Tenez (Tiens).	Here you are.
Oui, je veux bien.	Yes, I would.
Merci, ça va.	No thank you, I've had enough.
Je n'ai plus faim/soif.	I'm not hungry/ /thirsty any more.

Paying and responding to compliments

C'est vraiment bon!	This is really good!
C'était délicieux!	That was delicious!
Ce n'est pas grand-chose.	It's nothing special.
Merci, c'est gentil!	Thanks, that's nice of you!

Meal vocabulary

la tartine	bread, butter, jam
le café au lait	coffee with milk
les céréales (f.)	cereal
le chocolat chaud	hot chocolate
l'entrée (f.)	first course
le plat principal	main course
le dessert	dessert

Troisième étape

Asking for and giving advice

Tu as une idée de cadeau pour... ?	Have you got a gift idea for...?
Qu'est-ce que je pourrais offrir à... ?	What could I give to...?
Offre-lui (-leur)...	Give him/her (them)...
Tu pourrais lui (leur) offrir...	You could give him/her (them)...
..., peut-être	..., maybe
Bonne idée!	Good idea!
C'est original.	That's unique.
Tu as raison...	You're right...
D'accord.	OK.
C'est trop cher.	It's too expensive.
C'est banal.	That's ordinary.
Ce n'est pas son style.	That's not his/ her style.
Il/Elle en a déjà un(e).	He/She already has one (of them).

Gifts and shops

les bonbons (m.)	candies
la boîte de chocolats	box of chocolates
le cadre	photo frame
les fleurs (f.)	flowers
le foulard	scarf
le portefeuille	wallet
le sac à main	purse
le vase	vase
la boutique de cadeaux	gift shop
la confiserie	candy shop
le fleuriste	florist's shop
la maroquinerie	leather shop

Extending good wishes

Bonne fête!	Happy holiday! (Happy saint's day!)
Joyeux (Bon) anniversaire!	Happy birthday!
Bonne fête de Hanoukkah!	Happy Hanukkah!
Joyeux Noël!	Merry Christmas!
Bonne année!	Happy New Year!
Meilleurs vœux!	Best wishes!
Félicitations!	Congratulations!
Bon voyage!	Have a good trip! (by plane, ship)
Bonne route!	Have a good trip! (by car)
Bon rétablissement!	Get well soon!

CHAPITRE 4

Allez, viens à la Martinique!

Population : 369.000

Points d'intérêt : la Pagerie, le Rocher du Diamant, la plage des Salines, le musée Gauguin du Carbet, la bibliothèque Schœlcher

Parcs et jardins : le jardin de Balata, la Savane, les Ombrages

Martiniquais célèbres : Aimé Césaire, Joséphine de Beauharnais

Ressources et industries : bananes, ananas, canne à sucre

Spécialités : boudin créole, acras de morue, crabes farcis, colombo de mouton

Festivals : la Semaine internationale de voile, le Festival de Sainte-Marie, Mai de Saint-Pierre

WA3 MARTINIQUE

La plage des Salines et le Rocher du Diamant ▶

Martinique

La Martinique est une petite île de la mer des Caraïbes que l'on appelle aussi «la perle des Antilles françaises». On y vit au rythme créole : on danse la biguine et le zouk, on mange piquant, mais il ne faut pas oublier que la Martinique est un département de la France. Ses habitants sont français. Ils votent comme s'ils habitaient en France métropolitaine. Le français est la langue officielle et on paie ses achats en euros.

🖥 internet

go.hrw.com **ADRESSE:** go.hrw.com
MOT-CLE: WA3 MARTINIQUE

1 L' artisanat
Ce Martiniquais cueille des feuilles de cocotier pour en faire des objets qu'il vendra au marché.

2 Les épices
La Martinique en produit une grande variéte.

3 Les ressources
La Martinique produit surtout de la canne à sucre, des ananas et des bananes qu'on appelle «l'or vert» de l'île.

4 **Le jardin de Balata**
Des milliers d'espèces de fleurs poussent
dans ce merveilleux jardin.

Au chapitre 4, tu vas rencontrer Agnès, Stéphane, Jean-Philippe et Lisette, quatre jeunes Martiniquais qui vont te faire visiter leur merveilleuse île, appelée "l'île aux fleurs", avec ses magnifiques plages et sa forêt tropicale. Ils vont aussi te faire partager la vie quotidienne des Martiniquais, leur culture, leurs coutumes, etc... Bon voyage!

5 **Les gommiers**
Ces bateaux multicolores sont utilisés pour la pêche.

4
Sous les tropiques

Objectives

In this chapter you will learn to

Première étape

- ask for information and describe a place

Deuxième étape

- ask for and make suggestions
- emphasize likes and dislikes

Troisième étape

- relate a series of events

internet

go.hrw.com

ADRESSE: go.hrw.com
MOT-CLE:
WA3 MARTINIQUE-4

◀ **Qu'est-ce qu'on peut faire à la Martinique?**

MISE EN TRAIN ▪ *Un concours photographique*

Stratégie
pour comprendre
Can you guess the theme of each one of the two photo projects?

Agnès — Jean-Philippe — Stéphane — Lisette

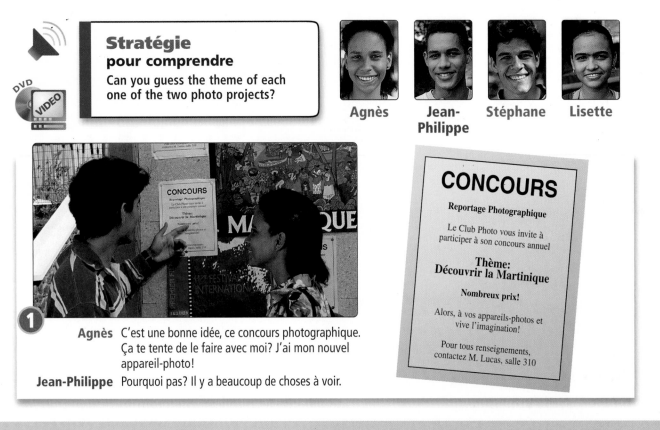

1

Agnès C'est une bonne idée, ce concours photographique. Ça te tente de le faire avec moi? J'ai mon nouvel appareil-photo!

Jean-Philippe Pourquoi pas? Il y a beaucoup de choses à voir.

CONCOURS
Reportage Photographique
Le Club Photo vous invite à participer à son concours annuel

Thème:
Découvrir la Martinique

Nombreux prix!

Alors, à vos appareils-photos et vive l'imagination!

Pour tous renseignements, contactez M. Lucas, salle 310

LA MARTINIQUE...
autrefois appelée Madinina, l'île aux fleurs. Une île parmi tant d'autres, mais si belle, colorée, chaleureuse...

On se promène, on se baigne, on se bronze. La mer, le sable, le soleil, les cocotiers, l'eau couleur turquoise, les sports nautiques... La Martinique — c'est magnifique!

Chez nous, il fait beau, chaud même parfois, mais il y a toujours un peu de pluie. C'est pour ça que notre île est si verte toute l'année. Il y a des fleurs de toutes les couleurs : rouges, jaunes, mauves, bleues, et blanches!

Plus vers le nord, c'est la jungle tropicale, les arbres immenses, le paradis des plantes et des moustiques.

C'est l'éternel printemps. Quand on a vu le soleil se coucher sur la mer ou bien se lever au petit matin, déjà on est amoureux.

Stéphane Tu sais, la Martinique, c'est plus qu'une île touristique. Pour vraiment l'apprécier, on doit voir comment on vit ici.

Lisette Tu as raison. Il vaut mieux montrer la vie de tous les jours à la Martinique.

LES VISAGES DE LA MARTINIQUE

La Martinique, c'est plus qu'un paradis pour les touristes. C'est aussi l'île des Martiniquais...

La vie des jeunes

Pour nous, les jeunes, c'est l'école. Le soir, on apprend les leçons. Parfois, on aide les parents au travail. Mais on préfère, bien sûr, faire du vélo ou aller à la plage.

La vie en famille

Le samedi après-midi ou le dimanche, c'est quand la famille peut être réunie. On aime bien jouer aux jeux de société ou se balader ensemble.

La vie en ville

Beaucoup de gens se lèvent à 4h parce que leur travail commence très tôt. Le soir, on prépare le repas en famille. D'habitude, on se couche de bonne heure, mais on a toujours le temps de s'amuser. Cette employée de banque aime danser, surtout le zouk.

La vie près de la mer

Avec la mer toujours bleue et le climat doux, la Martinique est un paradis pour les pêcheurs. On pêche toute l'année: des daurades, des thons, des poissons rouges... Ça change selon la saison. Puis on va les vendre au marché.

Cahier d'activités, p. 37, Act. 1–2

1 Tu as compris?

1. Why are the students taking pictures?
2. What do Agnès and Jean-Philippe take pictures of?
3. What do they emphasize in their presentation of Martinique?
4. What do Stéphane and Lisette take pictures of?
5. What are they trying to show in their photo-essay?

2 Pourquoi?

Complète les phrases suivantes.

1. L'île est verte toute l'année...
2. C'est un paradis pour les pêcheurs...
3. Beaucoup de gens se lèvent à 4h...
4. C'est une île très colorée...
5. On aime se balader ensemble le samedi après-midi ou le dimanche...

a. parce qu'il y a des fleurs de toutes les couleurs.
b. parce que c'est quand la famille peut être réunie.
c. parce que le climat est doux et la mer est toujours bleue.
d. parce qu'il y a toujours un peu de pluie.
e. parce que le travail commence très tôt.

3 A qui, les photos?

Voici des photos prises par Agnès, Jean-Philippe, Stéphane et Lisette. D'après ce que tu sais sur les thèmes de leurs reportages photographiques, dis qui a pris chaque photo.

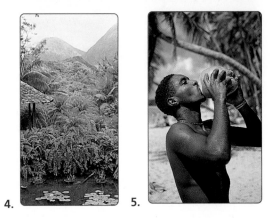

1.

2.　　3.　　4.　　5.

4 Cherche les expressions

In *Un concours photographique* what do the students say to . . .

1. suggest that they participate in the photo contest?
2. accept a suggestion?
3. describe what's on the island?
4. describe the weather?
5. tell when and how often they do something?

5 Et maintenant, à toi

Imagine que tu vas faire un reportage photographique sur ta ville ou sur ton état. Qu'est-ce que tu vas prendre comme photos?

Objectives Asking for information and describing a place

Salut Norbert!
On visite Saint-Pierre aujourd'hui. La ville a été détruite par une éruption volcanique en 1902. Sur la plage, le sable est noir. Ça fait bizarre. Il fait beau, on passe de bonnes vacances et on t'embrasse très fort,
Paul

Imprimé en France

Reproduction interdite

Norbert ROUQUET
6 Rue PASCAL
85000 LA ROCHE-SUR-YON

Un petit mot de la Martinique où il fait un temps magnifique. Je t'écris de la plage à l'ombre des cocotiers. C'est un vrai paradis ici. On rentre dans l'eau comme dans son bain, et il y a des fleurs incroyables, immenses. Le seul problème, c'est les moustiques. Vous verriez mes jambes! Bisous.
Florence

Imprimé en France

Reproduction interdite

M. et Mme LEPOULAIN
12 Boulevard du Fort
59650 VILLENEUVE D'ASCQ

6 Les cartes postales

Lisons

1. Qu'est-ce que Florence pense de la Martinique? Quel est son problème?
2. Paul visite quelle ville? Qu'est-ce qui est arrivé en 1902 dans cette ville?
3. Qu'est-ce que Paul trouve bizarre? Pourquoi?

Note culturelle

You know the present-day capital of Martinique is Fort-de-France, but did you know that until 1902 the capital was the city of Saint-Pierre? Saint-Pierre was a very rich and glamorous city, known as **le Petit Paris** of the West Indies. But on the morning of May 8, 1902, Mount Pelée exploded, and in three minutes the entire city of 30,000 people was destroyed. Only one person, a prisoner protected by his cell walls, survived the eruption.

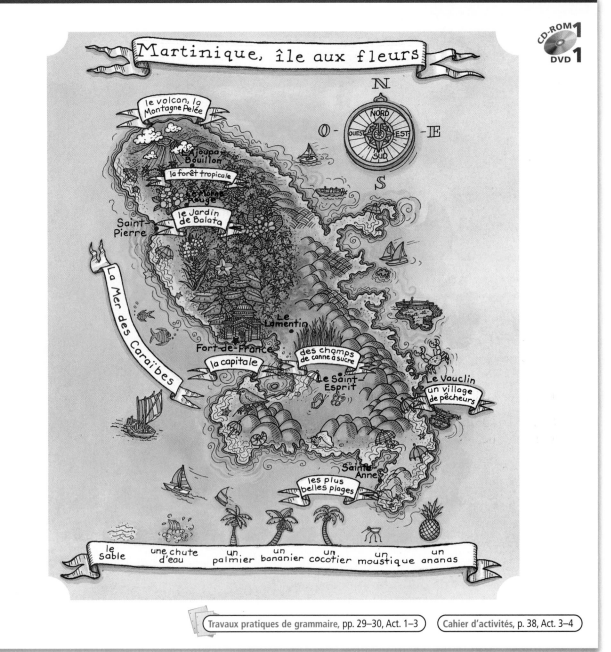

Martinique, île aux fleurs

le volcan, la Montagne Pelée

L'Ajoupa-Bouillon

la forêt tropicale

La Trace Rouge

le Jardin de Balata

Saint-Pierre

La Mer des Caraïbes

Le Lamentin

Fort-de-France

la capitale

des champs de canne à sucre

Le Saint-Esprit

Le Vauclin

un village de pêcheurs

Sainte-Anne

les plus belles plages

le sable — une chute d'eau — un palmier — un bananier — un cocotier — un moustique — un ananas

Travaux pratiques de grammaire, pp. 29–30, Act. 1–3   Cahier d'activités, p. 38, Act. 3–4

7 Vrai ou faux?

Lisons

1. La Martinique est dans la mer des Caraïbes.
2. La capitale de la Martinique est la montagne Pelée.
3. Dans le sud, il y a de belles plages.
4. Dans le nord de la Martinique, il y a une forêt tropicale.
5. Il y a des villages de pêcheurs dans l'ouest de la Martinique.

Tu te rappelles?

When you want to say *some*, simply use **de** if there's an adjective before a plural noun:

des conseils	→	**de bons** conseils
des plages	→	**de belles** plages

Travaux pratiques de grammaire, p. 30, Act. 4

Grammaire supplémentaire, p. 116, Act. 1–2

Cahier d'activités, p. 39, Act. 5

8 Une île tropicale

Ecoutons While in France, you hear the following ad for Martinique on the radio. Which features of the island are mentioned?

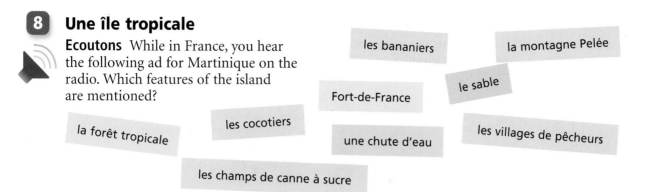

les bananiers

la montagne Pelée

le sable

Fort-de-France

les cocotiers

la forêt tropicale

une chute d'eau

les villages de pêcheurs

les champs de canne à sucre

9 A la Martinique

Lisons/Ecrivons Complète les phrases suivantes avec les mots et les expressions présentés dans l'activité 8. Ensuite, invente d'autres phrases avec les mots et expressions que tu n'as pas utilisés.

1. Le volcan qui a détruit l'ancienne capitale s'appelle _____.
2. Si vous adorez le poisson, visitez _____.
3. Il pleut beaucoup dans _____.
4. Attention à ta tête quand tu marches sous _____.
5. A la Martinique il y a des plages où _____ est noir.
6. La capitale de la Martinique s'appelle _____.

10 Vingt questions

Parlons Ecris le nom d'une chose qu'on trouve à la Martinique. Tes camarades vont te poser des questions pour deviner quelle chose tu as choisie. Tu dois répondre aux questions par oui ou par non seulement. Quand une personne devine, c'est son tour d'écrire le nom d'une chose typique de la Martinique.

EXEMPLE —C'est un fruit?   —Non.   —C'est une ville?   —Oui.
        —C'est un arbre?   —Non.   —C'est Fort-de-France?   —Oui.
        —C'est un lieu?   —Oui.

11 Une visite guidée

Parlons Tu as fait une visite guidée de la Martinique et tu as vu ces endroits. Ton/Ta camarade a envie de faire la même visite guidée. Il/Elle te pose des questions et tu lui décris chaque endroit que tu as visité. Ensuite, changez de rôle.

EXEMPLE —C'est comment, la plage des Salines?
        —C'est magnifique! Le sable est blanc et il y a des palmiers.

la ville de Saint-Pierre

le jardin de Balata

le marché

la forêt tropicale

Comment dit-on...?

Asking for information and describing a place

To ask about a place:

Où se trouve la Martinique?
Where is . . . located?
Qu'est-ce qu'il y a à voir?
What is there . . . ?

Il fait chaud?

C'est comment? *What's it like?*

To describe a place:

La Martinique **se trouve** dans la mer des Caraïbes.
Dans le nord, il y a la forêt tropicale et **dans le sud,** il y a de belles plages. La capitale se trouve **dans l'ouest** et il y a des villages de pêcheurs **dans l'est.**

Il fait toujours très chaud et il pleut souvent.

C'est **plus grand que** New York.
. . . bigger than . . .
C'est **moins grand qu'**Oahu.
. . . smaller than . . .
La Martinique est une île **charmante, colorée** et **vivante!**
. . . charming, colorful, lively

Cahier d'activités, p. 39, Act. 6–7

12 ## Ma ville

Ecrivons Complète les phrases pour faire une description de ta ville.

_____ se trouve dans l'état de/d' _____. Dans le nord, il y a _____ et dans le sud, il y a _____. Il fait _____ chez nous. Ma ville est plus grande que _____ et moins grande que _____. C'est une ville _____ et _____.

13 ## Jeu d'identification

Parlons Pense à une ville importante aux Etats-Unis ou ailleurs. Tes camarades de classe vont te poser des questions pour deviner le nom de cette ville.

Où se trouve cette ville?

C'est petit?

Qu'est-ce qu'il y a à voir?

C'est comment?

C'est plus grand que... ?

Il fait froid en hiver?

14 ## Mon journal

Ecrivons Est-ce que tu as envie de voyager? Où est-ce que tu voudrais aller? Décris l'endroit que tu aimerais visiter. Dis ce qu'il y a à faire et à voir là-bas. Ajoute des images à ta description si tu veux.

15 ## Et toi, tu voudrais aller où?

Parlons Maintenant, pose cinq questions à un(e) camarade sur l'endroit où il/elle voudrait aller. Tu peux poser des questions sur la géographie, le climat et les activités locales. Ensuite, changez de rôle.

PANORAMA CULTUREL

Qu'est-ce qu'il y a à visiter dans cette région?

We asked some francophone people what there is to see in their area. Here's what they had to say.

Célestine,
Côte d'Ivoire

«En Côte d'Ivoire, ce qu'il y a à voir en touriste je dirais... Je pense souvent au niveau de Man, c'est-à-dire, le pays, la ville de Man. Il y a les montagnes et puis, il y a des cascades et ensuite, il y a la ville de Korhogo qui recouvre beaucoup de culture, c'est-à-dire les danses. Et il y a beaucoup de choses à apprendre, surtout pour les étrangers. Il y a les masques à découvrir. Il y en a plein. Il y a trop de choses. On ne peut pas les citer.»

Thomas, France

«[Paris,] c'est une ville de touristes quand même. C'est une grande ville parce que c'est la capitale de la France quand même. C'est une des plus belles villes du monde et il y a beaucoup de lieux touristiques. Il y a beaucoup de musées. Il y a des sculptures. Il y a des cinémas, beaucoup de cinémas pour les sorties entre copains. Et il y a la tour Eiffel, la tour Montparnasse, les grands sites.»

Marie, France

«En Provence, il y a surtout la mer. Moi, j'aime bien. C'est pas très loin. C'est à une demi-heure d'ici. Il y a la mer. On peut se baigner. Aussi, il y a toutes les villes de Côte d'Azur qui sont très jolies, où on peut aller se promener. Voilà.»

Qu'en penses-tu?

1. Which of the places mentioned would you most like to visit? What makes it attractive to you?

2. What is there to see and do where you live? Are the sights and activities similar to those the interviewees mentioned?

3. Imagine that you're a teenager living in Martinique and you were just asked the question **Qu'est-ce qu'il y a à visiter dans cette région?** Using these interviews as models, write an answer to the question.

103

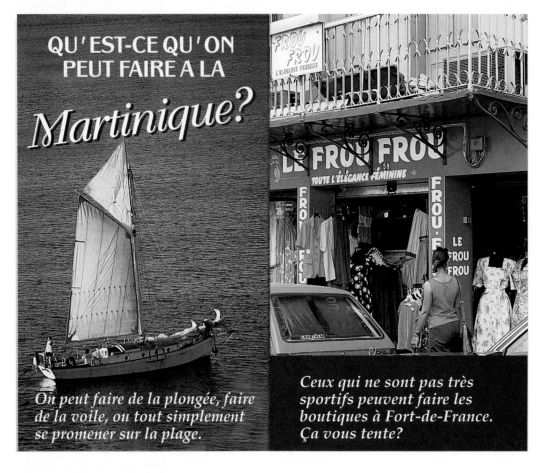

QU'EST-CE QU'ON PEUT FAIRE A LA

Martinique?

On peut faire de la plongée, faire de la voile, ou tout simplement se promener sur la plage.

Ceux qui ne sont pas très sportifs peuvent faire les boutiques à Fort-de-France. Ça vous tente?

16 **Tu veux visiter la Martinique?**

Lisons Est-ce que cette brochure te donne envie d'aller à la Martinique? Pourquoi ou pourquoi pas?

Note culturelle

Among the most beautiful sights in Martinique are the **yoles rondes,** or **gommiers,** the traditional fishing boats that are also used for racing. People come from all over the world to watch the "nautical ballet" of these brightly painted boats that are unique to Martinique.

A la Martinique, on aime bien...

faire de la planche à voile.

faire du deltaplane.

faire de la plongée sous-marine.

aller à la pêche.

faire de la plongée avec un tuba.

danser le zouk.

déguster des fruits tropicaux.

se promener.

se baigner.

s'amuser.

Note de grammaire

Did you notice the word **se** before some of the verbs in the **Vocabulaire?** The pronoun **se** tells you that the subject of the sentence receives the action of the verb. Verbs with this pronoun before them are called *reflexive verbs.* You'll learn how to make the forms of the reflexive verbs later in this chapter.

Travaux pratiques de grammaire, pp. 31–32, Act. 5–7

Cahier d'activités, p.41, Act. 9–10

Travaux pratiques de grammaire, p. 32, Act. 8

Grammaire supplémentaire, p. 117, Act. 3

17 **Qu'est-ce qu'on fait aujourd' hui?**

Ecoutons Listen as Magali and César decide what to do today. List two things they suggest. What do they finally decide to do?

18 **Qu'est-ce qu'ils aiment?**

Parlons/Ecrivons Regarde les bureaux de José et de Jocelyne. A ton avis, qu'est-ce qu'ils aiment faire?

Le bureau de José   Le bureau de Jocelyne

Comment dit-on...?

Asking for and making suggestions

To ask for suggestions about what to do:

Qu'est-ce qu'on peut faire?

To make suggestions:

On peut se promener sur la plage.
   We can . . .
Ça te dit d'aller manger une glace?
   What do you think of going . . . ?
Si on allait se baigner?
   How about going . . . ?

(Cahier d'activités, p. 42, Act. 11–13)

Note culturelle

In Martinique, people speak French and **créole,** a mixture of French and African languages with some Spanish, English, and Portuguese words. Here's how to respond in Creole to someone's suggestions:

Oui / Non *Ouai / Han-Han*

Chouette! *I bon!*

D'accord. *D'accó.*

C'est une bonne idée. *Ce'an bon bagaï.*

Je ne peux pas. *Mwen pé pa.*

Ça ne me dit rien. *Sa pa ka di mwen ayen.*

Pas question! *Awa!*

19 **Une journée touristique**

Parlons Fais des projets pour une journée touristique à la Martinique avec un(e) camarade. Choisissez ce que vous allez faire le matin, l'après-midi et le soir.

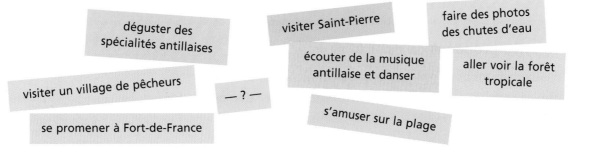

déguster des spécialités antillaises

visiter Saint-Pierre

faire des photos des chutes d'eau

écouter de la musique antillaise et danser

aller voir la forêt tropicale

visiter un village de pêcheurs

— ? —

se promener à Fort-de-France

s'amuser sur la plage

20 **Qu'est-ce qu'on peut faire?**

Ecrivons Imagine que tu habites à la Martinique depuis quelques mois. Un(e) ami(e) américain(e) va venir te voir. Ecris une lettre à ton ami(e) pour lui dire ce qu'il y a à faire et à voir à la Martinique. Suggère six activités que vous pouvez faire pendant son séjour.

DE BONS CONSEILS

If a writing task seems too complicated, start off by making a list of words and phrases that you might want to use. Then, add adjectives and connectors like **et** and **mais** to make sentences. Using connectors will make you sound more sophisticated in French . . . and in your native language.

Comment dit-on...?

Emphasizing likes and dislikes

Ce qui me plaît, c'est de jouer au frisbee®!

To emphasize what you like:

Ce que j'aime bien le week-end, **c'est** me coucher très tard.
What I like is . . .
Ce que je préfère, c'est me promener sur la plage.
What I prefer is . . .
Ce qui me plaît à la Martinique, **c'est** la mer!
What I like is . . .

To emphasize what you don't like:

Ce que je n'aime pas, c'est les maths!
What I don't like is . . .
Ce qui ne me plaît pas, c'est de me lever à 6h du matin.
What I don't care for is . . .
Ce qui m'ennuie, c'est de rester à la maison le week-end.
What bores me is . . .

Cahier d'activités, p. 43, Act. 14

Note de grammaire

When you're using a reflexive verb to talk about yourself, use **me** before the verb instead of **se.** Can you figure out what **me lever** and **me coucher** mean in **Comment dit-on...?** if **se lever** means *to get up* and **se coucher** means *to go to bed*?

21

Ce que j'aime bien...

Ecoutons What activities are these people talking about? Do they like or dislike the activities?

Grammaire

The relative pronouns *ce qui* and *ce que*

The relative pronouns **ce qui** and **ce que** both mean *what*.

- **Ce qui** is the subject of the clause it introduces. Notice that expressions with **plaire** and **ennuyer** require **de** before an infinitive.

  Ce qui me plaît, c'est **de** faire de la plongée sous-marine.
  Ce qui m'ennuie, c'est **de** me lever tôt.

- **Ce que** is the direct object of the clause it introduces. It is usually followed by a subject.

  Ce que j'aime bien, c'est danser le zouk avec mes amis.

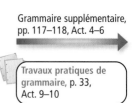

Grammaire supplémentaire, pp. 117–118, Act. 4–6

Travaux pratiques de grammaire, p. 33, Act. 9–10

---

22 **Grammaire en contexte**

Ecrivons Mélanie, ta nouvelle correspondante martiniquaise, te dit ce qu'elle aime et ce qu'elle n'aime pas. Complète sa lettre avec **ce qui** et **ce que.**

Je m'appelle Mélanie et j'habite à Fort-de-France. La Martinique, c'est super! Moi, ___1___ j'aime, c'est faire du sport. ___2___ me plaît surtout ici, c'est tous les sports nautiques qu'on peut faire. ___3___ je préfère, c'est la planche à voile. ___4___ je n'aime pas par contre, c'est faire du deltaplane. Avec mes amis, ___5___ nous aimons bien, c'est nous promener sur la plage. ___6___ ne me plaît pas trop à la Martinique, c'est la pluie; il pleut toujours un peu ici. ___7___ m'ennuie aussi, c'est la pêche. Et toi, tu aimes le sport? C'est comment, les Etats-Unis? Ecris-moi vite!

---

23 **Qu'est-ce que tu aimes faire?**

Parlons Qu'est-ce que tu aimes faire dans les situations suivantes? Pose des questions à un(e) camarade et puis, changez de rôles.

le samedi matin

après l'école

quand il pleut

quand il fait très chaud

quand il neige

24 **Une publicité**

Ecrivons Crée une publicité pour attirer les touristes dans un des endroits que tu préfères. Décris cet endroit et dis ce qu'il y a à faire et ce que tu préfères là-bas. Utilise des photos, des dessins, de la musique ou des objets pour encourager les gens à visiter cet endroit.

DE BONS CONSEILS

If you look up specific words or phrases in an English-French dictionary, here are a few hints:

- Some words can have several different meanings in English or in French. If you look up the word *pool* for example, do you mean a *swimming pool* or a *billiard game*? Be sure to choose the correct French equivalent.
- Pay attention to the part of speech of the word you're looking for. Are you looking for the noun *snack*, as in a *quick snack*, or the verb *snack*, as in *I snack between meals*?
- To be sure you have the appropriate definition, look up the French word you want to use in the French-English part of the dictionary. Is the English equivalent what you had in mind?

Rencontre culturelle

Qu'en penses-tu?

1. What celebration is pictured above?
2. What festivals and celebrations do you have in your area?

Savais-tu que... ?

Carnival (**Carnaval**) is a well-known tradition in French-speaking countries. It takes place the week before Lent (**le Carême**), ending on Shrove Tuesday (**Mardi gras**), at the stroke of midnight. In Martinique, however, Carnival lasts until midnight of Ash Wednesday (**Mercredi des cendres**), and is celebrated with parades, music, dancing, feasting, and colorful costumes. Queens are elected to reign over the festivals, and on the Sunday before Ash Wednesday, they parade through the streets of the city to the beat of Creole songs. On Monday, mock weddings are held in which the participants dress in burlesque costumes. On Tuesday, Carnival performers dance wildly in red costumes decorated with mirrors. Finally, on Ash Wednesday, people dress in black and white costumes to mourn the death of the cardboard king, **Roi Vaval,** who symbolizes the spirit of Carnival. At the stroke of midnight, the dancing and music stop, and Lent begins. Other cities famous for their Carnival celebrations are Nice in France, Quebec City in Canada, and New Orleans in Louisiana.

SALUT, JE M'APPELLE AGATHE ET JE T'INVITE A PASSER UNE JOURNÉE TYPIQUE AVEC MOI, ALLEZ, VIENS!

D'abord, je me lève à 7h du matin.

Puis, je me lave.

Je me brosse les dents.

Vers 7h30, je m'habille.

Ensuite je prends mon petit déjeuner et je vais au lycée.

Après l'école, je rentre chez moi. Le mercredi et le vendredi, je vais à un cours de percussions. Après, on mange en famille.

25 **Et toi?**

Parlons Est-ce que ta routine quotidienne est comme celle d'Agathe? Qu'est-ce qui est différent?

Note culturelle

Music and dance are an integral part of life in Martinique. A popular saying is that in Martinique **tout finit par une chanson.** Much of the music arises from the time the first Africans were brought as slaves to work in the sugar cane fields. The rhythms of the songs and the steps of the dances they created are still in existence today in the **biguine, mazurka,** and the internationally popular **zouk.**

Enfin, en semaine, je me couche assez tôt, vers 9h. Mais le weekend, je me couche beaucoup plus tard.

se lever	to get up	**Je me lève.**	I get up.
se laver	to wash (oneself)	**Je me lave.**	I wash (myself).
se brosser les dents	to brush one's teeth	**Je me brosse les dents.**	I brush my teeth.
s'habiller	to get dressed	**Je m'habille.**	I get dressed.
se coucher	to go to bed	**Je me couche.**	I go to bed.
		tôt	early
		tard	late

Travaux pratiques de grammaire, p. 34, Act. 11–12

Comment dit-on...?

Relating a series of events

CD-ROM 1
DVD 1

To start:

D'abord, je me lève.

To continue:

Ensuite, je me lave.
Et puis, je m'habille.
Vers 8h, je mange.
  At about . . .
Après ça, j'attends le bus.
  After that, . . .

To end:

Enfin/Finalement,
  je vais au lycée.
  Finally, . . .

Cahier d'activités, p. 44, Act. 16–17

26 Les matins d'André

Ecoutons André décrit ses préparatifs du matin. Mets les images en ordre.

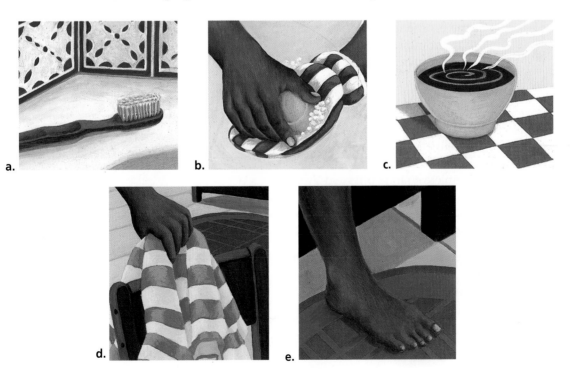

a.   b.   c.

d.   e.

27 **Un matin typique**

Lisons Mets les activités suivantes dans l'ordre où tu les fais le matin. Ajoute d'autres activités que tu fais d'habitude.

Je me brosse les dents.

— ? —

Je me lève.

Je vais au lycée.

Je me lave.

Je prends mon petit déjeuner.

Je m'habille.

Grammaire

The present tense of reflexive verbs

- To make the forms of a reflexive verb, use the reflexive pronoun that refers to the subject of the verb. The verb forms follow the patterns already familiar to you.

je **me** lave	nous **nous** lavons	
tu **te** laves	vous **vous** lavez	
il/elle/on **se** lave	ils/elles **se** lavent	

- The reflexive pronoun changes with the subject, even when you use the infinitive form of a reflexive verb: Je vais **me** promener.

- The reflexive pronouns sometimes have an English equivalent, such as *myself, yourself, herself,* and so on.

Je **m'**habille.   *I dress (myself).*
Tu **te** laves.   *You wash (yourself).*

But often, there is no English equivalent.

Ils **s'**amusent.   *They're having fun.*

- To make a reflexive verb negative, put **ne... pas** around the reflexive pronoun and the verb: Le samedi, je **ne** me lève **pas** à 6h!

- The verbs **se promener** and **se lever** add an **accent grave** in some forms:

je me promène/lève	nous nous promenons/levons
tu te promènes/lèves	vous vous promenez/levez
il/elle/on se promène/lève	ils/elles se promènent/lèvent

Grammaire supplémentaire, pp. 118–119, Act. 7–9

Cahier d'activités, pp. 45–46, Act. 18–21

Travaux pratiques de grammaire, pp. 35–36, Act. 13–15

28 **Grammaire en contexte**

Lisons Yvan, un jeune Martiniquais, décrit ce qu'il fait avec sa famille et ses amis pendant le week-end. Complète chaque phrase d'Yvan.

1. Le matin, je...
2. Sophie ne...
3. Mes parents...
4. Pour aller au parc, mon frère...
5. Le dimanche, nous...
6. Et vous,...

a. vous vous couchez vers dix heures.
b. se lève pas tôt le samedi matin.
c. nous amusons sur la plage.
d. se promènent souvent au jardin de Balata.
e. s'habille en jean.
f. me lave vers sept heures.

Tu te rappelles?

When you're listening to people or reading books and magazines, keep in mind that the unaccented **e** is often dropped:

Je me lave.	*Je m'lave.*
On se promène.	*On s'promène.*
Tu te couches?	*Tu t'couches?*

29 Grammaire en contexte

Ecrivons Martine et Maxine sont jumelles, mais leurs routines sont différentes. Complète le paragraphe de Martine avec les formes appropriées des verbes entre parenthèses.

En semaine, je ___1___ (se lever) vers sept heures, mais Maxine ___2___ (se lever) vers huit heures. Moi, je ___3___ (se laver) le matin, mais Maxine ___4___ (se laver) le soir. En général, Maxine ___5___ (s'habiller) très chic pour aller à l'école, mais moi, je ___6___ (s'habiller) relax. Ma mère et moi, nous ___7___ (se coucher) très tôt, mais Maxine et mon père ___8___ (se coucher) plus tard.

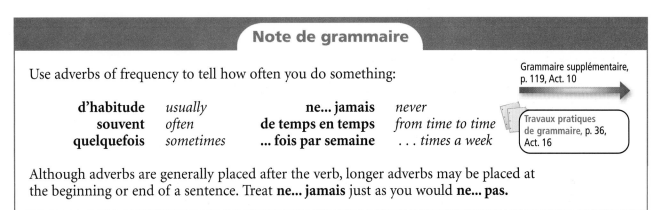

Note de grammaire

Use adverbs of frequency to tell how often you do something:

Grammaire supplémentaire, p. 119, Act. 10

d'habitude	*usually*	**ne... jamais**	*never*
souvent	*often*	**de temps en temps**	*from time to time*
quelquefois	*sometimes*	**... fois par semaine**	*. . . times a week*

Travaux pratiques de grammaire, p. 36, Act. 16

Although adverbs are generally placed after the verb, longer adverbs may be placed at the beginning or end of a sentence. Treat **ne... jamais** just as you would **ne... pas.**

30 Chère Marie-Line, ...

Lisons/Ecrivons Lis la lettre de Marie-Line, une élève martiniquaise. Ensuite, écris une réponse à sa lettre. Dis ce que tu fais d'habitude après l'école et si tu fais souvent chaque activité. Décris aussi les différences entre la vie à la Martinique et la vie aux Etats-Unis.

31 Mon emploi du temps

Parlons/Ecrivons

Qu'est-ce que tu fais en général...

1. à 10h le samedi matin?
2. à 8h le vendredi soir?
3. à midi le dimanche?
4. à 7h le mercredi matin?
5. à 11h le jeudi soir?
6. à 9h le lundi matin?

Après l'école, je rentre chez moi. D'abord, je prends mon goûter : souvent des tartines ou un fruit et quelquefois, de la canne à sucre. Puis, je fais mes devoirs. Comme je ne suis pas très forte en maths, je dois passer beaucoup de temps à faire mes devoirs de maths et je n'aime pas beaucoup ça. Vers 8h, mon père rentre à la maison et toute la famille dîne ensemble. Après, si j'ai le temps, je regarde la télé. J'aime surtout les films américains et les clips vidéo de Zouk Machine, mon groupe préféré. Enfin, vers 10h, je vais me coucher car je dois me lever à 6h les jours de classe. C'est dur !

Et toi, qu'est-ce que tu fais après l'école? Tu as beaucoup de devoirs? C'est comment, ta vie aux Etats-Unis? Raconte-moi. J'attends ta lettre.

Je t'embrasse,
Marie-Line

32 **De l'école au travail**

Ecrivons Tu travailles pour l'Office de Tourisme de la Martinique. Tu dois faire une brochure pour les touristes qui visitent l'île. Fais une liste des points d'intérêt et des activités qu'un touriste peut y faire.

Lisons!

An sèl zouk

Stratégie pour lire

Reading in a foreign language can be intimidating. After previewing, skimming, and scanning, look for the main idea of what you're reading. Then, it's easier to figure out the details.

Music allows people to express the feelings and ideas closest to their hearts and minds. That's the basis of **zouk,** a music unique to the French West Indies.

A. What would you write a song about? Your feelings? Global politics? Injustice? Your home? The things you love, or things that bother you? List three things you might write about in a song.

B. What are you going to read here? Can you tell what two languages are represented? Do you think Kassav' sings *An sèl zouk* in French or in Creole? What's the title of the CD? Do you know what it means? (hint: it's from English)

C. Skim the French lyrics. Which of the following do you think is the focus of the song?

    a. the songwriter's feelings about France

    b. Martinique, Guadeloupe, the Caribbean

    c. life as a sailor

D. Where is the songwriter from? How does he feel about his homeland? What words and phrases tell you this?

KASSAV'

Tékit izi

AN SÈL ZOUK
UN SEUL ZOUK

Fout' sa jéyan / lè mwen Gwadloup' / Mwen a kaze an mwen / Mwen byen kontan / Ké ni bon tan / Tchè mwen souri pou Matinik / Sé kon si sé la mwen wè jou / Bondyé / Sa ou pé di di sa zanmi / Yo tou piti /Sé la nou grandi / Epi mizik an tout' kwen kaÿ la / **An sèl Gwadloup ki ni** / **Sé an sèl Matinik** / **Pou an zèl Zouk nou ni** /**Madikéra** / Pa lé kwè dé bèl péyi kon sa / Fo nou pa viv' kon nou yé a / Rété tou sa / Sa ou ka di ya / Mwen ja réfléchi asou tou sa / Mé pa ka konpwann / éti nou kaÿ épi sa / Yo pa byen gran / Mé yo ni balan / E yo ka ba dousè chalè lov' / **Ki nou la Gwadloup** / **Ki nou Matinik** / **Ki nou Guyann** / **Nou sé karayib** / **An nou métè nou** / **O dyapazon** / Lésé tchè nou palé / Pou nou pé sanblé / **An sèl Gwadloup ki ni** / **Sé an sèl Matinik** / **Pou an zèl Zouk nou ni** / **Madikéra** / An gran makè té di / Yo kon pousyè lò épi lajan / Ki tonbé dépi zétwal / E pozé an lan mè / Lè an ka sonjé sé la nou vwè jou / Bondyé mèsi / An métè an jounou /I ka fè révé / I ka fè chanté / Bondyé mèsi sé la nou vwè jou /**Woyoyoÿ** / **An nou alé** / **woyoyoÿ** / **Bagaÿ la fè zip zip** / **Biten la fè zip zip zip** /

Paroles & Musique César DURCIN

KASSAV'
TÉKIT IZI

1. AŸ MANO
2. LÉVE TÈT' OU
3. FABIOLA

472873 2
BIEM/SDRM

℗ 1992 Sony Music
Entertainment (France) S.A./
Saligna Production
14-472873-10

4. BA NOU ZOUK LA
5. AN NOU TRIPÉ
6. MWEN ALÉ
7. LAN MORI KI NI
8. AN SÈL ZOUK
9. MWEN VIRÉ
10. OU CHANJÉ

COLUMBIA

15

C'est super / Lorsque je suis à la Guadeloupe / Je suis
chez moi / Content / Je prends du bon temps / J'ai
le cœur qui sourit pour la Martinique / C'est comme
si j'y étais né / Qu'en dis-tu / Elles sont petites / C'est
là que nous avons grandi / Avec de la musique
dans toute la maison / **Il n'y a qu'une seule
Guadeloupe / Une seule Martinique / Pour un
seul zouk / Madikera** / Mais je ne peux admettre /
Que nous vivons comme nous le faisons / Il faut
que ça change / J'ai déjà pensé à tout ce dont tu
parles / Et je ne vois pas / Où cela nous mène / Elles
ne sont pas très grandes / Mais elles ont de l'allure /
Et elles nous donnent de la douceur, de la chaleur, et
de l'amour /**Que nous soyons à la Guadeloupe /
à la Martinique / En Guyane / Dans la Caraïbe
/ Accordons nos violons** / Laissons parler nos
cœurs / Pour nous rassembler / **Il n'y a qu'une
seule Guadeloupe / Une seule Martinique /
Pour un seul zouk / Madikera** / Un grand
écrivain a dit / Qu'elles sont comme des pièces d'or et
d'argent / Tombées de la bourse aux étoiles / Et
posées sur la mer / Lorsque je pense que c'est là que
nous avons vu le jour / Je me mets à genoux /
Pour remercier Dieu /

E. Which lines of the song are the
chorus? How do you know?
Madikera is a word made
from **Madinina,** a name for
Martinique, and **Karukéra,** a
name for Guadeloupe. What is
the message of the chorus?

F. Try to pronounce each Creole
word below and find its French
equivalent. If you can't figure
out the word's meaning by its
sound, compare the Creole text
with the French text. Which
Creole word comes from English?

1. Gwadloup   a. les étoiles
2. Matinik   b. content
3. kontan   c. la mer
4. piti   d. Guadeloupe
5. mizik   e. musique
6. zétwal   f. Martinique
7. lan mè   g. petites
8. lov'   h. l'amour

Try to match these phrases.

1. **Mwen byen kontan.**   a. **Je suis bien content.**
2. **Pou an zèl Zouk.**   b. **C'est là que nous avons grandi.**
3. **Sé la nou grandi.**   c. **Pour un seul zouk.**

G. Write a list of other Creole
words you can figure out and
pass it to a classmate, who will
try to write the French words
next to the Creole ones.

H. Looking at all the words and
phrases you have decoded, what
are the songwriter's feelings
about **zouk?** How does the title
of the song relate to his ideas?

I. Write a brief song in French
about one of the topics you
listed in Activity A and set it to
a favorite piece of music. Use
some of the expressions you've
learned in this chapter to express
what you like and dislike about
your topic.

Cahier d'activités, p. 47, Act. 23–24

LISONS!

cent quinze   **115**

Grammaire supplémentaire

CD-ROM 1
DVD 1

internet
ADRESSE: go.hrw.com
MOT-CLE:
WA3 MARTINIQUE-4

Première étape

Objectives Asking for information and describing a place

1 Tu regardes les photos que ton ami a prises pendant ses vacances. Utilise un des adjectifs proposés pour décrire ce que tu vois sur chaque photo. (**p. 100**)

EXEMPLE   des fleurs   __Il y a de jolies fleurs.__

1. des chutes d'eau
2. des Martiniquais
3. des arbres tropicaux
4. des fruits
5. des cocotiers

> joli   bon   jeune   grand
>
> nouveau   beau   petit

2 Ecris six phrases pour décrire la Martinique. N'utilise les mots et les adjectifs proposés qu'une seule fois. (**p. 100**)

EXEMPLE   __A la Martinique, il y a de magnifiques plages.__

> délicieux   bon   joli
>
> grand   immense   beau

> cocotiers   ananas
>
> arbres tropicaux   fleurs de toutes les couleurs
>
> poissons   champs de canne à sucre

Deuxième étape Objectives Asking for and making suggestions; emphasizing likes and dislikes

3 Decide whether a) **the subject** of the following sentences receives the action of the verb or b) **something other than the subject** receives the action of the verb. (**p. 105**)

EXEMPLE Ils s'amusent. **a**

1. Ils dansent le zouk.
2. Elle fait du deltaplane.
3. Il se promène.
4. Elles se baignent.

5. Il déguste des fruits tropicaux.
6. Je me promène.
7. Ils vont au parc.

4 Irène demande à son cousin Pascal ce qu'il aime et ce qu'il n'aime pas. Utilise **ce qui** ou **ce que** et le verbe qu'Irène utilise dans sa question pour compléter les réponses de Pascal. (**p. 108**)

1. Qu'est-ce qui ne te plaît pas dans ta routine de la semaine?
   _____ , c'est de me lever à 6h du matin.
2. Qu'est-ce que tu n'aimes pas à l'école?
   _____ , c'est la géographie!
3. Qu'est-ce que tu préfères faire le matin en vacances?
   _____ , c'est me promener sur la plage.
4. Qu'est-ce qui te plaît à la Martinique?
   _____ à la Martinique, c'est la mer!
5. Qu'est-ce qui t'ennuie le week-end?
   _____ , c'est de rester à la maison le week-end.
6. Qu'est-ce que tu aimes faire le week-end?
   _____ bien le week-end, c'est me coucher tard.

5 Complète ces phrases où chaque personne dit ce qu'il/elle aime ou n'aime pas faire pendant les vacances. Utilise **ce que** ou **ce qui** et les activités proposées. (**p. 108**)

aller à la pêche   faire du deltaplane   faire de la planche à voile

danser le zouk   faire de la plongée avec un tuba   s'amuser

faire de la plongée sous-marine   se baigner   se promener

1. PAUL   _____ m'ennuie, c'est de _____.
2. JOËL   _____ je préfère, c'est _____.
3. MIREILLE   _____ ne me plaît pas, c'est de _____.
4. DANIEL   _____ j'aime bien, c'est _____.
5. LAURENT   _____ me plaît, c'est de _____.
6. SANDRINE   _____ je n'aime pas, c'est _____.

Grammaire supplémentaire

CD-ROM 1
DVD 1

go.
hrw
.com

WA3 MARTINIQUE-4

6 Complète les phrases suivantes avec **ce que** ou **ce qui**. (**p. 108**)

1. _____ j'aime manger, c'est de la pizza.
2. _____ me plaît quand je suis fatigué, c'est de dormir tard le samedi.
3. _____ m'ennuie à la maison, c'est de faire le ménage.
4. _____ je préfère faire quand il fait beau, c'est aller à la plage.
5. _____ je déteste le week-end, c'est faire mes devoirs.
6. _____ je n'aime pas, c'est jouer au foot.
7. _____ ne me plaît pas, c'est de me coucher tard.
8. _____ j'aime bien en vacances, c'est sortir tous les soirs.

Troisième étape   Objective Relating a series of events

7 Tes amis et toi, vous parlez de votre routine quotidienne. Complète les phrases suivantes avec le sujet ou le pronom réfléchi approprié. (**p. 112**)

EXEMPLE   Sophie, **elle** se lève à 7 heures.

1. Je _____ habille rapidement.
2. _____ vous brossez les dents après le petit déjeuner?
3. Tu vas _____ coucher tôt?
4. Luc, _____ se lave avant de prendre son petit déjeuner.
5. Claire et Christiane, _____ s'amusent beaucoup.
6. Nous _____ promenons sur la plage.
7. Mon ami aime _____ promener tous les jours!
8. A quelle heure est-ce que vous aimez _____ lever?
9. Je ne veux pas _____ brosser les cheveux.
10. Mes parents _____ baignent souvent en mer.

8 Récris les phrases suivantes où ces personnes décrivent leur routine quotidienne. Choisis le pronom réfléchi qui correspond au sujet. (**p. 112**)

1. tôt / se / André / lever
2. les dents / je / brosser / se
3. se / tu / tard / coucher
4. ils / se / rapidement / habiller
5. promener / mon ami / le matin / se
6. tous les soirs vers 8 heures / se / vous / laver

9 Stéphanie a envoyé une lettre à son copain Emmanuel. Elle parle d'un jour typique pendant ses vacances à la Martinique. Complète les phrases de sa lettre avec les verbes entre parenthèses au présent. (**p. 112**)

Cher Emmanuel,

Salut! Comment ça va? Ici, à la Martinique, ça va très bien. C'est "I bon"! (Ça veut dire "chouette" en créole). Il ___1___ (faire) très beau ici. C'est un vrai paradis. D'habitude, je ___2___ (se lever) tôt le matin et je ___3___ (se promener) sur la plage. Quelquefois, je me baigne dans la mer l'après-midi. Après ma promenade, je ___4___ (prendre) mon petit déjeuner avec ma grand-mère. Ensuite, je ___5___ (s'habiller) pour sortir en ville. Trois fois par semaine, je ___6___ (faire) des courses avec ma grand-mère. De temps en temps, je ___7___ (sortir) avec des amis et on ___8___ (s'amuser) bien sur la plage ou en ville. J'ai un copain qui ___9___ (s'appeler) Jean-François. Il est très gentil et il me ___10___ (montrer) tout Fort-de-France. D'habitude, je ___11___ (rentrer) le soir pour dîner avec ma grand-mère. Je ___12___ (se coucher) tôt parce que je suis toujours fatiguée après une journée magnifique. Demain, je ___13___ (aller) faire de la plongée. C'est super, non? Et toi, qu'est-ce que tu fais pendant tes vacances? Raconte-moi!

Je t'embrasse
Stéphanie

10 Choose an adverb from the word box to tell how often you do the following activities. (**p. 113**)

> souvent   le lundi, le mardi,...   toujours
> d'habitude   ne... jamais   beaucoup
> quelquefois

EXEMPLE   s'amuser?   **Je m'amuse souvent.**

1. se promener?
2. se laver?
3. se coucher tard?
4. sortir avec des amis?
5. se lever tôt?
6. danser le zouk?

Mise en pratique

CD-ROM 1
DVD 1

internet

ADRESSE: go.hrw.com
MOT-CLE:
WA3 MARTINIQUE-4

Qu'est-ce qu'il y a à voir à la Guadeloupe? Il y a deux îles, Basse-Terre et Grande-Terre. Les deux îles sont liées par la Rivière Salée. A l'ouest, en Basse-Terre, il y a le volcan de la Soufrière, près de la ville de Basse-Terre, qui est la capitale de la Guadeloupe. A l'est, en Grande-Terre, il y a des champs de canne à sucre. Comme à la Martinique, il fait toujours chaud, entre 16 et 27 degrés Celsius. La Guadeloupe est plus grande que la Martinique, mais moins grande que Porto Rico. C'est une île accueillante, vivante et tout à fait charmante!

1 Comme la Martinique, la Guadeloupe est une île des Antilles. Comment est l'île de la Guadeloupe? Lis cette brochure, puis fais correspondre les numéros du plan avec chaque élément de la liste.

a. les champs de canne à sucre

d. la Rivière Salée

b. la mer des Caraïbes

e. l'île de Grande-Terre

c. la Soufrière

f. la ville de Basse-Terre

2 A travel agent in Guadeloupe is describing a tour you're interested in taking. As she speaks, write down, in order, what you will do on the tour.

3 Ecrivons!

Choose a city in either Martinique or Guadeloupe and create a brochure about it. Describe the city and its inhabitants and make suggestions about things to do and sights to visit. You could also illustrate your brochure with drawings or magazine clippings.

Préparation

Stratégie pour écrire

Gathering information is an important first step when writing about places and people. Which sources would best provide you with accurate information and authentic illustrations?

List the various types of information you need for your brochure and try to think of sources for each specific type of information. Your textbook is a good place to start, but if you're looking for information on sights to visit, you might also look in travel guides or try to find Internet web pages that deal with the area you're writing about.

On a chart like the one below, keep track of where you find each piece of information. If you find something in a book, write down the title and the page number where you found the information. Write down the web address for information you find on the Internet.

Source Name	Type of Information	Page Number/ Web Address	Information
Allez, viens!, Level 2	sights and monuments	p. 93	Des milliers d'espèces de fleurs poussent dans le jardin de Balata.

Rédaction

Once you've gathered all the information you need from your various sources, you're ready to create your brochure. You should include information that you think would be most appealing to your reader as well as eye-catching illustrations or pictures. But remember: while you want to entice your reader, you also want to provide accurate information.

When writing your brochure, don't forget the expressions you know for making suggestions.

Evaluation

When you present information as fact, it's a good idea to go back and double check your work for accuracy. Check the source of every piece of information you've presented in your brochure to make sure it's correct. Then, proofread your work. You might also have a classmate evaluate what you've created.

4 Jeu de rôle

If you were rich and famous, would you change your daily routine? Imagine that you and your partner have suddenly become rich and famous. Take turns interviewing each other about your new lifestyles. Be sure to ask your partner when he or she gets up and goes to bed, what he or she eats for breakfast, lunch, and dinner, and how he or she spends the rest of the day.

Que sais-je?

Can you use what you've learned in this chapter?

Can you ask for information? p. 102

1 How would you ask . . .
1. the location of a place?
2. what it's like?
3. what attractions there are?
4. what the weather is like?

Can you describe a place? p. 102

2 How would you describe your state? Tell . . .
1. where it's located.
2. what's in the north, south, east, and west.
3. how big it is in relation to others.
4. what there is to do there.
5. what there is to see there.

Can you ask for and make suggestions? p. 106

3 How would you ask what there is to do in Martinique?

4 How would you suggest these activities to your friend?

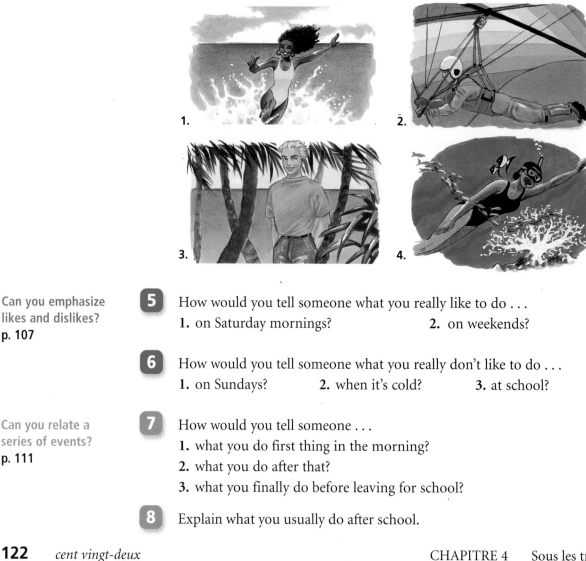

1.
2.
3.
4.

Can you emphasize likes and dislikes? p. 107

5 How would you tell someone what you really like to do . . .
1. on Saturday mornings?
2. on weekends?

6 How would you tell someone what you really don't like to do . . .
1. on Sundays?
2. when it's cold?
3. at school?

Can you relate a series of events? p. 111

7 How would you tell someone . . .
1. what you do first thing in the morning?
2. what you do after that?
3. what you finally do before leaving for school?

8 Explain what you usually do after school.

Vocabulaire

Première étape

Asking for information and describing a place

Où se trouve... ?	Where is...?
Qu'est-ce qu'il y a... ?	What is there...?
Il fait...?	Is it...? (weather)
C'est comment?	What's it like?
...se trouve...	...is located...
dans le nord	in the north
dans le sud	in the south
dans l'est	in the east
dans l'ouest	in the west
plus grand(e) que...	bigger than...
moins grand(e) que...	smaller than...
charmant(e)	charming
coloré(e)	colorful
vivant(e)	lively

Places, flora, and fauna

un ananas	pineapple
un bananier	banana tree
la capitale	capital
des champs (m.) de canne à sucre	sugar cane fields
une chute d'eau	waterfall
un cocotier	coconut tree
la forêt tropicale	tropical rain forest
l'île	island
la mer	sea
un moustique	mosquito
un palmier	palm tree
les plages (f.)	beaches
le sable	sand
un village de pêcheurs	fishing village
le volcan	volcano

Deuxième étape

Asking for and making suggestions

Qu'est-ce qu'on peut faire?	What can we do?
On peut...	We can...
Ça te dit d'aller... ?	What do you think of going...?
Si on allait... ?	How about going...?

Emphasizing likes and dislikes

Ce que j'aime bien, c'est...	What I like is...
Ce que je préfère, c'est...	What I prefer is...
Ce qui me plaît, c'est (de)...	What I like is...
Ce que je n'aime pas, c'est...	What I don't like is...
Ce qui ne me plaît pas, c'est (de)...	What I don't care for is...
Ce qui m'ennuie, c'est (de)...	What bores me is...

Activities

aller à la pêche	to go fishing
danser le zouk	to dance the zouk
faire du deltaplane	to hang glide
faire de la planche à voilé	to windsurf
faire de la plongée sous-marine	to scuba dive
faire de la plongée avec un tuba	to snorkel
déguster	to taste, enjoy
s'amuser	to have fun
se baigner	to go swimming
se promener	to go for a walk

Troisième étape

Relating a series of events

D'abord,...	First,...
Ensuite,...	Next,...
Et puis,...	And then,...
Vers...	About (a certain time)...
Après ça,...	After that,...
Enfin/ Finalement,...	Finally, ...

Daily activities

se brosser les dents	to brush one's teeth
se coucher	to go to bed
s'habiller	to get dressed
se lever	to get up
se laver	to wash (oneself)
tôt	early
tard	late

Allez, viens en Touraine!

Population : plus de 500.000

Points d'intérêt : la place Plumereau, la cathédrale Saint-Gatien, l'hôtel Goüin, le musée des Beaux-Arts, l'Historial de Touraine

Châteaux : Amboise, Azay-le-Rideau, Chenonceau, Chinon, Loches, Ussé, Villandry

Fleuves et rivières : la Loire, le Cher, l'Indre, la Vienne, la Creuse

Tourangeaux célèbres : saint Grégoire, Honoré de Balzac, saint Martin, François Rabelais, René Descartes

Spécialités : tarte Tatin, saumon au beurre blanc, crottins de Chavignol, ragoût d'escargots aux cèpes

go.hrw.com
WA3 TOURAINE

VIDEO

CD-ROM 2
DVD 1

ANGLETERRE · Lille · BELGIQUE · ALLEMAGNE · LUXEMBOURG
☆ Paris · Strasbourg
Chartres ·
· Tours
· Poitiers
Océan Atlantique
F R A N C E · Lyon · SUISSE · ITALIE
· Bordeaux
Nice ·
Arles ·
· Aix-en-Provence
N
ESPAGNE
CORSE
Mer Méditerranée

Le château de Chenonceau ▶

124

Touraine

La Touraine, célèbre pour ses abondantes cultures de fruits et de légumes et pour ses vignes, est souvent appelée «le jardin de la France». C'est aussi une importante région historique. Les rois aimaient y séjourner en raison de son climat doux et de ses forêts abondantes en gibier. Ils y ont construit de merveilleux châteaux que l'on connaît aujourd'hui sous le nom de «châteaux de la Loire».

internet

ADRESSE: go.hrw.com
MOT-CLE: WA3 TOURAINE

1 La place Plumereau
Cette place située au cœur de la ville de Tours est un des endroits préférés des étudiants.

2 Honoré de Balzac
Ce grand écrivain a écrit certains de ses romans au château de Saché, près de la ville de Tours.

3 Le Château d'Ussé
On dit que c'est le château qui a inspiré à Charles Perrault l'histoire de *La Belle au bois dormant*.

4 Chenonceau   **5** Villandry   **6** Montrésor

From *Map #989 France 2001*. Copyright © 2001 by Michelin. Permission No. 01-US-005

7 Azay-le-Rideau

8 Amboise

Aux chapitres 5, 6 et 7, tu vas faire la connaissance de quatre lycéens qui habitent Tours. Cette ville est située dans la région qu'on appelle la Touraine. Pour commencer, tu vas visiter la Touraine avec tes nouveaux copains. Après, tu vas voir un peu Tours, une ville historique et très vivante.

9 Le Clos-Lucé

Léonard de Vinci a habité ce beau manoir près du château d'Amboise.

cent vingt-sept **127**

CHAPITRE

5
Quelle journée!

Objectives

In this chapter you will learn to

Première étape

- express concern for someone

Deuxième étape

- inquire
- express satisfaction and frustration
- sympathize with and console someone

Troisième étape

- give reasons and make excuses
- congratulate and reprimand someone

internet

go.
hrw
.com   **ADRESSE:** go.hrw.com
       MOT-CLE: WA3 TOURAINE-5

◀ **J'ai passé une journée horrible!**

MISE EN TRAIN ▪ *C'est pas mon jour!*

Stratégie pour comprendre

What are some bad things that can happen to you on a school day? See if you can relate to what happened to Céline. If Hector says that 10/20 is a decent score on a test, how do you think French teachers grade?

Céline   **Hector**

C'est mercredi et il est midi et demi. Céline et Hector n'ont pas cours.

①

Céline Salut, Hector.

Hector Salut, Céline. Désolé d'être en retard.

Céline T'en fais pas.

②

Céline Oh, c'est pas vrai!

Hector Oh, excuse-moi!

Céline T'inquiète pas. C'est pas grave.

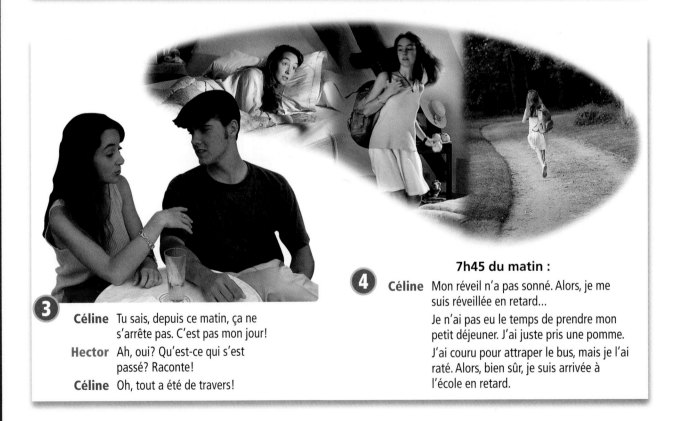

③

Céline Tu sais, depuis ce matin, ça ne s'arrête pas. C'est pas mon jour!

Hector Ah, oui? Qu'est-ce qui s'est passé? Raconte!

Céline Oh, tout a été de travers!

7h45 du matin :

④

Céline Mon réveil n'a pas sonné. Alors, je me suis réveillée en retard...

Je n'ai pas eu le temps de prendre mon petit déjeuner. J'ai juste pris une pomme.

J'ai couru pour attraper le bus, mais je l'ai raté. Alors, bien sûr, je suis arrivée à l'école en retard.

5 **Céline** Mais ce n'est pas tout!
J'avais oublié mes devoirs!

6 **Hector** Ce n'est pas dramatique. Moi aussi,
j'oublie mes devoirs quelquefois.

Céline Oui, mais ça m'énerve! Je les avais
faits, ces devoirs.

Hector Et après, ta matinée s'est bien
passée?

Céline Pas du tout! Ça a été de pire en
pire! Devine combien j'ai eu à mon
interro de maths... 10!

7 **Hector** C'est pas mal!
Céline Pas mal? D'habitude, j'ai 15.
Hector Pas moi. Les maths, ce n'est pas mon fort.

8 **Hector** Tu sais, il y a des jours comme ça. Ça va
aller mieux!
Céline Je ne sais pas. Cet après-midi, je vais me
coucher. Comme ça, je ne risque rien.

Cahier d'activités, p. 49, Act. 1

1 Tu as compris?

1. What kind of mood is Céline in? Why?
2. Name three unfortunate things that happened to Céline.
3. How does Hector react to Céline's story?
4. What are Céline's plans for the afternoon?

2 Mets en ordre

Mets les phrases dans le bon ordre d'après la journée de Céline dans *C'est pas mon jour!*

1. D'abord,...
2. Ensuite,...
3. Et puis,...
4. Après ça,...
5. Et puis,...
6. Finalement,...

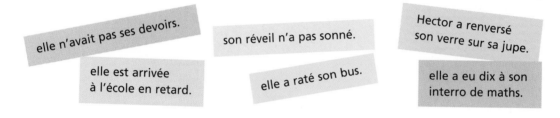

elle n'avait pas ses devoirs.

elle est arrivée à l'école en retard.

son réveil n'a pas sonné.

elle a raté son bus.

Hector a renversé son verre sur sa jupe.

elle a eu dix à son interro de maths.

3 Cherche les expressions

What do Céline and Hector say in each of these situations?

1. Hector apologizes.
2. Céline makes light of an accident.
3. Hector wants to know what happened to Céline.
4. Céline complains about her bad day.
5. Céline is annoyed.
6. Hector consoles Céline.

C'est pas grave.

Tout a été de travers!

Ça va aller mieux!

Ça m'énerve!

Raconte!

Désolé.

4 Ça t'arrive aussi?

Si Céline et Hector te disent les choses suivantes, comment est-ce que tu réponds? Est-ce que tu dis **Ça m'arrive aussi** *(That happens to me, too)* ou **Ça ne risque pas de m'arriver** *(That will never happen to me)?*

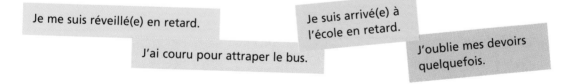

Je me suis réveillé(e) en retard.

Je suis arrivé(e) à l'école en retard.

J'ai couru pour attraper le bus.

J'oublie mes devoirs quelquefois.

5 Et maintenant, à toi

Est-ce que, comme Céline, tu as déjà passé une très mauvaise journée? Qu'est-ce qui est arrivé? Qu'est-ce que tu as fait?

Ministère de l'Education Nationale
LYCÉE ALFRED KASTLER
ETABLISSEMENT PUBLIC D ENSEIGNEMENT GENERAL ET TECHNOLOGIQUE
29 Boulevard QUITTON · Tél: 02.51.36.24.46

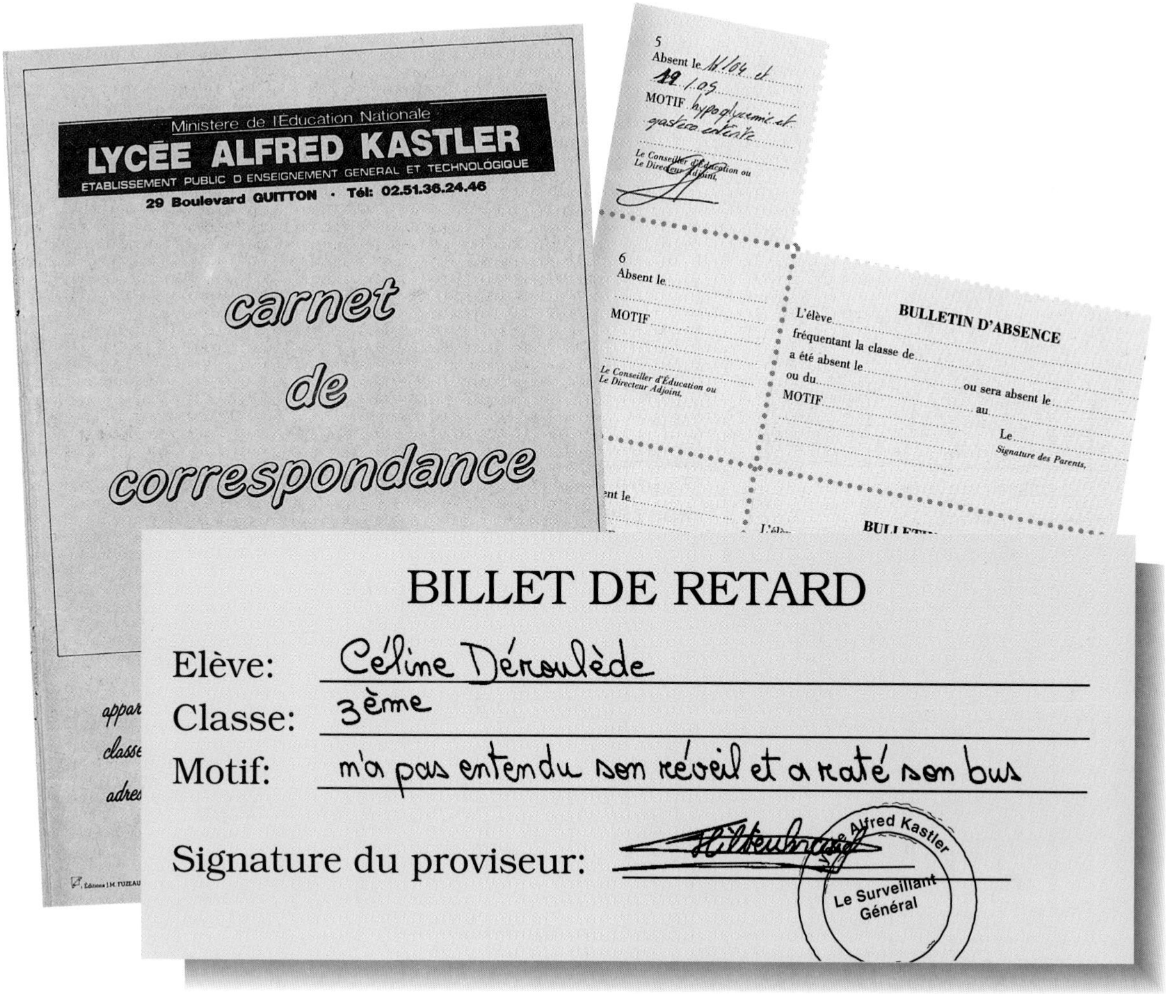

carnet
de
correspondance

5
Absent le _____ et
_____
MOTIF _____

Le Conseiller d'Éducation ou
Le Directeur Adjoint,

6
Absent le _____

MOTIF _____

Le Conseiller d'Éducation ou
Le Directeur Adjoint,

BULLETIN D'ABSENCE

L'élève _____
fréquentant la classe de _____
a été absent le _____ ou sera absent le _____
ou du _____ au _____
MOTIF _____
Le _____
Signature des Parents,

BILLET DE RETARD

Elève: Céline Déroulède

Classe: 3ème

Motif: n'a pas entendu son réveil et a raté son bus

Signature du proviseur: _____

Le Surveillant Général — Alfred Kastler

6 Qu'est-ce que c'est?

Lisons/Parlons A ton avis, qu'est-ce que c'est, **un billet de retard?** Quelles informations il y a sur un billet de retard? Qu'est-ce qui est arrivé à Céline ce matin?

Note culturelle

If you're late to school in France, you're required to go to the principal's office to explain your tardiness. The person in charge fills out a form in your **carnet de correspondance,** a special notebook in which your behavior is recorded. The **carnet** is used less with older students. Parents must sign any notes written in the **carnet** to show that they are aware of their child's conduct.

Quelle journée!

J'ai passé une journée épouvantable!

D'abord, **je n'ai pas entendu mon réveil.**

Ensuite, **j'ai raté une marche. Je suis tombé.**

J'ai déchiré ma chemise...

... et **j'ai perdu** mon livre de maths.

Après ça, **j'ai raté le bus** et **je suis arrivé** à l'école **en retard.**

Ensuite, **le prof a rendu les interros et j'ai eu une mauvaise note...**

... donc, **j'ai été collé.**

Finalement, **j'ai reçu mon bulletin trimestriel.** Quelle journée!

Cahier d'activités, pp. 50–51, Act. 2–5

Travaux pratiques de grammaire, pp. 37–38, Act. 1–4

7 Quelle est ton excuse?

Ecoutons Listen to these dialogues and decide which of the excuses illustrated below is given in each one.

a.
b.
c.
d.

8 La suite

Lisons Complète chaque phrase de façon logique.

1. J'ai déchiré mon jean...
2. J'ai reçu mon bulletin trimestriel...
3. J'ai perdu mes devoirs d'histoire...
4. Je n'ai pas entendu mon réveil...
5. Mon prof n'était pas content...

a. donc, mon prof était furieux, et j'ai eu zéro.
b. parce que j'ai perdu mon livre de français.
c. quand je suis tombé(e).
d. et j'ai eu de très bonnes notes!
e. donc, j'ai raté le bus.

Comment dit-on...?

Expressing concern for someone

Ça n'a pas l'air d'aller. *You look like something's wrong.*
Qu'est-ce qui t'arrive? *What's wrong?*
Qu'est-ce qui se passe? *What's going on?*
Raconte! *Tell me!*

Cahier d'activités, p. 51, Act. 7

9 Les excuses de Luc

Ecoutons Luc is late for his lunch meeting with Francine at a café. Listen to his excuses and decide which of the following happened to make him late.

1. Luc est rentré chez lui à midi.
2. Il a trouvé son livre d'histoire.
3. Il a raté une marche et il est tombé.
4. Il a pris le bus pour aller au café.

Qu'est-ce que tu dis?

Parlons/Ecrivons Imagine que tu rencontres Jean, Colette et Gérard à la fin de la journée. Demande-leur comment leur journée s'est passée. A ton avis, comment ils vont répondre?

Jean

Colette

Gérard

 Encore en retard!

Parlons Tu es le proviseur du lycée! Ton/Ta camarade est un(e) élève qui arrive à l'école en retard. Demande-lui pourquoi il/elle est en retard et remplis un billet de retard. N'oublie pas de le signer! Ensuite, changez de rôle.

> Ça n'a pas l'air d'aller.
> Vous vous appelez comment?
> Qu'est-ce qui vous est arrivé?
> Vous êtes en quelle classe?
> en terminale
> en seconde
> en première

Grammaire

The *passé composé* with *avoir*

You already know how to say that something happened in the past. For most verbs, you use a form of **avoir** and the past participle of the main verb.

j' **ai mangé**	nous **avons mangé**
tu **as mangé**	vous **avez mangé**
il/elle/on **a mangé**	ils/elles **ont mangé**

- To form past participles of -**er** verbs, drop -**er** from the infinitive and add -**é**:
  J'ai **raté** le bus.

- To form past participles of -**re** verbs, drop -**re** from the infinitive and add -**u**:
  Zut! On a **perdu** le match!

- To form past participles of -**ir** verbs, drop -**ir** from the infinitive and add -**i**:
  Enfin! On a **fini**!

- Many verbs have an irregular past participle, just as they do in English.

  Il a **été** collé aujourd'hui. (**être**)   Elle a **pris** un sandwich. (**prendre**)
  Vous avez **fait** vos devoirs? (**faire**)   Il a **bu** de l'eau. (**boire**)
  On a **eu** une interro. (**avoir**)   Tu as **lu** ce roman? (**lire**)
  J'ai **reçu** mon bulletin. (**recevoir**)   On a **vu** un film hier. (**voir**)

- To say that something didn't happen, put **ne... pas** around the form of **avoir**:
  Je **n'**ai **pas** entendu mon réveil.

Grammaire supplémentaire, pp. 148–149, Act. 1–4

Cahier d'activités, p. 52, Act. 8–9

Travaux pratiques de grammaire, pp. 39–40, Act. 5–8

Comment dit-on...?

Inquiring; expressing satisfaction and frustration

To inquire:

Comment ça s'est passé? *How did it go?*
Comment s'est passée ta journée? *How was your day?*
Comment s'est passé ton week-end? *How was your weekend?*
Comment se sont passées tes vacances? *How was your vacation?*

To express satisfaction:

C'était... *It was . . .*
 incroyable! *amazing!*
 super!
 génial!
Ça s'est très bien passé!
 It went really well!
Quelle journée (formidable)!
 What a (great) day!
Quel week-end (formidable)!
 What a (great) weekend!

To express frustration:

C'était incroyable!
 It was unbelievably bad!
J'ai passé une journée horrible!
 I had a terrible day!
C'est pas mon jour!
 It's just not my day!
Tout a été de travers!
 Everything went wrong!
Quelle journée!/Quel week-end!
 What a (bad) day!/ . . . weekend!

Cahier d'activités, p. 53, Act. 11–12

Travaux pratiques de grammaire, p. 41, Act. 9–10

18 ## Comment s'est passé leur week-end?

Ecoutons Listen as some friends disuss their weekends. Did they have a good weekend or a bad one?

19 ## Sondage

Parlons Demande à cinq camarades comment leur week-end s'est passé. Combien de personnes ont passé un bon week-end? Combien ont passé un mauvais week-end?

20 ## Et toi, qu'est-ce que tu as fait?

Parlons Demande à un(e) camarade comment sa journée s'est passée hier. Ton/Ta camarade va décrire sa journée et parler de trois choses positives ou négatives.

Tu te rappelles?

Do you remember how to pronounce the nasal sound [ɛ̃] in **incroyable?** When you see the letters **in, im, ain, aim,** or **(i)en,** don't pronounce the *n* sound as in the English word *fine,* but make a pure nasal sound where part of the air goes through the back of your mouth and nose, as in the French word **fin.** Try pronouncing these words with the nasal [ɛ̃]: **bulletin, bien, faim, soudain.** Remember that if another vowel follows the **n** or **m, (inadmissible),** there is no nasal sound.

A la française

There are many expressions you can use to show interest and get someone to continue a story in English. You can do the same in French. Say **Ah bon?** or **Ah oui?** *(Really?),* **Et après?** *(And then what?),* and **Et ensuite?** *(And what next?).*

Grammaire

Introduction to the *passé composé* with *être*

You already know how to form the **passé composé** with **avoir** by using the present-tense form of **avoir** and the past participle of the verb you want to use.

However, some verbs use **être** instead of **avoir** as the helping verb in the **passé composé.** Many of the verbs that use **être** in the **passé composé** are verbs of motion, such as **tomber, aller, arriver, sortir,** and **partir.** Notice that when you write these forms, the past participle agrees with the subject of the verb. You'll learn more about this in Chapter 6.

je	**suis tombé(e)**	nous	**sommes tombé(e)s**
tu	**es tombé(e)**	vous	**êtes tombé(e)(s)**
il/elle/on	**est tombé(e)(s)**	ils/elles	**sont tombé(e)s**

Grammaire supplémentaire,
pp. 149–151, Act. 5–9

You also use **être** to form the **passé composé** of all reflexive verbs. You'll learn more about reflexive verbs in the **passé composé** in Chapter 7.

je me	**suis levé(e)**	nous nous	**sommes levé(e)s**	
tu t'	**es levé(e)**	vous vous	**êtes levé(e)(s)**	
il/elle/on s'	**est levé(e)(s)**	ils/elles se	**sont levé(e)s**	

Cahier d'activités,
pp. 53–54, Act. 13–14

Travaux pratiques
de grammaire,
pp. 42–43, Act. 11–14

21 Grammaire en contexte

Ecrivons Tu n'es pas allé(e) à l'école hier parce que tu étais malade. Alors ton ami Patrick t'a écrit un petit mot. Il te raconte ce qui s'est passé à l'école. Complète le petit mot de Patrick avec le passé composé des verbes entre parenthèses. Utilise le passé composé avec l'auxiliaire qui convient. N'oublie pas de faire l'accord du participe passé quand c'est nécessaire.

Moi, hier, je (j') ___1___ (passer) une journée formidable! A l'école, je (j') ___2___ (avoir) une très bonne note en histoire-géo. L'après-midi, je (j') ___3___ (aller) à la bibliothèque et je (j') ___4___ (rencontrer) une fille super! Par contre, pour Sophie, tout a été de travers! D'abord, elle ___5___ (rater) une marche et elle ___6___ (tomber). Et puis, elle ___7___ (arriver) à l'école en retard, alors elle ___8___ (être) collée. Pauvre Sophie! Le soir, Sophie et moi, on ___9___ (sortir) avec Yves, Laura et Aline. On ___10___ (voir) un film super au cinéma. Sophie ___11___ (partir) tout de suite après le film pour étudier pour son interro de maths, mais nous, nous ___12___ (aller) au café. C'était sympa!

22 Comment se sont passées tes vacances?

Ecrivons Ton correspondant Marc te raconte ses vacances dans une lettre. Réponds à sa lettre. Raconte tes vacances, réelles ou imaginaires.

Salut!
Comment ça s'est passé, tes vacances? Nous, on est partis faire du ski dans les Alpes. C'était super! J'ai fait du ski pour la première fois. Je suis souvent tombé. Les montagnes sont magnifiques. Attends de voir mes photos. Et toi? Tu as passé de bonnes vacances? Qu'est-ce que tu as fait? Raconte-moi!
Marc

23 Devine!

Lisons/Parlons Put the letters you wrote for Activity 22 together face down. Each person selects a letter and reads it silently. The rest of the group asks yes-no questions to determine where the writer went and what he or she did on vacation.

EXEMPLE   —Cette personne est allée en France?   —Oui.

                 —Elle est allée à la plage?   —Non.

                 —Elle a fait du ski?   —Non.

                 — ____?____

Comment dit-on...?

Sympathizing with and consoling someone

To sympathize with someone:

Oh là là! *Oh no!*
C'est pas de chance, ça! *Tough luck!*
Pauvre vieux/vieille!
   You poor thing!

To console someone:

Courage! *Hang in there!*
Ça va aller mieux. *It'll get better.*
T'en fais pas. *Don't worry.*
C'est pas grave. *It's not serious.*

Cahier d'activités, p. 55, Act. 16–17

24 Les pauvres!

Parlons/Ecrivons What would you say to sympathize with these people and console them?

1.

2.

3.

25 Une mauvaise journée

Ecrivons Fais une liste de cinq choses qui peuvent arriver quand on passe une mauvaise journée.

EXEMPLE   **Ma journée se passe mal si je ne prends pas mon petit déjeuner.**

26 La plus mauvaise journée de ma vie

Parlons Tout ce que tu as écrit dans ta liste de l'activité 25 est arrivé hier! Raconte ta journée à un(e) ami(e). Ton ami(e) veut savoir tout ce qui est arrivé. Il/Elle te répond et essaie de te consoler. Ensuite, changez de rôle.

Lycée Balzac
Académie de Tours

BULLETIN TRIMESTRIEL

NOM et prénom : *PUECH Jean* Classe de *2de 7*

MATIERES D'ENSEIGNEMENT	MOYENNE DE L'ELEVE	APPRECIATIONS
Français	15	Travail sérieux
Mathématiques	12	A fait beaucoup de progrès
Physique-Chimie	15	Bon élève
SVT*	9	Travail moyen.
Histoire-Géographie	16	Bon travail
Anglais	13	Résultats encourageants
Latin	11	A fait beaucoup de progrès
Arts plastiques	10	Peut mieux faire
Education physique	10	Doit s'appliquer davantage

Lycée Balzac
Académie de Tours

BULLETIN TRIMESTRIEL

NOM et prénom : *GUY Caroline* Classe de *2de 7*

MATIERES D'ENSEIGNEMENT	MOYENNE DE L'ELEVE	APPRECIATIONS
Français	12	Satisfaisant
Mathématiques	14	A fait beaucoup de progrès
Physique-Chimie	15	Bon travail
SVT	9	Peut mieux faire.
Histoire-Géographie	18	Très bonne élève!
Allemand	15	Travail sérieux
Anglais	11	Assez bien
Musique	17	Elève très sérieuse
Education physique	12	A fait beaucoup de progrès

*SVT is an abbreviation for **sciences de la vie et de la terre,** another name for **sciences naturelles.** The course SVT includes topics in biology, geology, and ecology.

27 ## Tu comprends?

Lisons

1. Qui a eu la meilleure note en français? En maths?
2. En quelle matière est-ce que Jean est le plus fort? Et Caroline?
3. En quelle matière est-ce qu'il est le moins bon? Et Caroline?
4. Tu es comme Jean ou comme Caroline?

Note culturelle

Report cards come out three times a year: in December, before the Easter break, and at the end of the school year in June or July. Written or oral tests (**les interros écrites ou orales**), (pop) quizzes (**les interros(surprises)**), compositions (**les rédactions**), oral presentations (**les exposés**), and homework (**les devoirs**) are all graded assignments.

Comment dit-on...?

Giving reasons and making excuses

To give reasons:

> **Je suis assez bon (bonne) en** français.
> *I'm pretty good at . . .*
> **C'est en** maths **que je suis le/la meilleur(e).**
> *I'm best in . . .*
> L'anglais, **c'est mon fort!**
> *. . . is my strong point.*

To make excuses:

> L'histoire, **c'est pas mon fort.**
> *. . . isn't my best subject.*
> **J'ai du mal à comprendre.**
> *I have a hard time understanding.*
> **Je suis pas doué(e) pour** les sciences.
> *I don't have a talent for . . .*

Cahier d'activités, p. 56, Act. 19–21

---

28 Comment tu trouves tes cours?

Ecrivons/Parlons Fais une liste de tous les cours que tu as cette année et écris tes commentaires sur chaque cours. Montre ta liste à un(e) camarade. Est-ce que vous avez les mêmes opinions de vos cours?

> Je suis fort(e) en...   chouette   J'adore...
>
>   C'est intéressant!   amusant
>
> difficile   Le prof est super.   facile

29 Le jour des bulletins trimestriels

a. **Ecrivons** C'est toi, le professeur! Fais une liste de six cours et donne des notes à un(e) camarade. Ecris aussi tes appréciations pour chaque cours.

b. **Parlons** Echange ton bulletin trimestriel avec un(e) camarade. Pose-lui des questions sur ses cours et ses notes. Il/Elle va te dire pourquoi il/elle a eu ces notes. Ensuite, changez de rôle.

> EXEMPLE   —**Combien tu as eu en maths?**
> —**J'ai eu 15. Je suis assez bon (bonne) en maths. Et toi?**
> —**Moi, j'ai eu 8. C'est pas mon fort!**

Comment dit-on...?

Congratulating and reprimanding someone

To congratulate someone:

> **Félicitations!** *Congratulations!*
> **Bravo!** *Terrific!*
> **Chapeau!** *Well done!*

To reprimand someone:

> **C'est inadmissible.** *That's unacceptable.*
> **Tu dois mieux travailler en classe.**
> *You have to work harder in class.*
> **Tu ne dois pas faire le clown en classe!**
> *You can't be goofing off in class!*
> **Ne recommence pas.** *Don't do it again.*

Travaux pratiques de grammaire, p. 44, Act. 15–17

Grammaire supplémentaire, p. 151, Act. 10

Cahier d'activités, pp. 57–58, Act. 22–23

30 Les notes de Gilbert

Ecoutons Listen as Gilbert's father and friends ask him about his schoolwork. Are they reprimanding or congratulating him?

31 Vraiment, Gilbert...

Lisons/Parlons Regarde les notes de Gilbert. Qu'est-ce que tu peux lui dire à propos de ses notes?

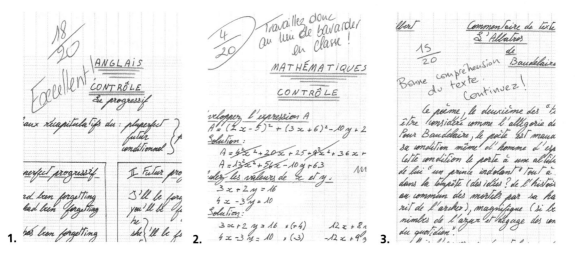

1. 2. 3.

32 Le meilleur et le pire

Parlons Ecris le nom de deux cours et invente une note (une bonne note et une mauvaise note) pour chaque cours. Ton/Ta camarade va jouer le rôle d'un de tes parents. Il/Elle va te demander quelles notes tu as eues. Explique-lui pourquoi tu as eu ces notes. Dis-lui les vraies raisons ou invente des excuses.

33 Ta semaine à l'école

Parlons Demande à un(e) camarade comment sa semaine à l'école s'est passée. Il/Elle va te raconter ce qui est arrivé. Console ton/ta camarade ou gronde-le/la. Ensuite, changez de rôle.

Comment ça s'est passé, ton cours d'anglais?

Avec qui?

Qu'est-ce que tu as fait?

Combien tu as eu à/en... ?

Tu as fait tes devoirs?

Tu es allé(e) où après l'école?

Dis, tu as eu une interro?

Tu as lu... ?

34 De l'école au travail

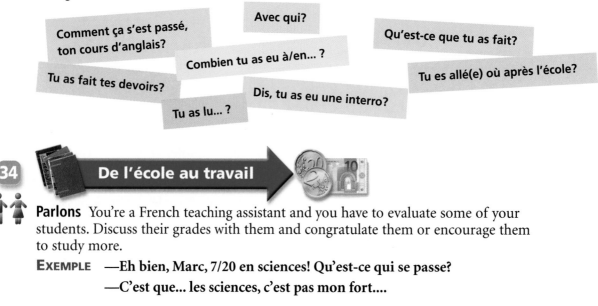

Parlons You're a French teaching assistant and you have to evaluate some of your students. Discuss their grades with them and congratulate them or encourage them to study more.

EXEMPLE —Eh bien, Marc, 7/20 en sciences! Qu'est-ce qui se passe?

—C'est que... les sciences, c'est pas mon fort....

Qu'est-ce que tu aimes à l'école?

What do you like and dislike about school? We asked several francophone students for their opinions. Here's what they had to say.

Franck, Martinique

«Les mathématiques. J'aime bien. On travaille. Ça permet de réfléchir. J'aime bien.»

Et tes professeurs, ils sont comment?

«En général, assez sympathiques; ils sont très proches de nous. Ils nous comprennent le plus souvent. Ils nous aident si on a des petits problèmes. S'ils voient que ça ne va pas trop, ils nous conseillent. Ils sont très sympathiques.»

Virginie, France

«Ce que j'aime à l'école? Les récréations... parce qu'on peut se voir entre copains. Ça fait une pause entre chaque heure de cours. Et puis, on peut discuter, se désaltérer, tout ça... Mon cours préféré, c'est l'anglais, parce que j'aime la langue anglaise.»

Qu'est-ce que tu n'aimes pas à l'école?

«Ce que je n'aime pas à l'école? Les sciences physiques. J'aime pas du tout.»

Emmanuel, France

«Ben, à l'école, ce que j'aime en particulier, c'est les copains. C'est tout, hein. Parce que, bon, il y a certains profs qui sont sympas... Autrement le lycée... [ce que j'aime,] c'est les copains, et se retrouver entre nous, j'aime bien.»

Qu'est-ce que tu n'aimes pas à l'école?

«Les surveillants. Je n'aime pas les surveillants à l'école, parce que... bon il y en a qui sont sympas, mais il y en a d'autres qui sont trop stricts, et puis ils sont même pénibles, quoi.»

Qu'en penses-tu?

1. What do these students say they like most about school?
2. What complaints do they have?
3. Are your likes and dislikes similar to or different from those mentioned by these students? How?

Lisons!

Poèmes de Jacques Prévert

Stratégie pour lire

Sometimes, in order to understand what you've read, you have to understand the separate parts of it first. In a poem, it's helpful to examine the words, images, and symbols before you decide what the main idea or message is.

Do you have days when you would rather be anywhere else than in school? If you have, you can relate to these poems by Jacques Prévert.

A. What do you think these poems will be about?

B. What drives you crazy about school? Make a list. What words can you find in the two poems that relate to what you don't like about school?

C. Here's some vocabulary you might need to understand these poems. Write a sentence with each of these words.

le rire	*laugh*
le visage	*face*
les chiffres	*numbers*
le pupitre	*desk*
la craie	*chalk*
effacer	*to erase*
le maître	*grade school teacher*
faire le pitre	*to goof off*
ils s'en vont	*they leave*

Le Cancre

D. Un cancre is *a dunce.* What is a dunce? French schoolchildren who got into trouble used to have to wear donkey ears. What donkey-like quality is the boy in

Le Cancre

Il dit non avec la tête
mais il dit oui avec le cœur
il dit oui à ce qu'il aime
il dit non au professeur
il est debout
on le questionne
et tous les problèmes sont posés
soudain le fou rire le prend
et il efface tout
les chiffres et les mots
les dates et les noms
les phrases et les pièges
et malgré les menaces du maître
sous les huées des enfants prodiges
avec des craies de toutes les couleurs
sur le tableau noir du malheur
il dessine le visage du bonheur

Page d'écriture

Deux et deux quatre
quatre et quatre huit
huit et huit font seize...
Répétez ! dit le maître
Deux et deux quatre
quatre et quatre huit
huit et huit font seize.
Mais voilà l'oiseau-lyre
qui passe dans le ciel
l'enfant le voit
l'enfant l'entend
l'enfant l'appelle :
Sauve-moi
joue avec moi
oiseau !
Alors l'oiseau descend
et joue avec l'enfant
Deux et deux quatre...
Répétez ! dit le maître
et l'enfant joue
l'oiseau joue avec lui...
Quatre et quatre huit
huit et huit font seize
    et seize et seize
        qu'est-ce qu'ils font ?
Ils ne font rien seize et seize

et surtout pas trente-deux
de toute façon
et ils s'en vont.
Et l'enfant a caché l'oiseau
dans son pupitre
et tous les enfants
entendent sa chanson
et tous les enfants
entendent la musique
et huit et huit à leur tour s'en vont
et quatre et quatre et deux et deux
à leur tour fichent le camp
et un et un ne font ni une ni deux
un à un s'en vont également.
Et l'oiseau-lyre joue
et l'enfant chante
et le professeur crie :
Quand vous aurez fini de
    faire le pitre!
Mais tous les autres enfants
écoutent la musique
et les murs de la classe
s'écroulent tranquillement.
Et les vitres redeviennent
    sable
l'encre redevient eau
les pupitres redeviennent arbres
la craie redevient falaise
le porte-plume redevient oiseau.

LISONS!

the poem displaying? What lines in the poem tell you this?

E. What else does the boy do to express his negative attitude toward school?

F. These are some expressions that show the poet has the same attitude. Can you match them to their English equivalents?

1. **les phrases et les pièges**
2. **les menaces du professeur**
3. **les huées des enfants prodiges**
4. **le tableau noir du malheur**

   a. *the teacher's threats*
   b. *the blackboard of unhappiness*
   c. *the sentences and the traps*
   d. *the boos of the gifted students*

G. Despite his negative attitude about school, the boy has an essentially positive attitude about life. How do you know? Is he really **un cancre**?

H. Draw **le visage du bonheur** as you imagine it.

Page d'écriture

I. How does the poem begin? Do you do these kinds of drills in class? What happens to these numbers as the poem goes on?

J. Other classroom objects are transformed at the end of the poem. What quietly falls down? What turns into sand? What does the ink turn into? The desks? The chalk? The pen?

K. What does the student invite into the classroom that causes these transformations? In your opinion, what does this guest in the classroom symbolize?

L. What is the common theme that links these two poems? How does the student in each poem escape from the routine of the classroom?

Cahier d'activités, p. 59, Act. 25

cent quarante-sept **147**

Grammaire supplémentaire

CD-ROM 2
DVD 1

internet

ADRESSE: go.hrw.com
MOT-CLE: WA3 TOURAINE-5

Première étape
Objective Expressing concern for someone

1 Tous les élèves sont arrivés en retard en classe aujourd'hui, mais ils ont tous une bonne excuse. Choisis le participe passé du verbe approprié pour compléter leurs phrases. (**p. 136**)

> tombé   perdu   raté
>
> été   déchiré   entendu

1. J'ai _____ le bus.
2. Je n'ai pas _____ mon réveil.
3. J'ai _____ mon livre d'histoire.
4. J'ai _____ mon pantalon.
5. Je suis _____ quand j'ai raté une marche.
6. J'ai _____ collé.

2 Sébastien a passé une très mauvaise journée à l'école aujourd'hui. Qu'est-ce qu'il écrit dans son journal pour décrire sa journée? (**p. 136**)

EXEMPLE   perdre mon livre de français   **J'ai perdu mon livre de français.**

1. rater le bus
2. oublier mes devoirs
3. avoir une mauvaise note
4. déchirer mon pantalon
5. recevoir mon bulletin trimestriel

3 La journée de Paul a été tout à fait le contraire de celle de Sébastien. Qu'est-ce qu'il dit pour décrire sa journée? Utilise **ne... pas** dans tes réponses. (**p. 136**)

1. rater le bus
2. oublier mes devoirs
3. avoir une mauvaise note
4. déchirer mon pantalon
5. recevoir mon bulletin trimestriel

4 Karima et Ahmed parlent de leur journée. Complète leur dialogue avec le **passé composé** des verbes entre parenthèses. (**p. 136**)

KARIMA C'était super. En classe, on ___1___ (voir) un bon film et mon prof ___2___ (rendre) les interros. Moi, j' ___3___ (avoir) une bonne note.

AHMED Ah oui? Moi, j'___4___ (passer) une journée épouvantable.

KARIMA Ah bon? Qu'est-ce qui s'est passé? Raconte!

AHMED Mon frère et moi, nous ___5___ (ne pas entendre) notre réveil. Ensuite, mon frère ___6___ (rater) une marche à l'école et il ___7___ (déchirer) sa chemise!

KARIMA Quelle journée! Vous ___8___ (ne pas avoir) de chance. Et après l'école, tu ___9___ (jouer) au foot?

AHMED Non, mes profs nous ___10___ (donner) trop de devoirs et puis en rentrant de l'école, j' ___11___ (recevoir) mon bulletin trimestriel. Il est pas terrible!

5 Colette te raconte son week-end à Paris. Complète ses phrases avec l'auxiliaire **être** ou l'auxiliaire **avoir.** (**p. 140**)

1. Ma mère, ma sœur et moi, nous _____ allées à Paris le week-end dernier.

2. Mon père _____ resté seul à la maison.

3. On _____ pris un taxi de l'aéroport.

4. Je me _____ couchée tôt parce que j'étais fatiguée.

5. Samedi, ma mère et moi, nous _____ visité la tour Eiffel.

6. Ma mère et ma sœur _____ pris beaucoup de photos.

7. On s' _____ beaucoup amusées.

6 Paul a passé une très mauvaise journée hier. Imagine que tu es Paul et dis ce qui t'est arrivé et pourquoi en utilisant le vocabulaire proposé. (**p. 140**)

EXEMPLE tomber / rater une marche
Je suis tombé parce que j'ai raté une marche.

1. avoir un zéro / perdre mon livre de français
2. arriver en retard / entendre mon réveil
3. aller au café / perdre mon argent
4. avoir de bonnes notes / oublier mes devoirs
5. voir mes amis / être collé(e)

7 Tes parents veulent savoir ce que tes amis et toi, vous avez fait hier soir. Dans les phrases suivantes, remplace les verbes par les verbes réfléchis proposés. N'oublie pas d'utiliser le **passé composé. (p. 140)**

> se coucher se lever se baigner
>
> s'habiller se laver s'amuser

EXEMPLE Marie est allée au parc. **Elle s'est promenée au parc.**

1. Luc et David sont allés au lit de bonne heure.
2. J'ai nagé à la piscine.
3. Monique a pris un bain.
4. Nous ne sommes pas sortis du lit après minuit.
5. Karine et Simone sont allées à la boum.

8 You're at the beach and you write to a friend about what you did during your first day of vacation, but some of the words got washed out. Fill them in using the **passé composé. (p. 140)**

> Salut,
>
> Mon premier jour de vacances ___1___ (se passer) super bien. Je___2___ (se lever) à midi et je ___3___ (se promener) sur la plage avec des amis. Ensuite, nous ___4___ (se baigner). L'eau était très chaude. C'était formidable. Puis nous avons fait du deltaplane. Moi, j'avais peur mais mes copains m'ont aidé(e) et finalement on ___5___ (s'amuser). Le soir, on a mangé dans un restaurant près de la plage. On a mangé un poisson délicieux et beaucoup de fruits. Enfin, on est allés danser dans la discothèque de la plage et on ___6___ (se coucher) à deux heures du matin. Le jour suivant on ___7___ (se lever) très tard. Et toi, comment ___8___ (se passer) tes vacances? Qu'est-ce que tu as fait? Raconte-moi!

9 Regarde les illustrations et complète les phrases suivantes en utilisant le **passé composé.** (**pp. 136, 140**)

1. Elle _____ le match de tennis.
2. Il _____ et il a cassé toutes les assiettes.
3. Elle _____ ses devoirs d'espagnol.
4. Il _____ de l'argent dans la rue.

Troisième étape   **Objectives** Giving reasons and making excuses; congratulating and reprimanding someone

10 Luc parle avec ses parents de ses notes et des notes de ses camarades. D'après les raisons qu'il donne pour expliquer leurs mauvaises notes, dis ce que chaque personne doit faire pour avoir de meilleures notes. Utilise le verbe **aller + infinitif** dans tes réponses. (**pp. 21, 143**)

1. —Combien tu as eu en histoire?
   —J'ai eu 11. Je n'ai pas fait mes devoirs.
   —Tu dois mieux travailler en classe!
   —C'est vrai, je...

2. —Combien Paul a eu en anglais?
   —Il a eu 8. Il a fait le clown en classe.
   —C'est inadmissible!
   —C'est vrai, il...

3. —Combien Julien et François ont eu en français?
   —Ils ont eu 11.
   —Ils doivent mieux travailler!
   —C'est vrai, ils...

4. —Toi et Pamela, combien vous avez eu en maths?
   —Nous avons eu 10, tous les deux.
   —C'est inadmissible!
   —C'est vrai, nous...

Mise en pratique

1

1. What is the purpose of the first document? What information does it give? What does this note excuse Ginette from?

2. What information does the second document give? What happened to Ginette? At what time did Ginette arrive at school? Why?

3. How was Ginette's day?

DEMANDE DE DISPENSE EXCEPTIONNELLE D'EDUCATION PHYSIQUE
(à remplir par les parents et à remettre au Conseiller d'Education avant le cours)

Nom de l'élève _GARIN_ Prénom _Ginette_ Classe _2nde_
Date du cours _12/11_
Motif de la demande _s'est fait mal à la main –_
dispense d'EPS
Ci-joint certificat médical: (1) Oui - ~~Non~~
Date _12/11_ **Signature,** _Mme Garin_

Lycée Balzac Tours
INFIRMERIE

BILLET DE RETARD

Nom _GARIN_ Le _12/11_
Prénom _Ginette_ élève de _seconde_
arrivé(e) à _8h30_ heures avec _30 min._ de retard
POUR LE MOTIF SUIVANT _n'a pas entendu son réveil et_
a raté le bus
_____ Peut être admis(e) en classe.

Lycée Balzac Tours
Le Surveillant Général

2 Ecoute la conversation entre le père de Ginette et son professeur d'histoire-géo. Décide si les phrases suivantes sont vraies ou fausses.

1. Ginette a eu 9 à l'interro d'histoire-géo.

2. La semaine passée, elle est arrivée en classe à l'heure.

3. D'après Ginette, l'histoire est son fort.

4. D'après Ginette, le prof ne l'aime pas.

5. Le prof de Ginette ne l'aime pas.

6. D'après le prof, Ginette ne doit pas faire le clown en classe.

3 Qu'est-ce que tu sais sur les écoles françaises? Est-ce que tu aimerais être élève dans un lycée français? Explique pourquoi ou pourquoi pas.

4 Ecrivons!

Imagine that your school is preparing a time capsule to be opened by students in the year 2099. Your French class has been asked to keep a journal describing the lives of teenagers in your time period. Write a journal entry describing the best or worst day of your school year.

Stratégie pour écrire

Effective introductions are important when writing a narrative piece, such as a journal entry. A good introduction will "hook" your reader so that he or she will want to read more.

Préparation

Before you begin to write, recall as many details about the day as you can. List details to include and group them together in categories. Think about the individual events that made up the experience; sensory details like sights, sounds, and feelings; and significant people and places.

Rédaction

An effective introduction in narrative writing generally has three main components: a snappy opening, some background information, and just a hint of the event's importance. You might begin with a thought-provoking question or an exclamation. Then, briefly describe what led to the day's being good or bad. Try to hint at the outcome of the day without giving it away completely.

The body of your writing will contain most of the details of the event. Think of the French words and phrases you know that would best allow your reader to see, feel, and hear your experience. If you don't know the word for a certain thing, think about how you could use what you do know to express it differently.

Finally, conclude your journal entry by explaining the outcome of your day. You might tell whether or not this day changed your life in some way and if you would do anything differently now.

Evaluation

When you evaluate your work, put yourself in your reader's shoes. Consider how a student in the year 2099 might react to your writing and ask yourself: Does the introduction grab my attention? Is there enough background information? Does the order of events make sense?

5 Jeu de rôle

You've been having problems in one of your classes, so you decide to meet with your teacher after school today. Act out the situation with a partner.

- Be sure to bring up your latest grades, good and bad.
- Give reasons for tardiness, bad grades, or lost homework.
- The teacher may be sympathetic, reprimanding, or both.

Que sais-je?

Can you use what you've learned in this chapter?

Can you express concern for someone?
p. 135

1 How would you show concern for someone by asking what happened?

2 How would your friend answer you if the following happened to him?

1.   2.   3.

Can you inquire?
p. 139

3 How would you inquire about your friend's . . .
1. day yesterday?   2. weekend?   3. vacation?

Can you express satisfaction and frustration?
p. 139

4 How would you respond to someone's question about your weekend if it went really well?

5 How would you respond to someone's question about your vacation if everything went wrong?

Can you sympathize with and console someone?
p. 141

6 What would you say to sympathize with and console these people?
1. Céline a raté le bus.
2. Véronique a été collée.
3. Henri est arrivé en retard au cours de français.

Can you give reasons and make excuses?
p. 143

7 How would you explain the following grades on your report card?

MATIERES	MOYENNE	APPRECIATIONS
Informatique	9	Peu d'effort!
Anglais	16	Bon travail
Français	8	Travail moyen

Can you congratulate and reprimand someone?
p. 143

8 What would you say to a friend who . . .
1. got a good grade in French?
2. won an athletic competition?
3. received a scholarship to college?

9 How would you reprimand a friend who . . .
1. got a low grade in English?
2. is always joking in class?

Première étape

Vocabulaire

Expressing concern for someone

Ça n'a pas l'air d'aller.	You look like something's wrong.
Qu'est-ce qui se passe?	What's going on?
Qu'est-ce qui t'arrive?	What's wrong?
Raconte!	Tell me!

School day vocabulary

passer une journée épouvantable	to have a horrible day
entendre le réveil	to hear the alarm clock
rater le bus	to miss the bus
rater une marche	to miss a step
tomber	to fall
déchirer	to rip, to tear
arriver en retard à l'école	to arrive late to school
rendre les interros	to return tests
avoir une mauvaise note	to get a bad grade
être collé(e)	to have detention

perdre	to lose
recevoir le bulletin trimestriel	to receive one's report card

Deuxième étape

Inquiring; expressing satisfaction and frustration

Comment ça s'est passé?	How did it go?
Comment s'est passée ta journée?	How was your day?
Comment s'est passé ton week-end?	How was your weekend?
Comment se sont passées tes vacances?	How was your vacation?
C'était incroyable!	It was amazing!/ unbelievably bad!

Ça s'est très bien passé!	It went really well!
Quelle journée (formidable)!	What a (great) day!
Quel week-end (formidable)!	What a (great) weekend!
J'ai passé une journée horrible!	I had a terrible day!
C'est pas mon jour!	It's just not my day!
Tout a été de travers!	Everything went wrong!
Quelle journée!	What a (bad) day!
Quel week-end!	What a (bad) weekend!

Sympathizing with and consoling someone

Oh là là!	Oh no!
C'est pas de chance, ça!	Tough luck!
Pauvre vieux/ vieille!	You poor thing!
Courage!	Hang in there!
Ça va aller mieux.	It'll get better.
T'en fais pas.	Don't worry.
C'est pas grave.	It's not serious.

Other expressions

arriver	to arrive, to happen

Troisième étape

Giving reasons and making excuses

Je suis assez bon (bonne) en...	I'm pretty good at...
C'est en... que je suis le/la meilleur(e).	I'm best in...
..., c'est mon fort.	...is my strong point.
..., c'est pas mon fort.	...isn't my best subject.
J'ai du mal à comprendre.	I have a hard time understanding.

Je suis pas doué(e) pour...	I don't have a talent for...

Congratulating someone

Félicitations!	Congratulations!
Bravo!	Terrific!
Chapeau!	Well done!

Reprimanding someone

C'est inadmissible.	That's unacceptable.

Tu dois mieux travailler en classe.	You have to work harder in class.
Tu ne dois pas faire le clown en classe!	You can't be goofing off in class!
Ne recommence pas.	Don't do it again.

6
A nous les châteaux!

Objectives

In this chapter you will learn to

Première étape

- ask for opinions
- express enthusiasm, indifference, and dissatisfaction

Deuxième étape

- express disbelief and doubt

Troisième étape

- ask for and give information

internet

go.
hrw
.com

ADRESSE: go.hrw.com
MOT-CLE: WA3 TOURAINE-6

◄ C'est magnifique, le château de Maintenon!

MISE EN TRAIN · *Le disparu*

Stratégie pour comprendre

Listen for keywords in *Le disparu* that will help you understand what Céline and Hector are talking about. What words signal that she is talking about something in the past? What did Céline and her friends do over the weekend? What happened to Hector?

 Bruno
 Céline

 Hector
 Virginie

1

Bruno Alors, Céline, qu'est-ce que tu as fait pendant le week-end?

Céline Je suis allée visiter le château de Chenonceau avec Hector et Virginie.

Bruno C'était comment? Ça t'a plu?

Céline Oui! C'était magnifique! Quelle aventure, je te dis!

2 J'ai retrouvé les autres à la gare routière vers 7 h 55. On a acheté les billets.

3 Le car est parti à 8 h 10.

4 **On est arrivés à Chenonceaux à 8 h 55. Ensuite, on a loué des vélos.**

Hector C'est par là!

5 **Céline** «Le château a été construit entre 1513 et 1521 par Thomas Bohier». On l'appelle «le château des six femmes». Eh, Hector, tu m'écoutes?

6 **Hector** Oui, oui... Vous savez, on dit qu'il y a des gens qui disparaissent dans ces châteaux.
Virginie Sans blague? Tu plaisantes!
Céline Je ne te crois pas.

7 **On a visité le château...**

8 **Et puis, on a remarqué qu'Hector n'était plus là!**
Virginie Tiens. Où est Hector?
Céline Je ne sais pas.

9 **On a cherché partout, mais on ne l'a pas trouvé.**
Céline On l'a perdu?
Virginie Il a disparu!

Cahier d'activités, p. 61, Act. 1–2

1 Tu as compris?

1. Where did Céline and her friends go for the day?
2. How did they get there?
3. How did they find out about the history of the château?
4. What did they do at the château?
5. What happens at the end of the story?

2 Qui...

1. n'est pas allé au château?
2. a visité le château?
3. a trouvé Chenonceau magnifique?
4. a lu le guide du château?

5. a dit qu'il y a des gens qui disparaissent?
6. a disparu?
7. a cherché Hector partout?

Virginie

Bruno

Céline

Hector

3 Le journal de Céline

Complète le journal de Céline.

est parti	visiter	est arrivés
des vélos	a remarqué	
magnifique		a cherché
	a acheté	

4 Cherche les expressions

What do the teenagers in *Le disparu* say to . . .

1. ask for an opinion?
2. express enthusiasm?
3. express disbelief?

5 Et maintenant, à toi

A ton avis, qu'est-ce qui est arrivé à Hector? Qu'est-ce que tu ferais à la place de Céline et de Virginie?

Ce week-end, je suis allée _____ le château de Chenonceau. C'était _____ ! On _____ les billets à la gare et le car _____ à 8 h 10. On _____ à Chenonceaux à 8 h 55. On est allés directement louer _____. J'ai lu mon guide du château à haute voix, mais Hector n'écoutait pas. Il nous a dit que des gens disparaissent dans les châteaux, mais je ne l'ai pas cru.
Après la visite guidée du château, on _____ qu'Hector n'était plus là ! On l'_____ partout, mais il avait disparu sans laisser de traces !
La suite au prochain numéro...

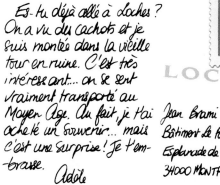

Es-tu déjà allé à Loches? On a vu des cachots et je suis montée dans la vieille tour en ruine. C'est très intéressant.... on se sent vraiment transporté au Moyen Age. Au fait, je t'ai acheté un souvenir... mais c'est une surprise! Je t'embrasse. Adèle

Jean Brami
Bâtiment Le Fanal n°8
Esplanade de l'Europe
34000 MONTPELLIER

Le château d'Azay-le-Rideau

Si tu voyais Azay-le-Rideau! C'est incroyable comme château. On s'est promenés dans le parc, puis on a fait un pique-nique. Le spectacle son et lumière sur la vie dans un château de la Renaissance était superbe. C'est vraiment à voir! Frédéric

Véronique Fabre
8, rue de Liège
75 009 PARIS

Note culturelle

Most castles in France fall into two categories. **Châteaux forts,** such as Loches, were built for protection in the Middle Ages. They are massive buildings with thick walls, often surrounded by a moat and built in a strategic location. **Châteaux de la Renaissance,** such as Chenonceau or Azay-le-Rideau, date from the sixteenth century when more thought was given to comfort than to defense. **Châteaux de la Renaissance** feature large windows, ornate sculptures or stonework, and often highly decorated interiors.

6 ## C'est Loches ou Azay-le-Rideau?
Lisons/Parlons

1. **a.** On peut monter dans une vieille tour.
   b. C'est un château du Moyen Age.
   c. On peut se promener dans le parc ou pique-niquer.
   d. On peut descendre voir les cachots.
   e. On l'a construit à l'époque de la Renaissance.

2. Quel château est-ce que tu préfères? Pourquoi?

Qu'est-ce que tu as fait pendant le week-end?

Perrine :
Je suis allée dans un parc d'attractions.

J'ai fait un tour sur les montagnes russes...

et sur la grande roue.

Han :
Ce week-end, moi, je suis allée au zoo!

J'ai fait une visite guidée,...

on a fait un pique-nique...

et on a donné à manger aux animaux. Ça m'a beaucoup plu!

Mariyam :
Moi, je suis allée faire un circuit des châteaux!

Je suis montée dans des tours...

et après, on a assisté à un spectacle son et lumière. C'était magnifique!

Travaux pratiques de grammaire, pp. 45–46, Act. 1–4

Grammaire supplémentaire, p. 176, Act. 1–2

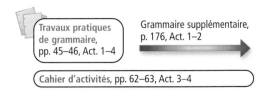

Cahier d'activités, pp. 62–63, Act. 3–4

7 **Qu'est-ce qu'elles ont fait?**

Ecoutons Regarde le Vocabulaire à la page 162 et écoute Alain et Monique qui parlent des activités de leurs amies. Est-ce qu'ils parlent de Perrine, d'Han ou de Mariyam?

8 **L'album de photos de Fatima**

Lisons Fatima est allée en vacances et elle veut te montrer ses photos. Mais quand elle ouvre son album, toutes les photos tombent. Aide Fatima à trouver la description qui va avec chaque photo.

a.

b.

c.

d.

1. On a fait une visite guidée du château et on a vu un spectacle son et lumière le soir. C'était génial!
2. Samedi midi au parc. Comme il faisait beau, on a décidé de faire un pique-nique. Mélanie et Franck ont apporté des fruits et nous, on a fait des sandwiches.
3. Ça, c'est le zoo qu'on a visité. Il y a plein d'animaux super là-bas! Et si on veut, on peut même donner à manger aux singes.
4. Karim et Gina n'ont pas voulu monter sur les montagnes russes. Mais Franck et moi, on s'est beaucoup amusés au parc d'attractions.

9 **Alors, tu as fait le circuit...**

Lisons/Parlons Imagine que tu as fait un de ces circuits. Ton/Ta camarade va te poser des questions pour essayer de deviner quel circuit tu as fait. Ensuite, changez de rôle.

EXEMPLE —Tu es allé(e) dans un parc d'attractions? — Oui.

—Tu as fait une visite guidée des châteaux? — Non.

—Alors, tu as fait le circuit vert! — ___?___

Faites le circuit jaune! On va... faire une visite guidée des châteaux, monter dans une tour, aller au zoo et donner à manger aux animaux!

ESSAYEZ LE CIRCUIT BLEU! VOUS POUVEZ... aller au zoo, donner à manger aux animaux, faire un pique-nique et aller dans un parc d'attractions!

Choisissez le circuit rose où vous pouvez... faire un pique-nique, aller au zoo, donner à manger aux animaux et assister à un spectacle son et lumière!

Amusez-vous en faisant le circuit vert! Vous pouvez... aller dans un parc d'attractions, faire un tour sur les montagnes russes, faire un pique-nique et assister à un spectacle son et lumière!

ON VA FAIRE LA FÊTE SUR LE CIRCUIT ORANGE! ALLONS... FAIRE UN PIQUE-NIQUE, ASSISTER À UN SPECTACLE SON ET LUMIÈRE, FAIRE UNE VISITE GUIDÉE DES CHÂTEAUX ET MONTER DANS UNE TOUR!

Comment dit-on...?

Asking for opinions; expressing enthusiasm, indifference, and dissatisfaction

To ask for an opinion:

C'était comment? *How was it?*
Ça t'a plu? *Did you like it?*
Tu t'es bien amusé(e)?
  Did you have fun?

To express indifference:

C'était... *It was . . .*
  assez bien. *OK.*
  comme ci comme ça. *so-so.*
  pas mal. *all right.*
Mouais. *Yeah.*
Plus ou moins. *More or less.*

To express enthusiasm:

C'était... *It was . . .*
  magnifique! *beautiful!*
  incroyable! *incredible!*
  superbe! *gorgeous!*
  sensass! *sensational!*
Ça m'a beaucoup plu. *I really liked it.*
Je me suis beaucoup amusé(e).
  I had a lot of fun.

To express dissatisfaction:

C'était... *It was . . .*
  ennuyeux. *boring.*
  mortel. *deadly dull.*
  nul. *lame.*
  sinistre. *awful.*
Sûrement pas! *Definitely not!*
Je me suis ennuyé(e). *I was bored.*

Cahier d'activités, p. 64, Act. 7–8

---

10 **Ils se sont amusés?**

Ecoutons Listen to several friends discuss what they did over the weekend. Are they enthusiastic, indifferent, or dissatisfied? Listen again and write down each response.

Note de grammaire

You've probably noticed that **c'était** *(it was)* uses a form of the verb **être** you haven't studied yet. To describe what things were like in the past, you use a verb tense called the **imparfait** *(imperfect)*. You'll learn more about it in Chapter 8.

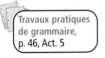

Travaux pratiques de grammaire, p. 46, Act. 5

Grammaire supplémentaire, p. 177, Act. 3

Tu te rappelles?

- Two of the most difficult sounds for English speakers to produce in French are the sound [y] in **tu** and the sound [u] in **tout**.

- To produce the [y] sound, start by saying *me* in English, then round your lips, keeping your tongue pressed behind your lower teeth. Practice by saying **Ça t'a plu?** and **Sûrement pas!** There's no equivalent to this sound in English, so it takes some practice to get it right.

- The [u] sound is like the vowel sound in the English word *fool.* Practice this sound by saying **beaucoup** and **un tour.**

- Learning to distinguish between these sounds is important. There's a big difference between a **pull** and a **poule** *(a hen)* in French!

11 **Grammaire en contexte**

Lisons Complète chaque phrase.

1. Je me suis beaucoup ennuyé pendant mes vacances. _____

2. La plage? Bof... _____

3. —Tu t'es bien amusé à Paris?

   — _____

4. —Chambord? _____

a. Oui, ça m'a beaucoup plu.

b. C'était magnifique!

c. C'était mortel!

d. C'était comme ci comme ça.

164 *cent soixante-quatre*   CHAPITRE 6   A nous les châteaux!

12 En famille

Parlons/Ecrivons Ces familles sont parties en week-end. Où est-ce qu'elles sont allées? Qu'est-ce qu'elles ont fait? C'était comment pour chaque personne dans la famille?

1.

3.

2.

4.

13 C'était comment?

Parlons/Ecrivons Ton ami(e) te pose la question **C'était comment?** Comment est-ce que tu réponds si...

1. tu es allé(e) à une boum chez ton/ta meilleur(e) ami(e) hier soir?
2. tu as fait une visite guidée d'une maison historique?
3. tu as vu un film français avec Gérard Depardieu?
4. tu es allé(e) à un concert de jazz?
5. tu es allé(e) dans un musée d'art moderne?
6. tu as fait un pique-nique à la plage avec ta famille?
7. tu as passé un examen de français?

14 Nos distractions

Ecrivons/Parlons Fais une liste de six attractions touristiques dans ta région. Demande à tes camarades s'ils sont allés dans ces endroits. Demande-leur aussi s'ils ont aimé chaque attraction. D'après ton sondage, quel endroit est le plus populaire? Quelle attraction est la moins populaire?

EXEMPLE —Tu es déjà allé(e) à Mount Rushmore?
—Oui.
—Ça t'a plu?
—Beaucoup. C'était superbe!

15 Le week-end

Parlons Prépare un dialogue avec un(e) camarade de classe. Qu'est-ce que tu as fait ce week-end? Où es-tu allé(e)? Qu'est-ce que tu as fait là-bas? C'était comment? Et ton/ta camarade?

Le 21 avril à Chenonceau...

Than et Mathieu sont entrés pour la visite guidée. Ali est directement monté au premier étage.

Hier, avec notre classe, on est allés au château de Chenonceau.

On est arrivés au château de bonne heure. Jean-Claude n'est pas venu avec nous.

Catherine et Sunya sont restées longtemps au café.

Anaïs est descendue au bord du Cher.

Charlotte est tombée dans le jardin de Diane de Poitiers.

Des touristes américains sont partis à vélo.

On est rentrés très contents!

16 Où sont-ils?

Ecoutons Listen as the teacher tries to locate all the students to head back to the bus. Where are these students?

1. Paul   **2.** Laurence   **3.** Ali   **4.** Guillaume   **5.** Mireille   **6.** Marcel

Vocabulaire

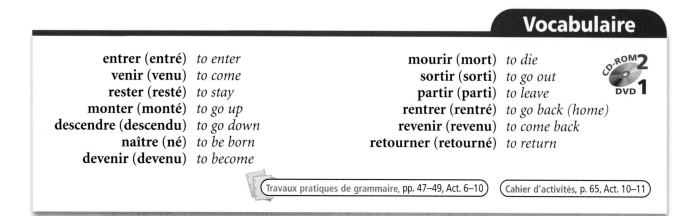

entrer (entré)	*to enter*	**mourir (mort)**	*to die*
venir (venu)	*to come*	**sortir (sorti)**	*to go out*
rester (resté)	*to stay*	**partir (parti)**	*to leave*
monter (monté)	*to go up*	**rentrer (rentré)**	*to go back (home)*
descendre (descendu)	*to go down*	**revenir (revenu)**	*to come back*
naître (né)	*to be born*	**retourner (retourné)**	*to return*
devenir (devenu)	*to become*		

Travaux pratiques de grammaire, pp. 47–49, Act. 6–10   Cahier d'activités, p. 65, Act. 10–11

17 Un message de Paris

Lisons/Ecrivons Ton correspondant Loïc et ses amis sont allés à Paris hier. Lis le message électronique de Loïc et choisis le verbe approprié pour compléter chaque phrase.

Hier, mes copains et moi, on est allés à Paris. On est ___**1**___ (partis/ retournés) de Rouen vers huit heures. A Paris, on est tout de suite allés à la tour Eiffel. On est ___**2**___ (nés/montés) tout en haut par les escaliers. Yann, lui, il est ___**3**___ (resté/devenu) au deuxième étage parce qu'il était fatigué. Après, on a décidé d'aller au musée, mais Paul n'est pas ___**4**___ (venu/mort). On a pris le bus et on est ___**5**___ (revenus/ descendus) à l'arrêt du Louvre. On est ___**6**___ (entrés/sortis) dans le musée et on a fait une visite guidée. Vers quatre heures, on a repris le train et on est ___**7**___ (rentrés/devenus) à la maison.

Grammaire

The *passé composé* with *être*

• To form the **passé composé** of some verbs, you use **être** instead of **avoir** as the helping verb. The verbs you've just learned follow this pattern, as do the verbs **aller, tomber,** and **arriver** from Chapter 5.

je **suis rentré(e)**	nous **sommes rentré(e)s**
tu **es rentré(e)**	vous **êtes rentré(e)(s)**
il/elle/on **est rentré(e)(s)**	ils/elles **sont rentré(e)s**

Grammaire supplémentaire, pp. 177–178, Act. 4–8 →

Cahier d'activités, p. 66, Act. 12–13

• When you form the **passé composé** with **être,** the past participle agrees in gender and number with the subject, just as an adjective agrees with the noun it describes. If the subject of the verb is feminine, add an **-e** to the past participle. If the subject is feminine plural, add **-es.** If it's masculine plural, add an **-s.** Don't forget that a compound subject with one masculine element is considered masculine plural.

Travaux pratiques de grammaire, pp. 49–50, Act. 12–13

18 **Grammaire en contexte**

Parlons/Ecrivons Tes copains et toi, vous êtes allés au château samedi dernier. Décris ce que chacun de vous a fait.

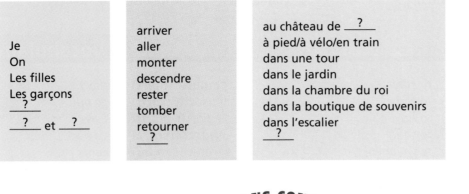

Je	arriver	au château de ___?___
On	aller	à pied/à vélo/en train
Les filles	monter	dans une tour
Les garçons	descendre	dans le jardin
___?___	rester	dans la chambre du roi
___?___ et ___?___	tomber	dans la boutique de souvenirs
	retourner	dans l'escalier
	___?___	___?___

DE BONS CONSEILS

How can you remember when to use **avoir** to form the past tense and when to use **être**? A general rule of thumb is that you often associate **être** with verbs of motion. Think of a house. You use **être** with any verb that will get you *into* the house, *upstairs* and *downstairs* (even by falling!), and *out* of the house. Also, if you *stay* in the house, and are *born* or *die* in the house, you will use **être** with these verbs. Draw a picture to illustrate this and keep it as a study guide.

19 **Qu'est-ce qu'il/elle a fait?**

a. Ecrivons/Parlons Choisis une personne célèbre et fais une liste de trois choses que cette personne a faites. Lis la liste à ton groupe, mais ne dis pas le nom de la personne. Tes camarades doivent deviner qui tu as choisi. Ensuite, c'est le tour de la personne qui a deviné.

Elle a trouvé...   Il a chanté...   Elle a joué...   Elle a découvert...

Il a inventé...   Elle est allée... pour...   Il est devenu célèbre grâce à ...

b. Ecrivons Trouve trois autres informations intéressantes au sujet de ta personne célèbre. Ensuite, écris un paragraphe sur cette personne.

Comment dit-on...?

Expressing disbelief and doubt

To express disbelief and doubt:

Tu plaisantes! *You're joking!*
C'est pas vrai. *You're kidding.*
N'importe quoi! *That's ridiculous!*

Pas possible! *No way!*
Ça m'étonnerait. *I doubt it.*
Mon œil! *Yeah, right!*

Cahier d'activités, p. 67, Act. 15

20 C'est pas vrai!

Ecoutons Listen to Mai as she asks her friends about their weekends. Does she believe what they tell her or not?

21 C'est vrai?

Parlons/Ecrivons Qu'est-ce que tu réponds à un(e) ami(e) qui te dit les choses suivantes?

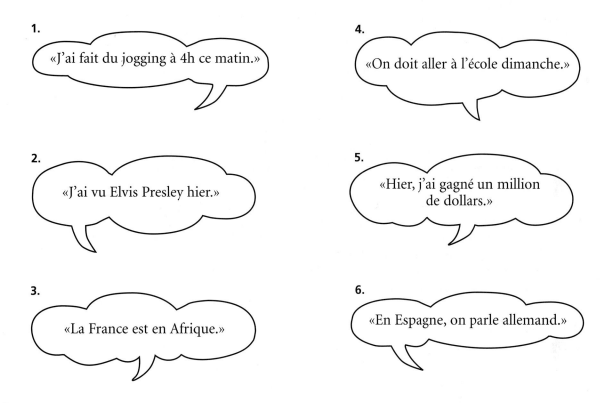

1. «J'ai fait du jogging à 4h ce matin.»

4. «On doit aller à l'école dimanche.»

2. «J'ai vu Elvis Presley hier.»

5. «Hier, j'ai gagné un million de dollars.»

3. «La France est en Afrique.»

6. «En Espagne, on parle allemand.»

22 Un jour...

Parlons Invente trois choses incroyables qui sont arrivées. Raconte à un(e) camarade ce qui s'est passé. Ton/Ta camarade ne te croit pas et il/elle va te demander plus de détails. Ensuite, changez de rôle.

EXEMPLE —Un jour, je suis arrivé(e) à l'école avec le président de la République française.

—Tu plaisantes! Pourquoi est-ce qu'il est venu avec toi?

— ...

23 Mon œil!

Parlons In your group, take turns telling tall tales about yourselves. The entire group will respond with expressions of doubt and disbelief. When you have told your stories, choose the best one from your group.

24 Un journal bizarre!

Ecrivons Créez un journal avec des histoires incroyables. Chaque groupe raconte sa meilleure histoire. Ajoutez d'autres détails pour rendre l'histoire encore plus intéressante et incroyable.

Qui sont les personnages historiques que tu as étudiés?

We asked students what famous people they have studied in school. Here are their responses.

Hervé, Martinique

«Je connais tous les personnages historiques français et je vais en citer quelques-uns. Bien, on peut parler des rois de France, par exemple de Louis XIV, de Louis XV, d'Henri IV en Angleterre et en Martinique, notre impératrice Joséphine qui s'est mariée avec l'empereur Napoléon.»

Il y a quelqu'un que tu admires en particulier?

«J'apprécie beaucoup Joséphine, l'impératrice, tout d'abord parce que c'est une compatriote et voilà.»

Pauline, France

«On a étudié surtout des auteurs, comme Victor Hugo ou Maupassant, mais aussi des personnages historiques de l'histoire de France, comme Napoléon.»

Il y a quelqu'un que tu admires en particulier?

«Que j'admire... Je vois pas spécialement. J'aime bien Victor Hugo. J'aime bien les poètes.»

Evelyne, France

«Les personnages qu'on a étudiés en histoire sont Hitler, Mussolini, Vercingétorix et Jules César... Louis XVI et tous les rois de France et les rois d'Angleterre aussi.»

Qu'en penses-tu?

1. Which of the famous people mentioned have you studied? What did they do?
2. Which of these famous people do you find most interesting? Why?
3. What other French-speaking historical figures do you know about? What did they do?
4. Choose a well-known francophone person you have not studied and find out why he or she is famous.

170

CIRCUITS D'UNE JOURNEE

Départ à 9 h 00, place de la Gare, quai n° 6

10 - TOURS, Cormery, vallée de l'Indre, **LOCHES** (visite, déjeuner libre), **CHENONCEAU** (visite), **AMBOISE** (visite), Montlouis, TOURS (vers 18 h 45).

Les samedis, du 10 avril au 25 septembre.
Les mardis, du 6 juillet au 28 septembre.
Car : **22 €**
Droits d'entrée : **10 €**

11 - TOURS, Amboise (vue sur le château), Chaumont, **BLOIS** (visite, déjeuner libre), Ménars, **CHAMBORD** (visite), **CHEVERNY** (visite), vallée du Cher, TOURS (vers 18 h 45).

Les lundis et vendredis, du 12 avril au 27 septembre.
Car : **22 €**
Droits d'entrée : **10 €**

Les circuits de jour sont accompagnés et commentés par des guides-interprètes de Touraine (français-anglais).

CIRCUITS D'UNE DEMI-JOURNEE

Départ à 13 h 15, place de la Gare, quai n° 6

12 - TOURS, Vouvray, **CHAUMONT** (visite), **LE CLOS-LUCE** à Amboise, demeure de Léonard de Vinci (visite), TOURS (vers 18 h 45).

Les samedis, du 3 juillet au 11 septembre.
Car : **14 €**
Droits d'entrée : **6, 50 €**

13 - TOURS, Savonnières, Villandry, **USSE** (visite), **LANGEAIS** (visite), TOURS (vers 18 heures).

Les mardis, du 6 juillet au 31 août.
Car : **14 €**
Droits d'entrée : **5, 50 €**

SPECTACLES *SON ET LUMIERE*

Départ place de la Gare, quai n° 6

14 - **LE LUDE :** "Les glorieuses et fastueuses soirées au bord du Loir". Départ à 21 heures jusqu'au 31 juillet, à 20 h 30 au mois d'août.

Les samedis, du 26 juin au 21 août.
Les vendredis, du 25 juin au 20 août.
Car et droits d'entrée : **21 € 50**

15 - **AMBOISE :** "A la Cour du Roy François". Départ à 21 h 30 jusqu'au 31 juillet, à 21 heures à partir du 1er août.

Les mercredis, du 7 juillet au 25 août.
Car et droits d'entrée : **18 €**

---

25 ## A lire avec attention

Lisons Ces gens choisissent quel(s) tour(s)?

1. Julien voudrait visiter Chaumont et Clos-Lucé.

2. Francine veut voir un spectacle son et lumière mercredi.

3. Hélène a 19, 50 € pour le car et l'entrée.

4. Cam voudrait assister à un spectacle son et lumière vendredi.

5. Luc veut voir Amboise et visiter Chambord.

6. En avril, Marion voudrait visiter des châteaux.

7. Robert veut faire une visite guidée en anglais.

Note culturelle

The intercity bus **(le car)** and the train **(le train)** are two excellent ways to see France. Trains run frequently between larger towns and cities. They are known for running on time. Nearly all train lines are electrified and computerized. The **train à grande vitesse (TGV),** a high-speed train that covers long distances with only a few stops, is the most popular. At the **gare routière,** usually located at the train station, you can take the bus to the smaller towns in the region you are visiting. Some of the bus stations also offer tours, like the ones you see here in the brochure.

Comment dit-on...?

Asking for and giving information

Cahier d'activités, pp. 68–69, Act. 17–19

To ask for information:

A quelle heure est-ce que le train (le car) pour Blois part?
What time does the train (the bus) for . . . leave?

De quel quai?
From which platform?

A quelle heure est-ce que vous ouvrez (fermez)?
What time do you open (close)?

To respond:

A 14h40.

Du quai 5.

A 10h (à 18h).

To ask for prices:

Combien coûte un aller-retour?
How much is a round-trip ticket?
Combien coûte un aller simple?
How much is a one-way ticket?
C'est combien, l'entrée?
How much is the entrance fee?

To ask for what you want:

Je voudrais un aller-retour.
I'd like a round-trip ticket.
Un aller simple, s'il vous plaît.
A one-way ticket, please.
Trois tickets, s'il vous plaît.
Three (entrance) tickets, please.

---

26 A la gare

Ecoutons Nathalie achète un billet à la gare. Ecoute sa conversation avec l'employé de la gare. Ensuite, complète les phrases suivantes.

1. Nathalie veut aller à...
2. Le train part à...
3. Elle voudrait un...
4. Ça coûte...
5. Le train part du quai...

Note de grammaire

- To ask a question formally, use the question word(s) followed by **est-ce que:** **A quelle heure est-ce que le train arrive?**
- To ask a question informally, put the question word(s) at the end of the question: **Le train arrive à quelle heure?**

Travaux pratiques de grammaire, p. 51, Act. 14–15

Grammaire supplémentaire, p. 179, Act. 9–10

Cahier d'activités, p. 69, Act. 20

27 Grammaire en contexte

Lisons Mets en ordre cette conversation entre l'employée de la gare routière et un touriste.

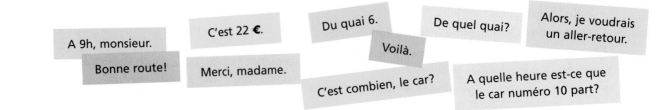

A 9h, monsieur.

C'est 22 €.

Du quai 6.

De quel quai?

Alors, je voudrais un aller-retour.

Bonne route!

Merci, madame.

Voilà.

C'est combien, le car?

A quelle heure est-ce que le car numéro 10 part?

28 Une excursion

Lisons/Parlons Regarde la brochure à la page 171. Choisis un circuit que tu voudrais faire et achète ton ticket à la gare routière. Demande à l'employé(e) toutes les informations importantes. Joue cette scène avec un(e) camarade, puis changez de rôle.

Note de grammaire

Ouvrir *(to open)* ends in **-ir,** but it's conjugated like a regular **-er** verb. Drop the **-ir** and add the endings **-e, -es, -e, -ons, -ez,** or **-ent.**

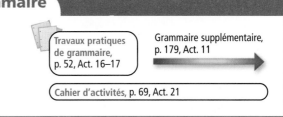

Travaux pratiques de grammaire, p. 52, Act. 16–17

Grammaire supplémentaire, p. 179, Act. 11

Cahier d'activités, p. 69, Act. 21

29 **Grammaire en contexte**

Lisons Lis les renseignements pratiques pour Fontainebleau et réponds aux questions.

1. Les jardins ouvrent à quelle heure?
2. A quelle heure est-ce qu'ils ferment? Pourquoi est-ce que l'heure de fermeture change?
3. Le château ouvre à quelle heure? Il ferme à quelle heure pour le déjeuner?
4. A quelle heure est-ce que le château rouvre? Il ferme à quelle heure le soir?

RENSEIGNEMENTS PRATIQUES:

Les cours et jardins sont ouverts tous les jours dès 8 h du matin et ferment entre 17 et 20 h 30 suivant la saison.

Le château est ouvert tous les jours (sauf mardi) de 9 h 30 à 12 h 30 et de 14 h à 17 h. Fermeture des caisses à 11 h 30 et 16 h.

L'entrée générale pour les grands et petits appartements, le Musée Napoléon et le Musée Chinois se fait au milieu du bâtiment de droite de la cour du cheval blanc.

Renseignements : tél. 01 64 22 27 40.

30 **A la boutique de cadeaux**

Parlons Tu vas ouvrir une boutique de cadeaux. Décide à quelle heure tu vas ouvrir et fermer. N'oublie pas l'heure du déjeuner! Ton/Ta camarade va jouer le rôle d'un(e) touriste qui te téléphone pour savoir quand ton magasin est ouvert. Ensuite, changez de rôle.

31 **Jeu de rôle**

Lisons/Parlons Tu habites à Tours. Samedi, tu vas aller visiter le château d'Azay-le-Rideau. D'abord, choisis le train que tu vas prendre. Ensuite, ton père ou ta mère va te demander ce que tu vas faire et à quelle heure tu vas partir. Réponds à ses questions. Joue cette scène avec un(e) camarade, puis changez de rôle.

SEMAINE

	•	◉ CAR	• CAR	AQLS 1	AQLS 2	• CAR	○ AQLS 3	○ AQLS 4	○	◉ AQLS	✎	◉	◉	○	•	◉	AQLS 5	AQLS 6	◉
Tours (SNCF)	5:45								9:08			12:17	12:21			14:07			16:37
Tours (Halte Routière)		6:40	7:15			9:17													
St-Pierre-des-Corps (S						9:27													
Joué-lès-Tours (SNCF)	5:52								9:15			12:24	12:28			14:14			16:45
Joué-lès-Tours (Mairie		6:57	7:33																
Ballan	5:58	7:05	7:41			9:49			9:21				12:34			14:20			16:52
Druye													12:41						
Azay-le-Rideau (SNCF)	6:10								9:33				12:49			14:32			17:05
Azay-le-Rideau (Mairie		7:22	7:57			10:05													
Rivarennes													12:56						
St-Benoît-la-Forêt (Hô		7:35				10:18													
Chinon (SNCF)	6:28	7:50	8:25			10:27			9:51				13:09			14:50			17:22

• du lundi au vendredi   ○ le samedi   ◉ du lundi au samedi   ✎ INTERLOIRE : TER circulant à 200 km/h.   AQUALYS : Paris/Orléans/Tours

Source SNCF 2000

32 **De l'école au travail**

You work for a tour company. You recently took one of the tours offered by the company, and your boss has asked you to write a short summary of your trip. Tell when you left, how you got there, what you did, and whether or not you had a good time.

La Belle au bois dormant

Il était une fois un roi et une reine qui ne pouvaient pas avoir d'enfants. Un jour pourtant, la reine attend un enfant et elle a une fille. On fait alors un beau baptême; on donne pour marraines à la petite princesse les sept fées du pays. Chaque fée doit faire un don à l'enfant. Après les cérémonies du baptême, tout le monde revient au palais du roi, où il y a une grande fête. On met un couvert en or devant chaque fée. Tout à coup, on voit entrer une vieille fée qu'on n'avait pas invitée parce qu'on la croyait morte.

Le roi lui donne un couvert, mais pas en or parce qu'il n'y en avait que sept, pour les sept fées. La vieille croit qu'on la méprise et dit quelques menaces entre ses dents. Une des jeunes fées l'entend. Elle pense que la vieille va faire du mal à la petite princesse. Alors, elle va se cacher derrière la tapisserie, pour parler la dernière et pour pouvoir réparer le mal que la vieille veut faire.

Les huit fées commencent alors à faire leurs dons à la princesse. La plus jeune fée dit que la princesse va être la plus belle personne du monde; la deuxième fée dit qu'elle va être très intelligente; la troisième dit qu'elle va avoir une grâce admirable; la quatrième dit qu'elle va danser parfaitement; la cinquième dit qu'elle va chanter comme un rossignol et la sixième dit qu'elle va jouer de toutes sortes d'instruments de façon parfaite.

Le tour de la vieille fée arrive. Elle dit que la princesse va se percer la main d'un fuseau et qu'elle va mourir. Ce don terrible fait pleurer tout le

La Belle au bois dormant

Stratégie pour lire
Before you read something, consider what its *genre* is. The *genre* tells what kind of writing it is: a novel, a poem, a short story, or an essay, for example. Knowing what genre you're dealing with will help you predict its features.

A. Think of some fairy tales that you have read. In what genre do fairy tales fall? What do most fairy tales have in common? What makes fairy tales unique?

B. Skim the story and the title. What is the English title of this fairy tale? Based on what you already know about this fairy tale, what do you think will happen?

C. How do fairy tales often begin in English? What do you think **Il était une fois** means?

D. Place the following events from *La Belle au bois dormant* in order.

1. Tout le monde dans le palais se réveille.

2. On fait un baptême pour la fille.

3. La princesse se perce la main.

4. Le roi interdit à toutes personnes de filer au fuseau.

5. Le prince passe près du château.

monde. A ce moment, la jeune fée sort de derrière la tapisserie et dit :

« Rassurez-vous, roi et reine, votre fille ne va pas mourir. Je n'ai pas assez de puissance pour défaire entièrement ce que la vieille a fait. La princesse va se percer la main d'un fuseau; mais au lieu de mourir, elle va dormir pendant cent ans. Puis, un beau prince va venir la réveiller.»

Pour essayer d'éviter le malheur annoncé par la vieille, le roi interdit aussitôt à toutes personnes de filer au fuseau et il fait brûler tous les fuseaux qu'on trouve dans le royaume.

Seize ans plus tard, la jeune princesse se promène dans le château. Elle va jusqu'au haut d'un donjon où une bonne dame file au fuseau.

« Que faites-vous là, ma bonne dame? dit la princesse.

—Je file, ma belle enfant, lui répond la dame.

—Ah! Que cela est joli, reprend la princesse. Comment faites-vous? Donnez-moi votre fuseau. Je voudrais essayer de filer. »

Elle prend le fuseau et aussitôt, elle se perce la main et s'endort.

La bonne dame crie au secours. On vient de tous côtés et on essaie de réveiller la princesse, mais elle ne se réveille pas. Alors, le roi se souvient de la prédiction des fées et il ordonne qu'on laisse la princesse dormir pendant cent ans. On appelle une fée. La fée pense qu'à son réveil, la princesse va être bien seule dans ce vieux château. Alors, elle touche tout dans le château avec sa baguette magique. Tout le monde s'endort comme la princesse. Tout d'un coup, une grande forêt pousse tout autour du château.

Cent ans plus tard, un beau prince passe près du château où la princesse dort. Il voit un paysan et il lui demande qui habite dans ce château. Le vieux paysan lui répond :

« Mon prince, on m'a dit qu'il y a dans ce château une très belle princesse qui dort depuis cent ans, et qu'un beau prince va la réveiller. »

Alors, le jeune prince décide tout de suite de voir si c'est vrai. Quand il arrive dans la forêt, tous les arbres s'écartent pour le laisser passer. Il entre dans le château et voit que tout le monde dort. Il va dans une chambre et il voit le plus beau spectacle du monde : une très belle princesse qui dort. Il se met à genoux près de la princesse. Alors, la princesse se réveille et lui dit:

« Est-ce vous, mon prince? Je vous ai attendu longtemps. »

Le prince tombe tout de suite amoureux de la princesse et lui dit qu'il l'aime.

Alors, tout le monde dans le palais se réveille. On organise une grande fête. Et après le dîner, on marie le prince et la princesse dans la chapelle du château.

E. What do the first six fairies give to the princess? What does the old fairy say will happen to the princess?

Rappel

Remember to use the context to help you guess the meaning of an unfamiliar word.

F. Match the following terms with their English equivalents.

1. fée		a. *power*	
2. se percer		b. *spindle*	
3. puissance		c. *fairy*	
4. donjon		d. *to prick, pierce*	
5. fuseau		e. *tower*	

G. Why did the fairy put everyone else to sleep when she discovered what happened to the princess?

H. How does *La Belle au bois dormant* end? What do you think will happen to the prince and princess in the future?

I. Act out the story of *La Belle au bois dormant* in groups, assigning one member of your group the role of narrator. You may want to use costumes and props.

J. Now, write the story of *La Belle au bois dormant* in a different genre. Imagine that this story will appear in the newspaper. Tell what happened in the story by adapting it for a newspaper article.

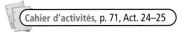
Cahier d'activités, p. 71, Act. 24–25

Première étape

Objectives Asking for opinions; expressing enthusiasm, indifference, and dissatisfaction

1 Au début de l'été dernier, tes amis et toi avez fait une liste de choses à faire. Regarde la liste et dis qui as fait chaque activité pendant l'été. Mets les verbes au passé composé. (**pp. 136, 140, 162**)

1. aller dans un parc d'attractions / Monique
2. faire un tour sur les montagnes russes / elle
3. faire un pique-nique / Luc et sa famille
4. assister à un concert / ils
5. aller au zoo / tu
6. donner à manger aux animaux / les enfants
7. aller en France / Béatrice
8. visiter un château / elle
9. faire des tas de choses / on

2 Yves, ton correspondant canadien, passe l'été en France. Complète sa carte postale avec les verbes appropriés. Utilise le passé composé. (**pp. 136, 140, 162**)

Un petit bonjour de France où nous passons des vacances super. Jeudi, ma famille et moi, nous ___1___ dans un parc d'attractions. On ___2___ un tour sur les montagnes russes. J'ai eu très peur! Vendredi, mon père et mon frère ___3___ au zoo. Ils ___4___ une visite guidée. Ma mère n'aime pas beaucoup les zoos, alors nous, nous ___5___ un circuit des châteaux. C'était chouette. Demain, nous allons à Paris. On va sûrement visiter le Louvre. Bon, je dois te laisser. A bientôt.

Yves

Chelsea Monroe
2513 Franklin St.
San Diego, CA
92107

3 Tes amis te racontent leurs vacances. Comment est-ce qu'ils ont trouvé leurs vacances? Utilise **C'était** et un des adjectifs suggérés. (**p. 164**)

incroyable sensass
ennuyeux comme ci comme ça

1. Nous sommes allés dans un parc d'attractions. Nous avons fait un tour sur les montagnes russes. Nous nous sommes beaucoup amusés. ...
2. Nous avons rendu visite à mes grands-parents. Nous avons fait les magasins et nous avons mangé au restaurant. Nous avons aussi vu une pièce. ...
3. Nous sommes allés en Afrique. Nous avons fait une visite guidée. Nous avons vu des éléphants, des zèbres et même des lions! ...
4. Nous sommes allés à la campagne. Je n'ai rien fait de spécial. J'ai lu un peu, et j'ai beaucoup dormi. ...

Deuxième étape   Objective **Expressing disbelief and doubt**

4 Tu as été très occupé(e) ce week-end. Tes amis et toi, vous vous racontez les dernières nouvelles de l'école. Choisis le verbe auxiliaire approprié pour compléter les phrases suivantes au passé composé. (**p. 167**)

1. Je (J') _____ perdu mon portefeuille.
   as   ai   suis
2. François et Emile, ils _____ allés au zoo.
   ont   a   sont
3. Nous nous _____ amusés.
   sommes   avons   avez

4. Monique et Suzanne, vous _____ vu un bon film?
   êtes   avez   avons
5. Julie, elle _____ tombée dans l'escalier.
   ont   est   sont
6. Tu _____ rentré trop tard.
   est   as   es

5 Ton camarade de classe, Martin, te dis ce qu'il a fait avec sa famille aujourd'hui. Complète chaque phrase avec le sujet logique. (**p. 167**)

On	Vous
Martine et Claire	Nous
Luc et Pierre	Mme Baril
Je	Tu

EXEMPLE   <u>**Luc et Pierre**</u> sont descendus dans le jardin.

1. _____ sommes allés dans une boutique de vêtements.
2. _____ suis allé au parc promener le chien.
3. _____ sont allées au café.
4. _____ est tombée dans l'escalier.
5. _____ êtes rentrés tard.
6. _____ es resté chez toi.
7. _____ est restés longtemps au café.

WA3 TOURAINE-6

6 Marion te raconte son week-end. Complète ses phrases avec les participes passés proposés. Utilise chaque participe seulement une fois. (**p. 167**)

sortie	fait	allés	amusés
assisté		montée	joué

EXEMPLE J'ai **joué** au volley-ball après l'école.

1. Mon frère et moi, nous sommes _____ au parc d'attractions!
2. Ma sœur est _____ dans une tour d'un vieux château.
3. Mes amies ont _____ un pique-nique au parc.
4. Je suis _____ avec des amis.
5. Mon frère et ma sœur se sont bien _____ à la boum.
6. On a _____ à un spectacle son et lumière.

7 Daniel et ses amis sont allés en France. Avant les vacances, Daniel avait fait une liste de ce que chaque personne voulait faire. Ils ont fait tout ce qu'ils voulaient faire. Récris les phrases suivantes et mets les verbes au passé composé. (**pp. 136, 167**)

EXEMPLE Betty et Suzie veulent faire les magasins.
Betty et Suzie ont fait les magasins.

1. Kristen, Luke et moi, nous voulons faire un circuit des châteaux.
2. Michael veut monter dans une vieille tour d'un château.
3. Moi, je veux prendre beaucoup de photos.
4. Nous voulons sortir le soir.
5. Marc et Adrienne veulent assister à un concert.
6. Gabrielle et moi, nous voulons visiter des musées.

8 Magali fait un album de photo. Elle t'a demandé de l'aider à écrire des descriptions de ses photos. Ecris deux phrases pour décrire chaque photo. (**pp. 136, 167**)

EXEMPLE **Magali est allée à Chenonceaux.**
Magali est montée dans une vieille tour.

9 Indicate whether the question being asked is **a) formal** or **b) informal.** (**p. 172**)

   1. Le train arrive à quelle heure?

   2. Le magasin ouvre quand?

   3. De quel quai est-ce que le train part?

   4. C'est combien, le billet?

   5. A quelle heure est-ce que vous fermez?

   6. On y va comment?

   7. Le car qui retourne à six heures est où?

   8. Avec qui est-ce qu'on monte dans cette tour?

   9. Pendant combien de temps est-ce que le bus reste à la gare routière?

   10. Le TGV revient d'où?

10 Julie et ses camarades sont à la gare. Il y a trop de bruit et Julie n'entend pas toute la conversation. Quelle était la question? Utilise l'intonation pour les questions des camarades de Julie et **est-ce que** pour les questions posées à l'employé. (**p. 172**)

   1. JEAN-LUC   _____

       LISETTE   On y va en train.

   2. LISETTE   _____

       L'EMPLOYE   Le train part à quinze heures.

   3. LISETTE   _____

       L'EMPLOYE   Le train part du quai numéro 5.

   4. JEAN-LUC   _____

       L'EMPLOYE   Nous ouvrons à six heures du matin.

   5. JEAN-LUC   _____

       LISETTE   Le train arrive à Paris à 21 heures.

11 Monique et toi, vous voulez ouvrir un magasin de souvenirs à Chenonceaux. Complète la conversation sur les horaires d'ouverture avec la forme appropriée du verbe **ouvrir.** (**p. 173**)

   TOI   A quelle heure est-ce qu'on _____ le matin?

   MONIQUE   Je ne veux pas _____ trop tôt, peut-être vers onze heures?

   TOI   Non, onze heures, c'est trop tard. Les autres magasins _____ à neuf heures.

   MONIQUE   J'ai une idée! Toi, tu _____ le matin à neuf heures et moi, je viens travailler l'après-midi. On ferme à midi pour le déjeuner et je peux _____ le magasin l'après-midi.

   TOI   D'accord, mais le week-end, nous _____ tous (toutes) les deux à neuf heures, d'accord?

   MONIQUE   Ça va.

1 Quand tu es arrivé(e) au château d'Amboise, tu as acheté cette brochure. Lis-la et réponds aux questions suivantes.

Un homme de goût

Depuis toujours, les châtelaines recevaient peu de respect et d'attention de la part des hommes de la cour. Mais, sous François Ier, leur rôle dans la société ainsi que la façon dont elles étaient traitées ont commencé à changer. Le roi François aimait les femmes, les respectait et attendait de tous les hommes de sa cour qu'ils en fassent autant. Si un homme disait du mal d'une femme, il était pendu. François Ier dépensait beaucoup pour les vêtements de ses courtisanes. Il voulait qu'elles montrent leur beauté. Sous son règne, la Cour de France est devenue une école d'élégance, de goût et de culture où les arts, les sciences et la poésie étaient célébrés lors des nombreux festivals organisés par le roi lui-même.

1. How were women treated before the reign of Francis I?

2. How did he treat the women in his court?

3. How did their role change when Francis I became king?

4. What did he spend a lot of money on? Why?

5. How did the French court change under his reign?

6. What did he organize?

2 You call the bus station in Tours, but you get a recorded message. Listen carefully and note the times you'll need to catch the bus to and from Amboise and how much your ticket will be.

3 How much cultural information do you remember from this chapter? Match the people, places, and things on the left with the terms on the right.

1. Azay-le-Rideau	**a.** poète
2. Joséphine	**b.** gare routière
3. le TGV	**c.** château de la Renaissance
4. Victor Hugo	**d.** château fort
5. Moyen Age	**e.** Martinique
6. le car	**f.** train à grande vitesse

4 Ecrivons!

You've been hired by a local tourism office to write materials for French tourists who visit your area. Your first assignment is to write a summary of the life and accomplishments of a famous person from your region.

Stratégie pour écrire

A summary is a brief version of the details of an event or of a person's life, told in your own words. A good summary will give your readers the important facts about the famous person you've chosen without including too many unnecessary details.

Préparation

To write your summary, you'll first need to find information on the famous person you've chosen to write about. Narrow down your sources to avoid wasting time. For example, if the person you've chosen was well known only in your region, an American history book probably wouldn't be a good source to consult. Instead, you might try sources that deal strictly with your state or region's history.

Believe it or not, your summary actually begins *before* you start to write. How? It begins with your research, because it's here that you decide which points about this person's life are important enough to include in your summary. As you learn about the person, take notes about events or accomplishments in his or her life that are truly significant.

Rédaction

Using the notes you've compiled, write your summary about the individual you selected. The key to writing a good summary is to be concise; say as much as possible in a few words. Remember, you're not trying to document every fact about your famous person's life; you only want to feature the high points.

Evaluation

When you are writing about historical figures, accuracy is very important. Go back to the sources you consulted and make sure the dates you've cited are correct and that the facts you've presented are accurate.

After you've completed the first draft of your summary, give it to a classmate to read. Have him or her point out any sentences or phrases that are unclear. You might also ask your classmate to point out any details in your summary that he or she feels are unnecessary.

5 Jeu de rôle

While you're at Amboise, one of your friends disappears! Act out the scene with two classmates.

- Make suggestions about what might have happened to your friend.
- React with doubt to the suggestions.
- Resolve the problem.

Que sais-je?

WA3 TOURAINE-6

Can you use what you've learned in this chapter?

Can you ask for opinions?
p. 164

1 How would you ask . . .
1. how your friend's weekend was?
2. if your friend liked what he or she did?
3. if your friend had fun?

Can you express enthusiasm, indifference, and dissatisfaction?
p. 164

2 You're just back from a trip, and your friend asks you how it was. How would you respond if you had visited these places?

1.   2.   3.

3 How would you tell what you did on your last vacation and how you liked it?

Can you express disbelief and doubt?
p. 168

4 How would you respond if your friend told you . . .
1. she got lost in the dungeon while visiting a castle?
2. he saw the ghost of Francis I arguing with Leonardo da Vinci?
3. she found 100 gold coins in the gardens at Chenonceau?
4. he just inherited the château of Azay-le-Rideau?

Can you ask for and give information?
p. 172

5 How would you find out . . .
1. the cost of a round-trip ticket to your destination?
2. which platform the train leaves from?
3. at what time the train leaves?
4. when a place opens and closes?
5. how much it costs to get into a place?

6 Can you ask someone . . .
1. at what times this museum opens?
2. at what time it closes in the spring?
3. what the regular entrance fee is?
4. what the fee for teenagers is?

7 Can you give the information above?

> TOURS (Musée Archéologique de l'Hôtel Goüin) 25 rue de Commerce - Tél. 02.47.66.22.32
> Du 1er février au 14 mars et du 1er octobre au 30 novembre de 10h à 12h30 et de 14h à 17h30, fermé le vendredi. Tous les jours du 15 mars au 14 mai de 10h à 12h30 et de 14h à 18h30. Du 15 mai au 30 septembre de 10h à 19h. Entrée : Plein tarif : 3 € - Groupes + 15 pers. et 3e âge : 2 € 50 - Enfants de 7 à 18 ans : 2 € - Scolaires : 0, 75 €.

Première étape

Vocabulaire

Asking for opinions; expressing enthusiasm, indifference, and dissatisfaction

C'était comment?	How was it?
C'était…	It was…
magnifique	beautiful
incroyable	incredible
superbe	gorgeous
sensass	sensational
assez bien	OK
comme ci comme ça	so-so
pas mal	all right
ennuyeux	boring
mortel	deadly dull
nul	lame
sinistre	awful
Ça t'a plu?	Did you like it?

Ça m'a beaucoup plu.	I really liked it.
Mouais.	Yeah.
Sûrement pas!	Definitely not!
Tu t'es amusé(e)?	Did you have fun?
Je me suis beaucoup amusé(e).	I had a lot of fun.
Plus ou moins.	More or less.
Je me suis ennuyé(e).	I was bored.

Activities

assister à un spectacle son et lumière	to attend a sound and light show
donner à manger aux animaux	to feed the animals

faire un circuit des châteaux	to tour some châteaux
faire un pique-nique	to have a picnic
faire un tour sur la grande roue	to ride on the ferris wheel
faire un tour sur les montagnes russes	to ride on the roller coaster
faire une visite guidée	to take a guided tour
monter dans une tour	to go up in a tower
visiter un parc d'attractions	to visit an amusement park
visiter un zoo	to visit a zoo

Deuxième étape

Expressing disbelief and doubt

Tu plaisantes!	You're joking!
Pas possible!	No way!
Ça m'étonnerait.	I doubt it.
C'est pas vrai!	You're kidding!
N'importe quoi!	That's ridiculous!
Mon œil!	Yeah, right!

Verbs

entrer	to enter
venir	to come
rester	to stay
monter	to go up
descendre	to go down
partir	to leave

sortir	to go out
rentrer	to go back (home)
revenir	to come back
retourner	to return
naître	to be born
devenir	to become
mourir	to die

Troisième étape

Asking for and giving information

A quelle heure est-ce que le train (le car) pour… part?	What time does the train (the bus) for… leave?
De quel quai?	From which platform?

Du quai…	From platform…
A quelle heure est-ce que vous ouvrez (fermez)?	What time do you open (close)?
Combien coûte…?	How much is…?
un aller-retour	a round-trip ticket
un aller simple	a one-way ticket

C'est combien, l'entrée?	How much is the entrance fee?
Je voudrais…	I'd like…
Un…, s'il vous plaît.	A…, please.
…tickets, s'il vous plaît.	…(entrance) tickets, please.

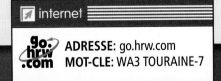

7

En pleine forme

Objectives

In this chapter you will learn to

Première étape

- express concern for someone
- complain

Deuxième étape

- give, accept, and reject advice
- express discouragement
- offer encouragement

Troisième étape

- justify your recommendations
- advise against something

internet

ADRESSE: go.hrw.com
MOT-CLE: WA3 TOURAINE-7

◀ Tu devrais faire du sport!

MISE EN TRAIN · *Trop de conseils*

Stratégie pour comprendre
In this episode, Bruno is feeling out of sorts. Think of a few pieces of advice that you might give to someone who feels run-down. How could that person change his or her personal habits to feel better? Do Bruno's friends give him good advice?

Bruno   **Céline**   **Hector**

1

Céline   Eh bien, qu'est-ce que tu as, Bruno? Tu n'as pas l'air en forme.

Bruno   Je ne sais pas. Je me sens tout raplapla. Je suis fatigué. J'ai mal dormi.

2

Céline   A quelle heure tu t'es couché hier soir?

Bruno   Vers minuit, comme d'habitude.

Céline   Mais, c'est beaucoup trop tard!

3

Céline   Tu as pris le petit déjeuner ce matin?

Bruno   Ben, non. J'étais pressé.

Céline   Tu ne dois pas sauter les repas.

4

Céline   Il est important de bien se nourrir. Mange des fruits et des légumes. Il faut surtout manger des choses variées, manger équilibré. C'est bon pour toi.

5

Hector   Et est-ce que tu fais du sport?

Bruno   Non, rarement.

Hector   Tu ferais bien de t'entraîner. Tu devrais faire de l'exercice.

6 Hector Tiens, pourquoi tu ne viens pas avec moi au gymnase?

7
Au gymnase...
Hector Au début, il faut s'échauffer. Doucement, il ne faut pas forcer. Va à ton propre rythme.

Hector Ensuite, il faut tonifier les muscles... Un peu plus haut!
Bruno Je n'en peux plus!
Hector Encore un effort. Tu y es presque.

8

9 Hector On fait de l'aérobic pour élever le rythme cardiaque.
Bruno Ouf! Je suis déjà crevé.
Hector Courage!

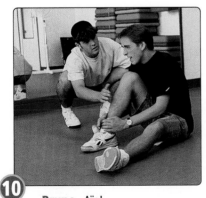

10
Bruno Aïe!
Hector Ça va, Bruno?!
Bruno Non, pas terrible. J'ai mal à la cheville.

11
Hector Tu peux marcher? Tu devrais mettre une compresse froide dessus.
Bruno Ecoute! J'en ai marre de tes conseils!
Hector Mais, ça te fera du bien.

Cahier d'activités, p. 73, Act. 1–2

1 Tu as compris?

1. How does Bruno feel at the beginning of the story?
2. What three things do Céline and Hector ask him about?
3. What do they suggest to help him feel better?
4. Where do Hector and Bruno go? What do they do there?
5. How does Bruno feel at the end of the story?

2 Fais ton choix

Complète ces phrases d'après *Trop de conseils.*

1. Bruno s'est couché vers...
   a. dix heures.
   b. onze heures et demie.
   c. minuit.
2. Au petit déjeuner, Bruno...
   a. a mangé une pomme.
   b. a mangé des céréales.
   c. n'a rien mangé.
3. D'après Céline, il est important de...
   a. se coucher tard.
   b. bien se nourrir.
   c. sauter des repas.

4. Bruno fait du sport...
   a. rarement.
   b. souvent.
   c. de temps en temps.
5. D'après Hector, pour élever le rythme cardiaque, il faut...
   a. s'échauffer.
   b. tonifier les muscles.
   c. faire de l'aérobic.
6. Bruno s'est fait mal...
   a. à la main.
   b. à la cheville.
   c. à la tête.

3 Cherche les expressions

What does Céline or Hector say to . . .

1. find out what is wrong with Bruno?
2. give him advice?
3. justify their advice?
4. offer encouragement?

What does Bruno say to . . .

5. tell how he's feeling?
6. express his discouragement?
7. complain about an injury?
8. express his annoyance with his friend?

4 Qu'est-ce qu'ils disent?

 1.
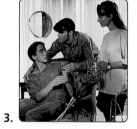 2.
 3. 4.

a. «Il est important de bien se nourrir.»
b. «Je me sens tout raplapla.»

c. «J'ai sauté le petit déjeuner ce matin.»
d. «Il faut tonifier ses muscles.»

5 Et maintenant, à toi

Qu'est-ce que tu penses des conseils que les amis de Bruno lui donnent? Qu'est-ce que tu voudrais lui conseiller, toi? Qu'est-ce que tu fais quand tes amis te donnent des conseils sur ta santé?

Comment dit-on...?

Expressing concern for someone; complaining

To express concern for someone:

Quelque chose ne va pas?
Is something wrong?
Qu'est-ce que tu as?
What's wrong?
Tu n'as pas l'air en forme.
You don't look well.

To complain:

Je ne me sens pas bien.
I don't feel well.
Je suis tout(e) raplapla. *I'm wiped out.*
J'ai mal dormi. *I didn't sleep well.*
J'ai mal partout! *I hurt all over!*

Cahier d'activités, p. 74, Act. 3

Vocabulaire

Je suis malade. *I'm sick.*
J'ai mal au cœur. *I'm sick to my stomach.*
J'éternue beaucoup. *I'm sneezing a lot.*
J'ai... *I have . . .*
un rhume. *a cold.*
la grippe/des allergies *the flu/allergies*
mal à la tête/ à la gorge. *a headache/ sore throat.*
le nez qui coule. *a runny nose.*
de la fièvre. *fever.*
A tes souhaits! *Bless you! (said after a sneeze)*

Travaux pratiques de grammaire, p. 53, Act. 1–2

Cahier d'activités, p. 74, Act. 4–5

6 ### Ça ne va pas?

Ecoutons Listen to Lucien's friends complain about how they feel. Match the person's name with his picture. What would the person in the remaining picture say?

1. Edouard   2. Jérôme   3. Jean-Claude

a.

b.

c.

d.

7 **Tu n'as pas l'air en forme!**

Parlons/Ecrivons Tu n'as pas l'air en
forme aujourd'hui et ton ami(e) te
demande ce que tu as. Qu'est-ce que
tu réponds si...

1. tu t'es couché(e) à deux heures
   du matin?

2. tu es allergique aux chats?

3. tu es fatigué(e)?

4. tu as besoin d'aspirine?

5. tu éternues et tu as le nez qui coule?

6. tu es allé(e) au championnat de foot
   hier soir et tu as beaucoup crié?

7. tu as la grippe?

8 **C'est pas de chance, ça!**

Parlons Tu es venu(e) à l'école malade
aujourd'hui. Ton ami(e) te console et te
donne des conseils. Joue cette scène avec
un(e) camarade, puis changez de rôle.

Pauvre vieux (vieille)!

Oh là là!

Tu devrais dormir!

Bois du jus de fruit!

C'est pas de chance, ça!

Prends des médicaments!

Vocabulaire

**J'ai mal partout!
J'ai mal...**

à l'oreille (f.)
au cou
au bras
aux dents (f.)
au dos
au ventre
à la main
au genou
au pied
à la jambe

Travaux pratiques
de grammaire,
pp. 54–55, Act. 3–5

Grammaire supplémentaire,
p. 206, Act. 1

Cahier d'activités, p. 75, Act. 6–7

9 **Qu'est-ce que vous avez?**

Ecoutons Listen as several students talk to the pharmacist. Where are their aches
and pains?

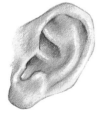

a.   b.   c.   d.

Note culturelle

In France, you go to the pharmacy (la pharmacie) for both over-the-counter medicines, such as cough syrup and aspirin, and for prescription medication. You can't get a prescription filled at the grocery store as you can in the United States. Only the pharmacy, easily spotted on the street by its green sign in the shape of a cross, will honor a doctor's prescription.

10 J'ai mal à...

Parlons/Ecrivons Qu'est-ce qui te fait mal si...

1. tu as mangé trop de pizza?
2. tu as joué au volley-ball toute la journée?
3. tu as fait cent abdominaux?
4. tu as passé deux heures à faire du jogging?

5. tu as dansé jusqu'à minuit?
6. tu as passé la nuit à étudier?
7. tu es allé(e) chez le dentiste?
8. tu es assis(e) tout près des enceintes à un concert de rock?

11 Jacques a dit

Parlons Your group leader tells you where you ache: **Vous avez mal au dos.** The group acts it out, but only if the leader begins by saying **Jacques a dit.** You're out if you act out a pain when the leader doesn't begin by saying **Jacques a dit.** The winner becomes the next leader.

12 Aïe! J'ai mal partout!

Parlons Hier soir, tu as fait du sport. Maintenant, tu as mal partout. Ton ami(e) te demande comment tu vas. Explique où tu as mal. Ton ami(e) va te consoler. Ensuite, changez de rôle.

EXEMPLE —Qu'est-ce que tu as?

—J'ai mal dormi et maintenant, j'ai mal à la tête.

A la française

When you hurt yourself accidentally, say **Aïe!** (Ow!) or **Ouille!** (Ouch!). When you've finished doing something physically difficult, say **Ouf!** (Whew!).

Vocabulaire

Qu'est-ce qui t'est arrivé?

Travaux pratiques de grammaire, p. 55, Act. 6

Note de grammaire

- Many of the verbs you use to tell about injuries are reflexive. They follow the same pattern in the past tense as other reflexive verbs you've learned:

  Je **me suis cassé** la jambe.
  Tu **t'es cassé** le doigt.
  Elle **s'est cassé** la cheville.
  Nous **nous sommes cassé** la jambe.
  Vous **vous êtes cassé** le bras.
  Ils **se sont cassé** les doigts.

- When a direct object follows a reflexive verb, as in the sentences above, the past participle does not change to agree with the subject.

  Elle s'est **coupée.** *but*
  Elle s'est **coupé** le doigt.

Travaux pratiques de grammaire, p. 56, Act. 7–8

Grammaire supplémentaire, pp. 206–207, Act. 2–3

Cahier d'activités, p. 76, Act. 8

13 **Grammaire en contexte**

Ecoutons You're helping out the nurse at a **colonie de vacances** this summer. Listen as she tells you about the patients who have come in this morning. Which of the people in the **Vocabulaire** on page 191 is she talking about? Fatima? Guy? Véronique? Tranh?

14 **Grammaire en contexte**

Lisons Un accident, ça arrive! Complète ces phrases avec tous les mots appropriés.

1. Quand mes amis et moi sommes allés faire du ski, je n'ai pas eu de chance! Je me suis cassé ___?___.

2. Mon amie faisait la cuisine et elle s'est coupé ___?___.

3. A la fin de la soirée, mon meilleur ami s'est foulé ___?___.

4. En rentrant chez moi, je me suis fait mal ___?___.

15 **Grammaire en contexte**

Ecrivons Ton ami Pascal a passé un mauvais week-end. Qu'est-ce qui lui est arrivé? Complète ce paragraphe.

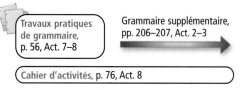

J'ai passé un week-end épouvantable! D'abord, vendredi, je ___, donc je n'ai pas pu aller faire du ski avec mes copains. Ensuite, samedi après-midi, je faisais un sandwich quand je ___. Et c'est pas tout! Samedi soir, en entrant dans ma chambre, je ___. Dimanche, j'allais répondre au téléphone quand je suis tombé dans l'escalier et je ___. Je craque, moi!

16 **Qu'est-ce qui s'est passé?**

Parlons You phone a friend to find out why he or she didn't meet you after school. Your friend says he or she is hurt and tells you what's wrong. React with sympathy, or express disbelief if you think your friend is making excuses. Then, reverse roles.

Si tu as oublié
how to express doubt
va à la page 168.

EXEMPLE   —Salut, Emmanuelle. Pourquoi tu n'es pas venue aujourd'hui?
              —C'est que je suis tombée dans l'escalier...

Rencontre culturelle

1. Elle a un chat dans la gorge.

2. Il a pris ses jambes à son cou!

3. Ça coûte les yeux de la tête!

4. Tu me casses les pieds!

Qu'en penses-tu?

1. How would you translate these expressions literally? Can you figure out what the expressions mean figuratively? What would the English equivalents be?

2. Think of expressions like these in English. Then, find out what they are in French.

Savais-tu que... ?

Different cultures sometimes use very different images to convey the same idea. Did you figure out the English equivalents of the French expressions above?

1. Literal meaning:
She's got a cat in her throat.
English equivalent:
She's got a frog in her throat.

2. Literal meaning:
He took his legs to his neck.
English equivalent:
He ran like the wind.

3. Literal meaning:
It costs the eyes from the head.
English equivalent:
It costs an arm and a leg.

4. Literal meaning:
You're breaking my feet!
English equivalent:
You're a pain in the neck!

COMPLEX SPORTIF RASPAIL
68, boulevard Raspail 75006 Paris
tel : 01.45.79.32.56
ouvert tous les jours de 8h à 22h

Musculation • Circuit training
Plans d'entraînement individuels

Piscine • Sauna • Hammam
Bains à remous

	CULTURE PHYSIQUE	RELAXATION	DANSE	ARTS MARTIAUX	SPORTS DE COMBAT	SPORTS AQUATIQUES
Lundi	**Abdominaux :** 11h15, 13h et 19h30 **Aérobic :** 8h30, 15h 18h30 et 20h	**Yoga :** 9h, 12h30 et 18h45 **Gym douce :** 10h15, 15h45 et 19h45	**Modern'jazz :** 19h30 **Danse africaine :** 18h45	**Judo :** 19h **Karaté :** 20h15	**Boxe américaine :** 20h30 **Self-défense :** 20h45	**Gym aquatique :** 9h, 12h30 et 18h30
Mardi	**Stretching :** 12h30 et 18h15 **Abdominaux :** 11h, 15h et 20h30	**Yoga :** 9h, 12h30, 16h45 et 18h45	**Modern'jazz :** 18h30 **Danse de salon :** 20h45	**Aïkido :** 18h45	**Boxe anglaise :** 18h45 **Self-défense :** 20h45	**Gym aquatique :** 15h et 19h30
Mercredi	**Abdominaux :** 11h15 et 19h30 **Aérobic :** 8h30, 15h, 18h30 et 20h	**Yoga :** 8h, 12h30 et 19h30 **Gym douce :** 12h, 15h45 et 20h	**Modern'jazz :** 19h45 **Danse africaine :** 20h45	**Judo :** 19h **Aïkido :** 18h45		
Jeudi	**Abdominaux :** 11h15, 15h et 20h30 **Aérobic :** 9h30, 16h, 18h30 et 21h		**Rock :** 18h45 **Danse africaine :** 19h45 et 21h	**Judo :** 19h	**Boxe américaine :** 18h30 **Self-défense :** 19h45	**Gym aquatique :** 10h45 et 20h30
Vendredi	**Aérobic :** 8h30, 15h, 18h30 et 20h **Step :** 9h, 16h et 19h45	**Yoga :** 11h45, 13h30 et 19h45 **Gym douce :** 10h15, 15h45 et 20h45	**Danse de salon :** 20h30 **Danse africaine :** 18h45	**Karaté :** 20h15 **Aïkido :** 18h45	**Boxe américaine :** 19h30 **Self-défense :** 19h45	
Samedi	**Abdominaux :** 11h45, 14h et 19h30 **Aérobic :** 10h30, 15h, 18h30 et 19h30	**Yoga :** 9h, 12h30, 15h45, 17h et 18h45 **Gym douce :** 10h15, 13h, 17h15 et 19h45	**Modern'jazz :** 14 h et 19h30 **Danse africaine :** 14h et 18h45	**Judo :** 10h45, 14h, 16h et 19h **Aïkido :** 12h, 15h45, 16h30 et 18h45	**Boxe américaine :** 11h45 et 20h30 **Boxe anglaise :** 10h, 18h45 et 21h	**Gym aquatique :** 8h45, 10h45, 13h, 15h45 et 18h30
Dimanche	**Aérobic :** 9h30, 15h, 18h45 et 20h **Step :** 9h, 16h et 19h45	**Yoga :** 8h, 14h30 et 18h45 **Gym douce :** 10h15, 15h45	**Rock :** 19h30 **Danse africaine :** 18h45	**Judo :** 19h30 **Karaté :** 20h45	**Boxe américaine :** 18h30 **Self-défense :** 19h45	**Gym aquatique :** 9h, 10h45, 12h et 18h30

 A lire avec attention

Lisons

1. What's the purpose of this brochure?
2. How many major categories are there? What are they?
3. Can you guess what the courses are?
4. What do you think **Plans d'entraînement individuels** means?

 Qu'est-ce qu'on choisit?

Lisons

1. Au Complex Sportif Raspail, quels cours est-ce qu'on choisit...
   a. pour se tonifier les muscles?
   b. si on aime la piscine?
   c. si on est stressé(e)?
2. Tu choisis quelles activités? Quels jours? Pourquoi?

Note culturelle

There has been a growing interest among French teenagers in both individual and team sports. Although there are no athletic teams that represent the **lycées,** students can join informal teams in their town or city. Many students have some sort of regular athletic activity, and some belong to private sports clubs like **Gymnase Club.** People can also take a variety of dance, martial arts, and weight-training classes at the **Maison des jeunes et de la culture (MJC).**

Vocabulaire

Qu'est-ce que tu fais pour te mettre en condition?

Quelquefois, **je fais de l'exercice.** J'aime **faire des pompes.**

Moi, **je fais de la musculation.**

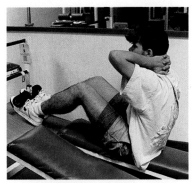

Moi, **je fais des abdominaux** tous les jours!

Moi, **je fais souvent de la gymnastique.**

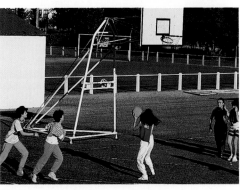

Moi, **je m'entraîne au** basket.

Je fais de l'aérobic deux fois par semaine.

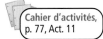

Travaux pratiques de grammaire, p. 57, Act. 9–11

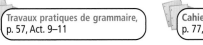

Cahier d'activités, p. 77, Act. 11

DEUXIEME ETAPE

cent quatre-vingt-quinze **195**

19 Qu'est-ce que tu fais comme sport?

Ecoutons

a. Simone asked her friends Josée, Christelle, and Khalid what they do to keep in shape. What does each person do?

b. Listen again to Josée, Christelle, and Khalid and write down how often they do each activity.

20 Sportif ou pas?

Parlons/Ecrivons Décris ce que ta famille, tes amis et toi, vous faites comme sports. Choisis un mot ou une expression dans chaque boîte et fais des phrases.

Tu te rappelles?

Here are some expressions you've already learned to tell how often you do something:

Je m'entraîne à la natation **tous les jours.**
Je fais de l'exercice **trois fois par semaine.**
Je joue au tennis **deux fois par mois.**
Je **ne** fais **jamais** d'aérobic.
Je fais de la gymnastique **le lundi**
et **le jeudi.**

Travaux pratiques de grammaire, p. 58, Act. 12

Je	faire de la musculation	tous les jours
Ma mère/Mon père	faire de l'aérobic	deux fois par semaine
Ma meilleure amie	faire des abdominaux	ne... jamais
Mon meilleur ami	faire de la gymnastique	le matin
Ma sœur/Mon frère	faire de l'exercice	l'après-midi
Avec l'équipe de..., on...	s'entraîner au/à la...	le soir
?	?	?

21 Les sportifs

Parlons/Ecrivons Qu'est-ce qu'ils doivent faire pour se mettre en condition?

1.

2.

3.

Note de grammaire

You can use **en** to replace a phrase beginning with **de la, du, de l',** or **des** that refers to an activity:

—Tu fais **de la natation?**
—Non, je n'**en** fais pas. Et toi?
—Moi, j'**en** fais souvent.

Travaux pratiques de grammaire, pp. 58–59, Act. 13–14

Grammaire supplémentaire, pp. 207–208, Act. 4–5

22 Grammaire en contexte

Parlons Est-ce que tes camarades de classe sont sportifs? Fais une liste de cinq sports et activités. Ensuite, demande à trois de tes camarades s'ils en font et s'ils en font souvent. Qui est le plus sportif?

EXEMPLE — **Tu fais de la gymnastique?**
— **Oui.**
— **Tu en fais souvent?**
— **Ben... deux fois par semaine.**

Comment dit-on...?

Giving, accepting, and rejecting advice

To give advice:

Tu dois te mettre en condition.
You've got to . . .
Tu devrais faire du sport.
You should . . .
Tu ferais bien de t'entraîner au basket.
You would do well to . . .
Tu n'as qu'à te coucher plus tôt.
All you have to do is . . .
Pourquoi tu ne fais **pas** de la gymnastique?
Why don't you . . . ?

To accept advice:

Tu as raison.
Bonne idée!
D'accord.

To reject advice:

Je ne peux pas.
Non, je n'ai pas très envie.
Non, je préfère faire de la musculation!
Pas question!
Je n'ai pas le temps.
I don't have time.
Ce n'est pas mon truc.
It's not my thing.

Cahier d'activités,
p. 78, Act. 13–14

---

23 ## Les conseils d'Olivier

Ecoutons Olivier donne des conseils à ses amis. Est-ce qu'ils acceptent ou refusent ses conseils?

Note de grammaire

Devoir is an irregular verb that means *must, to have to.*

je **dois**		nous **devons**	
tu **dois**		vous **devez**	
il/elle/on **doit**		ils/elles **doivent**	

• The past participle of **devoir** is **dû.**
• **Tu devrais** *(You should)* is a polite form of **devoir.**

Travaux pratiques
de grammaire,
p. 59, Act. 15

Grammaire supplémentaire,
p. 208, Act. 6

24 ## Grammaire en contexte

Ecrivons Utilise les mots et les expressions proposés et crée six phrases pour expliquer ce que toi et tes amis, vous devez faire pour vous mettre en forme. Utilise le verbe **devoir** dans tes phrases.

nous	faire de la musculation
tu	faire des abdominaux
Luc et Stéphanie	faire des pompes
vous	s'entraîner au football
Martine	faire de l'aérobic
je	faire de la gymnastique

25 ## Tu ferais bien de...

Donne des conseils à tes amis.

1. Jean-Paul s'est endormi en maths.
2. Cam ne peut pas porter ses gros livres.
3. Arnaud a grossi pendant l'hiver.
4. Mireille est crevée à la fin de la journée.
5. Raoul a des difficultés à monter l'escalier.
6. André ne peut pas toucher ses pieds.

Tu te rappelles?

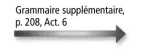

When you're pronouncing the French **r**, keep the tip of your tongue pressed against your lower front teeth. Arch the back of your tongue upward, almost totally blocking the passage of air in the back of your throat. Practice by saying **tu ferais** and **tu devrais.** Then try **tu as raison, très envie,** and **mon truc.**

Comment dit-on...?

Expressing discouragement; offering encouragement

To express discouragement:

Je n'en peux plus!
  I just can't do any more!
J'abandonne. *I give up.*
Je craque! *I'm losing it!*

To offer encouragement:

Allez! *Come on!*
Courage! *Hang in there!*
Encore un effort! *One more try!*
Tu y es presque! *You're almost there!*

Cahier d'activités,
p. 79, Act. 16–17

26 **Courage!**

Ecoutons Sabrina et Emile sont au gymnase. Qui encourage qui?

27 **Qu'est-ce qu'ils disent?**
Parlons/Ecrivons

1.

2.

3.

28 **Allez-y, allez-y!**

Ecrivons Write a cheer in French for your favorite team.

29 **Les copains d'abord**

Parlons Chaque personne dans ton groupe est découragée pour une des raisons suivantes. Les autres l'encouragent et lui donnent des conseils. Joue la scène avec trois de tes camarades.

Je me sens tout(e) raplapla et je n'arrive pas à dormir.

Je voudrais être en forme mais je n'aime pas le sport.

Mon équipe de football ne gagne jamais.

Je suis toujours en retard pour l'école le matin et mes notes ne sont pas très bonnes.

Vocabulaire à la carte

Allez, les bleus!	*Go, blue team!*
A bas les verts!	*Down with the green team!*
Vive les rouges!	*Hurray for the red team!*
Ecrasez-les!	*Crush them!*
gagner	*to win*
l'équipe	*the team*
marquer un (des) point(s)	*to score*
marquer un but	*to make a goal*

Qu'est-ce qu'il faut faire pour être en forme?

We asked some francophone people what to do to stay in shape. Here's what they had to say.

Mélanie, Québec

«Pour être en forme, il faut faire beaucoup d'exercice. Il faut bien manger. C'est important. Et après ça, il faut... Moi, je fais un régime alimentaire... Il faut faire très attention à ce qu'on mange et puis il faut se coucher de bonne heure. Il faut dormir.»

Patricia, Québec

«Alors, il faut pratiquer au moins un sport ou une activité physique trois fois par semaine, à raison d'une heure à la fois et de façon assez intensive.»

Qu'est-ce qu'il faut éviter de manger?

«Eh bien, des chips, du chocolat, des liqueurs, des choses comme ça. Il faut surtout s'alimenter avec des fruits, des légumes, manger de la viande en portion réduite, etc.»

Sébastien, France

«Pour être en forme, je fais beaucoup de sport. Surtout du basket, du foot et du tennis. Sinon, je mange bien, le petit déjeuner surtout, et voilà.»

Qu'en penses-tu?

1. What do these people do to stay healthy?
2. What else might someone do to stay in shape?
3. In your opinion, what is a healthy lifestyle?

DES ASTUCES POUR BIEN SE NOURRIR

Chaque jour tu devrais consommer :

- de la viande, du poisson ou des œufs.
- des pommes de terre, des pâtes, du riz.
- de l'eau (au moins 1,5 litre par jour).
- des fruits et des légumes.
- du lait.
- du pain.

Tu devrais aussi éviter de :

- grignoter entre les repas des produits riches en matières grasses (chips) ou en sucre (confiseries, gâteaux, pâtisseries).
- sauter des repas.
- rajouter du sel à tous les plats.

 30 A lire avec attention

Lisons

1. Look at the pictures in **Des astuces pour bien se nourrir.** What is the pamphlet about?
2. Now look at the list under **Chaque jour tu devrais consommer...** What English title would you give to this list?
3. What English title would you give to the list in the second category?

VIVE L'EAU

- boire 1,5 l d'eau par jour.
- c'est la seule vraie boisson zéro calorie.
- elle facilite l'élimination des toxines.
- elle contribue au fonctionnement du transit intestinal.
- certaines eaux minérales apportent des éléments indispensables au bon fonctionnement de l'organisme : magnésium, calcium,... ce qui limite les risques de carence en cas de régime.

 **Note culturelle**

Drinking mineral water has long been part of the French way of life. If you ask for mineral water in a restaurant, you have a choice of either carbonated **(gazeuse)** or non-carbonated **(plate).** You will also find that beverages are usually served without ice. If you want ice, ask for **des glaçons.**

On doit...	*Everyone should . . .*	**Evitez de...**	*Avoid . . .*
bien se nourrir.	*eat well.*	**grignoter entre les repas.**	*snacking between meals.*
manger des légumes.	*eat vegetables.*	**sauter des repas.**	*skipping meals.*
manger des pâtes.	*eat pasta.*	**consommer trop de sucre, de sel,**	*eating too much sugar, salt,*
manger du riz.	*eat rice.*	**de matières grasses.**	*fat.*
boire de l'eau.	*drink water.*	**suivre un régime trop strict.**	*following a diet that's too strict.*

Travaux pratiques de grammaire, p. 60, Act. 16–17

Cahier d'activités, p. 80, Act. 18

31 Le test super-forme!

Lisons Est-ce que tu te nourris bien? Essaie ce petit test.

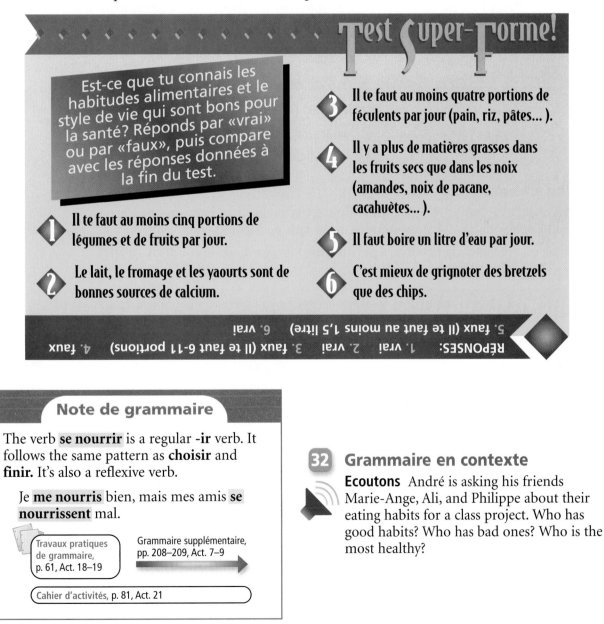

Test Super-Forme!

Est-ce que tu connais les habitudes alimentaires et le style de vie qui sont bons pour la santé? Réponds par «vrai» ou par «faux», puis compare avec les réponses données à la fin du test.

1 Il te faut au moins cinq portions de légumes et de fruits par jour.

2 Le lait, le fromage et les yaourts sont de bonnes sources de calcium.

3 Il te faut au moins quatre portions de féculents par jour (pain, riz, pâtes...).

4 Il y a plus de matières grasses dans les fruits secs que dans les noix (amandes, noix de pacane, cacahuètes...).

5 Il faut boire un litre d'eau par jour.

6 C'est mieux de grignoter des bretzels que des chips.

RÉPONSES: **1.** vrai **2.** vrai **3.** faux (Il te faut 6-11 portions) **4.** faux **5.** faux (Il te faut au moins 1,5 litre) **6.** vrai

Note de grammaire

The verb **se nourrir** is a regular **-ir** verb. It follows the same pattern as **choisir** and **finir**. It's also a reflexive verb.

Je **me nourris** bien, mais mes amis **se nourrissent** mal.

Travaux pratiques de grammaire, p. 61, Act. 18–19

Grammaire supplémentaire, pp. 208–209, Act. 7–9

Cahier d'activités, p. 81, Act. 21

32 Grammaire en contexte

Ecoutons André is asking his friends Marie-Ange, Ali, and Philippe about their eating habits for a class project. Who has good habits? Who has bad ones? Who is the most healthy?

33 Mes habitudes

Lisons Le professeur de danse de Charlotte lui a demandé d'écrire un paragraphe sur ses habitudes alimentaires et sur les sports et les activités qu'elle pratique. Lis ce que Charlotte a écrit, puis complète son paragraphe avec les mots proposés.

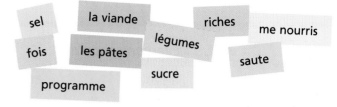

sel · la viande · riches · me nourris · fois · les pâtes · légumes · saute · programme · sucre

Je ne __1__ pas toujours très bien. Je n'aime pas __2__, donc, je ne mange pas trop souvent de bifteck; je préfère __3__: les spaghettis, par exemple. Je mange rarement des fruits et des __4__; je préfère les chips. Je suis souvent pressée, donc, je __5__ parfois le petit déjeuner ou le dîner. Mais au déjeuner, je prends toujours du poulet ou du poisson et je ne rajoute jamais de __6__ aux plats. Je n'aime pas trop les produits __7__ en __8__: les confiseries, les gâteaux. Mon faible, c'est les chips et les frites. Je suis assez sportive. Je fais de la natation deux __9__ par semaine et je joue quelquefois au foot avec des copains. Je n'ai jamais fait de danse, mais j'ai très envie de commencer un nouveau __10__ sportif!

34 Mon journal

Ecrivons Décris tes habitudes alimentaires et dis quelles activités tu pratiques. Ensuite, explique ce que tu voudrais changer dans tes habitudes.

EXEMPLE **Je fais de la natation deux ou trois fois par mois. Je voudrais en faire plus souvent.**

Comment dit-on...?

Justifying your recommendations; advising against something

To justify your recommendations:

C'est bon pour toi. *It's good for you.*
C'est bon pour la santé. *It's healthy.*
Ça te fera du bien. *It'll do you good.*
C'est mieux que de manger dans un fast-food. *It's better than . . .*

To advise against something:

Evite de fumer. *Avoid...*
Ne saute pas de repas. *Don't skip . . .*
Tu ne devrais pas te faire bronzer. *You shouldn't . . .*

Cahier d'activités, pp. 81–82, Act. 22–23

35 David n'est pas en forme

Ecoutons Julie et David sont au café. Ecoute leur conversation. Qu'est-ce que Julie conseille à David?

A toi de donner des conseils

Parlons/Ecrivons Donne des conseils à ces gens. Qu'est-ce qu'ils devraient éviter de faire? Qu'est-ce qu'ils devraient faire?

1.   2.   3.

En pleine forme!

 Ecrivons Crée une brochure sur la santé. Tu peux faire des dessins ou si tu préfères, tu peux utiliser des images de magazines. Explique ce qu'on doit faire et ce qu'on ne doit pas faire pour être en forme.

Vocabulaire à la carte

se ronger les ongles	*to bite one's nails*
mâcher du chewing-gum	*to chew gum*
boire de l'alcool	*to drink alcohol*
fumer	*to smoke*
se faire bronzer	*to get a tan*

Sans tabac ça va!

Alcool, ras-le-bol.

Céréales, on se régale
Légumes et fruits, c'est oui!

Il n'y a pas de tabac sans dégâts!

Jeu de vin, jeu de vilains

Je mange, donc je suis!

 De l'école au travail

Parlons You're working at a gym as a fitness trainer, and you've developed a group of clients who are French speakers. Act out a training session where you evaluate the fitness habits of one of your French-speaking clients (played by your partner). Ask your client questions in French about what he/she eats, how often he/she exercises, etc. and give advice. Then, change roles.

EXEMPLE   —Qu'est-ce que vous mangez à midi?

          —Pas grand-chose. Mais je grignote l'après-midi avant de venir au gym.

          —Eh bien, vous devriez manger à midi.

Pourquoi manger?

Pour grandir, pour réfléchir, pour avoir du tonus, pour vivre, nous avons besoin de manger. Les aliments contiennent des substances qui nous sont nécessaires : ce sont les nutriments, les vitamines, les minéraux... Découvrez où se cachent ces éléments indispensables à notre santé...

Le sucre, le chocolat et la confiture contiennent des glucides rapides qui donnent de l'énergie et du tonus.

Le poisson, comme les œufs et le foie, contient de la vitamine A, recommandée pour avoir une bonne vue et une peau en bon état. La vitamine A est très utile pour la croissance.

La viande, mais aussi le poisson, les œufs, le lait et le fromage contiennent des protéines, indispensables à la croissance et à l'entretien des muscles et d'organes comme le cœur ou le cerveau.

La salade et les céréales contiennent des fibres qui facilitent le transit intestinal.

Les pommes de terre et les légumes verts contiennent de la vitamine K dont notre sang a besoin pour coaguler.

Le pain, le riz et les pâtes contiennent des glucides lents. Nous en avons besoin pendant l'effort sportif.

Pourquoi manger?

Stratégie pour lire

Background knowledge is the information you already know about a subject. Before you read something, take a minute to recall what you already know about the topic. Doing this will make it easier to guess the meanings of unfamiliar words or phrases.

A. What would be your answer to **Pourquoi manger?** What do you expect the article to be about?

B. Make a short list of the foods you think are healthful. Now, scan the article. How many of the food items from the article appear on your list?

C. What vegetables are mentioned in the article? What fruit and dairy products are mentioned?

D. Which food items contain vitamins and/or minerals that help muscles?

E. What should you avoid eating at night? Why?

F. Look at the section titled **Le saviez-vous?** Which contains more protein in 100 grams: ham or tuna? Which cheeses would you probably not eat if you were trying to lose weight?

Les noix, les légumes secs et le foie contiennent de la vitamine B 1 : elle favorise l'attention et le calme et elle permet un bon fonctionnement musculaire.

L'eau constitue les trois quarts de notre corps. Elle s'élimine par la sueur, l'urine et les larmes. L'eau est indispensable pour la circulation du sang et pour l'hydratation des cellules. Ce sont les reins qui régulent l'eau dans le corps; ils filtrent aussi les minéraux dont nous avons besoin.

Les oranges, les kiwis, le persil et la salade contiennent de la vitamine C, qui lutte contre des infections, notamment les rhumes. La vitamine C est un excitant : il faut éviter de la consommer le soir!

Les céréales complètes, comme les légumes secs et la viande rouge, contiennent de la vitamine B 6, qui aide au bon fonctionnement des muscles et du système nerveux.

Les légumes verts, comme les épinards, contiennent du fer. Le fer est un des constituants des globules rouges dont le rôle est de transporter l'oxygène dans le sang. La vitamine B 12 contenue dans le foie et les coquillages intervient dans la fabrication des globules rouges.

Le lait ainsi que le fromage et les yaourts contiennent du calcium, indispensable à la construction de notre corps. Le calcium est particulièrement important pour la constitution des os et la solidité des dents. Pour bien fixer ce calcium, nous avons besoin de vitamine D, contenue dans le poisson, la viande.

Le saviez-vous?

- Dans 100 grammes de cacahuètes ou d'amandes grillées, il y a environ 50 grammes de lipides (graisses).

- Dans une meringue de 100 grammes, il y a 90 grammes de glucides (sucres).

- Dans une tranche de jambon cuit de 100 grammes, on trouve 30 grammes de protéines, autant que dans 100 grammes de thon en conserve.

- Le camembert, le brie, l'emmental sont des fromages plus gras que les pâtes fondues (La Vache qui rit®) ou le fromage de chèvre.

- Dans 100 grammes de chips, il y a 49 grammes de glucides et 35 grammes de lipides.

Source : "Le guide du bien maigrir en gardant la santé", par le docteur Jacques Fricker, aux Éditions Odile Jacob-guide.

G. Match each of the following foods with its health benefit, according to the article.

1. **le poisson**	a. *gives energy*
2. **le chocolat**	b. *hydrates cells*
3. **l'eau**	c. *contains vitamin A*
4. **le lait**	d. *builds strong teeth*
5. **la salade**	e. *contains fiber*

H. Look back at the article and use the context to define the following words.

1. «... pour avoir du *tonus*...»

2. «... indispensable à la construction de notre *corps*.»

3. «... dont notre *sang* a besoin pour *coaguler*.»

4. «... les kiwis, le *persil* et la salade contiennent...»

I. Look at the illustrations of the food items. Are the items similar to what you would see in the United States? Which ones are different? If this article were to be printed in the United States, would the same food items be included? Why or why not?

J. Now, create your own response to the question **Pourquoi manger?** Choose three or four items that you feel are important and write your own article. You may want to illustrate your selection.

Cahier d'activités, p. 83, Act. 25–26

Grammaire supplémentaire

CD-ROM 2
DVD 1

internet

ADRESSE: go.hrw.com
MOT-CLE: WA3 TOURAINE-7

Première étape

Objectives Expressing concern for someone; complaining

1 Regarde les illustrations suivantes et dis si quelque chose ne va pas chez ces personnes. (**p. 190**)

Juliette

Hervé

Patricia

Martine

1.

2.

3.

4.

2 Daniel et sa sœur jumelle font toujours la même chose. D'après ce que Daniel a fait, dis ce qui est arrivé à Dominique. N'oublie pas de faire l'accord du participe passé quand c'est nécessaire. (**p. 192**)

EXEMPLE   Daniel s'est promené au parc.
            <u>**Dominique s'est promenée au parc aussi.**</u>

1. Daniel s'est coupé le doigt.

2. Daniel s'est couché tard.

3. Daniel s'est cassé la jambe.

4. Daniel s'est lavé.

5. Daniel s'est amusé.

6. Daniel s'est foulé la cheville.

3 Véronique est aux sports d'hiver avec sa copine Marie. Elle écrit un petit mot à ses parents. Complète sa lettre avec le **passé composé** des verbes entre parenthèses. (**p. 192**)

Maman et Papa,

Quel week-end! Hier soir, ma camarade de chambre et moi, nous ___1___ (se coucher) très tard. On est allées à une fête organisée par l'hôtel. Je ___2___ (s'amuser)! A la fête, j'ai rencontré un garçon très sympa qui s'appelle Lucien. Il n'a pas pu danser parce qu'il ___3___ (se casser) la jambe quand il est tombé en faisant du ski. Marie a beaucoup dansé à la fête et elle ___4___ (se faire) mal au pied en dansant. Dimanche matin, on a décidé de faire du ski. Ce n'était pas une bonne idée parce que j'étais fatiguée et Marie avait mal partout. Nos amis Pierre et Jean-Marc n'ont pas eu de chance! Ils ont eu un accident sur la piste. Heureusement, Pierre ___5___ (ne pas se casser) le bras, mais Jean-Marc ___6___ (se fouler) la cheville! Quel week-end!

Marie

Deuxième étape

Objectives Giving, accepting, and rejecting advice; expressing discouragement; offering encouragement

4 Robert is very athletic. Look at his exercise schedule, and then tell which activity he is talking about based on how often he says he does it. (**p. 196**)

lundi	mardi	mercredi	jeudi	vendredi
pompes abdominaux natation	jogging pompes natation	abdominaux pompes	pompes jogging	musculation abdominaux pompes

1. J'en fais trois fois par semaine.
2. J'en fais tous les jours.
3. J'en fais le mardi et le jeudi.
4. J'en fais une fois par semaine.
5. J'en fais deux fois par semaine.

Grammaire supplémentaire

CD-ROM 2
DVD 1

go.
hrw
.com
WA3 TOURAINE-7

5 Ton ami(e) te demande ce qu'il/elle doit faire pour être en forme. Réponds-lui en utilisant le pronom **en** et les expressions entre parenthèses. (**p. 196**)

EXEMPLE   Tu fais du jogging? (souvent)   **Oui, j'en fais souvent.**

1. Tu fais de la musculation? (tous les jours)
2. Tu fais de l'équitation? (ne... jamais)
3. Tu fais des abdominaux? (trois fois par semaine)
4. Tu fais des pompes? (souvent)
5. Tu fais de la gymnastique? (rarement)

6 Simon dit à tous ses amis ce qu'ils doivent faire pour être en forme. Complète ses phrases avec la forme correcte du verbe **devoir.** (**p. 197**)

1. Toi, tu _____ faire de l'aérobic trois fois par semaine.
2. Moi, je _____ faire de l'exercice tous les jours.
3. François et son frère, ils _____ faire beaucoup d'abdominaux.
4. Julie et Christine, vous _____ faire de la danse.
5. Lucien veut être en forme. Il _____ faire de la musculation.

Troisième étape
Objectives Justifying your recommendations; advising against something

7 You and your classmates are completing a survey about eating habits. Unscramble the letters in the questions and comments to reveal the correct forms of the verbs **se nourrir, choisir,** and **finir.** (**p. 201**)

1. Comment est-ce que vous $\boxed{\text{S N O O U U R R S S Z I E V}}$?
2. J'aime manger des fruits et des légumes. Je $\boxed{\text{I S R N O E M U R}}$ bien.
3. Tu $\boxed{\text{S C O H S I I}}$ un fruit ou un gâteau?
4. A quelle heure est-ce que tu $\boxed{\text{S F I I N}}$ le petit déjeuner?
5. Elle boit un litre d'eau par jour? Elle $\boxed{\text{U O N R I E R S T}}$ très bien.

8 D'après ce que ces gens mangent, dis s'ils se nourrissent bien ou mal. (**p. 201**)

1. Je mange toujours beaucoup de sucre.
2. Alice mange des fruits et des légumes à tous les repas.
3. Marc et Pierre grignotent entre les repas.
4. Nous suivons un régime trop strict.
5. Tu manges souvent du riz et des pâtes.

9 Complete each sentence with the appropriate verb from the word box below. Then match the sentences to the photos. (**p. 201**)

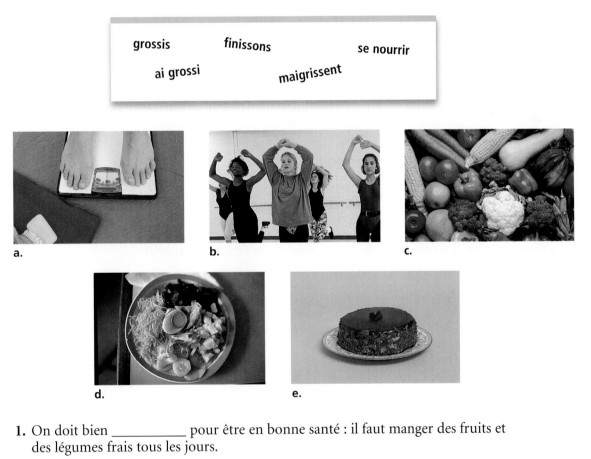

grossis   finissons   se nourrir

ai grossi   maigrissent

a.   b.   c.

d.   e.

1. On doit bien _____ pour être en bonne santé : il faut manger des fruits et des légumes frais tous les jours.
2. Zut! Je/J'_____ encore _____!
3. Quand j'en mange trop, je _____.
4. Nous _____ la salade avant de commander un dessert.
5. Elles _____ quand elles font beaucoup d'exercice.

CD-ROM 2
DVD 1

internet
ADRESSE: go.hrw.com
MOT-CLE: WA3 TOURAINE-7

1 Lis cet article et réponds aux questions suivantes.

Gare au régime!

Si vous vous sentez "mal dans votre peau" à cause de quelques kilos en trop, ne commencez jamais un régime sans prendre l'avis d'un médecin.

À votre âge, le poids n'est pas stable. Patientez. Tout se mettra bientôt en place.

En attendant, faites la chasse aux graisses : éliminez les chips ou les sauces au beurre, évitez les pains au chocolat au goûter (ils contiennent des sucres et des graisses et la combinaison des deux fait particulièrement grossir!).

Perdez aussi l'habitude de grignoter entre les repas, et n'abusez pas des boissons sucrées.

Facile, non?

1. D'après le titre et les illustrations, de quoi parle cet article, à ton avis?

2. Qu'est-ce que ça veut dire **graisses,** d'après toi?

3. Quels aliments est-ce que l'article conseille d'éviter?

4. Quelles sont les mauvaises habitudes qu'il faut aussi éviter, d'après l'article?

2 Listen to a radio commercial for the health spa **Centre Equilibre Santé** and answer the following questions.

1. What exercise activities are offered?

2. What is available after you work out?

3. What special excursions are offered?

4. What do you have to do to get the excursions in the package?

3 If you were in France, . . .

1. where would you go to have a prescription filled?

2. what symbol would you look for to find that place?

3. where could you go to take an aerobics class?

4. what two kinds of mineral water could you order in a restaurant?

5. when would you tell someone **J'ai un chat dans la gorge!**?

6. when would you say **Aïe!** and **Ouf!**?

4 Ecrivons!

You've been hired as a fitness advisor by a French health clinic. Your first duty is to create a brochure that provides general fitness guidelines for new clients. Your brochure should mention exercise, diet, and healthful habits.

Stratégie pour écrire

Identifying your audience is a primary consideration when you do any type of writing. Having a good idea of who will read what you've written will help you to determine its length, content, and tone.

Préparation

Begin by brainstorming a list of suggestions that you might make to someone who wants to pursue a healthful lifestyle. Group your ideas by categories, such as **exercice, alimentation,** and **habitudes.**

Now, consider who will be reading your guidelines. Will your audience be people who are already fit or individuals who may be in poor physical condition? Will they be more likely to respond positively to a few good suggestions or to a lot of information? The answers to these questions should help you tailor your brochure to your reader's needs.

Rédaction

After you've decided what to include in your brochure, you're ready to design it. You may want to group your guidelines in separate categories like the ones you created earlier. Also, to make it more attractive, illustrate your brochure with your own drawings or pictures cut from magazines.

Before creating your final draft, make a mock-up of your brochure. Pencil in your guidelines where you want them to go. Then, attach any illustrations you plan to use with paper clips or tape. This will allow you to evaluate your work without being committed to a set format.

Evaluation

Set your mock-up aside for awhile before you evaluate your brochure. It's much easier to be objective about your work after a little time away from it. After evaluating your work, have a classmate look at it. Ask your classmate to imagine that he or she is a new client at the health clinic and to give you feedback on the strengths and weaknesses of your brochure.

When you're satisfied with the layout and content of your brochure, proofread it, make any necessary corrections, and then create the final product.

5 Jeu de rôle

Play the role of a whining (or accident-prone!) patient who comes to a doctor with several ailments or injuries, thinking that everything is extremely serious. The doctor asks what happened and what is wrong, and then gives advice on what the patient should and shouldn't do.

Que sais-je?

Can you use what you've learned in this chapter?

Can you express concern for someone and complain?
p. 189

1 What would you say to a friend if . . .
1. he didn't look well?
2. something seemed to be wrong?
3. she were on crutches?

2 How would you respond to a friend's concern if . . .
1. you were very tired?
2. you weren't feeling well?
3. your arm were in a sling?
4. you had a cold?
5. you'd cut your finger?
6. you'd lifted weights for the first time?

Can you give advice?
p. 197

3 How would you suggest that your friend do the following?

1.   2.   3.

Can you accept and reject advice?
p. 197

4 How would you respond to the suggestions you made in number 3?

Can you express discouragement and offer encouragement?
p. 198

5 How would you express discouragement if you were . . .
1. on the last mile of a marathon?
2. studying for final exams?
3. in the final minutes of your aerobics class?

6 How would you encourage someone who . . .
1. can't go on?
2. is almost finished?
3. is discouraged about grades?

Can you justify your recommendations and advise against something?
p. 202

7 How would you tell someone what he or she should do on a regular basis and explain why?

8 If a friend were trying to lead a healthy lifestyle, what are three things you would advise him or her to avoid?

212   *deux cent douze*   CHAPITRE 7   En pleine forme

Première étape

Vocabulaire

Expressing concern for someone; complaining

Quelque chose ne va pas?	Is something wrong?
Qu'est-ce que tu as?	What's wrong?
Tu n'as pas l'air en forme.	You don't look well.
Je ne me sens pas bien.	I don't feel well.
Je suis tout(e) raplapla.	I'm wiped out.
J'ai mal dormi.	I didn't sleep well.
J'ai mal partout!	I hurt all over!

Illnesses, aches, pains, and injuries

J'éternue beaucoup.	I'm sneezing a lot.
A tes souhaits!	Bless you!
Je suis malade.	I'm sick.
J'ai mal au cœur.	I'm sick to my stomach.
J'ai le nez qui coule.	I've got a runny nose.
J'ai un rhume.	I've got a cold.
J'ai la grippe.	I've got the flu.
J'ai des allergies.	I have allergies.
J'ai de la fièvre.	I have fever.
J'ai mal...	My...hurts.
à la gorge	throat
à la tête	head

au dos	back
au genou	knee
au pied	foot
au bras	arm
à la main	hand
au ventre	stomach
à l'oreille (f.)	ear
aux dents (f.)	teeth
au cou	neck
à la jambe	leg
se faire mal à...	to hurt one's...
se casser...	to break one's...
se fouler la cheville	to sprain one's ankle
se couper le doigt	to cut one's finger

Deuxième étape

Giving, accepting, and rejecting advice

Tu dois...	You've got to...
Tu devrais...	You should...
Tu ferais bien de...	You would do well to...
Tu n'as qu'à...	All you have to do is...
Pourquoi tu ne... pas... ?	Why don't you...?
Tu as raison.	You're right.
Bonne idée!	Good idea!
D'accord.	OK.
Je ne peux pas.	I can't.
Non, je n'ai pas très envie.	No, I don't feel like it.

Non, je préfère...	No, I prefer...
Pas question!	No way!
Je n'ai pas le temps.	I don't have time.
Ce n'est pas mon truc.	It's not my thing.

Expressing discouragement; offering encouragement

Je n'en peux plus!	I just can't do any more!
J'abandonne.	I give up.
Je craque!	I'm losing it!
Allez!	Come on!
Courage!	Hang in there!
Encore un effort!	One more try!

Tu y es presque!	You're almost there!

At the gym

se mettre en condition	to get into shape
faire des abdominaux	to do sit-ups
faire de l'aérobic	to do aerobics
faire de l'exercice	to exercise
faire de la gymnastique	to do gymnastics
faire de la musculation	to lift weights
faire des pompes	to do push-ups
s'entraîner à...	to train for

Troisième étape

Justifying your recommendations; advising against something

C'est bon pour toi.	It's good for you.
C'est bon pour la santé.	It's healthy.
Ça te fera du bien.	It'll do you good.
C'est mieux que de...	It's better than...
Evite de...	Avoid...
Ne saute pas...	Don't skip...

Tu ne devrais pas...	You shouldn't...

Eating right

On doit...	Everyone should...
bien se nourrir	eat well
manger des légumes/des pâtes/du riz	eat vegetables/ pasta/rice
devoir	to have to, must

Evitez de...	Avoid...
suivre un régime trop strict	following a diet that's too strict
consommer trop de sucre	eating too much sugar
de sel	salt
de matières grasses	fat
grignoter entre les repas	snacking between meals
sauter des repas	skipping meals

CHAPITRE 8

Allez, viens en
Côte d'Ivoire

Population : plus de 14.000.000

Villes principales : Abidjan, Yamoussoukro, Bouaké, Korhogo

Peuples ethniques : Baoulé, Agni, Bété, Yacouba, Sénoufo, Malinké

Points d'intérêt : le parc national de Taï, la basilique Notre-Dame-de-la-Paix, le parc national de la Comoë

Ivoiriens célèbres : la reine Abla Pokou, Félix Houphouët-Boigny, Alpha Blondy, Désiré Ecaré

Ressources et industries : café, cacao, bois, bananes

Festivals : la Fête des ignames, la Fête de génération, la Fête des masques

go.hrw.com

WA3 COTE D'IVOIRE

VIDEO

CD-ROM 2

DVD 2

Un village Sénoufo ▶

214

Côte d'Ivoire

Au XVe siècle, des navigateurs français sont arrivés sur la côte ouest de l'Afrique, une région riche en ivoire, et l'ont baptisée Côte d'Ivoire. La Côte d'Ivoire a été une colonie française de 1893 à 1960, puis elle est devenue un pays indépendant sous le nom de République de Côte d'Ivoire. Le cacao, le café et les bananes sont des ressources importantes pour l'économie ivoirienne. La Côte d'Ivoire est aussi un grand exportateur de bois précieux comme l'ébène et l'acajou.

internet

ADRESSE: go.hrw.com
MOT-CLE:
WA3 COTE D'IVOIRE

1 L'artisanat
Les artisans de Côte d'Ivoire font beaucoup de produits originaux comme les batiks.

2 Les ponts suspendus
Ce pont de liane se trouve près de la ville de Man.

3 La pêche
La pêche est une activité traditionnelle et les pêcheurs tiennent à leur indépendance.

4 Abidjan
Cette ville est un des grands centres commerciaux de l'Afrique occidentale.

5 La plage d'Assinie
Voici un des endroits préférés non seulement des touristes étrangers mais aussi des Ivoiriens.

6 La basilique Notre-Dame-de-la-Paix
Située à Yamoussoukro, cette basilique est la plus grande église du monde.

7 La cascade du mont Tonkoui
C'est une des merveilles de la Côte d'Ivoire.

Au chapitre 8, tu vas faire la connaissance de Sandrine et de Koffi qui vont te parler de leur vie en Côte d'Ivoire. Promène-toi avec eux dans les rues d'Abidjan, goûte la cuisine locale et visite les marchés d'artisans où tu vas pouvoir admirer des pagnes colorés et de magnifiques masques. Amuse-toi bien!

8 Les danseurs yacoubas
Ces danseurs traditionnels sont réputés pour leurs talents d'acrobates.

CHAPITRE

8
C'était comme ça

Objectives

In this chapter you will learn to

Première étape

- tell what or whom you miss
- reassure someone
- ask and tell what things were like

Deuxième étape

- reminisce

Troisième étape

- make and respond to suggestions

internet

ADRESSE: go.hrw.com
MOT-CLE:
WA3 COTE D'IVOIRE-8

◀ Si on parlait du bon vieux temps?

deux cent dix-neuf **219**

MISE EN TRAIN ▪ *La Nostalgie*

Stratégie pour comprendre

In this episode, what do you think Sandrine is talking to Koffi about? Does she seem happy or sad?

Sandrine   **Koffi**

1

Koffi et Sandrine sont camarades de classe. Sandrine est née dans un village en Côte d'Ivoire. Ça fait trois semaines qu'elle habite à Abidjan.

Koffi C'était comment, là-bas dans ton village?

Sandrine Oh, c'était tellement mieux. J'avais beaucoup d'amis. Ils me manquent beaucoup.

2

J'allais au collège de Sakassou. C'était un petit collège. Nous étions une cinquantaine d'élèves.

3

Après l'école, j'avais des responsabilités. On travaillait...

4

mais on s'amusait aussi. On ne faisait pas grand-chose, mais c'était bien. On se promenait ensemble. On écoutait de la musique...

5 De temps en temps, on organisait des fêtes. Ça me plaisait beaucoup. On chantait et on dansait. On discutait. C'était super.

6 Il y avait des animaux : des vaches, des chèvres, des poules…

Ici à Abidjan, j'ai l'impression que les gens sont plus seuls qu'en brousse. On vit dans des appartements. On ne se connaît pas autant.

7 On se réunissait souvent : les cousins, les oncles et les tantes, les grands-parents. C'était merveilleux.

8

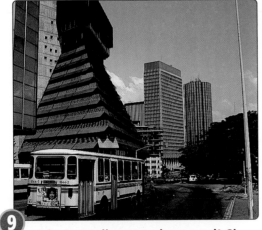

10 **Koffi** Ici à Abidjan, c'est pas si mal. Tu vas voir… Eh! Si on visitait la ville ensemble? Si tu veux, je vais te faire voir tout. Je suis sûr que dans quelques semaines tu en tomberas amoureuse!

9 Ici, c'est tellement plus grand! Si on veut aller voir quelqu'un, il faut prendre le bus. Là-bas, tout le monde se connaît dans le village.

Cahier d'activités, p. 85, Act. 1–2

1 Tu as compris?

1. Where did Sandrine move from? Where does she live now?
2. Where does Koffi live? Does he like it there?
3. What was it like where Sandrine used to live? What did she do there?
4. According to Sandrine, what is Abidjan like?
5. What does Koffi offer to do?

2 Ville ou village?

Est-ce que Sandrine parle de son village ou d'Abidjan?

1. «Il y avait des chèvres.»
2. «On organisait des fêtes.»
3. «C'est tellement grand!»
4. «Nous étions une cinquantaine d'élèves.»
5. «On vit dans des appartements.»
6. «Les gens sont plus seuls.»

3 C'était le bon vieux temps

Sandrine parle de quelle image?

1. «On se promenait ensemble.»
2. «On chantait et on dansait.»
3. «On se réunissait souvent.»

a.

b.

c.

4 Cherche les expressions

1. What does Sandrine say to . . .
   a. tell what she thinks of her life in the village?
   b. recall what she used to do?
   c. give her impressions of Abidjan?

2. What does Koffi say to . . .
   a. ask how life was in Sandrine's village?
   b. reassure Sandrine?

5 Et maintenant, à toi

Et toi, est-ce que tu as déjà déménagé? Qu'est-ce que tu regrettes? Est-ce que tu aimerais déménager maintenant? Pourquoi ou pourquoi pas?

Rencontre culturelle

What can you tell about everyday life in an African village from these photos?

Qu'en penses-tu?

1. What are these people from different villages in Côte d'Ivoire doing?
2. How does this differ from the way things are done in the United States?

Savais-tu que... ?

Small villages in Côte d'Ivoire are plentiful and rich in local culture. Certain regions of Côte d'Ivoire, as well as individual towns, villages, and ethnic groups, are known for their particular customs, crafts, and costumes. The town of Korhogo is famous for its painted woven fabrics; the Sénoufo are known for their weaving; the people in Katiola are noted for their pottery. In areas where electricity and machinery are not available, everyday life requires many physical tasks. Life is simpler; people cook over open fires, carry water, use large communal bowls in place of table settings and silverware, and walk instead of riding in cars.

ADJOUA	Alors, ça va, Adama? Tu te débrouilles dans notre grande ville?
ADAMA	Oui, mais je regrette mon village. Il me manque beaucoup.
ADJOUA	Je comprends. Dis-moi, il se trouve où, ton village?
ADAMA	Koni est dans le nord, près de Korhogo.
ADJOUA	C'était tellement différent là-bas?
ADAMA	Oui, la vie était plus tranquille, on était moins pressés. Il y avait des coutumes, des cérémonies avec des danses traditionnelles.
ADJOUA	Mais il y a des danses ici aussi! Et il y a tant d'autres choses à voir... et beaucoup de monde!
ADAMA	Là-bas, j'avais un tas d'amis. On jouait au foot... on jouait aux cartes... et à l'awalé, j'étais le champion!
ADJOUA	T'en fais pas! Tu vas avoir des amis ici aussi. Et c'est bien de vivre en ville. Tu vas voir, c'est plus animé ici.

6 **Tu as compris?**

Lisons

1. Adama est d'où?
2. Qu'est-ce qu'Adama regrette?
3. Comment était la vie là-bas?
4. Qu'est-ce qu'on faisait là-bas?
5. D'après Adjoua, comment est la vie à Abidjan?

Note culturelle

Most high schools in West Africa are in large cities or towns, so students have to leave their home village if they want to continue their studies beyond the junior high level. Students who go to a big city to study usually live with a relative or friend from the same village who will take them in as a family member. People from the same ethnic group often live in the same neighborhood. You can usually tell a person's ethnic group from his or her name: **Adjoua** and **Koffi** are Baoulé names, and **Adama** is a Sénoufo name. French West Africans often have both an African and French first name. They give their family name first, followed by their African first name and then their French first name: **TRAORE Adama Eric** or **KOUASSI Adjoua Désirée.**

Comment dit-on...?

Telling what or whom you miss; reassuring someone

To tell what or whom you miss:

Je regrette la campagne. *I miss . . .*
Mon école **me manque.** *I miss . . .*
Mes copains **me manquent.**
Ce qui me manque, c'est mon
ancienne maison.
What I really miss is . . .

To reassure someone:

Tu vas t'y faire. *You'll get used to it.*
Fais-toi une raison.
Make the best of it.
Tu vas te plaire ici.
You're going to like it here.
Tu vas voir que tout le monde est sympa ici.
You'll see . . .

Cahier d'activités, p. 86, Act. 3–5

7 Ce qui me manque

Ecoutons Ecoute ces élèves. Qu'est-ce qui leur manque?

1. Sylvie
2. Emile
3. Francine
4. Bertrand

8 Qu'est-ce que tu as?

Parlons/Ecrivons

a. Tes amis veulent savoir ce qui ne va pas. Utilise les verbes **manquer** et **regretter** pour exprimer tes sentiments si...

1. ton/ta meilleur(e) ami(e) vient de déménager?

2. ton chien a disparu?

3. il n'y a plus de neige et tu adores faire du ski?

4. ta mère est partie en voyage pour son travail?

5. ton professeur préféré a quitté ton école?

b. Qu'est-ce que tes amis te disent pour te réconforter?

9 Ils ont le mal du pays

 Ecrivons Il y a de nouveaux élèves à ton école. Fais des phrases pour dire ce qui manque à chaque élève, d'après toi. Inclus au moins trois choses par personne.

Lisa est de Tours.

Philippe vient de Québec.

Karine est de Paris.

José vient de la Martinique.

10 Fais-toi une raison

Parlons Tu viens de déménager pour aller habiter à Abidjan. Décris à ton/ta nouveau/nouvelle ami(e) ivoirien(ne) trois choses qui te manquent. Ton ami(e) va te rassurer. Joue cette scène avec un(e) camarade, puis changez de rôle.

EXEMPLE —Qu'est-ce que tu as?
—Ma ville me manque.
—Ah, bon? Pourquoi?
— ...

la cuisine américaine
ma meilleure amie
mon chat
__?__
mon lycée
la neige
les fêtes
mon chien
mon meilleur ami

Comment dit-on...?

Asking and telling what things were like

To ask what things were like:

C'était comment? *What was it like?*
C'était tellement/si différent?
Was it really so different?

To tell what things were like:

C'était beau. *It was . . .*
Il y avait de jolies maisons. *There were . . .*
La vie était plus simple, **moins** compliquée!
Life was more . . . , less . . .

Vocabulaire

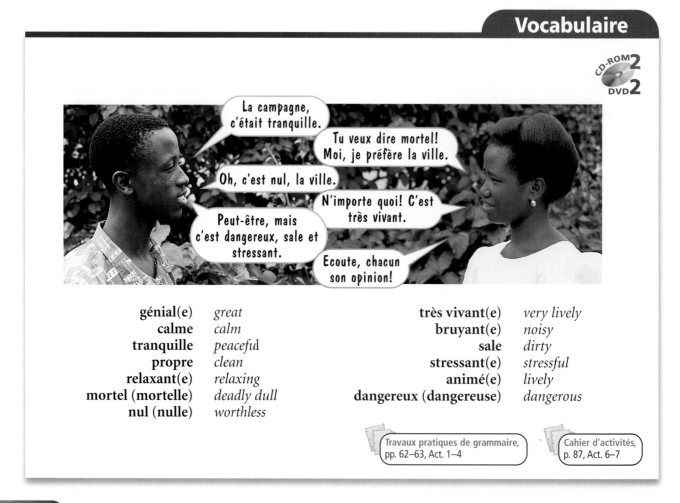

génial(e) — *great*
calme — *calm*
tranquille — *peaceful*
propre — *clean*
relaxant(e) — *relaxing*
mortel (mortelle) — *deadly dull*
nul (nulle) — *worthless*

très vivant(e) — *very lively*
bruyant(e) — *noisy*
sale — *dirty*
stressant(e) — *stressful*
animé(e) — *lively*
dangereux (dangereuse) — *dangerous*

Travaux pratiques de grammaire, pp. 62–63, Act. 1–4

Cahier d'activités, p. 87, Act. 6–7

11 Ville ou village?

Ecoutons Listen to the conversation between Justin and his cousin Mamadou, who has just moved to Abidjan to go to school. List three things Mamadou misses about his village. What do he and Justin decide to do?

12 La vie en ville

Parlons/Ecrivons Adjoua compare sa vie en ville à sa vie au village. Dis si tu es d'accord ou pas d'accord avec elle et donne ton opinion personnelle.

EXEMPLE —La vie en ville, c'est super.

—Oui, c'est génial. ou Mais non, c'est nul.

1. La ville, c'est super.
2. La vie à la campagne, c'est tranquille.
3. La ville, c'est toujours bruyant.
4. La campagne, c'est relaxant.

Grammaire

The *imparfait* of *être* and *avoir*

To describe what things were like in the past or how they used to be, you'll use the imperfect tense (**l'imparfait**) of **être** and **avoir**. You've already seen two forms, **c'était** and **il y avait**. Here are the imperfect forms of **être** and **avoir**:

être		avoir	
j'**étais**	nous **étions**	j'**avais**	nous **avions**
tu **étais**	vous **étiez**	tu **avais**	vous **aviez**
il/elle/on **était**	ils/elles **étaient**	il/elle/on **avait**	ils/elles **avaient**

To make an imperfect form negative, place **ne... pas** around the verb: La vie en ville **n'**était **pas** tranquille. You'll learn how to form other verbs in the **imparfait** later in this chapter.

Grammaire supplémentaire, p. 240, Act. 1–3

Cahier d'activités, p. 88, Act. 8

Travaux pratiques de grammaire, p. 64, Act. 5–6

13 Grammaire en contexte

Lisons Relis la conversation entre Adjoua et Adama à la page 224 et fais la liste des formes d'**avoir** et d'**être** qui sont à l'imparfait.

14 Grammaire en contexte

Ecrivons Monique est allée faire du camping. Complète son journal avec l'imparfait du verbe **être** ou du verbe **avoir**.

Ce week-end, je suis allée faire du camping. Quand on est arrivés au terrain de camping, on ___1___ très faim, alors on a fait un pique-nique. Ensuite, comme nous ___2___ nos vélos de montagne, on s'est promenés dans la forêt. Mes parents ___3___ leur appareil-photo, alors ils ont fait des photos. Le soir, nous ___4___ très fatigués, alors on s'est couchés tôt. Ma sœur et moi, on a rencontré deux autres filles. Elles ___5___ très sympas. Moi, j' ___6___ très contente de mon week-end!

15 Tu vas t'y faire

Ecrivons Ton/Ta correspondant(e) d'Abidjan va venir habiter dans ta ville et il/elle va aller à ton école. Il/Elle est un peu inquiet (inquiète). Ecris-lui une lettre pour le/la rassurer. Décris les avantages de ton école et de ta ville.

Vocabulaire

Quand j'étais petit(e)...

Yapo

je faisais la sieste tous les jours.

Je faisais toujours des bêtises.

Je taquinais mon frère...

et je conduisais une voiture super.

J'ennuyais ma mère.

Je n'avais pas de responsabilités, pas de soucis.

Travaux pratiques de grammaire, pp. 65–66, Act. 7–10

Cahier d'activités, p. 89, Act. 10–11

16 Moi aussi!

Lisons/Parlons Est-ce que tu étais comme Yapo quand tu étais enfant? Avec un(e) camarade, lis ce qu'il a dit dans le Vocabulaire à la page 228 et réponds **Moi aussi! Moi, non! Moi non plus!** ou **Moi, si!** à chaque phrase. Est-ce que toi et ton/ta camarade, vous aviez le même caractère quand vous étiez jeunes?

17 Vous étiez comment?

Ecoutons Yapo interviewe son professeur sur son enfance. Ecoute l'interview. Ensuite, lis ses notes. Sont-elles correctes? Corrige les erreurs s'il y en a.

Elle était pénible; elle ennuyait sa mère.
Elle aidait sa mère; elle faisait la cuisine avec elle.
Elle taquinait ses deux frères.
Elle ne faisait jamais de bêtises.

Note culturelle

Some families in Côte d'Ivoire may only be able to send one child to high school, so being a student like Yapo is a respected privilege. High school is very competitive, and students devote most of their time to their studies. When they do have free time, they often visit relatives and friends, play soccer, or get together to listen to music and discuss the latest family events, such as marriages, initiations, and baptisms.

Comment dit-on...?

Reminiscing

Quand j'étais petit(e), j'étais très pénible! *When I was little, . . .*
Quand ma meilleure amie **était petite,** elle était gentille. *When . . . was little, . . .*
Quand j'avais deux **ans,** je n'étais pas facile! *When I was . . . years old, . . .*

18 La vie à cinq ans

Parlons/Ecrivons Un(e) reporter du journal de ton école te pose des questions sur ton enfance. Réponds à ses questions.

1. Quand tu avais cinq ans, tu étais comment?
2. Tu avais un ou une meilleur(e) ami(e)?
3. Il ou elle était comment?
4. Comment était ta vie quand tu avais cinq ans?

Vocabulaire à la carte

rigolo/rigolote	*funny*
polisson (polissonne)	*naughty*
toujours mal luné(e)	*always in a bad mood*
capricieux (capricieuse)	*temperamental*
coquin(e)	*mischievous*
sage	*well-behaved*
timide	*shy*
calme	*calm*
un petit diable	*a little devil*
un petit ange	*a little angel*

Grammaire

The imperfect

You've already learned to use the imperfect of **être** and **avoir** to tell what things were like in the past or how they used to be. You also use the imperfect when you're talking about *what used to happen* in the past.

- To form the imperfect, you add the appropriate ending to a verb stem.
- The stem of most verbs is the **nous** form of the verb in the present tense without **-ons**. All verbs use the same imperfect endings: **-ais, -ais, -ait, -ions, -iez,** and **-aient.**

faire	→	nous faisons	→	**fais-**
aller	→	nous allons	→	**all-**

Grammaire supplémentaire, pp. 241–242, Act. 4–7

je fais**ais**	nous fais**ions**
tu fais**ais**	vous fais**iez**
il/elle/on fais**ait**	ils/elles fais**aient**

Cahier d'activités, pp. 90–91, Act. 13–15

- To make an imperfect form negative, place **ne... pas** around the verb:
  Quand j'étais petit, je **ne** faisais **pas** la sieste.

Travaux pratiques de grammaire, pp. 67–68, Act. 11–15

19 **Grammaire en contexte**

Ecoutons Ecoute la grand-mère de Sandrine qui parle de son enfance. Est-ce que ces phrases sont vraies ou fausses?

1. According to Sandrine's grandmother, life was easier when she was young.
2. Girls went to school.
3. Girls worked harder.
4. She misses her childhood.

DE BONS CONSEILS

When you're learning the forms of a new verb or verb tense, it often helps to look for patterns to help you remember how to spell the verbs. For example, to remember the endings of the imperfect tense, notice that the **nous** and **vous** stems have the familiar present tense endings with just one difference: an added **i** for imperfect. How could you remember the other endings? Taking a minute to analyze verb forms makes it easy to recall them when you want to communicate in French.

20 **Grammaire en contexte**

Ecrivons Aimé est un jeune Ivoirien qui a grandi dans un village de Côte d'Ivoire. Dans une lettre à ta classe, il décrit sa vie dans son village. Complète sa lettre avec l'imparfait des verbes proposés.

lire	avoir	préférer	aimer	rentrer	devoir
être	jouer	aller	préparer	faire	aimer

Quand je (j') ___1___ cinq ans, la vie ___2___ beaucoup plus facile! Je (J') ___3___ à l'école le matin seulement. A midi, mon frère et moi, on ___4___ à la maison pour manger. Ma mère ___5___ le déjeuner. Après, nous ___6___ la sieste. Moi, je (j') ___7___ beaucoup dormir, mais mon frère, il ___8___ s'amuser. L'après-midi, mon frère et ses amis ___9___ au foot. Le soir, nous ___10___ souvent chez nos grands-parents. Ma grand-mère nous ___11___ toujours des histoires passionnantes. Et vous, est-ce que vous ___12___ votre vie quand vous étiez petits?

21 **Grammaire en contexte**

Parlons/Ecrivons Qu'est-ce que Yapo faisait quand il était plus jeune?

1.

2.

3.

4.

22 **Tu avais une vie facile?**

Parlons L'année dernière, qu'est-ce que tu faisais chez toi? Pose des questions à un(e) camarade pour savoir quelles responsabilités il/elle avait. Il/Elle va répondre avec **jamais, quelquefois, d'habitude,** ou **toujours.** Qui avait la vie la plus facile?

1. Tu faisais la vaisselle?
2. Tu gardais ton frère ou ta sœur?
3. Tu lavais la voiture?
4. Tu promenais le chien?
5. Tu sortais la poubelle?
6. Tu faisais la lessive?
7. Tu rangeais ta chambre?
8. Tu passais l'aspirateur?
9. Tu faisais la cuisine?
10. Tu tondais le gazon?

Note culturelle

Félix Houphouët-Boigny, affectionately called **Papa Houphouët** or **Le Vieux,** was elected as Côte d'Ivoire's first president in 1960 when the country gained independence from France. His presidency was marked by economic prosperity, owing to his support of agriculture and his willingness to foster a close relationship with France. Houphouët-Boigny served as president of Côte d'Ivoire until his death in December 1993. His funeral was held in Yamoussoukro. Because of its distinction as the native village of the president, Yamoussoukro has been built up more than any other town in Côte d'Ivoire, with the exception of Abidjan. Some impressive sights in Yamoussoukro are the Presidential Palace, **la basilique Notre-Dame-de-la-Paix** (the largest basilica in the world), and large four-lane highways lined with towering street lights and trees for miles in both directions.

23 Devine!

Lisons D'abord, trouve les mots suivants dans le questionnaire. A ton avis, qu'est-ce qu'ils veulent dire en anglais? Ensuite, réponds aux questions du sondage.

la nourriture   agité   un jouet   imaginaire   un surnom   dessins animés

Connais-tu bien ton passé?

Tu étais comment quand tu étais enfant... mignon(ne)? pénible? Fais ce jeu-test pour te rappeler ton enfance. Est-ce que tu t'en souviens bien?

1. Quelle était ta nourriture préférée quand tu étais bébé?

2. Tu étais calme ou agité(e) comme bébé?

3. A deux ans, est-ce que tu avais un jouet préféré? Lequel?

4. Est-ce que tu avais un surnom quand tu étais petit(e)? Lequel?

5. Est-ce que tu avais un(e) ami(e) imaginaire? Comment s'appelait-il ou elle? Qu'est-ce qu'il ou elle faisait?

6. Tu lisais des bandes dessinées ou tu regardais des dessins animés? Lesquels? Quels étaient tes personnages préférés?

24 Une enquête

Parlons Utilise le sondage de l'activité 23 pour interviewer quatre camarades. Pour chaque question, fais une liste des réponses populaires.

25 Mon journal

Ecrivons Comment étais-tu quand tu étais enfant? Qu'est-ce que tu faisais? Comment était ta vie? Qu'est-ce que tu regrettes de ton enfance?

On m'appelait...
Je mangeais...
Je n'aimais pas...
Je faisais...
J'aimais surtout...
?

Vocabulaire à la carte

un tricycle	*a tricycle*
un nounours	*a teddy bear*
une couverture	*a blanket*
un bac à sable	*a sandbox*
une poupée	*a doll*
un train électrique	*a train*
un ballon	*a ball*
des cubes (m.)	*blocks*
des billes (f.)	*marbles*

Est-ce que tu préfères la vie en ville ou à la campagne? Pourquoi?

We asked some French-speaking people whether they would prefer to live in the city or the country and why. Here's what they had to say.

Jacques, Québec

«J'aime les deux. J'aime bien vivre à la ville à cause de toutes les commodités qu'on y retrouve, mais j'aime bien partir les fins de semaines, ou durant les vacances, pour me rendre à la campagne.»

Onélia, France

«[En ville,] on peut sortir quand on veut. On n'a pas besoin des parents qui nous emmènent et nous ramènent en voiture. C'est plus pratique. On peut inviter des amis et sortir ensemble. Je trouve que c'est un avantage.»

Céline, Viêt-nam

«[A la campagne,] il n'y a pas de pollution. C'est plus... C'est mieux pour respirer. C'est plus agréable et, par exemple, il n'y a pas de bruit comme tout à l'heure là. Et on est plus au calme et il y a moins de voleurs, aussi.»

Qu'en penses-tu?

1. According to these people, what are the advantages and disadvantages of living in the city? In the country?

2. Do you agree or disagree with the interviewees? Why?

3. Which of these advantages or disadvantages apply to where you live? Which don't?

4. Can you think of other reasons why you might prefer living in the country or in the city?

5. How might your life be different if you lived in a small town, a big city, or an African village?

Chers Papa et Maman,

J'espère que vous allez bien. Ici, tout va bien. Abidjan, c'est pas mal comme ville et je commence à m'y faire. J'ai pensé que ça vous ferait plaisir si je vous envoyais quelques photos pour vous donner une idée de ce que je fais. Ici, c'est très animé comme vous pouvez le remarquer et il y a des tas de choses à voir. Je n'ai vraiment pas le temps de m'ennuyer, mais je pense quand même beaucoup à vous, et je dois dire que notre petit village me manque un peu. Bon, je dois vous quitter. Tante Adela m'appelle pour le dîner. Donnez mon bonjour à tout le monde.

A bientôt. Grosses bises.
Sandrine

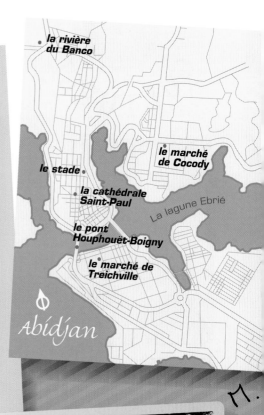

Abidjan — la rivière du Banco, le marché de Cocody, le stade, la cathédrale Saint-Paul, La lagune Ebrié, le pont Houphouët-Boigny, le marché de Treichville

A Abidjan, il y a des mosquées dont l'architecture est très traditionnelle.

On voit aussi des bâtiments super modernes comme cette cathédrale, par exemple.

Ça, c'est le marché de Treichville. On peut y acheter toutes sortes de choses.

A Cocody, on vend surtout des tissus. Il y en a de toutes les couleurs.

D'ailleurs, j'y ai acheté un pagne. Comment vous le trouvez?

Ça, c'est un maquis. Quand il fait chaud, c'est agréable d'y boire une boisson rafraîchissante.

C'est un marché d'artisans. J'adore la poterie, les paniers et les masques.

Note culturelle

Abidjan is Côte d'Ivoire's main city, although in 1983 the political capital was officially transferred to Yamoussoukro, the birthplace of former president Félix Houphouët-Boigny. As Abidjan's population has grown from just a few hundred thousand to over 2 million today, so has its diversity. Now you can see modern skyscrapers and European-style office buildings in the Plateau and Cocody regions as well as traditional African-style marketplaces in Treichville. Known as the "melting pot" of Africa, Abidjan is home to many people from Côte d'Ivoire's 60 different ethnic groups.

26 Qu'est-ce qu'il y a?

Parlons/Ecrivons Qu'est-ce qu'il y a sur les photos de Sandrine? Qu'est-ce que tu voudrais voir à Abidjan? Réponds en anglais.

Au marché à Abidjan

une mosquée

des tissus (m.)

un pagne*

un masque

un maquis

des poteries (f.)

des tam-tam (m.)

des paniers (m.)

* a $2\frac{1}{2}$-meter piece of Ivorian cloth used to make skirts, shirts, head wraps, or baby slings

> Travaux pratiques de grammaire, p. 69, Act. 16–17

> Cahier d'activités, pp. 92–93, Act. 16–18

27 En visite à Abidjan

Ecoutons Justin is giving Mamadou a tour of Abidjan. Listen to the following conversations. Where is each one taking place?

a. devant un maquis
b. devant une mosquée
c. près d'un marché d'artisans
d. à la cathédrale
e. près du marché de Cocody

28 Bienvenue à Abidjan!

Ecrivons Ta famille et toi, vous arrivez en Côte d'Ivoire pour les vacances. Complète cette brochure touristique de l'office de tourisme d'Abidjan avec les mots proposés.

> les masques   la mosquée   des pagnes   un panier   un maquis   la poterie   des tissus   des tam-tam

Voici quelques attractions à ne pas manquer : si vous aimez les monuments, allez visiter ___1___ . Au marché de Treichville, on peut trouver toutes sortes d'objets : ___2___ pour faire de la musique; ___3___ de toutes les couleurs pour faire des vêtements; des vases, si vous aimez ___4___ . N'oubliez pas d'aller admirer ___5___ en bois qu'on porte pendant les fêtes. A Treichville, les dames qui veulent s'habiller à l'ivoirienne peuvent aussi acheter ___6___ . Et pour porter tous les magnifiques cadeaux que vous avez trouvés au marché, achetez ___7___ . Finalement, allez déguster des spécialités ivoiriennes dans ___8___ .

29 Des souvenirs

Ecrivons Imagine que tu es Thomas, un élève parisien en vacances à Abidjan. Ecris une lettre à ta mère. Décris où tu es allé, ce que tu as fait et dis quels souvenirs tu as achetés.

Comment dit-on...?

Making and responding to suggestions

To make suggestions:

Si on allait au stade pour voir un match de foot?
Si on achetait un pagne au marché?
Si on visitait la mosquée?
Si on jouait du tam-tam?

To respond to suggestions:

D'accord.
C'est une bonne idée.
Bof.
Comme tu veux. *It's up to you.*
Non, je préfère...
Non, je ne veux pas.

Cahier d'activités, pp. 93–94, Act. 19–21

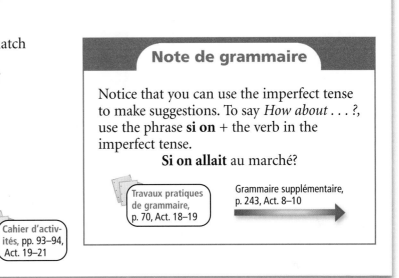

Note de grammaire

Notice that you can use the imperfect tense to make suggestions. To say *How about . . . ?*, use the phrase **si on** + the verb in the imperfect tense.

Si on allait au marché?

Travaux pratiques de grammaire, p. 70, Act. 18–19

Grammaire supplémentaire, p. 243, Act. 8–10

30 Grammaire en contexte

Parlons Propose ces activités à ton ami(e). Il/Elle va accepter ou refuser. Ensuite, changez de rôle.

1.

2.

3.

4.

31 Que faire en ville?

Parlons Aujourd'hui, tu vas visiter Abidjan avec ton correspondant ivoirien (ta correspondante ivoirienne). Choisissez ce que vous allez faire le matin, l'après-midi et le soir.

32 De l'école au travail

Parlons Imagine que tu travailles pour une agence de voyages ivoirienne. Tu dois organiser une visite d'Abidjan pour un groupe d'étudiants français. Qu'est-ce que tu vas leur suggérer?

Lisons!

Une fable africaine

Stratégie pour lire

If you drive a car, you know that signs are important. Signs tell you when and where to go, what streets you're looking for, and how fast you may drive. When you're reading, look for *linking words* and *pronouns.* These signs help you understand a story. Linking words indicate when events occur, and pronouns help you keep track of who's doing what.

A. Preview the pictures, titles, and organization of the reading.

  1. What kind of book is this?

  a. a textbook about rabbits

  b. a reading book for young students

  c. an African history book

  2. What is the hare's name?

  a. Senghor   **c.** Leuk

  b. Sadji

  3. What is the purpose of the activities at the end of the story?

B. Paraphrase the definitions in the **Que signifie?** activity by choosing synonyms for the words or phrases in italics in the following sentences. Based on these words, can you guess what the story will be about?

  1. **Un philtre** est *un breuvage* qui possède un pouvoir extraordinaire.

  a. une boisson **b.** un homme

  2. **Un prétendant** est celui qui veut *épouser* une jeune fille.

  a. rencontrer

  b. se marier avec

L. SENGHOR & A. SADJI

LA BELLE HISTOIRE DE LEUK-LE-LIÈVRE

Cours Elémentaire des écoles d'Afrique Noire

HACHETTE · EDICEF

78. – Les questions difficiles (suite)

« Trois jeunes hommes aimaient une même jeune fille et chacun d'eux voulait l'épouser. Tous trois possédaient un savoir très étendu.

« Le premier pouvait voir ce qui se passait à des milliers de kilomètres. Son regard traversait les forêts les plus épaisses, passait par-dessus la montagne la plus haute et rien ne pouvait l'arrêter.

« Le deuxième possédait une peau de mouton qui, rapide comme l'éclair, vous transportait d'un lieu à un autre, instantanément. Sur cette peau, pouvait prendre place un nombre considérable de personnes.

« Le troisième avait un philtre• qui redonnait la vie aux morts. Il suffisait d'en verser quelques gouttes dans leurs narines.

« Les trois jeunes hommes partirent ensemble pour rendre visite à la belle jeune fille. Chacun d'eux cachait aux autres le pouvoir qu'il détenait. Chacun croyait qu'à leur arrivée il triompherait de ses camarades. En chemin, ils causaient comme de bons amis, lorsque, tout à coup, le prétendant• qui avait la vue longue et perçante déclara :

« — Tiens, tiens, la jeune fille vers qui nous allons est décédée. Je vois qu'on l'a emmenée au cimetière. La fosse est déjà creusée, le cortège• est debout et les fossoyeurs• s'apprêtent à l'enterrer. Quel malheur, les amis! Je vois cela, mais nous n'avons aucun moyen, ni vous ni moi, d'arracher cette jeune et belle personne à la mort.

« — J'ai, dit le second, le moyen de vous

transporter immédiatement à ce cimetière. Mais à quoi bon puisque nous ne pourrons que regarder enterrer la jeune fille? Aucun de nous, en effet, n'est capable de la ressusciter.

« — Emmène-nous toujours, si tu le peux, jusqu'au cimetière, dit le troisième. Nous verrons bien. »

« L'homme tire, de son vêtement, la peau de mouton sur laquelle les trois compagnons prennent place. En un clin d'œil, les voilà arrivés au cimetière, près de la fosse ouverte où la jeune fille doit être ensevelie.

« Alors le troisième prétendant prend le philtre magique, le philtre qui ressuscite les morts. Il en verse quelques gouttes dans les narines de la morte. Aussitôt celle-ci se redresse, éternue trois fois, et regarde tout le monde, l'air étonné. Elle est sauvée.

« On demande, dit encore Leuk, quel est, de ces trois prétendants, celui qui méritait d'épouser la jeune fille. »

Que signifie? philtre : breuvage qui possède un pouvoir extraordinaire — **prétendant :** celui qui veut épouser une jeune fille — **cortège :** ensemble des personnes qui accompagnent un vivant ou un mort — **fossoyeur :** homme chargé de creuser la tombe d'un mort.

Pourquoi et comment?
1. Dites quel pouvoir possédait chacun des trois prétendants.
2. Pourquoi chacun cachait-il son secret?
3. Quel est celui des trois que la jeune fille va épouser et pourquoi?

Ecrivez. — Grammaire : Accord du sujet avec le verbe. Les pronoms personnels du singulier sont : je, tu, il ou elle, moi, toi, lui ou elle.

Exercice : Accorder, à l'indicatif présent, les verbes avec les pronoms sujets. — Je (partir) pour un long voyage — Tu (vouloir) épouser la belle fille — Elle (habiter) très loin — Il (posséder) un philtre magique — Tu (avoir) une vue perçante — C'est moi qui (voir) la jeune fille morte — C'est toi qui (offrir) la peau.

3. **Un cortège** est *l'ensemble* des personnes qui accompagnent un vivant ou un mort.
   a. plusieurs   b. le groupe
4. **Un fossoyeur** est un homme chargé de *creuser* la tombe d'un mort.
   a. faire   b. acheter

C. In **Les questions difficiles,** three suitors vie for the hand of a beautiful girl. Read the story and make a chart of the powers and actions of each suitor.

D. Look for the following linking words in the story and figure out what's happening at the point where they appear.

en chemin	*on the way*
lorsque	*when*
en effet	*in fact, indeed*
en un clin d'œil	*in the wink of an eye*
aussitôt	*right away*

E. Find the following sentences in the story. Then, identify what the italicized pronouns refer to.
   1. Trois jeunes hommes aimaient une même jeune fille et chacun d'eux voulait *l'*épouser.
      a. chacun des hommes
      b. la jeune fille
   2. Emmène-*nous* toujours...
      a. le troisième jeune homme et la jeune fille
      b. les trois jeunes hommes
   3. Aussitôt *celle-ci* se redresse...
      a. la peau   b. la morte
   4. ... quel est, de ces trois prétendants, *celui* qui méritait d'épouser la jeune fille.
      a. le prétendant   b. la fille

F. Answer the questions in the **Pourquoi et comment?** activity. Take a poll to find out who the class thinks will marry the girl.

(Cahier d'activités, p. 95, Act. 23–24)

deux cent trente-neuf **239**

internet
ADRESSE: go.hrw.com
MOT-CLE:
WA3 COTE D'IVOIRE-8

Première étape — **Objectives** Telling what or whom you miss; reassuring someone; asking and telling what things were like

1 Ton grand-père te parle de sa vie. Lis chaque phrase et dis s'il parle a) de maintenant ou b) de sa jeunesse. (**p. 227**)

1. C'était calme, la campagne.
2. La ville, c'est bruyant.
3. Il y a beaucoup de pollution.
4. Ce n'est pas relaxant.
5. Il y avait de jolies maisons.
6. La vie était plus simple.
7. J'ai beaucoup de temps libre.
8. On avait deux chiens.
9. J'ai beaucoup de choses à faire.
10. C'est plus stressant.

2 Your mother is helping you remember your childhood. Write the endings of the **imparfait** for the verbs **être** and **avoir**. (**p. 227**)

1. Quand tu ét _____ petit tu av _____ un jeune chien.
2. Il ét _____ mignon mais polisson.
3. C'ét _____ vraiment un petit diable.
4. Quelquefois tes grands-parents n'ét _____ pas contents parce que vous faisiez souvent des bêtises dans le jardin.
5. Ils n'av _____ plus de belles fleurs parce que le chien les mangeait.
6. Vous n'av _____ pas de responsabilités et vous ét _____ heureux.
7. Mais notre vie n'ét _____ pas tranquille et nous av _____ beaucoup de soucis.
8. Quand tu ét _____ à l'école, le chien ét _____ triste et toi aussi.

3 Annie décrit sa jeunesse dans son journal. Complète son paragraphe avec l'imparfait des verbes entre parenthèses. (**p. 227**)

Quand j' __1__ (être) jeune, j' __2__ (avoir) beaucoup d'amis. Ma meilleure amie, c' __3__ (être) ma voisine Sandrine. Nous __4__ (être) très bonnes amies. Elle __5__ (avoir) trois frères. Ils __6__ (être) assez pénibles, mais moi, je __7__ (ne pas avoir) de frère, alors j'aimais jouer avec eux. Et vous, vous __8__ (avoir) une amie comme Sandrine quand vous __9__ (être) jeune?

4 You and your friends are discussing what things were like when you were younger. Complete each sentence below with the appropriate imperfect ending. (**p. 230**)

1. Nous sort _____ souvent le week-end.
2. Colette et Francine fais _____ leurs devoirs dans leur chambre.
3. J'ét _____ très timide.
4. Vous habit _____ à la campagne.
5. Tu all _____ au café avec tes amis.
6. Elles se lav _____ tous les jours à sept heures.
7. Elle av _____ beaucoup d'amis.
8. Nous taquin _____ nos frères et nos sœurs.
9. Je jou _____ au volley-ball.
10. Ton frère ét _____ pénible.

5 Chantal pose des questions à André sur sa vie quand il était petit. Complète leur conversation avec l'imparfait des verbes entre parenthèses. (**p. 230**)

CHANTAL Quand tu __1__ (avoir) cinq ans, où est-ce que tu habitais?

ANDRE Mes parents, mon frère et moi, nous __2__ (habiter) à Paris.

CHANTAL Paris? C' __3__ (être) comment?

ANDRE Il y __4__ (avoir) de jolies maisons dans notre quartier, mais les rues __5__ (être) très bruyantes.

CHANTAL Est-ce que tu __6__ (être) polisson?

ANDRE Non, j' __7__ (être) timide et calme, mais quelquefois je __8__ (taquiner) mon petit frère!

CHANTAL Ton frère et toi, est-ce que vous __9__ (ennuyer) vos parents?

ANDRE De temps en temps, nous __10__ (faire) des bêtises, mais nos parents n' __11__ (avoir) pas vraiment de soucis!

CHANTAL Est-ce que vous regrettez ce temps-là?

ANDRE Oui, c' __12__ (être) le bon temps! Nous n' __13__ (avoir) pas de responsabilités!

CD-ROM 2 / DVD 2

WA3 COTE D'IVOIRE-8

6 Certaines choses ne changent jamais. Tes camarades de classe ont les mêmes tâches domestiques que quand ils étaient plus jeunes. Lis ce qu'ils doivent faire maintenant et dis ce qu'ils devaient faire quand ils étaient jeunes. (**p. 230**)

1. Sandrine fait la vaisselle.
2. Paul et Luc tondent le gazon.
3. Vous rangez votre chambre.
4. Je lave la voiture.
5. Tu gardes ton petit frère.
6. Colette et Gérard font la lessive.
7. Christine va au supermarché.
8. Nous avons des responsabilités.
9. Arnaud sort la poubelle.
10. Elles promènent le chien.

7 Antoine était un enfant mal élevé quand il était petit. Lis les phrases suivantes et dis s'il faisait ces choses ou non quand il était petit. (**p. 230**)

EXEMPLE   ennuyer sa mère   <u>**Antoine ennuyait sa mère.**</u>

1. faire la sieste tous les jours
2. être très méchant
3. jouer avec ses amis
4. faire des bêtises
5. taquiner sa sœur
6. ennuyer son chien
7. conduire la voiture avant d'avoir 18 ans
8. manger des légumes
9. casser tous ses jouets
10. étudier pour l'école

Troisième étape

Objectives Making and responding to suggestions

8 Qu'est-ce que Koffi suggère à Sandrine? Complète ses phrases avec les expressions proposées. (**p. 237**)

un pique-nique sur la plage d'Assinie

dans le quartier du Plateau

à l'awalé

des cadeaux pour tes parents

des chansons traditionnelles de ton village

la cathédrale Saint Paul

à tes cousins à Korhogo

un jus de fruit au maquis

faire des courses au marché de Treichville

les danseurs yacoubas à la télévision

1. Si on allait _____ ?
2. Si on achetait _____ ?
3. Si on visitait _____ ?
4. Si on jouait _____ ?
5. Si on buvait _____ ?

6. Si on téléphonait _____ ?
7. Si on regardait _____ ?
8. Si on se promenait _____ ?
9. Si on écoutait _____ ?
10. Si on organisait _____ ?

9 Tu dois suggérer des activités à des étudiants américains qui arrivent en Côte d'Ivoire. D'après ce que chaque personne aime, suggère-leur quelque chose à faire. (**p. 237**)

1. Karen aime beaucoup les jolis vases.
2. Martin aime la musique africaine.
3. Joan aime faire des vêtements.
4. Ethan aime les objets en bois.
5. Myrna aime dîner au restaurant.
6. Patrick aime visiter des monuments.

a. Si on visitait la mosquée?
b. Si on allait voir des masques?
c. Si on allait au maquis?
d. Si on achetait du tissu?
e. Si on allait écouter les joueurs de tam-tam?
f. Si on achetait des poteries?

10 Ton ami et toi, vous essayez de trouver quelque chose à faire aujourd'hui. Lis ce que ton ami dit et fais-lui une suggestion en utilisant **Si on... ?** (**p. 237**)

EXEMPLE J'ai soif. <u>Si on allait boire un jus d'orange?</u>

1. J'ai envie de voir un peu la ville.
2. Je suis très fatigué(e).
3. J'ai un examen de français demain.
4. J'ai besoin de faire de l'exercice.
5. C'est l'anniversaire de ma mère.
6. Il y a un bon film au ciné à cinq heures.

GRAMMAIRE SUPPLÉMENTAIRE

deux cent quarante-trois **243**

CD-ROM 2
DVD 2

internet
ADRESSE: go.hrw.com
MOT-CLE:
WA3 COTE D'IVOIRE-8

L'HISTOIRE DE MAMY WATA

Mamy Wata, reine des eaux, était très généreuse. Elle laissait les animaux boire dans tous les points d'eau et les hommes avaient en plus le droit de pêcher partout où ils le désiraient.

Un jour, quand Mamy Wata nageait paisiblement dans une rivière avec quelques gros poissons, on est venu l'avertir qu'à plusieurs kilomètres de là, un horrible monstre terrorisait les habitants des villages riverains.

Mamy Wata a décidé d'aller voir ce qui se passait. On lui a indiqué la grotte dans laquelle le monstre se retirait la nuit pour dormir. Elle s'est cachée dans un coin. Lorsque le monstre est rentré se coucher, elle s'est mise à l'observer. Le monstre ne pouvait pas dormir. Il pleurait et grondait beaucoup, et faisait beaucoup de bruit en respirant.

Mamy Wata a compris que le monstre était malheureux. Elle a inventé des jeux. Elle lui a appris à jouer du tam-tam. Elle lui a appris à chanter et à danser. Le monstre était tellement content d'avoir une amie qu'il s'est mis à rire.

Soudain, alors qu'il riait encore, il s'est aperçu qu'il avait complètement changé. Il était redevenu le jeune homme d'avant! C'était en réalité un jeune homme qu'une méchante sorcière avait un jour changé en monstre!

1 Read *L'histoire de Mamy Wata* and answer the questions.

1. Who was Mamy Wata? What was she like? What did she do for animals? And for people?

2. When Mamy Wata first sees the monster, what is he like? What is he doing in his cave?

3. What does Mamy Wata do for the monster? What had happened to the monster?

2 Adamou just moved from Abidjan to a small village. Listen as he talks about what life was like in the city and what it's like now that he lives in a village. Then, list three things in English that Adamou used to do in Abidjan and two things he mentions about the village.

3 From what you know about the culture of Côte d'Ivoire, answer the following questions.

1. How can you tell to which ethnic group someone belongs?

2. If you were a high school student, how would you spend your free time?

3. What are Ivorian villages like?

4 ## Ecrivons!

You've just returned from a trip back in time to a culture very different from your own. Write a brief account of what your visit to a different time and place was like.

Stratégie pour écrire
Point of view is a major consideration in describing your experiences. The narrator who tells your story can make a difference in how it's received.

Préparation
You'll first want to choose a time and place for your story and jot down what your visit was like. What was there? What were the people like? Consider which would make more sense, grouping similar ideas together or telling the story in chronological order.

Rédaction
Whom will you choose to tell your story? In the first person point of view, your narrator would most likely be you. You'd use the first person **je** and speak directly to your reader. In the third person point of view, your narrator would be an "outsider looking in" on your story. Characters would be referred to with third person pronouns like **il, elle, ils,** and **elles.** Whichever point of view you choose, make sure you're consistent throughout your story.

Evaluation
To help you decide on an appropriate point of view, you might write two first drafts: one in the first person and one in the third person. Ask a classmate to read both versions or read both versions aloud to a group of classmates and ask them which version is more believable. Based on their comments, you can decide which is better for your story.

5 ## Jeu de rôle

With a partner, act out a scene in which a travel agent tries to convince a customer who knows nothing about Africa to visit Abidjan.

• The travel agent suggests Abidjan and describes its advantages.

• The customer asks what there is to see, do, and buy there.

• The customer has false, preconceived notions about the city and Côte d'Ivoire. The agent corrects the customer's false impressions.

Que sais-je?

Can you use what you've learned in this chapter?

Can you tell what or whom you miss?
p. 225

1 If you moved to a new city, how would you say you missed . . .

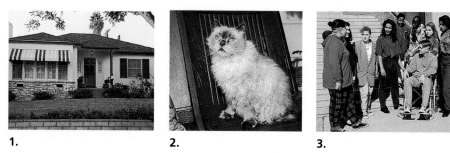

1. 2. 3.

Can you reassure someone?
p. 225

2 How would you reassure someone who had just moved to your town and was homesick?

Can you ask and tell what things were like?
p. 226

3 How would you ask your homesick friend what his or her former town was like?

4 How would you describe how things were . . .
   1. in medieval times?   **2.** when you were five?

Can you reminisce?
p. 229

5 How would you tell what these people used to do when they were young?

1. Yapo et son frère   2. Tes amis et toi   3. Yapo

6 How would you tell what you usually did after school when you were ten years old?

Can you make and respond to suggestions?
p. 237

7 How would you suggest . . .
   1. visiting a place in Abidjan?
   2. buying something from the market?
   3. playing your favorite game or sport?

8 How would you respond if a friend invited you to . . .
   1. play tennis?   **2.** eat barbecue?   **3.** visit a museum?

Première étape

Vocabulaire

Telling what or whom you miss

Je regrette...	*I miss...*
... me manque.	*I miss... (singular)*
... me manquent.	*I miss... (plural)*
Ce qui me manque, c'est...	*What I really miss is...*

Reassuring someone

Tu vas t'y faire.	*You'll get used to it.*
Fais-toi une raison.	*Make the best of it.*
Tu vas te plaire ici.	*You're going to like it here.*
Tu vas voir...	*You'll see...*

Asking and telling what things were like

C'était comment?	*What was it like?*
C'était tellement/ si différent?	*Was it really so different?*
C'était...	*It was...*
Il y avait...	*There were...*
La vie était plus..., moins...	*Life was more... , less...*

Describing places

animé(e)	*exciting*
bruyant(e)	*noisy*
calme	*calm*

dangereux (dangereuse)	*dangerous*
génial(e)	*great*
mortel (mortelle)	*deadly dull*
nul (nulle)	*worthless*
propre	*clean*
relaxant(e)	*relaxing*
sale	*dirty*
stressant(e)	*stressful*
tranquille	*peaceful*
très vivant(e)	*very lively*

Deuxième étape

Reminiscing

Quand j'étais petit(e),...	*When I was little, ...*
Quand il/elle était petit(e),...	*When he/she was little,...*
Quand j'avais... ans,...	*When I was... years old,...*

Activities

avoir des responsabilités	*to have responsibilities*
avoir des soucis	*to have worries*
conduire une voiture	*to drive a car*
faire des bêtises	*to do silly things*

faire la sieste	*to take a nap*
ennuyer	*to bother*
taquiner	*to tease*

Troisième étape

Making and responding to suggestions

Si on allait... ?	*How about going...?*
Si on achetait... ?	*How about buying...?*
Si on visitait... ?	*How about visiting...?*
Si on jouait... ?	*How about playing...?*
D'accord.	*OK.*
C'est une bonne idée.	*That's a good idea.*

Bof.	*(expression of indifference)*
Comme tu veux.	*It's up to you.*
Non, je préfère...	*No, I prefer...*
Non, je ne veux pas.	*No, I don't want to.*

Things to see and buy in Abidjan

un maquis	*popular Ivorian outdoor restaurant*
un masque	*mask*

une mosquée	*mosque*
un pagne	*piece of Ivorian cloth*
des paniers (m.)	*baskets*
des poteries (f.)	*pottery*
un tam-tam	*African drum*
du tissu	*fabric, cloth*

Allez, viens en Provence!

Population : plus de 4.000.000

Villes principales : Marseille, Aix-en-Provence, Arles, Avignon, Toulon, Saint-Tropez, Nice, Cannes, Nîmes

Ressources et industries : parfum, lavande, olives, herbes provençales

Provençaux célèbres : Paul Cézanne, Marcel Pagnol, Le Corbusier

Spécialités : bouillabaisse, soupe au pistou, daube provençale, aïoli, pissaladière, saucissons, fruits confits, calissons

go.hrw.com

WA3 PROVENCE

VIDEO

CD-ROM 3
DVD 2

Un paysage provençal typique ▶

248

Provence

La Provence offre une grande variété de paysages : la Côte d'Azur a de belles plages, la Haute-Provence a les Alpes et la Camargue a des chevaux sauvages et des flamants roses. En Provence, on peut aussi voir des forêts de pins et des champs de lavande. Depuis les années 1900, les touristes viennent en grand nombre y passer leurs vacances. Chaque été, des centaines de festivals de toutes sortes attirent aussi un grand nombre de personnes.

internet

ADRESSE: go.hrw.com
MOT-CLE: WA3 PROVENCE

1 Les villages perchés
La plupart de ces villages, comme Gordes, ont été construits il y a 500 ans à cause de fréquentes attaques de maraudeurs.

2 Les gorges du Verdon
C'est le Grand Canyon français. A 700 mètres plus bas se trouve la rivière où l'on fait du canoë.

3 Le pont du Gard
C'est un aqueduc de 49 mètres de haut construit par
les Romains il y a 2.000 ans.

4 Les calanques de Cassis
A trente minutes de Marseille, les
calanques de Cassis offrent un total
dépaysement : falaises blanches
plongeant dans l'eau turquoise.

5 La Côte d'Azur
Elle est célèbre
pour ses plages,
ses hôtels et ses
boutiques de grand
luxe. La Promenade
des Anglais à Nice
est un lieu touris-
tique très connu.

Aux chapitres 9, 10 et 11,
quelques élèves d'Aix-en-
Provence vont te montrer
leur belle ville. Depuis
l'époque des Romains, Aix-en-
Provence est la capitale de la
Provence. Aujourd'hui, c'est
surtout une ville d'art, peu-
plée d'étudiants en raison de
sa célèbre université.

6 Aix-en-Provence
Les jeunes aiment bien se retrouver dans les cafés
du **cours Mirabeau,** l'avenue principale de cette belle
ville. La célèbre **montagne Sainte-Victoire,** ici peinte
par Paul Cézanne, est située à l'est de la ville. Elle attire
beaucoup de monde le week-end.

9

Tu connais la nouvelle?

Objectives

In this chapter you will learn to

Première étape

- wonder what happened
- offer possible explanations
- accept or reject explanations

Deuxième étape

- break some news
- show interest

Troisième étape

- begin, continue, and end a story

internet

ADRESSE: go.hrw.com
MOT-CLE: WA3 PROVENCE-9

◀ **Tu ne devineras jamais ce qui s'est passé!**

deux cent cinquante-trois **253**

MISE EN TRAIN ▪ *Il ne faut pas se fier aux apparences*

Stratégie **pour comprendre**

What does it mean for Cédric to be the *petit copain de Pascale*? Why is Odile so intrigued when she sees him with Arlette in the park? Have you ever made assumptions about people or situations and then discovered that those assumptions were completely wrong? What do you think Charlotte means when she says *Il ne faut pas se fier aux apparences?*

Odile **Charlotte** **Pascale**

Cédric **Arlette**

1

Odile	Devine qui j'ai vu ici dans le parc.
Charlotte	Aucune idée... Dis un peu!
Odile	Cédric et Arlette.
Charlotte	Et alors?
Odile	A mon avis, ça cache quelque chose.
Charlotte	J'ai du mal à le croire. Toi, tu vois des histoires d'amour partout.
Odile	Ils avaient l'air de bien s'entendre.
Charlotte	Je n'y crois pas. Tu sais bien que Cédric est le petit copain de Pascale.
Odile	Mais, je t'assure que c'est vrai.
Charlotte	En tout cas, ça ne nous regarde pas...
Odile	Mais, je les ai vus. Ils se parlaient tendrement et puis, Cédric lui a embrassé la main.

2

Charlotte	Ecoute, il ne faut pas se fier aux apparences.
Odile	Bon, comme tu veux... Pauvre Pascale!
Charlotte	Chut! La voilà!

3

Odile	Bonjour! Comment vas-tu?
Pascale	Super. Qu'est-ce que vous avez à me regarder comme ça? Qu'est-ce que j'ai?
Charlotte	Rien du tout.

④

Pascale	Allez, quoi! Dites-le-moi!
Odile	On a vu Cédric et Arlette dans le parc...
Charlotte	...en train de se parler.
Pascale	Et alors?
Charlotte	Alors, rien.

⑤

Pascale	Mais quoi? Je ne comprends rien. Qu'est-ce que vous racontez? Ah, je commence à comprendre. Vous voulez dire que Cédric et Arlette...
Charlotte	Mais non, pas du tout!

⑥

Odile	Tiens, le voilà, Cédric!
Pascale	Eh bien, au revoir! J'ai du travail à faire. A lundi. Salut.

⑦

Cédric	Salut. Où est-ce que Pascale est partie? Elle va revenir?
Odile	Non, elle est rentrée chez elle.
Cédric	Pourquoi? Elle est fâchée? Elle ne m'a même pas dit bonjour.
Odile	Elle avait du travail à faire.

⑧

Cédric	Pascale!!
Odile	Moi, j'adore quand ça se complique!

Cahier d'activités, p. 97, Act. 1–2

1 Tu as compris?

1. What did Odile see in the park?
2. What does Odile think is going on?
3. What does Charlotte think is going on?
4. Why does Pascale leave so quickly?
5. How does Odile feel about what happened?

2 Mets en ordre

Mets l'histoire dans le bon ordre.

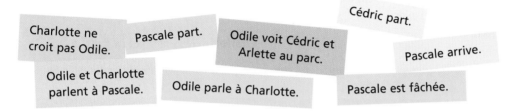

Charlotte ne croit pas Odile.

Pascale part.

Odile voit Cédric et Arlette au parc.

Cédric part.

Pascale arrive.

Odile et Charlotte parlent à Pascale.

Odile parle à Charlotte.

Pascale est fâchée.

3 Qui suis-je?

Cédric   **Arlette**   **Odile**   **Charlotte**   **Pascale**

1. «Moi, j'adore quand ça se complique!»
2. «Je vois des histoires d'amour partout.»
3. «Nous avions l'air de bien nous entendre.»
4. «J'ai embrassé la main d'Arlette.»
5. «Je suis fâchée.»
6. «Je suis le petit copain de Pascale.»
7. «Je ne crois pas que Cédric et Arlette flirtaient.»
8. «J'ai dit que j'avais du travail à faire.»

4 Cherche les expressions

What do the people in *Il ne faut pas se fier aux apparences* say to . . .

1. break some news?
2. show interest in hearing some news?
3. reject explanations for what might have happened?
4. ask what's going on?

5 Et maintenant, à toi

Imagine que tu es Pascale. Comment tu réagis à cette situation?

A mon avis, il est amoureux d'elle.

Je crois que ça cache quelque chose. Pascale va être furieuse!

Mais non! Je parie que Cédric s'amuse!

Peut-être que Pascale et Cédric se sont disputés... alors, Cédric s'est trouvé une nouvelle copine!

6 A ton avis...

Lisons/Parlons Qu'est-ce que leurs amies disent pour expliquer l'attitude de Cédric et d'Arlette? Comment est-ce que toi, tu expliques leur attitude?

Note culturelle

Where do you go to see and talk about what's happening in your town? In Aix-en-Provence, the **cours Mirabeau** provides entertainment and refreshment to tourists and inhabitants alike. Often called one of the most beautiful streets in Europe, the **cours Mirabeau** is the main street in Aix. Plane trees and fountains run the length of the broad boulevard, making it a cool place even in the summer when the **provençal** sun is strong. One side of the street has banks and mansions (**hôtels particuliers**) from the seventeenth and eighteenth centuries, while the other side of the street is famous for its shops and sidewalk cafés. One of these, the **Deux Garçons**, is the place in Aix to see and be seen.

Les émotions

de mauvaise humeur

gênée

inquiet

amoureuse

furieux

fâché

déprimé

énervée

mal à l'aise

étonnée

de bonne humeur

Travaux pratiques de grammaire, pp. 71–72, Act. 1–3

Cahier d'activités, p. 98, Act. 3–5

Note de grammaire

Remember that you use the **imparfait** to tell what people were like in the past.

> Il **était** triste.

You can also use the expression **avoir l'air** + an adjective to tell how people *seem(ed)* to be.

> Ils **ont l'air** furieux.
> Elle **avait l'air fâchée.**

The adjective agrees with the person you're describing.

Travaux pratiques de grammaire, p. 72, Act. 4–5

Grammaire supplémentaire, pp. 272–273, Act. 1–3

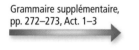

7 Grammaire en contexte

Ecoutons Ecoute Raoul et Philippe qui sont au café Les Deux Garçons en train de parler de la fête d'hier soir. D'après leur conversation, comment étaient leurs amis?

1. Kim
2. Serge
3. Maria
4. Maud
5. Victor
6. Guillaume

a. énervé(e)
b. mal à l'aise
c. inquiet (inquiète)
d. gêné(e)
e. de bonne humeur
f. déprimé(e)
g. furieux (furieuse)
h. de mauvaise humeur

8 Qu'est-ce qui s'est passé?

Ecrivons Décris les réactions de tes amis dans ces situations. Complète chaque phrase avec un adjectif qui convient.

1. Pierre est tombé devant son prof d'histoire. Il était _____.
2. Marion est allée à une boum où elle ne connaissait personne. Elle était _____.
3. Jean a eu 20 à l'interro d'anglais. Il était _____.
4. Le chat d'Alice est mort soudainement. Alice avait l'air _____.
5. Li est sortie avec un beau garçon. Elle avait l'air _____.
6. Jean-Michel n'a pas pu trouver son portefeuille ce matin. Il était _____.
7. On a fait une surprise-partie pour Eric. Il était vachement _____!

9 Mon journal

Ecrivons Complète les phrases suivantes pour décrire ta personnalité.

Je suis ___1___ quand je rate le bus. Quand mes amis ne m'invitent pas à sortir avec eux, je suis ___2___. Quand j'ai une mauvaise note à une interro, je suis ___3___. Quand mon chien est malade, je suis ___4___. Quand je vais manger dans un restaurant très élégant, je suis un peu ___5___. Et quand je suis en vacances, je suis ___6___.

10 Alors, raconte!

Ecrivons Avec qui as-tu parlé hier? Fais une liste et décris l'humeur de ces personnes.

> Melissa était de bonne humeur mais Manuel avait l'air plutôt déprimé. Sheryl était vachement inquiète parce qu'elle ·it en ret~

A la française

To better describe people and things, you can use words like **assez** *(sort of)* and **plutôt** *(rather)* to modify adjectives. When you're talking to people your own age, you can use the informal expressions **vachement** *(really)* and **super** *(really, ultra-)* before adjectives for emphasis: Elle était **vachement énervée.** Il est **super sympa.**

Comment dit-on...?

Wondering what happened; offering possible explanations; accepting or rejecting explanations

To wonder what happened:

Je me demande pourquoi elle parle comme ça. *I wonder . . .*

To accept an explanation:

Tu as peut-être raison. *Maybe you're right.*
C'est possible. *That's possible.*
Ça se voit. *That's obvious.*
Evidemment. *Obviously.*

To offer possible explanations:

A mon avis, elle est amoureuse.
In my opinion, . . .
Peut-être qu'elle a passé une bonne journée.
Maybe . . .
Je crois qu'elle a gagné cent euros.
I think that . . .
Je parie qu'elle a mangé trop vite. *I bet that . . .*

To reject an explanation:

A mon avis, tu te trompes.
In my opinion, you're mistaken.
Ce n'est pas possible. *That's not possible.*
Je ne crois pas. *I don't think so.*

Cahier d'activités, pp. 99–100, Act. 6–8

11 ## Pourquoi est-ce que Pascale est de mauvaise humeur?

Ecoutons Listen as Cédric asks his friends why Pascale doesn't talk to him. Does he accept or reject the explanations they offer?

12 ## Je me demande pourquoi!

Parlons Qu'est-ce qui est arrivé à Nora, à Thierry et à Didier? Imagine trois événements qui peuvent expliquer leur humeur. Parles-en avec un(e) camarade qui va te dire s'il/si elle est d'accord avec toi ou pas.

EXEMPLE —Je me demande pourquoi Nora a l'air fatiguée aujourd'hui.

—Peut-être qu'elle a mal à la tête.

—Non, je ne crois pas. Je parie qu'elle...

Nora

Thierry

Didier

13 ## Un petit mot

Ecrivons Tu devais retrouver ton/ta meilleur(e) ami(e) pour faire une randonnée hier, mais tu as eu des problèmes et tu n'as pas pu retrouvé ton ami(e). Ecris-lui un petit mot pour t'excuser. Explique ce qui s'est passé et dis à ton ami(e) comment tu t'es senti(e).

EXEMPLE Excuse-moi pour hier. Tu sais, tout a été de travers. Mon réveil n'a pas sonné et je me suis réveillé(e) en retard. Alors, j'étais de mauvaise humeur...

Comment est l'ami idéal?

We talked to some French-speaking teenagers about friendships. Here's what they had to say.

Yannick, Martinique

«L'amie parfaite, eh bien, c'est celle qui ne sera pas fayot, c'est-à-dire, enfin, fayotte, du moins c'est celle qui n'ira pas répéter à tout bout de champ «Mais oui, tiens, elle a tel et tel problème.» C'est l'idéal à la fin. Moi, je crois que, l'idéal comme amie, c'est, enfin, qu'elle me ressemble un peu.»

Quelle est la différence entre un copain et un ami?

«Eh ben, une copine, c'est par exemple... je ne sais pas, elle est dans la même classe. On discute avec elle des cours... je sais pas, moi... des bobards qu'on raconte à tout le monde. Et l'amie, on lui confie plus ce qui se passe dans l'intimité, ce qu'on ne veut pas dire à sa mère ou à quelqu'un d'autre. Si on a envie, je ne sais pas, de se confier vraiment, on irait plutôt vers l'amie que vers la copine.»

Jennifer, France

«Je pense qu'un copain, c'est quelqu'un qu'on voit un peu tous les jours, à qui on dit bonjour, mais sans vraiment se confier. Alors qu'une amie, on lui confie beaucoup de choses, on reste souvent avec elle, on est très proches.»

Marius, Côte d'Ivoire

«Pour moi, un ami idéal, c'est l'ami qui sait t'écouter, qui sait te comprendre et puis qui a beaucoup d'attentions pour toi. Et aussi, cet ami-là cherche toujours à t'aider quand tu as des problèmes... et qui ne trahit pas tes secrets et puis aussi c'est un ami qui te soutient toujours. Voilà.»

Qu'en penses-tu?

1. What are the qualities of a good friend according to these people?
2. What characteristics do you look for in a friend?
3. According to these people, what is the difference between **un copain** and **un ami**?

261

Deuxième étape

Objectives Breaking some news; showing interest

go.
hrw
.com

WA3 PROVENCE-9

Qu'est-ce qui t'est arrivé ce week-end?

J'avais rendez-vous avec une copine, mais j'ai eu un petit accident de vélo. Pendant que je réparais mon vélo, j'ai trouvé un billet de 20 euros! Super, non?

Marie

Ne m'en parle pas! Je me suis disputé avec ma copine et nous avons cassé.

J'ai été privé de sortie, donc je suis resté dans ma chambre et j'ai fait la tête tout le week-end. C'est pas juste!

Romain

Thibaut

Je lisais un roman au parc quand j'ai rencontré Elodie et je suis tombé amoureux d'elle! C'était un véritable coup de foudre!

On allait rendre visite à mes grands-parents quand la voiture est tombée en panne. On a réussi à la réparer mais après, on s'est perdues!

Amina

Didier

14 **Tu as compris?**

Lisons Qui a passé un bon week-end? Un mauvais week-end?

avoir un accident	*to have an accident*
avoir (prendre) rendez-vous (avec quelqu'un)	*to have a date/make an appointment (with someone)*
se disputer (avec quelqu'un)	*to have an argument (with someone)*
casser (avec quelqu'un)	*to break up (with someone)*
être privé(e) de sortie	*to be "grounded"*
faire la tête	*to sulk*
tomber en panne	*to break down (in a vehicle)*
se perdre	*to get lost*
rencontrer	*to meet*
tomber amoureux(-euse) (de quelqu'un)	*to fall in love (with someone)*

Cahier d'activités, pp. 101–102, Act. 10–12

Travaux pratiques de grammaire, p. 73, Act. 6–7

15 C'est arrivé le week-end dernier

Ecoutons Regarde les images à la page 262. Ecoute Catherine qui décrit ses amis. De qui parle-t-elle?

16 Et toi?

Ecrivons Le week-end de ton ami ne s'est pas très bien passé! Complète sa carte postale avec des expressions du Vocabulaire. Utilise le passé composé dans tes réponses.

Mon week-end à Lyon ne s'est pas très bien passé. Pour commencer, on ___1___ sur la route. Alors, on a dû faire réparer la voiture. Après ça, on n'a pas trouvé la gare Perrache et on ___2___. Tu sais, c'est une très grande ville, Lyon. On avait rendez-vous avec mes cousins à dix heures, mais bien sûr, on était en retard. Quand on est enfin arrivés, ils étaient très fâchés et ils ___3___ tout le week-end! Ensuite, Sophie et Martin ___4___ parce que Martin ne voulait pas venir au musée. Sophie était furieuse et elle ___5___ avec Martin! Quel week-end horrible!

Comment dit-on...?

Breaking some news; showing interest

To break some news:

Tu connais la nouvelle?
Did you hear the latest?
Tu ne devineras jamais ce qui s'est passé.
You'll never guess what happened.
Tu sais qui j'ai vu? *Do you know who . . . ?*
Tu sais ce que Robert a fait?
Do you know what . . . ?
Devine qui Marion a vu! *Guess who . . .*
Devine ce que j'ai fait! *Guess what . . .*

To show interest:

Raconte!
Dis vite! *Let's hear it!*
Aucune idée. *No idea.*

Si tu as oublié *ce qui* and *ce que* va à la page 108.

Cahier d'activités, p. 102, Act. 13

Tu ne devineras jamais...

Ecoutons Ecoute ces conversations et choisis l'image qui correspond à chaque conversation.

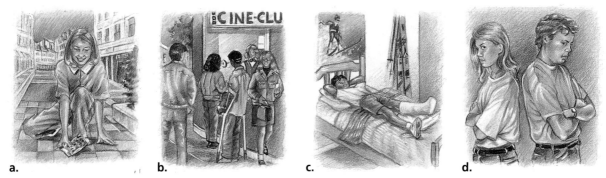

a.　　　　b.　　　　c.　　　　d.

18 **Tu connais la nouvelle?**

Parlons Annonce les nouvelles de **Sur le vif!** à un(e) camarade. Il/Elle va réagir à ces histoires. Ensuite, changez de rôle.

SUR LE VIF

LE «KING» PARMI NOUS

Une habitante d'Aix-en-Provence a eu la surprise de sa vie ce matin. Elle promenait son chien au centre-ville quand elle a aperçu Elvis Presley en personne qui sortait d'une boulangerie. Elle a dit que le roi du rock avait un sac plein de pains au chocolat.

UNE VRAIE HISTOIRE MARSEILLAISE

Plusieurs habitants de la région provençale déclarent avoir vu un OVNI vers 17 heures hier après-midi. Un témoin a dit : « J'ai vu un énorme objet dans le ciel. Je savais que ce n'était pas un avion parce qu'il y avait des lumières vertes, jaunes et violettes qui clignotaient. C'était comme un ballon de football! C'était un spectacle incroyable! »

Note culturelle

In France, exaggerated stories, or "tall tales", are called **des histoires marseillaises.** Just as people from certain parts of the United States have a reputation—true or not—for exaggerating stories, people from Provence, particularly from the city of Marseilles, are known for their improbable tales.

Grammaire

The *passé composé* vs. the *imparfait*

To tell what took place in the past, you often need to use both the **passé composé** and the **imparfait.**

You use the **passé composé** to tell *what happened.*

Elle **a eu** un accident.   Nous **avons joué** au tennis.

• Words that indicate a specific moment in the past, like **soudain** *(suddenly),* **tout à coup** *(suddenly),* and **au moment où** *(just when),* usually signal the **passé composé.**

Tout à coup, on **est tombés** en panne.

• Words that tell in what order events happened, like **d'abord, puis,** and **ensuite,** often signal the **passé composé** as well.

D'abord, on **a rencontré** l'étudiant américain.

You use the **imparfait . . .**

—to describe *how people or things were* in the past.

Quand elle **avait** cinq ans, elle **était** pénible.

—to talk about repeated actions in the past, to tell *what used to happen.*

Quand j'**avais** huit ans, je **faisais** toujours des bêtises.

—to describe general conditions in the past, to *set the scene.*

Il **était** deux heures de l'après-midi; il **faisait** beau.

• Words that indicate a repeated action, like **toujours, d'habitude, tous les jours, souvent,** and **de temps en temps,** usually signal the **imparfait.**

On **allait** souvent au théâtre.

Grammaire supplémentaire, pp. 273–275, Act. 4–7

Cahier d'activités, p. 102, Act. 14

Travaux pratiques de grammaire, pp. 74–76, Act. 8–12

19 **Grammaire en contexte**

Lisons Read Nora's account of a rainy day and tell whether each underlined verb is in the **passé composé** or the **imparfait** and why.

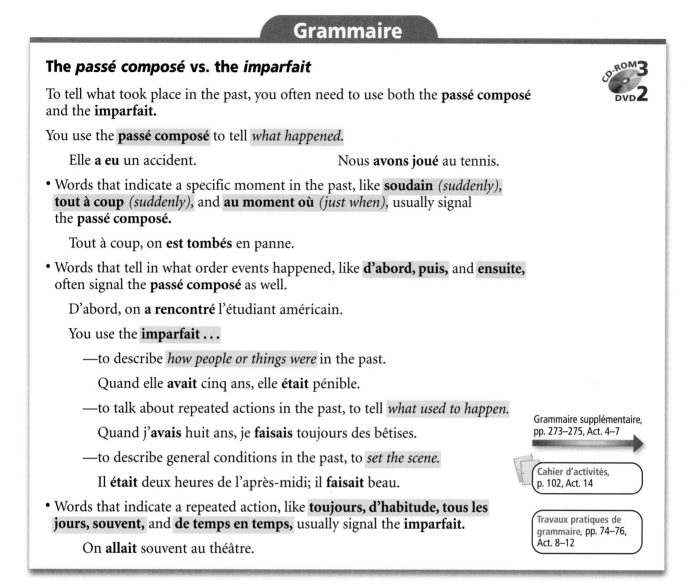

Il <u>faisait</u> gris et il <u>pleuvait</u>. J'<u>étais</u> de mauvaise humeur; ma mère <u>travaillait</u> et mon frère, qui <u>était</u> privé de sortie, <u>faisait</u> la tête. Soudain, j'<u>ai pris</u> une décision: pourquoi ne pas aller au cinéma? Je <u>suis allée</u> au Biné 4 voir le nouveau film de Gérard Depardieu. Après, j'<u>ai rencontré</u> des copains et on <u>est allés</u> au café. Bref, j'<u>ai passé</u> une bonne journée!

20 **Sur le vif**

Ecrivons Complète cet article de **Sur le vif!** avec le passé composé ou l'imparfait des verbes entre parenthèses.

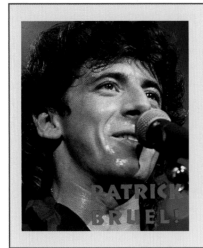

Patrick Bruel continue sa tournée de concerts dans le sud de la France. Hier, le chanteur __1__ (être) à Montpellier où des centaines de jeunes __2__ (aller) l'applaudir. A leur grande joie, quelques-uns __3__ (avoir) la chance de le rencontrer en personne. Il __4__ (être) environ minuit au restaurant La Côte à l'Os quand tout à coup, Patrick lui-même __5__ (entrer). Il __6__ (être) accompagné de quelques-uns de ses musiciens. Il __7__ (demander) la carte au serveur qui n'en croyait pas ses yeux. Bruel __8__ (sembler) très content et il __9__ (rire) beaucoup. Il a dit au serveur que les concerts le __10__ (mettre) toujours de bonne humeur mais lui __11__ (donner) aussi très faim. Il __12__ (regarder) la carte que le serveur lui avait apportée, puis il __13__ (commander) des escargots et un steak au poivre. Après le repas, il __14__ (boire) un café. Ensuite, Bruel __15__ (payer) l'addition et il __16__ (partir) après avoir donné son autographe au serveur qui __17__ (ne pas regretter) d'avoir travaillé ce soir-là.

21 **Tu plaisantes!**

Parlons Raconte des histoires marseillaises à un(e) camarade, puis changez de rôle. Vous pouvez utiliser les suggestions suivantes.

EXEMPLE

—Tu sais qui j'ai rencontré?

—Non, raconte!

—J'ai rencontré le président des Etats-Unis!

—Mon œil! Tu étais où?

—J'étais à Washington, évidemment!

—Mais qu'est-ce que tu faisais?

—Je visitais la Maison Blanche.

—Alors, qu'est-ce que tu as fait?

—J'ai dîné avec lui.

rencontrer le président

à Washington

visiter la Maison Blanche

dîner avec lui

1. voir un extra-terrestre chez moi
   regarder la télé
   visiter sa planète

2. rencontrer le loup du Gévaudan *(the Bigfoot of France)*
   dans la forêt
   faire du camping
   prendre une photo

3. trouver 100 €
   dans le parc
   promener le chien
   faire du shopping

4. avoir rendez-vous avec ta star préférée
   sur le cours Mirabeau
   écouter de la musique
   demander son autographe

22 **Mon œil!**

Ecrivons Fais la liste de trois activités, d'un endroit et d'une émotion. Ensuite, échange ta liste avec celle d'un(e) camarade. Invente une histoire marseillaise avec les éléments de la liste de ton/ta camarade.

> rencontrer un extra-terrestre
> manger une boîte de chocolats
> faire du ski nautique
> à la boulangerie
> déprimé(e)

Pascale téléphone à Antoine . . .

— A propos, Antoine, qu'est-ce que tu as fait hier soir?

— Je m'ennuyais chez moi, alors, j'ai décidé d'aller au cinéma. A ce moment-là, le téléphone a sonné. C'était Arlette. Elle s'ennuyait aussi et voulait faire quelque chose avec moi.

— Donc, vous êtes allés au cinéma!

— Eh bien... c'est-à-dire que... je suis timide.

— Tu veux dire que tu ne l'as pas invitée?!

— Je n'ai pas eu le courage!

— Mais tu es dingue!

— Attends! Elle m'a proposé d'aller voir *Germinal* au Cinéma Cézanne.

— Heureusement!

— Oui, mais tu vois, ce cinéma est à l'autre bout d'Aix.

— Et alors?

— Ben, on a décidé de s'y retrouver une demi-heure plus tard. Alors, j'ai pris le bus, mais à cette heure-là, il y avait beaucoup de circulation et je suis arrivé très en retard. Arlette était déjà partie.

— Pauvre vieux! Maintenant, c'est à toi de l'inviter quelque part.

— Tu crois?

Antoine

Pascale

23 **Tu as compris?**

Lisons Qu'est-ce qui est arrivé à Antoine hier soir? Pourquoi n'a-t-il pas invité Arlette? A ton avis, qu'est-ce qu'il va faire maintenant?

Comment dit-on...?

Beginning, continuing, and ending a story

To begin a story:

A propos,...
By the way, . . .

To continue a story:

Donc,... *Therefore, . . .*
Alors,... *So . . .*
A ce moment-là,...
  At that point, . . .
Bref,... *Anyway, . . .*
C'est-à-dire que...
  That is, . . .
... quoi. *. . . you know.*
... tu vois. *. . . you see.*

To end a story:

Heureusement,...
  Fortunately, . . .
Malheureusement,...
  Unfortunately, . . .
Enfin/Finalement,...

Cahier d'activités, p. 104, Act. 16–17

24 **La journée de Caroline**

Ecoutons Ecoute l'histoire de Caroline. Remets les images suivantes en ordre d'après son histoire.

a.

b.

c.

d.

25 **Qu'est-ce qu'ils disent?**

Ecrivons Complète la conversation entre Odile et Arlette.

heureusement	alors
à propos	aucune idée
dis vite	bref
devineras	malheureusement

— Salut, Odile.

— Salut, Arlette. Tu sais ce qui m'est arrivé hier?

— ___1___. Raconte!

— Je faisais mes devoirs chez moi quand Pascale m'a téléphoné. Elle s'ennuyait chez elle et elle voulait aller faire du roller en ligne. Moi, j'étais d'accord. Simple, tu vois? Mais non! J'ai pris le bus pour aller au parc, mais Pascale n'était pas là.

— Vraiment? Mais elle est toujours à l'heure!

— Exactement! Donc, j'ai attendu vingt minutes...

— Vingt minutes!

— ___2___, elle n'est jamais arrivée et j'étais fâchée. J'ai essayé de lui téléphoner, mais elle n'était pas là.

— Et alors?

— ___3___, j'ai décidé de rentrer chez moi. Après ça, tu ne ___4___ jamais ce qui s'est passé!

— ___5___!

— Le téléphone a sonné. C'était Pascale!

— Qu'est-ce qu'elle t'a dit?

— Euh... tu vois, c'était de ma faute. Elle était au Jardin Rambot, et moi, je suis allée au Parc Joseph Jourdan! ___6___, elle n'était pas trop fâchée contre moi. ___7___, on s'est donné rendez-vous pour demain au Jardin Rambot.

— Tout est bien qui finit bien!

26 **Le jeu du cadavre exquis**

Lisons/Ecrivons In your group, choose a main character for a story. One person begins by writing the first sentence or two of the story, folds the paper to cover all but the last line, and passes it to the next person who writes another sentence, folds the paper again, and passes it on. Remember, anything can happen! When you've finished, read the story to the class.

Caroline a vu...

Donc, elle a cassé avec Martin.

Note de grammaire

- Sometimes you have to use both the **imparfait** and the **passé composé** in the same sentence. For example, you might want to say that one action *was going on* (**imparfait**) when another action *happened* (**passé composé**).

  Je **faisais** mes devoirs quand le téléphone **a sonné.**

- To emphasize that you were *in the middle of* or *busy doing* something, you can use the imperfect of the expression **être en train de** with an infinitive.

  J'étais en train de faire mes devoirs quand le téléphone **a sonné.**

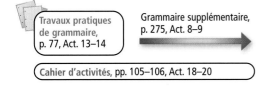

Travaux pratiques de grammaire, p. 77, Act. 13–14

Grammaire supplémentaire, p. 275, Act. 8–9

Cahier d'activités, pp. 105–106, Act. 18–20

27 Grammaire en contexte

Ecrivons Crée au moins dix phrases où tu utilises le passé composé et l'imparfait.

EXEMPLE —**Je faisais mes devoirs quand un extra-terrestre est entré dans ma chambre.**

	quand	
faire mes devoirs		rencontrer...
danser le zouk		avoir un accident
manger de la pizza		décider de...
se disputer avec...		voir...
visiter...		recevoir...
faire la tête		tomber amoureux (amoureuse)
conduire la voiture		de...
faire la sieste		perdre...
faire des pompes		casser (avec...)
être collé(e)		se casser...
être à...		déguster...
se promener		?
?		

28 Grammaire en contexte

Ecrivons Hier soir, un(e) invité(e) surprise est venu(e) chez toi. Raconte ce que tout le monde faisait à la maison quand cette personne est arrivée. Ensuite, décris cet(te) invité(e) et dis pourquoi il/elle est venu(e) chez toi.

Tu ne devineras jamais ce qui s'est passé hier soir! Mon père regardait la télé et moi, j'écoutais mon CD préféré de Céline Dion quand elle est entrée dans...

29 De l'école au travail

Ecrivons You work for a French publishing company specializing in books for children. Create a short fairy tale beginning with **"Il était une fois, dans un pays très lointain, ..."**. You might refer to page R18 for additional fairy tale vocabulary.

Cendrillon (*Cinderella*)

La Belle et la Bête (*Beauty and the Beast*)

Blanche-Neige (*Snow White*)

la pantoufle de verre (*glass slipper*)

tuer (*to kill*)

le bal (*dance*)

la marraine (*godmother*)

la citrouille (*pumpkin*)

se cacher (*to hide*)

la sorcière (*witch*)

les souris (*mice*)

transformer en (*to turn into*)

se marier (*to get married*)

les sept nains (*the seven dwarfs*)

embrasser (*to kiss*)

Lisons!

LA CANTATRICE CHAUVE PAR EUGÈNE IONESCO

Stratégie pour lire

Before you read, make some theories about what the reading will be about or what's going to happen. Remember what you've learned about how the genre of a text can give you clues about what you're going to read. You'll understand and remember much more if you read with a purpose.

Misunderstandings can occur between friends. What do you think of the misunderstanding in this scene from the play *La Cantatrice chauve?*

A. Before you read the play carefully, skim the scene to guess what the reading will be about. Who are the main characters? What are they doing when the scene begins? Do you think this will be a humorous scene or a sad one? Why?

B. Have you ever had the experience of saying something over and over and suddenly realizing that what you were saying seemed completely meaningless? The playwright Eugène Ionesco had just such an experience in the late 1940s and wrote about it in *La Cantatrice chauve.* When you read this scene from the play, keep in mind that this is an example of the theater of the absurd. Then, reread the scene to see if you think Ionesco has made his point: the endless repetition of common, polite words and phrases makes them sound absurd.

SCÈNE IV

Mme et M. Martin, s'assoient l'un en face de l'autre, sans se parler. Ils se sourient, avec timidité.

M. MARTIN (le dialogue qui suit doit être dit d'une voix traînante, monotone, un peu chantante, nullement nuancée).
— Mes excuses, Madame, mais il me semble, si je ne me trompe, que je vous ai déjà rencontrée quelque part.

Mme MARTIN. — A moi aussi, Monsieur, il me semble que je vous ai déjà rencontré quelque part.

M. MARTIN. — Ne vous aurais-je pas déjà aperçue, Madame, à Manchester, par hasard?

Mme MARTIN. — C'est très possible. Moi, je suis originaire de la ville de Manchester! Mais je ne me souviens pas très bien, Monsieur, je ne pourrais pas dire si je vous y ai aperçu, ou non!

M. MARTIN. — Mon Dieu, comme c'est curieux! moi aussi je suis originaire de la ville de Manchester, Madame!

Mme MARTIN. — Comme c'est curieux!

. . .

M. MARTIN. — Depuis que je suis arrivé à Londres, j'habite rue Bromfield, chère Madame.

Mme MARTIN. — Comme c'est curieux, comme c'est bizarre! moi aussi, depuis mon arrivée à Londres j'habite rue Bromfield, cher Monsieur.

M. MARTIN. — Comme c'est curieux, mais alors, mais alors, nous nous sommes peut-être rencontrés rue Bromfield, chère Madame.

Mme MARTIN. — Comme c'est curieux; comme c'est bizarre! c'est bien possible, après tout! Mais je ne m'en souviens pas, cher Monsieur.

M. MARTIN. — Je demeure au n° 19, chère Madame.

Mme MARTIN. — Comme c'est curieux, moi aussi j'habite au n° 19, cher Monsieur.

M. MARTIN. — Mais alors, mais alors, mais alors, mais alors, mais alors, nous nous sommes peut-être vus dans cette maison, chère Madame?

Mme MARTIN. — C'est bien possible, mais je ne m'en souviens pas, cher Monsieur.

M. MARTIN. — Mon appartement est au cinquième étage, c'est le n° 8, chère Madame.

Mme MARTIN. — Comme c'est curieux, mon Dieu, comme c'est bizarre! et quelle coïncidence! moi aussi j'habite au cinquième étage, dans l'appartement n° 8, cher Monsieur!

M. MARTIN, *songeur.* –

Comme c'est curieux, comme c'est curieux, comme c'est curieux et quelle coïncidence! vous savez, dans ma chambre à coucher j'ai un lit. Mon lit est couvert d'un édredon vert. Cette chambre, avec ce lit et son édredon vert, se trouve au fond du corridor, entre les water et la bibliothèque, chère Madame!

Mme MARTIN. – Quelle coïncidence, ah mon Dieu, quelle coïncidence! Ma chambre à coucher a, elle aussi, un lit avec un édredon vert et se trouve au fond du corridor, entre les water, cher Monsieur, et la bibliothèque!

M. MARTIN. – Comme c'est bizarre, curieux, étrange! alors, Madame, nous habitons dans la même chambre et nous dormons dans le même lit, chère Madame. C'est peut-être là que nous nous sommes rencontrés!

Mme MARTIN. – Comme c'est curieux et quelle coïncidence! C'est bien possible que nous nous y soyons rencontrés, et peut-être même la nuit dernière. Mais je ne m'en souviens pas, cher Monsieur!

M. MARTIN. – J'ai une petite fille, ma petite fille, elle habite avec moi, chère Madame. Elle a deux ans, elle est blonde, elle a un œil blanc et un œil rouge, elle est très jolie, elle s'appelle Alice, chère Madame.

Mme MARTIN. – Quelle bizarre coïncidence! moi aussi j'ai une petite fille, elle a deux ans, un œil blanc et un œil rouge, elle est très jolie et s'appelle aussi Alice, cher Monsieur!

M. MARTIN, *même voix traînante, monotone.* – Comme c'est curieux et quelle coïncidence! et bizarre! c'est peut-être la même, chère Madame!

Mme MARTIN. – Comme c'est curieux! c'est bien possible cher Monsieur.

Un assez long moment de silence...
La pendule sonne vingt-neuf fois.

M. MARTIN, *après avoir longuement réfléchi, se lève lentement et, sans se presser, se dirige vers Mme Martin qui, surprise par l'air solennel de M. Martin, s'est levée, elle aussi, tout doucement; M. Martin a la même voix rare, monotone, vaguement chantante.* – Alors, chère Madame, je crois qu'il n'y a pas de doute, nous nous sommes déjà vus et vous êtes ma propre épouse... Elisabeth, je t'ai retrouvée!

Mme MARTIN *s'approche de M. Martin sans se presser. Ils s'embrassent sans expression. La pendule sonne une fois, très fort. Le coup de la pendule doit être si fort qu'il doit faire sursauter les spectateurs. Les époux Martin ne l'entendent pas.*

Mme MARTIN. – Donald, c'est toi, darling!

C. What phrases do you find in the first few lines that indicate the Martins are strangers when the scene begins, in spite of the fact they are married?

D. In the first 20 lines, find two things that Mr. and Mrs. Martin have in common. Based on what you've just read, what do you think will happen in the scene?

E. Find examples of phrases that are repeated throughout this scene. What is the effect of the repetition of these phrases?

F. Why are the remarks **Comme c'est curieux** and **Quelle coïncidence** ridiculous as used here by the Martins? What is curious and bizarre about their conversation?

G. Reread the last lines of Mr. Martin and Mrs. Martin. What is the significant change in their attitude toward each other? How is this change signaled in their language? Give two examples.

H. Reread the stage directions. Why does Ionesco want the characters to present their lines in this way? Find the lines punctuated with an exclamation point. Practice reading them aloud with a monotone, singsong, expressionless voice. How easy is this to do?

I. What is the main point that Ionesco is trying to make? Can you find enough evidence to prove that the play is about the absurdity of daily life? Do you think that Ionesco has successfully created a scene that convinces you of this absurdity?

J. Using some of the small talk and polite phrases you noted in Activity B, write a brief, absurd dialogue with a partner. Then, perform your scene for the class.

Cahier d'activités, p. 107, Act. 22

Grammaire supplémentaire

internet
ADRESSE: go.hrw.com
MOT-CLE: WA3 PROVENCE-9

Première étape — **Objectives** Wondering what happened; offering possible explanations; accepting or rejecting explanations

1 Vanessa te parle de ses amis. De qui est-ce qu'elle parle? Ecris le(s) nom(s) dans le blanc qui correspond à la description. (**p. 259**)

> Sylvie et Julie
> Jérôme
> Bruno et Francine
> Martine

1. _____ avait l'air déprimée.
2. _____ avaient l'air contents.
3. _____ avaient l'air surprises.
4. _____ avait l'air fâché.
5. _____ avaient l'air de bonne humeur.

2 You and Frédéric both went to the same party, but you don't agree on what the people there were like. Disagree with each of Frédéric's statements, based on the model. Use the expression **ne pas avoir l'air** and an adjective in your answers. (**p. 259**)

EXEMPLE Nos amis étaient gênés. **Non, ils n'avaient pas l'air gênés.**

1. Sophie était énervée.
2. Claudine et Monique étaient furieuses.
3. Tu étais mal à l'aise.
4. Patricia et Nathan étaient déprimés.
5. J'étais de bonne humeur.
6. Jean était étonné.

3 You are a very observant person. Tell what the following people seemed like based on what happened to them. (**p. 259**)

> triste
> gêné   inquiet   amoureux
>   malheureux   heureux   content

EXEMPLE   Simone a raté une marche.   **Elle avait l'air gênée.**

1. Marius et sa copine se sont disputés.
2. Christian et Cécile ont eu de bonnes notes.
3. Laurent a rencontré une jolie fille à la boum.
4. Odile a trouvé 20 € dans la rue.
5. Cassandre et Solange se sont perdues en ville.
6. Alexandre s'est cassé la jambe, alors il ne pouvait pas s'amuser avec ses amis.

Deuxième étape   Objective Breaking some news; showing interest

4 Complete the passage below by filling in the suggested verbs in the **passé composé** or the **imparfait.** Then, reread the passage and give the name of this fairy tale. When you've decided what the story is, check back over your verbs to make sure you've chosen the right tense and made the necessary agreements of the past participles. (**p. 265**)

Il ___1___ (faire) très beau hier matin. Je/J' ___2___ (décider) d'aller chez ma grand-mère. Je/J' ___3___ (vouloir) lui offrir un cadeau. En route, je/j' ___4___ (rencontrer) un type bizarre dans la forêt. Quand je/j' ___5___ (arriver) chez ma grand-mère, je/j' ___6___ (voir) qu'elle ___7___ (être) un peu plus poilue que d'habitude. Je/J' ___8___ (crier)—Mère-grand, ce que vous avez de grandes dents!—Elle ___9___ (avoir) l'air énervée. Quand soudain, elle ___10___ (déchirer) sa robe et je/j' ___11___ (voir) que c' ___12___ (être) un grand méchant loup! C' ___13___ (être) le type de la forêt! Alors, je/j' ___14___ (partir) en courant à toutes jambes.

Le nom de cette histoire, c'est _____.

5 Robert aime raconter des histoires. Complète ses phrases avec la forme correcte du verbe. (**p. 265**)

1. Hier, je (j') _____ Elvis au supermarché.

   ai vu   voyais   vois

2. Quand j' _____ cinq ans, j' _____ plus grand que mes parents.

   avait / était   ai eu / ai été   avais / étais

3. Tout à coup, le Président _____ chez moi.

   téléphone   a téléphoné   téléphonait

4. Quand mes parents _____ jeunes, ils _____ à l'école le samedi soir.

   ont été / allaient   étaient / allaient   étaient / sont allés

5. Ton frère _____ son match mercredi.

   a gagné   gagne   gagnait

6. De temps en temps, mon grand-père _____ la vaisselle pour ma grand-mère.

   a fait   fait   faisait

6 Complète le message électronique que ton amie Anne a envoyé avec les formes correctes de **l'imparfait** et du **passé composé** des verbes entre parenthèses. Mets les participes passés des verbes conjugués avec **être** au masculin, féminin ou pluriel quand c'est nécessaire. (**p. 265**)

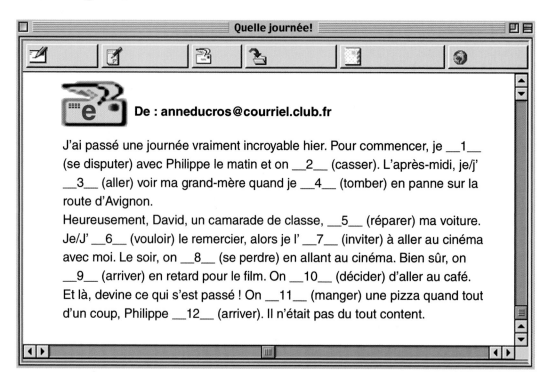

Quelle journée!

De : anneducros@courriel.club.fr

J'ai passé une journée vraiment incroyable hier. Pour commencer, je __1__ (se disputer) avec Philippe le matin et on __2__ (casser). L'après-midi, je/j' __3__ (aller) voir ma grand-mère quand je __4__ (tomber) en panne sur la route d'Avignon.
Heureusement, David, un camarade de classe, __5__ (réparer) ma voiture. Je/J' __6__ (vouloir) le remercier, alors je l' __7__ (inviter) à aller au cinéma avec moi. Le soir, on __8__ (se perdre) en allant au cinéma. Bien sûr, on __9__ (arriver) en retard pour le film. On __10__ (décider) d'aller au café. Et là, devine ce qui s'est passé ! On __11__ (manger) une pizza quand tout d'un coup, Philippe __12__ (arriver). Il n'était pas du tout content.

7 Tu écris une histoire en français sur ce que tu as fait vendredi dernier. Indique si tu dois utiliser le **passé composé** (**PC**) ou **l'imparfait** (**I**) dans les phrases suivantes, puis récris les phrases avec le temps du verbe qui convient. (**p. 265**)

EXEMPLE   Il fait froid.
           I   Il faisait froid.

1. Je vais au cinéma avec mes amis.

2. Le film est bien.

3. Gérard Depardieu est dans le film.

4. Après le film, mes amis et moi, nous allons au café.

5. Lucien prend un café et je prends une eau minérale.

6. Je rentre à dix heures et je me couche.

7. Je suis fatigué(e).

Troisième étape   Objectives Beginning, continuing, and ending a story

8 Il s'est passé quelque chose hier. Choisis une expression pour compléter chaque phrase. Utilise **l'imparfait** ou **le passé composé** dans tes réponses. (**p. 269**)

se disputer   aller   avoir un petit accident

avoir rendez-vous   tomber en panne

être en train de   rencontrer   faire du jogging

1. Magali _____ faire du vélo quand elle _____.

2. Olivia mangeait au café avec Hervé quand ils _____. Alors, ils ont cassé.

3. Hugues et Sylvain _____ chez leurs grands-parents en voiture quand ils _____.

4. Isabelle étudiait à la bibliothèque quand elle _____ Maxime.

5. Patrick _____ avec Eléonora, mais quand il est arrivé, elle était déjà partie.

6. Victor et moi, nous _____ dans la forêt quand nous nous sommes perdus.

9 Yesterday was not your day. Tell what you were doing and what happened to interrupt you. Use the **imparfait** and the **passé composé**. (**p. 269**)

EXEMPLE   laver la voiture / le téléphone sonner
           Je lavais la voiture quand le téléphone a sonné.

1. faire du jogging / avoir un accident

2. faire mes devoirs / Luc arriver

3. se laver / tomber

4. me promener / perdre ma clé

5. manger au restaurant / mes amis entrer

UN LYCEEN VOYAGE DANS LE TEMPS

Paul Daquin, le lycéen lyonnais qui avait disparu la semaine dernière, vient d'être retrouvé sain et sauf dans le parc de la Tête d'Or. Une interview avec des journalistes a révélé une histoire incroyable : Paul Daquin a peut-être voyagé dans le temps!

Tout a commencé jeudi dernier. Paul avait rendez-vous avec des amis du lycée. Mais il n'est jamais arrivé à son rendez-vous. D'après Paul, il a eu un petit accident de vélo dans le parc. Ensuite, il ne sait pas ce qui s'est passé. Il raconte que tout à coup, il s'est réveillé dans un château magnifique. Il s'est

levé, puis il s'est promené dans le château. Il était mal à l'aise parce que les gens étaient habillés comme au Moyen Age et ils le regardaient d'une façon bizarre. Il est entré dans une très grande salle à manger où il y avait une fête. A ce moment-là, Paul a rencontré une très belle jeune fille, Mylena, la fille du roi. Paul et Mylena ont dansé toute la soirée et Paul est tombé amoureux de Mylena. Après ça, Paul a oublié ce qui s'est passé. Tout ce qu'il sait, c'est que les policiers l'ont retrouvé dans le parc de la Tête d'Or. Il dormait sous un arbre.

Cette histoire incroyable intéresse beaucoup de monde. Des experts du monde entier sont venus à Lyon pour essayer de comprendre ce qui est arrivé au jeune Paul Daquin. Beaucoup pensent que toute cette histoire incroyable n'est qu'un rêve. Mais si c'est un rêve, il reste un mystère : quand la police a retrouvé Paul, il avait un foulard en soie autour du cou. Plus étrange encore, le nom «Mylena» était écrit sur le foulard...

1 Read *Un lycéen voyage dans le temps* and answer the questions below.

1. Where was Paul Daquin going last Thursday?

2. What happened to him on his way there?

3. Where was he when he woke up? How did he feel about the situation?

4. Who is Mylena?

5. What do experts think really happened to Paul?

6. According to the journalist who wrote the article, what proof is there that Paul's story is true?

2 Manon and Tristan are discussing what happened to their friend Eléonore yesterday. Listen to their conversation, and then answer the questions below.

1. What happened to Eléonore on her way to meet Laurent?

2. Was Laurent in a good mood at the café? Why or why not?

3. What happened when Eléonore finally arrived at the café?

4. Why does Manon think Laurent reacted the way he did? What explanation does she give?

5. Does Tristan agree with Manon in the end?

3 Ecrivons!

A French literary magazine is showcasing the works of American students learning French language and culture. You've been asked to write your own **histoire marseillaise** for publication in the magazine.

Stratégie pour écrire

Setting is one of the first considerations when writing any type of story. Once you've decided what the subject of your **histoire marseillaise** will be, think about where and when it will take place.

Préparation

To help you get started, ask yourself the following questions: Will the setting be just a backdrop or will it play a more important role in the story? Can the setting be used to create a particular atmosphere? What details about the setting will you need to describe?

Based on your answers to the questions, select the time and place that would be best suited to your **histoire marseillaise.**

Rédaction

Once you've chosen the setting, begin to construct your story. When writing your **histoire marseillaise,** there are several points that you'll want to keep in mind. First, make sure that the events in your story follow a logical order. Also, be sure to remain consistent with verb tenses; try not to switch between the past and the present in your story. Next, try to help your reader "see" the story. In other words, use specific and vivid details when telling your story. Finally, try to use language you know. You may not know all the French words and phrases you'll need, but chances are there's a way to use what you do know to get your story across. You might also want to add illustrations to your story.

Evaluation

A good way to catch all the mistakes when you proofread is to create a checklist of things to look for. This can make the editing less overwhelming, and it allows you to focus on one aspect of your writing at a time. Some items to include on your checklist are punctuation, capitalization, spelling, and use of the **passé composé** and the **imparfait.**

4 Jeu de rôle

With your classmates, create an informal television news broadcast about the happenings in your school. Break the top news stories for your class. You might assign "correspondents" who report from the scene. Be sure to:

- break the news to the class.
- begin, continue, and end the stories.
- offer possible explanations for anything strange that happened.

Que sais-je?

Can you use what you've learned in this chapter?

Can you wonder what happened and offer possible explanations?
p. 260

1 If you didn't know why your friend was late for your meeting after school, how would you say that you wonder what happened?

2 What possible explanations could you give for each of these situations?
1. Ton ami(e) était déprimé(e).
2. Tes parents avaient l'air fâchés aujourd'hui.
3. Ton prof était de bonne humeur.
4. Tes amis étaient étonnés.

Can you accept and reject explanations?
p. 260

3 How would you respond if your friends made these remarks?
1. «A mon avis, il va faire beau aujourd'hui.»
2. «Je crois que Paris est la plus grande ville de France.»
3. «Je parie que j'ai raté mon interro d'anglais.»
4. «Peut-être que notre prof est en retard.»
5. «J'ai vu un extra-terrestre dans le jardin.»

Can you break some news?
p. 263

4 How would you break the following news to a friend?

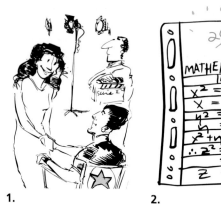

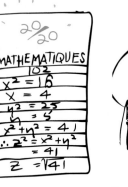

1.   2.   3.

Can you show interest?
p. 263

5 How would you respond if your friend said **Devine ce qui s'est passé hier!**?

Can you begin, continue, and end a story?
p. 267

6 What would you say to begin a story you'd like to tell?

7 What would you say to continue the story you began in number 6?

8 What would you say if your story ended well? Badly?

278 *deux cent soixante-dix-huit* CHAPITRE 9 Tu connais la nouvelle?

Première étape
Vocabulaire

Wondering what happened; offering possible explanations

Je me demande...	I wonder...
A mon avis,...	In my opinion,...
Peut-être que...	Maybe...
Je crois que...	I think that...
Je parie que...	I bet that...

Accepting or rejecting explanations

Tu as peut-être raison.	Maybe you're right.
C'est possible.	That's possible.
Ça se voit.	That's obvious.
Evidemment.	Obviously.

A mon avis, tu te trompes.	In my opinion, you're mistaken.
Ce n'est pas possible.	That's not possible.
Je ne crois pas.	I don't think so.

Feelings

amoureux (amoureuse)	in love
de bonne humeur	in a good mood
de mauvaise humeur	in a bad mood
déprimé(e)	depressed
énervé(e)	annoyed

étonné(e)	surprised
fâché(e)	angry
furieux (furieuse)	furious
gêné(e)	embarrassed
inquiet (inquiète)	worried
mal à l'aise	uncomfortable

Other useful expressions

assez	sort of
plutôt	rather
vachement	really
super	really, ultra-
avoir l'air	to seem

Deuxième étape

Breaking some news; showing interest

Tu connais la nouvelle?	Did you hear the latest?
Tu ne devineras jamais ce qui s'est passé.	You'll never guess what happened.
Tu sais qui... ?	Do you know who...?
Tu sais ce que... ?	Do you know what...?
Devine qui...	Guess who...
Devine ce que...	Guess what...

Raconte!	Tell me!
Aucune idée.	No idea.
Dis vite!	Let's hear it!

Personal happenings

avoir un accident	to have an accident
avoir (prendre) rendez-vous (avec quelqu'un)	to have a date/make an appointment (with someone)
être privé(e) de sortie	to be "grounded"
faire la tête	to sulk

casser (avec quelqu'un)	to break up (with someone)
rencontrer	to meet
se disputer (avec quelqu'un)	to have an argument (with someone)
se perdre	to get lost
tomber amoureux (amoureuse) (de quelqu'un)	to fall in love (with someone)
tomber en panne	to break down (vehicle)

Troisième étape

Beginning, continuing, and ending a story

A propos,...	By the way,...
Donc,...	Therefore,...
Alors,...	So,...
A ce moment-là,...	At that point,...

Bref,...	Anyway,...
C'est-à-dire que...	That is,...
... quoi.	...you know.
... tu vois.	...you see.
Heureusement,...	Fortunately,...
Malheureusement,...	Unfortunately,...

Enfin/ Finalement,...	Finally,...
être en train de	to be in the process of (doing something)

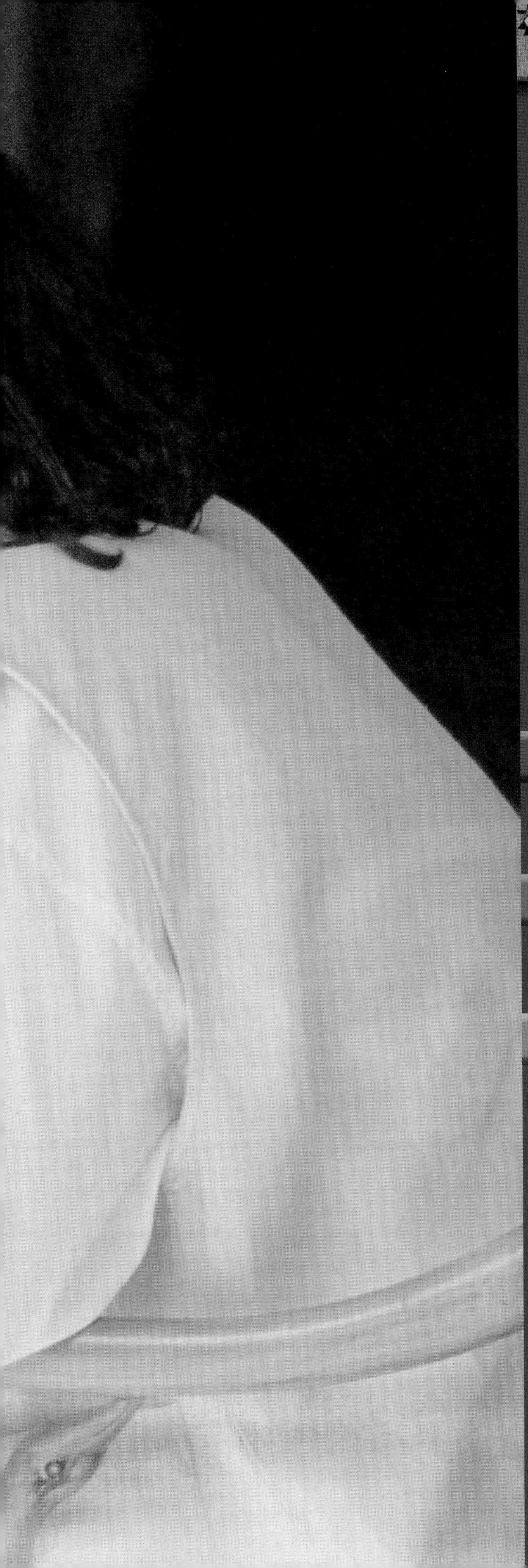

10
Je peux te parler?

Objectives

In this chapter you will learn to

Première étape

- share a confidence
- ask for and give advice

Deuxième étape

- ask for and grant a favor
- make excuses

Troisième étape

- apologize and accept an apology
- reproach someone

internet

go.hrw.com

ADRESSE: go.hrw.com
MOT-CLE:
WA3 PROVENCE-10

◀ A ton avis, qu'est-ce que je dois faire?

MISE EN TRAIN ▪ *Qu'est-ce que je dois faire?*

Stratégie pour comprendre
What are Arlette and Pascale talking about? Watch for cognates and familiar words to help you get an idea of what is going on in this episode. What sort of problems do Pascale and Arlette talk about? What is Arlette's problem at the end?

Arlette Pascale Antoine

①

Pascale Ecoute, j'aimerais inviter des amis pour mon anniversaire. Qu'en penses-tu?

Arlette C'est une excellente idée! J'adore les fêtes.

Pascale Je n'ai jamais organisé de fête. Tu as des conseils?

②

Arlette D'abord, n'oublie pas d'envoyer des invitations. Ensuite, je te conseille d'acheter des assiettes en carton. C'est pratique. Tu n'as pas à faire la vaisselle. Et tu devrais demander à chacun d'apporter quelque chose.

Pascale C'est pas bête, ça…

③

Pascale Euh, je peux te parler?

Arlette Oui. Je t'écoute.

Pascale Est-ce que tu crois que je devrais inviter Cédric?

Arlette Bien sûr. Pourquoi pas?

Pascale Tu sais, on a eu une dispute. C'était tellement bête, un malentendu. Qu'est-ce que je dois faire?

Arlette C'est ridicule. Téléphone-lui et invite-le.

Pascale Tes conseils sont toujours bons!

④

5
Arlette Alors, qu'est-ce que tu vas mettre pour ta soirée?

Pascale Je n'ai pas encore réfléchi. Voyons, je ne sais pas quoi mettre.

6
Pascale Eh! Tu pourrais me prêter ta robe rose? Elle est superbe.

Arlette Je voudrais bien, mais je l'ai déchirée. Je suis désolée.

Pascale Ça ne fait rien.

7
Arlette Si tu veux, je peux te prêter ma jupe bleue plissée.

Pascale C'est mignon! Mais, qu'est-ce que je peux mettre avec?

Arlette Tu pourrais mettre un chemisier blanc.

Pascale Tu as toujours de bonnes idées!

8
Le lendemain, Arlette rencontre son copain Antoine en ville.

Arlette Je cherche un cadeau d'anniversaire pour Pascale. Je ne sais pas quoi lui offrir. Tu as une idée?

Antoine Offre-lui un CD. Elle adore la musique.

Arlette Non, je lui ai déjà offert un CD de Mylène Farmer l'année dernière.

9
Antoine Tu devrais lui offrir un poster de Cézanne. Elle l'aime beaucoup.

Arlette Ça, c'est une idée! Je te remercie. Qu'est-ce que je ferais sans toi?

Antoine Ecoute, j'ai deux places pour aller au concert des Vagabonds. Tu veux venir avec moi?

Pascale Je veux bien. C'est quand?

10
Antoine Samedi soir.

Arlette Samedi! Aïe!

Antoine Qu'est-ce qu'il y a?

Arlette Je voudrais bien, mais je suis invitée à la fête de Pascale. Je lui ai promis de l'aider à organiser sa fête. Je ne sais pas quoi faire!

Cahier d'activités, p. 109, Act. 1

1 Tu as compris?

1. Why is Pascale having a party?
2. What advice does Arlette offer her?
3. What favor does Pascale ask? Does Arlette agree to help?
4. What does Arlette ask Antoine for advice about? What does he suggest?
5. What decision does Arlette have to make at the end of *Qu'est-ce que je dois faire?*

2 Complète les phrases

1. Pascale n'a jamais...
   a. organisé de fête.
   b. demandé de conseils.
   c. écouté de musique.
2. Pascale et Cédric...
   a. se sont réconciliés.
   b. se sont disputés.
   c. se sont rencontrés.

3. Pascale va mettre...
   a. une robe rose.
   b. une jupe bleue.
   c. un anorak vert.
4. Comme cadeau, Antoine suggère...
   a. du parfum.
   b. des fleurs.
   c. un poster.

5. Antoine invite Arlette à...
   a. une fête.
   b. un concert.
   c. faire les magasins.

3 Qui dit quoi?

Pascale   Arlette   Antoine

Téléphone-lui et invite-le.

Je ne sais pas quoi lui offrir. Tu as une idée?

J'ai deux places pour aller au concert des Vagabonds.

Tu devrais lui offrir un poster de Cézanne.

Qu'est-ce que je ferais sans toi!

Je devrais inviter Cédric?

4 Cherche les expressions

What do the people in *Qu'est-ce que je dois faire?* say to . . .

1. ask for advice?
2. share a confidence?
3. give advice?
4. ask for a favor?
5. invite someone?
6. make excuses?

5 Et maintenant, à toi

Imagine que tu es Arlette. Qu'est-ce que tu décides de faire? Pourquoi?

Note culturelle

Paul Cézanne, un des peintres post-impressionnistes les plus influents, est né à Aix-en-Provence en 1839. Il a rendu célèbre la **Montagne Sainte-Victoire** qui se trouve à quelques kilomètres d'Aix en la peignant une douzaine de fois. A Aix, vous pouvez marcher sur les pas de Cézanne en suivant le parcours de deux heures indiqué par des plaques de bronze sur le trottoir ; vous pouvez ainsi découvrir la maison où Cézanne est né, la cathédrale où il allait à la messe et son studio, qui est resté le même depuis sa mort en 1906.

QU'EN PENSES-TU?

Amitiés, amours, parents, études... Chaque semaine, posez votre question aux lecteurs.

VOICI LA QUESTION DE FERDINAND

(Aix-en-Provence)

J'ai un petit problème. Dans ma classe, il y a une fille que j'aime bien. Elle s'appelle Myriam. Elle est toujours avec ses copines et je ne sais pas comment l'aborder. Je suis bien embêté. J'ai l'impression qu'elle m'aime bien, mais je n'ose pas lui parler. Je suis très timide. Qu'est-ce que vous me conseillez? Aidez-moi!

ET VOICI LES RÉPONSES DE...

MATHILDE

(Pointe-à-Pitre, Guadeloupe)

A mon avis, tu devrais lui proposer d'aller au café après l'école. Parle-lui. Demande-lui si elle aime aller au cinéma. Ensuite, invite-la à voir un film. Si elle accepte, c'est parfait. Si elle refuse, tu devrais l'oublier.

FABIEN

(Biarritz, Pyrénées-Atlantiques)

Si tu n'oses pas lui parler, écris-lui un petit mot. Sois sincère. Peut-être qu'elle est timide, elle aussi. C'est une bonne façon de faire connaissance avec elle.

IRÈNE

(Dijon, Côte-d'Or)

Ce que tu devrais faire, c'est organiser une fête. Comme ça, tu as un prétexte pour l'inviter. Ensuite, ça va être plus facile de faire connaissance. Si tu ne sais pas quoi dire, tu peux l'inviter à danser!

LÉONARD

(Toulouse, Haute-Garonne)

A mon avis, tu devrais faire l'indifférent. Ne lui montre pas que tu es amoureux et fais semblant de t'intéresser à une de ses copines. Tu vas voir, elle va tout de suite te remarquer!

6 Les conseils

Lisons

1. Quel est le problème de Ferdinand?
2. Quels conseils est-ce que chaque personne lui a donnés?
   - **a.** Mathilde
   - **b.** Fabien
   - **c.** Irène
   - **d.** Léonard

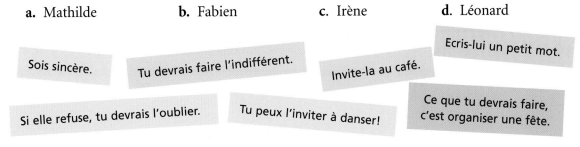

Sois sincère.

Tu devrais faire l'indifférent.

Ecris-lui un petit mot.

Invite-la au café.

Si elle refuse, tu devrais l'oublier.

Tu peux l'inviter à danser!

Ce que tu devrais faire, c'est organiser une fête.

3. A ton avis, quels sont les meilleurs conseils?

Comment dit-on...?

Sharing a confidence

To share a confidence:

Je ne sais pas quoi faire.
I don't know what to do.
J'ai un problème.
Tu as une minute?
Je peux te parler?

To respond:

Qu'est-ce qu'il y a? *What's wrong?*
Qu'est-ce que je peux faire?
What can I do?
Je t'écoute.

Cahier d'activités, p. 110, Act. 3

---

7 **Je peux te parler?**

Ecoutons Mohammed's friends all come to him with their problems. Choose the picture that illustrates each friend's problem. Then, imagine the dialogue about the remaining picture.

a.   b.   c.   d.

Comment dit-on...?

Asking for and giving advice

To ask for advice:

A ton avis, qu'est-ce que je dois faire?
In your opinion, what should I do?

Qu'est-ce que tu ferais, toi?
What would you do?

Qu'est-ce que tu me conseilles?

To give advice:

Invite-le/-la/-les.
Invite him/her/them.
Parle-lui/-leur.
Talk to him/her/them.
Dis-lui/-leur que tu es fâché.
Tell him/her/them that . . .
Ecris-lui/-leur.
Write to him/her/them.
Explique-lui/-leur.
Explain to him/her/them.
Excuse-toi. *Apologize.*
Téléphone-lui/-leur.
Oublie-le/-la/-les.
Tu devrais lui écrire un petit mot.

Cahier d'activités, pp. 110–111, Act. 4–5

---

8 Les deux font la paire

Lisons Choisis les meilleures réponses à chaque phrase ou question.

1. J'ai cassé avec ma petite amie!
   A ton avis, qu'est-ce que je dois faire?

2. J'ai rencontré un garçon très
   sympa et je veux le revoir.

3. J'ai de mauvaises notes en maths
   et je ne comprends pas le prof.
   Qu'est-ce que tu ferais, toi?

4. J'ai été collé et mes parents m'ont privé
   de sortie. Mais ce n'était pas de ma faute!

5. J'ai un problème et je ne sais pas quoi faire.

6. Je suis tombé amoureux d'une
   fille qui habite à la Martinique.

7. Tu as une minute? Je peux te parler?

a. Explique-leur.

b. Dis-lui bonjour.

c. Bien sûr. Je t'écoute.

d. Invite-le au cinéma.

e. Oublie-la!

f. Invite-les chez toi.

g. Qu'est-ce qu'il y a?

h. Excuse-toi!

i. Parle-lui.

j. Ecris-lui une lettre.

k. Téléphone-leur.

l. Tu devrais leur dire que tu es fâché.

9 Jeu de conseils

Ecrivons/Parlons Think of a problem and write it down in French on a sheet of paper. Then, read it aloud to your group. The other group members have one minute to come up with as many solutions in French as possible. Who has the most answers? The craziest? The worst advice?

Vocabulaire

JE ME SUIS DISPUTÉ AVEC MA COPINE ... CE N'ÉTAIT QU'UN PETIT MALENTENDU.

BEN..TU DEVRAIS..

lui expliquer ce qui s'est passé.

lui demander pardon.

lui offrir un cadeau.

JE T'AIME.

lui dire que tu l'aimes.

te réconcilier avec elle.

téléphoner (à quelqu'un) *to call (someone)*
s'excuser *to apologize*

pardonner (à quelqu'un) *to forgive (someone)*
écouter ce qu'il/elle dit *to listen to what he/she says*

Travaux pratiques de grammaire, pp. 78–80, Act. 1–4

10 **Je ne sais pas quoi faire!**

Ecoutons Lucie s'est disputée avec son copain Luc et elle demande des conseils à ses amis. Qu'est-ce que chaque personne lui conseille de faire? Qu'est-ce que toi, tu lui conseillerais de faire?

11 **Un sondage**

Lisons/Parlons Lis ce sondage et choisis les conseils que tu donnerais à chaque personne. Puis, fais le sondage auprès de cinq camarades. Est-ce que vous êtes tous d'accord? Finalement, pense à deux autres conseils pour chaque problème.

DONNE TES CONSEILS!

1 Mon copain Thomas ne me parle plus. Qu'est-ce que tu me conseilles?
a. Oublie-le.
b. Ecris-lui un petit mot.
c. Téléphone-lui et demande-lui de t'expliquer pourquoi.

2 Je voudrais faire une fête pour mon anniversaire, mais je ne sais pas par où commencer. Tu as une idée?
a. Tu devrais envoyer des invitations, puis faire les courses. Et n'oublie pas de faire le ménage et de choisir la musique!
b. Tu devrais plutôt sortir seul(e). Tu seras plus tranquille.
c. C'est facile. Tu devrais téléphoner à tous tes amis. Ils pourraient t'aider.

3 Je vais faire une fête mais je ne sais pas si je dois inviter Pascale. On s'est disputés, mais c'était un malentendu. A ton avis, qu'est-ce que je dois faire?
a. Téléphone-lui et excuse-toi.
b. Téléphone-lui et invite-la à ta fête.
c. Oublie-la et amuse-toi bien!

4 Mes parents sont fâchés contre moi parce que j'ai cassé la chaîne stéréo. Qu'est-ce que je peux faire?
a. Achète-leur une autre chaîne.
b. Parle-leur et explique-leur ce qui s'est passé.
c. Fais la tête dans ta chambre. Ce n'est pas de ta faute!

Grammaire

Object pronouns and their placement

You've already learned that the direct object pronouns **le, la, l'**, and **les** *(him, her, it,* or *them)* are used to replace people and things. You've also learned that the indirect object pronouns **lui** and **leur** *(to, for him/her/them)* are used to replace <u>à + a person or people.</u> Here are some new pronouns: **me** *(me, to/for me)*; **te** *(you, to/for you)*; **nous** *(us, to/for us)*; **vous** *(you, to/for you)*.

- You usually place these object pronouns before the conjugated verb.

  Tu **me** parles?   Il **le** mettait tous les jours.

  Je **lui** ai parlé.   Ne **nous** parle plus!

- In affirmative commands, put all pronouns after the verb, connected with a hyphen. In this position, **me** and **te** change to **moi** and **toi**.

  Invite-**le**!   Parle-**moi**!   Excuse-**toi**!

- If a pronoun is the object of an infinitive, put the pronoun before the infinitive.

  Tu devrais **lui** parler.

Grammaire supplémentaire, pp. 300–301, Act. 1–6

Cahier d'activités, p. 112, Act. 8

Travaux pratiques de grammaire, pp. 80–81, Act. 5–7

12 **Grammaire en contexte**

Ecrivons Complète l'histoire de Van avec les pronoms qui conviennent.

Hier après-midi, j'ai vu ma copine Lien avec un autre garçon! Et moi qui voulais ___1___ inviter au cinéma!

Parle-lui!

J'étais vraiment fâché! J'ai téléphoné à Emmanuel qui ___2___ a conseillé de ___3___ parler.

Mais pourquoi?

Alors, je suis allé chez Lien. Je ___4___ ai dit que c'était fini entre nous. Elle n'a pas compris. J'ai commencé à ___5___ expliquer.

Enfin, devine qui est entré dans le salon! Le nouveau copain de Lien! Je ne pouvais pas ___6___ croire!

Je te présente mon cousin Tuan.

Oh! Je pensais que...

Quel imbécile! C'était le cousin de Lien! Je ___7___ ai expliqué que je ___8___ avais vus au café ensemble.

Excuse-moi, Lien.

Alors, Lien a compris pourquoi j'étais fâché. Je ___9___ ai demandé pardon. Elle ___10___ a pardonné et elle a même dit qu'elle ___11___ aimait malgré tout!

13 **Grammaire en contexte**

Lisons/Ecrivons Ferdinand, (qui a parlé de son problème dans **Qu'en penses-tu?** à la page 285), a enfin invité Myriam à sortir avec lui. Malheureusement, tout a été de travers pendant leur sortie! Pour chaque problème, suggère deux choses que Ferdinand peut faire. Utilise les pronoms d'objet que tu as appris.

1. J'ai invité Myriam au restaurant, mais elle n'aime pas sortir au restaurant.

2. J'ai raté le bus et je suis arrivé à notre rendez-vous en retard. Myriam était déjà partie.

3. Le lendemain, j'ai téléphoné à Myriam pour m'excuser, mais son père m'a dit qu'elle était partie en vacances chez ses grands-parents en Belgique.

4. Finalement, je lui ai parlé, mais elle était très fâchée et elle ne veut plus me voir.

14 **J'ai un problème...**

Parlons Invente un problème que tu pourrais avoir à l'école, à la maison ou avec tes amis. Raconte ce qui se passe à un(e) camarade. Il/Elle va te consoler et te donner des conseils. Ensuite, changez de rôle.

Hélène,
Tu es libre demain après-midi? J'ai un grand service à te demander. Ma mobylette est en panne. J'ai passé le week-end à essayer de la réparer, mais tu sais la mécanique, c'est pas mon truc. Tu peux me donner un coup de main? Ça serait sympa de ta part.

Patrick

Cher Patrick,
Je n'ai rien à faire mercredi après-midi. À vrai dire, j'allais te demander si tu voulais aller au cinéma avec moi! Oui, je sais que toi et la mécanique, ça fait deux. Bien sûr que je peux t'aider à réparer ta mobylette. Ça ne m'ennuie pas du tout. Tu sais que j'adore mettre le nez dans les moteurs! Et ensuite, si on a le temps, on pourrait aller au cinéma. Qu'est-ce que tu en dis?

Hélène

Très, très chère Monique,
J'ai rendez-vous avec Patrick au parc des Thermes demain après-midi. On va faire le tour des ruines. Enfin! Notre premier rendez-vous! J'étais tellement contente que j'ai complètement oublié que j'avais promis à Mme Dumont de garder ses enfants. Tu pourrais le faire à ma place? Les enfants sont mignons et c'est bien payé. Ça ne t'embête pas, dis? Dis-moi que c'est possible! Je t'aiderai à faire tous tes devoirs de maths jusqu'à la fin de l'année. Promis. Réponds-moi vite. Merci mille fois!

Danielle

15 ## Tu as compris?

Lisons/Parlons

1. What does Patrick need help with? Does Hélène agree to help him? Why or why not?

2. What favor is Danielle asking? Why?

3. What problem do you anticipate?

Note culturelle

Le parc des Thermes, où les romains avaient à l'origine construits les bains, est un des sites touristiques d'Aix-en-Provence. Vous pouvez encore y admirer les ruines de villas romaines. Les sources thermales qui avaient attiré les romains vers cette ville au premier siècle av. J.-C. alimentent encore des douzaines de fontaines publiques.

Comment dit-on...?

Asking for and granting a favor; making excuses

To ask for a favor:

Tu peux m'aider? *Can you help me?*
Tu pourrais inviter Michel?
Ça t'ennuie de téléphoner à Léonard?
  Would you mind . . . ?
Ça t'embête de ranger le salon?
  Would you mind . . . ?

To grant a favor:

Avec plaisir. *With pleasure.*
Bien sûr.
Pas de problème. *No problem.*
Bien sûr que non. *Of course not.*
Pas du tout.

To make excuses:

Désolé(e).
J'ai quelque chose à faire. *I have something (else) to do.*
Je n'ai pas le temps. *I don't have time.*
Je suis très occupé(e). *I'm very busy.*
C'est impossible. *It's impossible.*

Cahier d'activités, p. 114, Act. 11

16 La boum

Ecoutons Caroline is asking her family to help her get ready for her party tonight. Do they say they'll help or do they make excuses?

17 Tu peux m'aider?

Ecrivons Comment est-ce que tu peux répondre au petit mot de Danielle à la page 290? Ecris-lui pour accepter ou refuser ce qu'elle te demande. Si tu refuses, donne une excuse.

Vocabulaire

Les préparatifs

Travaux pratiques de grammaire, pp. 82–83, Act. 8–10

Cahier d'activités, p. 114, Act. 12

CD-ROM 3
DVD 2

Je voudrais faire une boum, mais je ne sais pas quoi faire.

C'est facile! Pour faire les préparatifs, tu dois...

fixer la date.

demander la permission à tes parents.

envoyer les invitations.

choisir la musique.

préparer les amuse-gueule.

faire le ménage.

18 **La fête de Pascale**

Ecoutons Pascale et Jean-Claude font des préparatifs pour la fête de Pascale. Qu'est-ce que Pascale va faire? Et Jean-Claude?

Tu te rappelles?

Remember that the nasal sound [ã] that you hear in **parents**, **envoyer**, and **embête** is a pure nasal sound, with no trace of the *n* or *m* sound as in English. You usually pronounce [ã] whenever you see the letters **an, am, en,** and **em** in French.

19 **Tu devrais...**

Parlons/Ecrivons Patrick demande des conseils à Monique pour savoir comment organiser une boum. Qu'est-ce qu'elle lui conseille de faire?

20 **Quand tu fais une boum...**

Parlons/Ecrivons Réponds aux questions suivantes, puis pose ces questions à un(e) ami(e). Est-ce que vous faites les mêmes préparatifs? Fais la liste des réponses que vous avez en commun.

1. Quand tu veux faire une boum, est-ce que tu demandes la permission à tes parents?
2. Est-ce que tu envoies des invitations, ou est-ce que tu téléphones à tes copains?
3. Qui est-ce que tu invites?
4. Est-ce que tu fais le ménage avant ta boum?
5. Qu'est-ce que tu prépares comme amuse-gueule?
6. Qu'est-ce que tu choisis comme musique?
7. Qu'est-ce qu'on fait à tes fêtes préférées? On discute? On écoute de la musique? On regarde des vidéos?
8. A ta boum idéale, qui sont les invités? Quel groupe joue? Qu'est-ce qu'on mange?

21 **Jeu!**

Parlons Tu prépares une soirée du Club de français chez toi et tu as besoin d'aide. Fais la liste de quatre choses du Vocabulaire à la page 291 que tu n'as pas envie de faire. Demande à des camarades de faire ces choses pour toi. Si un(e) camarade a la même chose sur sa liste, il/elle doit refuser de t'aider. Si cette chose n'est pas sur sa liste, il/elle doit accepter. Note le nom de chaque personne qui va t'aider sur ta liste. La première personne qui trouve quatre camarades pour l'aider gagne le jeu.

Note de grammaire

When you use the direct object pronouns **le, la, l', les, me, te, nous,** or **vous** in the **passé composé,** the past participle agrees with the direct object pronoun. Add **-e** if the pronoun is feminine, **-s** if the pronoun is masculine and plural, and **-es** if the pronoun is feminine and plural.

La poubelle? Je **l'**ai sorti**e.**
Les chiens? Je **les** ai promené**s.**
Il **nous** a oublié**(e)s.**
Mais, Cécile, il **t'**a invité**e!**

Travaux pratiques de grammaire, pp. 84–85, Act. 11–14

Grammaire supplémentaire, pp. 302–303, Act. 7–10

Cahier d'activités, p. 115, Act. 14–15

22 Grammaire en contexte

Ecrivons Ton ami Joël va faire une fête pour l'anniversaire de sa copine. La sœur de Joël lui demande si tout est prêt pour la fête. Crée la conversation entre Joël et sa sœur. Utilise les expressions proposées.

EXEMPLE —Est-ce que tu as fait les préparatifs?
—Oui, je les ai tous faits!

demander	Sophie et Julie
fixer	les invitations
inviter	la musique
préparer	la permission à Maman
faire	le ménage
envoyer	la date
choisir	les amuse-gueule

Note culturelle

If you were to go to Provence, you would have the opportunity to try **provençale** cuisine. For an **amuse-gueule,** you might be served olives or **tapenade,** an aromatic paste of olives, garlic, and anchovies. At a dinner party, a typical **hors-d'œuvre** would be **pissaladière,** a type of pizza made with onions, anchovies, and olives. With fish, you would be likely to try **aïoli,** made of egg yolk, olive oil, and garlic. **Ratatouille** is a casserole of eggplant, tomatoes, zucchini, green peppers, and onions in a spicy tomato sauce. As you can tell, **provençale** cuisine uses a lot of garlic, olives, onions, tomatoes, and eggplant, all of which grow well in the soil of Provence.

23 **Une soirée provençale**

Parlons Des élèves d'Aix vont venir à ton école. La Club de français organise une fête pour les accueillir. En groupe, créez une scène où tout le monde fait les préparatifs pour la fête. Discutez des personnes que vous allez inviter et de la date de la fête. Parlez aussi de la musique que vous allez choisir et des amuse-gueule que vous allez préparer. (N'oubliez pas! Vos amis français aiment sûrement la cuisine provençale.) Ensuite, décidez qui va faire chaque chose. Certaines personnes du groupe vont accepter d'aider et d'autres vont refuser et donner des excuses. Jouez cette scène pour la classe.

CEDRIC	Aurélie? Excuse-moi pour hier.
AURELIE	Pourquoi?
CEDRIC	Je suis vraiment désolé. Je voulais aller à ta boum, mais...
AURELIE	Mais c'est pas grave.
CEDRIC	Je sais que j'aurais dû te téléphoner. Tu ne m'en veux pas?
AURELIE	Mais non. T'en fais pas. Isabelle m'a dit que tu ne venais pas.
CEDRIC	Isabelle? Ouf, ça me rassure!
AURELIE	Bon, alors, ça sera pour la prochaine fois.

24 ## La boum manquée

Lisons

1. Why did Cédric call Aurélie?
2. Why is he worried?
3. Why isn't she mad?

Comment dit-on...?

Apologizing and accepting an apology; reproaching someone

CD-ROM **3**
DVD **2**

To apologize:

C'est de ma faute. *It's my fault.*
Excuse-moi. *Forgive me.*
Désolé(e).
Tu ne m'en veux pas? *No hard feelings?*
J'aurais dû vous téléphoner. *I should have . . .*
J'aurais pu attendre dix minutes de plus. *I could have . . .*

To accept an apology:

Ça ne fait rien. *It doesn't matter.*
C'est pas grave.
Il n'y a pas de mal. *No harm done.*
T'en fais pas.
Je ne t'en veux pas. *No hard feelings.*

To reproach someone:

Tu aurais pu m'écouter.
You could have . . .
Tu aurais dû leur téléphoner.
You should have . . .

Cahier d'activités, pp. 116–117, Act. 16–18

25 **Excuse-moi.**

Ecoutons Listen to the following conversations you overhear in the hall. Why is each person apologizing? Does the other person accept the apology or reproach him or her?

A la française

You can say **Pardon** or **Excuse(z)-moi** to apologize politely in most situations. If you feel really sorry for something you did, however, say **Désolé(e)** or **Je regrette.**

Note de grammaire

Remember that when a conjugated verb is followed by an infinitive, all object pronouns come before the infinitive.

—J'ai invité les voisins.
—Tu n'aurais pas dû **les** inviter.

—Je n'ai pas parlé à Lucien.
—Tu aurais dû **lui** parler.

Travaux pratiques de grammaire, p. 86, Act. 15–16 → Grammaire supplémentaire, p. 303, Act. 11–12

Cahier d'activités, p. 117, Act. 19

26 **Grammaire en contexte**

Parlons/Ecrivons

1.

2.

3.

27 **Grammaire en contexte**

Parlons Dis à ton/ta camarade ce qu'il aurait dû faire au lieu de faire la sieste cet après-midi. Fais-lui des reproches en utilisant ces images.

EXEMPLE —**Tu aurais dû faire le ménage.**
        —**Mais je l'ai fait!**

1.

2.

3.

4.

5.

28 Une catastrophe

Ecrivons Ton ami Denis n'est pas content parce que tout a été de travers hier soir. Lis son petit mot et écris ta réponse. Fais-lui des reproches. Dis-lui ce qu'il aurait dû et ce qu'il aurait pu faire.

EXEMPLE **Tu aurais pu faire tes devoirs. Et tu n'aurais pas dû sortir...**

29 Jeu de rôle

Parlons Avec un(e) camarade, choisissez une des scènes suivantes et jouez-la. Tu vas t'excuser et ton/ta camarade va te pardonner ou te faire un reproche. Puis, choisissez une autre scène et inversez les rôles.

1. Tu as perdu le livre de maths de ton ami(e).
2. Tu rentres chez toi à minuit et ton père (ta mère) n'est pas content(e)!
3. Tu as oublié de rendre le CD que ton ami(e) t'a prêté.
4. Tu n'es pas allé(e) à la boum de ton ami(e) parce que tu étais privé(e) de sortie.

Hier soir, j'avais des devoirs à faire, mais je suis quand même sorti avec des copains. Je suis parti sans avertir mes parents - j'ai oublié de leur dire à quelle heure j'allais rentrer. En route, j'ai vu Caroline, une amie de ma copine Elodie. Je lui ai parlé pendant quelques minutes. Donc, j'étais en retard pour le film et je n'ai pas pu trouver mes amis au ciné. J'ai décidé d'attendre la séance suivante. Le film était super, mais je suis rentré chez moi très tard. Mes parents étaient furieux et ils m'ont privé de sortie pendant deux semaines. Ensuite, le téléphone a sonné. C'était Elodie, ma copine, qui n'était pas contente parce qu'elle m'avait vu en tête-à-tête avec Caroline! Je lui ai dit que je ne savais pas de quoi elle parlait et de me rappeler plus tard. Tout le monde est fâché contre moi mais, en fait, je n'ai rien fait de mal !

30 Mon journal

Ecrivons In your journal, describe what happened the last time you had a misunderstanding or a disagreement with someone. Write about everything that happened and tell how you resolved it.

Tu te rappelles?

You already know how to make excuses, and sometimes you have to use them in the past tense.

J'avais quelque chose à faire.

Je n'ai pas eu le temps.

J'étais très occupé(e).

Je voulais le faire, mais j'ai dû...

31

De l'école au travail

Ecrivons You are working for a magazine publishing company this summer. You and some other interns have been assigned to work on the advice column for a youth-oriented magazine. Compose some letters from the readers and the responses of the columnist.

Qu'est-ce que tu fais quand tu as un problème? Tu parles à qui?

What do you do when you have a problem? To whom do you talk? We asked some French-speaking teenagers what they do when they have a problem. Here's what they told us.

Antoine, France

«Quand j'ai des problèmes, en général je les garde pour moi. Mais, sinon, quand ça va pas du tout, j'en parle à une amie qui m'aide. C'est tout.»

Anselme,
Côte d'Ivoire

«Au village, quand tu as un problème, quand tu as un malheur, c'est le malheur de tout le village et personne ne peut passer au village sans te dire bonjour.»

Céline, Viêt-nam

«J'en parle souvent à ma mère. Même si c'est pas très commun, enfin. Tout le monde en parle... Le plus souvent, les filles en parlent à leurs amies et ne se confient pas tellement à leurs parents. Mais moi, c'est le contraire.»

Qu'en penses-tu?

1. How do these students deal with their problems? Do you have a similar way of dealing with problems?

2. When you ask someone for help with a problem, what kind of help do you usually want? New ideas? Sympathy? Moral support? Advice? An honest opinion?

3. When your friends have problems, what do you do? How do you help them find a solution?

L'amitié

C'est quoi au juste, un meilleur ami? Un grand écrivain français, Michel de Montaigne, qui pourtant avait la plume facile, quand on lui demandait de dire pourquoi il était ami avec son ami La Boétie, répondait tout simplement "parce que c'était lui, parce que c'était moi... " comme s'il n'avait rien d'autre à dire. Il n'y a rien d'autre à dire, en effet. Parce que chez l'ami, le plus important, c'est son existence même, c'est le fait qu'il existe et qu'il soit qui il est. On n'aime pas un ami parce qu'il fait vos devoirs de maths ou qu'il vous paie le ciné, parce qu'il a une super Nintendo® ou un chalet à la montagne, parce qu'il a une sœur canon ou un frère si mignon...

On l'aime pour rien, pour lui, pour elle

Alors il y a autant de définitions de meilleur ami que de meilleurs amis sur cette terre. Mais ce qu'on peut dire c'est qu'avec l'amitié on va découvrir des choses très importantes. On découvre d'abord qu'on est libres. Libres de choisir ses amis. Cela ne va d'ailleurs pas sans mal. En effet, quand on est petit, en général on est "ami" avec celui ou celle qui est assis à côté de nous en classe ou celui ou celle qu'on voit souvent parce que ses parents sont amis avec les nôtres.

> " Moi, ma meilleure copine est tout le contraire de moi : je suis petite, elle est grande, elle aime Céline Dion, pas moi... Ça ne nous empêche pas d'être des super copines. "
> **Geneviève,**

L'amitié

Stratégie pour lire

Once you get the gist or main idea of a text by using strategies you've already learned, look for the supporting details. Specific facts and phrases from the text will help you flesh out the main idea and give you a more complete picture of what you're reading about.

A. Skim the title and quotes to get the gist of the article. What type of information do you think you will find?

B. What word do you recognize in the word **amitié?** What do you think **amitié** means?

C. Read the article and decide whether the following statements are true or false, according to the information presented in the article.

1. Friends must share the same interests.
2. We are free to choose our friends.
3. Friends are important because of what they can do for you.
4. Friendship should be easy.

L'amitié, ça nous engage, ça nous bouscule

Mais à l'adolescence, on choisit réellement ses amis. On remarque ce garçon ou cette fille qui vient d'arriver dans la classe ou au club de foot ou à la danse. On a envie de le connaître mieux, on est attiré. Choisir un(e) ami(e), c'est souvent un des premiers actes que l'on réalise sans demander leur avis aux parents...

> 66 L'amitié, c'est essentiel pour être heureux dans une vie. Ce qu'il y a de bien dans l'amitié, c'est qu'on peut se confier à son ami(e) en toute sécurité. Une bonne amitié doit durer toute la vie. 99
> **Julie**

On va ensuite découvrir de mieux en mieux qui on est. On ressent des sentiments tellement différents pour les personnes qui nous entourent. Certaines nous énervent sans qu'on puisse dire pourquoi, d'autres nous attirent au contraire. Réaliser petit à petit qu'on préfère les jeunes qui aiment le sport ou les voyages ou les jeux vidéos ou l'astronomie, cela nous fait comprendre ce que, nous aussi, on aime ou, au contraire, ce qu'on déteste. Cela ne veut pas dire non plus qu'on s'assemble uniquement avec ce qui nous ressemble. C'est vrai qu'un ami c'est quelqu'un avec qui on partage tout, alors si on n'a pas grand-chose à partager, ça va être difficile. Mais souvent, avec l'amitié, on découvre "l'autre" justement. L'autre qui a beaucoup de choses en commun avec nous, mais qui a quand même des goûts parfois très différents. Quelle idée de se passionner pour les trains, comment peut-on passer trois heures par semaine à répéter des mouvements de gym, ou des heures chaque jour devant un écran!? Chacun ses goûts.

> 66 Avec ma meilleure amie, on parle de tout. Quand une de nous deux a un coup de blues ou quelque chose qui ne va pas, l'autre est toujours là pour l'écouter, l'aider. Ça pour moi, c'est vraiment de l'amitié. 99
> **Catherine**

> 66 Je pense qu'on a besoin d'amis pour nous soutenir dans les moments difficiles et pour bien rigoler avec nous. On se confie à eux, on leur fait confiance et même chose pour eux envers nous. 99
> **Séverine**

On découvre encore que nos sentiments sont complexes et changeants. Parfois très beaux et très forts, comme la fidélité, la confiance, l'estime, parfois violents, contradictoires, comme la jalousie, l'envie... Ce n'est pas toujours facile à vivre : si nos parents ne veulent pas voir notre meilleur ami, on se sent écartelé; quand on rencontre une nouvelle amitié, comment la faire accepter par les amis qu'on a déjà, et quand un ami s'éloigne comment ne pas lui en vouloir... L'amitié, ça nous fait prendre des risques, ça nous engage, ça nous bouscule, ça nous fait grandir en somme.

Montaigne avait raison. Un véritable ami on ne peut pas dire pour "quoi" on l'aime, maintenant, on sait très bien pourquoi...

D. Match each of the following statements with the person who is most likely to make each one.

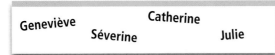

Geneviève   Catherine   Séverine   Julie

1. Friends are there for you during hard times.
2. You can safely confide in a good friend.
3. Friends are always there to listen.
4. Friendship should last forever.
5. You can be different from your friend and still be good friends.

E. What does **On l'aime pour rien, pour lui, pour elle** mean? What does the article say to support this statement?

F. According to the article, what can make friendship difficult at times?

G. Lis l'article encore une fois et puis écris trois idées sur l'amitié qu'on trouve dans l'article. Essaie de trouver des mots et des phrases dans le texte pour soutenir tes idées.

H. Maintenant, écris ton propre essai sur l'amitié. Demande à quelques camarades de classe ce qu'ils pensent de l'amitié et écris leurs réponses. Après, en utilisant leurs réponses, écris un paragraphe sur l'amitié. Si tu veux, tu peux trouver des images ou des photos pour illustrer ton essai.

Cahier d'activités, p. 119, Act. 22

Grammaire supplémentaire

CD-ROM **3**
DVD **2**

internet

ADRESSE: go.hrw.com
MOT-CLE:
WA3 PROVENCE-10

Première étape

Objectives Sharing a confidence; asking for and giving advice

1 Camille a eu un malentendu avec son petit ami, Frédéric. Ses copines lui donne des conseils. Récris les phrases suivantes et remplace les références à Frédéric avec des pronoms objets appropriés. (**p. 288**)

> **EXEMPLE**   Ecris à Frédéric   **Ecris-lui.**

1. Dis à Frédéric que tu es désolée.
2. Il faut que tu oublies Frédéric.
3. Non, je ne suis pas d'accord. Parle à Frédéric.
4. A mon avis, tu devrais téléphoner à Frédéric.
5. Tu peux offrir un cadeau à Frédéric.
6. Invite Frédéric à la boum de Michèle.

2 Ta petite sœur te pose des questions et elle te demande de faire des choses pour elle. Réponds à ses questions par **oui** ou **non** et une phrase complète. Utilise un pronom objet pour remplacer les expressions en caractères gras. (**p. 288**)

> **EXEMPLE**   Tu lis cette histoire **à Luc et à moi?**   (oui)
> **Oui, je vous lis cette histoire.**

1. Tu vas parler **à Sylvie** ce soir? (oui)
2. Tu donnes une invitation **à nos voisins?** (non)
3. Tu peux **m'**aider avec mes devoirs? (oui)
4. Tu invites **Luc et moi** à ta boum? (non)
5. Tu vas **m'**acheter un cadeau pour mon anniversaire? (oui)

3 Choisis la photo qui correspond avec le conseil suggéré. (**p. 288**)

a.

b.

c.

d.

1. Achète-le.
2. Offre-lui…
3. Explique-leur.
4. Mets-le.

4 Tu vas faire une fête ce soir. Il y a des tas de choses à faire. Demande à ta sœur Claire et à ton frère François de t'aider. Utilise des pronoms dans tes réponses. (**p. 288**)

EXEMPLE   téléphoner **à Luc**   (Claire et François)
Téléphonez-lui.

1. expliquer à Jean comment aller chez nous   (François)
2. inviter tous mes amis   (Claire et François)
3. demander à nos parents de partir   (Claire et François)
4. téléphoner à Jeanne et à Colette   (Claire et François)
5. ne pas oublier les gâteaux   (Claire)
6. ne pas parler aux invités   (François)

5 Choisis le meilleur conseil pour chaque problème. (**p. 288**)

1. J'ai raté mon examen et mes parents sont fâchés.
2. Je suis privé de sortir et je ne peux pas aller à la boum de ma petite amie.
3. Je suis arrivée en retard au dîner.
4. Ma copine est fâchée et je ne sais pas pourquoi.
5. J'aime une fille dans ma classe, mais je suis trop timide de lui parler.
6. Victor m'a demandé de sortir avec lui le soir de la boum d'Agnès.
7. J'ai cassé avec mon petit ami. Il n'était pas sympa.
8. Mon petit ami a oublié mon anniversaire, mais il s'est excusé et m'a offert un cadeau.

a. Téléphone-lui et demande-lui pardon.
b. Ecris-lui.
c. Oublie-le.
d. Explique-leur.
e. Invite-le.
f. Excuse-toi.
g. Parle-lui.
h. Pardonne-lui.

6 Your friends are asking for your advice. Write a sentence telling them what you think they should do. Be sure to use pronouns in your response. (**p. 288**)

EXEMPLE   Je me suis disputée avec mon petit ami.   **Excuse-toi.**   *or*
Tu devrais t'excuser.

1. C'est l'anniversaire de mon père.
2. J'ai eu une mauvaise note en biologie et mes parents vont être fâchés.
3. J'ai oublié mes devoirs à la maison et le prof va me donner une mauvaise note.
4. J'ai cassé le CD que j'ai emprunté à Jean-Luc.
5. J'ai rencontré une fille super et je veux lui parler.

Deuxième étape   Objectives Asking for and granting a favor; making excuses

7 You are at a party where there is a lot of noise, and you hear only parts of various conversations. Match what was said to the subject of the conversation. (**p. 293**)

1. — Je les ai écrites à la maison.
2. — Je l'ai faite avant de venir.
3. — Paul les a invités à la boum.
4. — Tu les as apportés dans ton sac.
5. — Je l'ai tondu hier.
6. — Ils les ont promenés dans le parc.

> les invitations   les cadeaux   les chiens
> Claire et Michel   le gazon   la cuisine

8 Rien ne change. Dis ce que tu as fait hier selon ce que tu fais aujourd'hui. Utilise des pronoms compléments d'objet dans tes réponses. (**p. 293**)

EXEMPLE   Je prends le bus.
               Je l'ai pris hier.

1. Je fais mes devoirs.
2. Je range ma chambre.
3. Je sors la poubelle.
4. Je ne regarde pas la télé.
5. Je lis le journal.
6. Je vois mes amis.
7. Je passe l'aspirateur.
8. Je ne perds pas mes clés.

9 Tu as invité des amis à une boum chez toi. Tu vérifies que tu as fait tous les préparatifs. Si la phrase est marquée, dis que tu l'as déjà faite. Si elle n'est pas marquée, dis que tu ne l'as pas encore faite. Utilise des pronoms. (**p. 293**)

EXEMPLE   √   Acheter les boissons   **Je les ai achetées.**
             ___ Faire le menage   **Je ne l'ai pas fait.**

1. √   Envoyer les invitations.
2. ___ Nettoyer la cuisine.
3. √   Acheter un cadeau.
4. ___ Préparer les amuse-gueule.
5. √   Ranger le salon.
6. √   Préparer le gâteau.
7. ___ Choisir la musique.

10 Elisabeth demande à sa sœur de l'aider avec les préparations pour sa boum. Sa sœur lui pose quelques questions. Réponds à ses questions par **oui** ou **non** et une phrase complète. (**p. 293**)

> **EXEMPLE** Est-ce que tu as invités tes amis? (oui)
> **<u>Oui, je les ai invités.</u>**

1. Est-ce que tu as envoyé les invitations? (oui)
2. Est-ce que tu as reçu les réponses? (non)
3. Est-ce que tu as écrit ton numéro de téléphone sur les invitations? (oui)
4. Est-ce tu as oublié la musique? (non)
5. Est-ce que tu as fait la vaisselle? (oui)

Troisième étape
Objectives Apologizing and accepting an apology; reproaching someone

11 Annick always forgets to do things. Reproach her for the following things. Remember to use pronouns in your responses. (**p. 295**)

> **EXEMPLE** Je n'ai pas fait la vaisselle.
> **<u>Tu aurais dû la faire.</u>**

1. Je n'ai pas fait mes devoirs.
2. Je n'ai pas parlé au professeur.
3. Je n'ai pas demandé la permission à mes parents.
4. Je n'ai pas invité Martin.
5. J'ai oublié mes livres à la maison.
6. Je n'ai pas envoyé les invitations pour la boum.
7. Je n'ai pas rangé ma chambre.
8. Je t'ai téléphoné après minuit hier soir.

12 Tes parents t'ont laissé une liste de choses à faire. Ecris des phrases complètes pour indiquer si tu vas les faire cet après-midi ou non. Utilise des pronoms dans tes réponses. (**p. 295**)

> **EXEMPLE** faire le ménage?
> **<u>Oui, je vais le faire cet après-midi.</u>**

1. envoyer les invitations pour la boum? (non)
2. lire le livre à tes frères? (oui)
3. recevoir ton bulletin trimestriel? (oui)
4. écrire la lettre à tes grands-parents? (non)
5. acheter le cadeau pour ton frère? (non)
6. sortir la poubelle? (oui)
7. rendre les CD à ton ami? (non)

☐ internet
ADRESSE: go.hrw.com
MOT-CLE:
WA3 PROVENCE-10

1 Listen as several teenagers call in to a radio talk show for advice. Match the host's responses to the problems. What other advice would you give?

a. Tu devrais aller la chercher au parc.

c. Explique-leur ce qui s'est passé.

b. D'abord, tu aurais dû étudier! Maintenant, tu devrais leur dire combien tu as eu à ton interro.

d. C'est ridicule! Va à la fête et parle-lui.

PARLONS-EN!

OCCUPÉ

Je téléphone
Occupé
«Plus tard, peut-être»
Encore occupé
J'ai un problème
Je peux te parler?
«J'ai trente-six choses...
Désolé...
Occupé.»
Je dois te parler!
Mon copain
est occupé.
Que faire?
Tu peux t'occuper de moi?

-- Pierre, Arles

LA CHIPIE

Ma petite sœur est une chipie
Qui fait toujours des bêtises.
Est-ce qu'on la punit?
Mais non! Elle est «trop petite,
    trop jeune», bien sûr!

Hier, dans ma chambre
Mon lieu sacré
Elle a écouté ma musique à moi
Pourquoi? Pour m'énerver.

Mes CD partout, par terre,
    une catastrophe,
J'entre, incrédule, elle me sourit
Je suis furieux, sans recours,
Parce qu'elle sait qu'elle est
    «trop petite».

Que faire? Vraiment, que faire?
Je suis tellement énervé
Ce n'est pas juste, cette petite,
    trop petite.
Amis, avez-vous une idée?

-- Jean-Paul, Avignon

IMPOSSIBLE

Je devrais l'oublier
Le rayer de ma mémoire,
Mais je pense toujours à lui
Toute la journée, tous les
    jours, tous les soirs.

Sa nouvelle petite amie
Est blonde, sympa, super.
De l'avis de tout le monde,
Ces deux-là, "Ils font la
    paire!"

Tout le monde me dit
Que je dois le détester
Mais je souffre, souffre tant
Que je ne peux pas l'oublier.

D'un regard je suis tombée
    amoureuse
Je l'aimais, je l'aime toujours.
Je ne sais vraiment plus quoi
    faire
Pour oublier ce chagrin
    d'amour.

-- Félicité, Aix-en-Provence

2 1. What is the problem for the writer of **Occupé?** What does he want?

2. Who is **la Chipie?** Why is she named this? How does the author of the poem feel?

3. Look through the poem **Impossible** to find words that you recognize. What is the poem about? Read the first line and the last two lines. What is Félicité's problem? What advice have her friends given her?

3 If you were to go to a restaurant in Provence, what local specialties could you order?

4 **Ecrivons!**

A foreign-exchange program in France is holding its annual poetry contest for American and French students. All American students' entries must be in French. This year's theme is **C'est toute une affaire!** (*It's such a big deal!*). Write a poem to enter in the contest that describes a problem or misunderstanding that is common among teenagers.

Stratégie pour écrire

Tone reveals a speaker's or writer's attitude toward his or her subject. Think of some ways you might be able to convey a particular attitude or emotion in your poem.

Préparation

First, list several problems or misunderstandings you might write about. Once you've decided on a topic for your poem, think about your own attitude towards the topic. Does it make you angry or sad? Do you find anything humorous about it? What other emotions does it stir in you?

Next, decide which of the emotions you listed you want to convey in your poem. This decision will determine the tone of your poem (humorous, sad, and so on). Jot down any French words and expressions you know that will help you convey that tone to the reader.

Rédaction

There are several techniques that can help you communicate your attitude. First, the images you use can affect the tone of your poem; for example **ma chambre** conveys a different feeling than **la boîte où je dors.** Choice of imagery goes hand in hand with diction, or word choice (**mon professeur** vs. **mon prof**). Repetition of certain words, alliteration (repetition of an initial consonant sound), and assonance (repetition of similar vowel sounds) can also greatly affect tone. Finally, rhythm and rhyme (or lack of rhyme) can make a big difference in the tone.

Evaluation

Read aloud the first draft of your poem to a classmate. Have your partner tell you his or her impression of the tone of your poem. If your partner's impression is different from the tone you were aiming for, ask what you might change to achieve the expected tone.

5 **Jeu de rôle**

Create a soap opera episode about a group of friends who are preparing a surprise party for a famous guest. Be sure to . . .

- decide whom to invite.
- ask for and give advice about the preparations.
- include some type of misunderstanding, like a lost invitation or an old grudge.

Can you use what you've learned in this chapter?

Can you share a confidence?
p. 286

1 How would you approach your friend if you had a problem?

2 How would you respond if a friend approached you with a problem?

Can you ask for and give advice?
p. 286

3 How would you ask a friend for advice about doing better in one of your classes?

4 How would you advise your friend to. . .
1. apologize?   2. forgive her boyfriend?   3. telephone his parents?

Can you ask for a favor?
p. 291

5 How would you ask a friend to do these tasks for you?

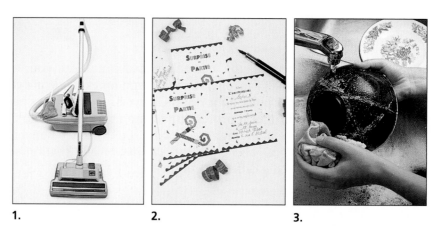

1.   2.   3.

Can you grant a favor and make excuses?
p. 291

6 How would you respond if your friend asked you for the following favors?
1. «Ça t'embête de téléphoner à Catherine?»
2. «Tu pourrais sortir la poubelle, s'il te plaît?»
3. «Ça t'ennuie de me prêter 20 €?»

Can you apologize and accept an apology?
p. 294

7 How would you apologize to a friend with whom you had a misunderstanding?

8 How would you respond if your friend said . . .
1. «J'ai perdu ton livre. C'est de ma faute.»
2. «Je suis désolée de ne pas être venue à ta fête hier soir.»
3. «Tu ne m'en veux pas?»

Can you reproach someone?
p. 294

9 How would you reproach a friend who was late meeting you at the movies?

Première étape

Vocabulaire

Sharing a confidence

Je ne sais pas quoi faire.	I don't know what to do.
J'ai un problème.	I have a problem.
Tu as une minute?	Do you have a minute?
Je peux te parler?	Can I talk to you?
Qu'est-ce qu'il y a?	What's wrong?
Qu'est-ce que je peux faire?	What can I do?
Je t'écoute.	I'm listening.

Asking for and giving advice

A ton avis, qu'est-ce que je dois faire?	In your opinion, what should I do?
Qu'est-ce que tu ferais, toi?	What would you do?
Qu'est-ce que tu me conseilles?	What do you think I should do?

Invite-le/-la/-les.	Invite him/her/them.
Parle-lui/-leur.	Talk to him/her/them.
Dis-lui/-leur que...	Tell him/her/them that...
Ecris-lui/-leur.	Write to him/her/them.
Explique-lui/-leur.	Explain to him/her/them.
Excuse-toi.	Apologize.
Téléphone-lui/-leur.	Phone him/her/them.
Oublie-le/-la/-les.	Forget him/her/them.
Tu devrais...	You should...

Apologetic actions

un petit malentendu	a little misunderstanding

expliquer ce qui s'est passé (à quelqu'un)	to explain what happened (to someone)
demander pardon (à quelqu'un)	to ask (someone's) forgiveness
se réconcilier (avec quelqu'un)	to make up (with someone)
dire (à quelqu'un) que...	to tell (someone) that...
téléphoner (à quelqu'un)	to call (someone)
s'excuser	to apologize
pardonner (à quelqu'un)	to forgive (someone)
offrir (à quelqu'un)	to give (to someone)
écouter ce qu'il/elle dit	to listen to what he/she says

Deuxième étape

Asking for and granting a favor; making excuses

Tu peux m'aider?	Can you help me?
Tu pourrais... ?	Could you...?
Ça t'ennuie de... ?	Would you mind...?
Ça t'embête de... ?	Would you mind...?
Avec plaisir.	With pleasure.
Bien sûr.	Of course.
Pas du tout.	Not at all.
Bien sûr que non.	Of course not.

Pas de problème.	No problem.
Désolé(e).	Sorry.
J'ai quelque chose à faire.	I have something (else) to do.
Je n'ai pas le temps.	I don't have time.
Je suis très occupé(e).	I'm very busy.
C'est impossible.	It's impossible.

Party preparations

faire une boum	to give a party

faire les préparatifs	to get ready
demander la permission à tes parents	to ask your parents' permission
fixer la date	to choose the date
envoyer les invitations	to send the invitations
choisir la musique	to choose the music
préparer les amuse-gueule	to make party snacks
faire le ménage	to do housework

Troisième étape

Apologizing and accepting an apology; reproaching someone

C'est de ma faute.	It's my fault.
Excuse-moi.	Forgive me.
Tu ne m'en veux pas?	No hard feelings?
J'aurais dû...	I should have...

J'aurais pu...	I could have...
Ça ne fait rien.	It doesn't matter.
C'est pas grave.	It's not serious.
Il n'y a pas de mal.	No harm done.
T'en fais pas.	Don't worry about it.

Je ne t'en veux pas.	No hard feelings.
Tu aurais pu...	You could have...
Tu aurais dû...	You should have...

CHAPITRE

11
Chacun ses goûts

Objectives

In this chapter you will learn to

Première étape

- identify people and things

Deuxième étape

- ask for and give information

Troisième étape

- give opinions
- summarize

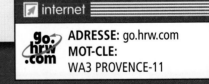

internet

ADRESSE: go.hrw.com
MOT-CLE:
WA3 PROVENCE-11

◄ Qu'est-ce qu'on joue comme films?

trois cent neuf **309**

MISE EN TRAIN ▪ *Bientôt la Fête de la musique!*

Stratégie pour comprendre
Look below at the pantomimes that Cédric, Odile, and Pascale do to imitate their favorite kinds of music. What kind does each prefer, and how do you say the name of that musical genre in French? Why is Pascale displeased at the end of the story?

Pascale **Cédric**

Odile **Le passant**

❶

Pascale	Alors, c'est bientôt la Fête de la musique. Qu'est-ce que vous voulez faire?
Odile	Moi, je n'ai rien de prévu.
Cédric	J'ai des courses à faire, mais à part ça, je suis libre. Qu'est-ce que tu veux faire?

❷

Odile	On pourrait faire quelque chose ensemble. Ça vous dit?
Cédric	Oui, qu'est-ce que tu proposes?
Pascale	J'ai entendu dire qu'on va faire la fête sur le cours Mirabeau. Il y aura des tas de groupes musicaux. Qu'est-ce que vous en pensez?
Odile	Ça, c'est nul.

❸ **Cédric** J'aimerais bien aller voir un concert de jazz.

❹ **Pascale** Mouais... Moi, j'ai envie d'aller voir un groupe de rock.

5

Odile Ce qui me plaît, moi, c'est la musique classique. On va jouer la symphonie numéro cinq de Beethoven.

6

Le passant Excusez-moi... Vous avez regardé *Aix en musique?*

Pascale Non. C'est une bonne idée, ça.

7

Le passant Tenez. Je n'en ai plus besoin.

Odile Mais, non. Il n'y a pas de raison.

Le passant Si, si. Allez-y.

Cédric C'est très gentil. Merci, monsieur.

8

Cédric Eh! Il y a des tas de concerts.

Pascale Tiens, il y a l'Affaire Louis Trio. C'est génial comme groupe! J'adore!

Cédric Ça serait super! J'espère qu'il y a encore des places.

9

Cédric Odile, ça te dit? Tu les connais?

Odile Non, je ne les connais pas, mais je n'aime pas tellement la musique rock. A vrai dire, ça ne me dit rien.

Pascale Oh là là, ce que tu es pénible! Tu n'es jamais contente!

Cahier d'activités, p. 121, Act. 1

1 **Tu as compris?**

1. What event are the teenagers discussing?
2. What are they trying to decide?
3. What do they do to help them decide?
4. What is the problem at the end of *Bientôt la Fête de la musique?*

2 **Qu'est-ce qu'ils aiment comme musique?**

Pascale   Odile   Cédric

3 **Vrai ou faux?**

1. Odile est libre pour la Fête de la musique.
2. Pascale veut faire la fête sur le cours Mirabeau.
3. Cédric voudrait aller voir un groupe de blues.
4. Les jeunes achètent *Aix en musique.*
5. Ils décident d'aller voir l'Affaire Louis Trio.
6. Pascale n'est jamais contente.

4 **Cherche les expressions**

What do the people in *Bientôt la Fête de la musique!* say to . . .

1. make a suggestion?
2. emphasize what they like?
3. give unfavorable opinions?
4. give favorable opinions?
5. refuse a gift?
6. accept a gift?
7. express annoyance with someone?

Note culturelle

La Fête de la musique est un festival de musique de renommée mondiale qui a lieu chaque année en France le premier jour de l'été. Musiciens, connus ou non, descendent dans les rues des villages et des villes pour y faire partager leur musique. Le printemps et l'été sont l'occasion de nombreux festivals en tout genre partout en France. Le festival le plus connu est sans doute Le Festival International du Film à Cannes qui rassemblent réalisateurs, acteurs et producteurs du monde entier venus montrer leurs derniers films et essayer de remporter la Palme d'or du meilleur films et autres prix.

5 **Et maintenant, à toi**

Imagine que tu aides ces amis à choisir ce qu'ils veulent faire. Est-ce que tu es d'accord avec Odile, Cédric ou Pascale? Est-ce que tu as une autre suggestion?

AIX - en - PROVENCE
Fête de la Musique
21 juin
Café Concert du Cours
Cours Mirabeau

17h - 18h30	**TRIO CLASSIQUE** Cantates de Bach
19h - 20h30	**Groupe MARACAS** Jazz Brésilien
21h - 22h30	**DIABOLO** Rock Blues

Toute la nuit
De nombreux autres groupes

Rap
Heavy Metal
Reggae
Zouk
Rock
Jazz
Funk
Soul
Blues

 6 **Tu as compris?**

Lisons Quels genres de groupes est-ce qu'il y a? A quel concert est-ce que tu voudrais aller?

Comment dit-on...?

Identifying people and things

To identify people and things:

Tu connais le groupe Maracas? *Are you familiar with . . . ?*
Bien sûr! C'est un groupe brésilien. *Of course! They are (He/She/It is) . . .*
Non, **je ne connais pas.** *I'm not familiar with them/him/her/it.*

Cahier d'activités, p. 122, Act. 2

7 Grammaire en contexte

Ecoutons Romain and his friend Djé Djé, who is visiting from Côte d'Ivoire, are trying to decide which concert to go to during the **Fête de la musique.** Which singers and groups is Djé Djé familiar with?

Patrick Bruel   Céline Dion

Zouk Machine   Vanessa Paradis

8 Grammaire en contexte

Parlons Ecris le nom de trois de tes professeurs et demande à un(e) camarade s'il/si elle les connaît. S'il/Si elle ne les connaît pas, explique-lui qui c'est.

EXEMPLE   —Tu connais M. Miller?

       —Non, c'est qui?

       —C'est mon prof de maths.

Vocabulaire

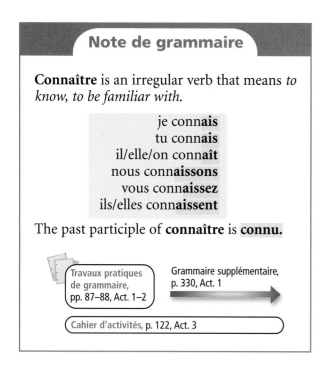

une chanteuse canadienne (un chanteur canadien)

un groupe antillais

une chanson américaine

un musicien africain (une musicienne africaine)

Travaux pratiques de grammaire,
p. 88, Act. 3–4

Cahier d'activités,
p. 123, Act. 4

9 **C'est à qui?**

Parlons/Ecrivons Some of the performers for a benefit concert left their things backstage. What type of performer do the items suggest?

C'est la guitare <u>d'un musicien américain.</u>

1. C'est la musique...

2. C'est le tam-tam...

3. Ce sont les instruments...

4. C'est la musique...

10 **Tu les connais?**

Parlons Tu connais les chansons, les groupes ou les chanteurs suivants? Identifie-les!

1. Zouk Machine
2. MC Solaar
3. *An sèl zouk*
4. Jean-Jacques Goldman
5. George Strait
6. *Alouette*

Note de grammaire

Remember that in French you can use **il est** or **c'est** to mean *he is,* and **elle est** or **c'est** to mean *she is,* depending on the situation.

- You can identify someone by profession or nationality with **il est/elle est** followed by a noun or adjective. In this case, you do not use an article before the noun.

  Roch Voisine **est** chanteur.
  Virginie Ledoyen? **Elle est** française.

- You can also use **c'est** followed by an article and a noun.

  Virginie Ledoyen? **C'est une** Française.

- Whenever you use <u>both</u> a noun and adjective, use **c'est.**

  Roch Voisine? **C'est un** chanteur canadien.

Travaux pratiques de grammaire, p. 89, Act. 5–7

Grammaire supplémentaire, pp. 330–331, Act. 2–3

Cahier d'activités, p. 123, Act. 6

---

11 **Grammaire en contexte**

Lisons Complète la conversation entre Marc et Ali avec **c'est, il est** ou **elle est.**

MARC Dis, qu'est-ce que tu voudrais écouter comme musique? J'ai plein de CD!

ALI Euh... attends. Tu connais Jeanne Mas?

MARC Non, pas très bien. Qui c'est?

ALI ___1___ une chanteuse. Elle chante *En rouge et noir.*

MARC ___2___ française?

ALI Non, je crois qu' ___3___ italienne. En tout cas, c'est pas important.

MARC Tu connais Patricia Kaas?

ALI Mais bien sûr que je connais! Mais moi, je préfère Patrick Bruel. ___4___ un chanteur formidable et ___5___ acteur aussi!

MARC Oui, ___6___ super! J'ai son dernier CD. Tu veux l'écouter?

Qu'est-ce qui te plaît comme musique?

la musique classique   le jazz   le rock   le rap

le blues   le country/le folk   la pop   le reggae

Travaux pratiques de grammaire, pp. 90–91, Act. 8–11   Cahier d'activités, p. 124, Act. 7–8

12   A chacun sa musique

Ecoutons   Listen as Pascale asks her friends what music they like. What type(s) of music does each one like best?

13   Qu'est-ce qui vous plaît comme musique?

Parlons/Ecrivons   Comment est-ce que chaque personne répondrait à la question **Qu'est-ce qui vous plaît comme musique?**

1.

2.

3.

14 Sondage

Parlons Demande à tes camarades ce qu'ils aiment comme musique. Quel genre de musique est le plus populaire? Le moins populaire?

15 Jeu

Parlons Draw a grid of nine squares, three across and three down. Write the name of one of your favorite groups, singers, musicians, or songs in each square. Find someone in your class who's familiar with one of the artists or songs in your grid. Have that person sign the appropriate box and write the type of music associated with the artist or song in French. The first person to get five different signatures that form an **X** or a **+** wins.

EXEMPLE
—Tu connais LeAnn Rimes?
—Non. *ou* Oui, c'est une chanteuse de country.
—Tu connais *Beethoven's 9th*?
—Non. *ou* Oui, c'est de la musique classique.

16 Post-express

Ecrivons Ecris une réponse à une des lettres de **Post-Express.** Dis quels genres de musique tu aimes et n'aimes pas. Dis aussi quels chanteurs, groupes ou musiciens tu écoutes. Explique qui est chaque personne que tu mentionnes. N'oublie pas que les jeunes Français ne connaissent peut-être pas les mêmes genres de musique que toi.

17 Bientôt la Fête de la musique!

Parlons Avec un(e) camarade, invente ta propre **Fête de la musique.** Chaque personne suggère plusieurs musiciens qui pourraient jouer. Vous pouvez aussi suggérer des chansons ou des albums.

Si tu as oublié making and responding to suggestions va à la page 237.

POST-EXPRESS

Tu cherches des amis, des disques, des posters? Cette rubrique est pour toi!

Recherche tout sur...

LE COUNTRY.
Je voudrais correspondre avec des F. de 13 à 15 ans. J'aime le country et je recherche des posters et des photos de musiciens et de chanteurs. J'aime aussi le rock et un peu le blues. Contre tout sur Roch Voisine, Vanessa Paradis et Paula Abdul.
Jérôme LEGER, 13 allée Paul Eluard, 44400 REZE.

LA MUSIQUE CLASSIQUE ET LE BLUES.
Je suis fan de Patrick Bruel et de Harry Connick Jr. Mais je recherche tout sur tout. Faites éclater ma boîte aux lettres! Réponse assurée à 100%! Florence PANIER, 200 rue de la Cité, 62370 SAINT FOLQUIN.

LE ROCK, LE POP.
Je m'appelle Damien. J'adore écrire, j'adore le sport, Elsa, le rock et surtout les animaux, la nature... Je suis fan de Mariah Carey et de toute la musique des U.S. Réponse assurée. A vos plumes!
Damien JARRE, 78 allée Bayard, 93190 LIVRY-GARGAN.

Qu'est-ce que tu aimes comme musique?

We asked some francophone people what kind of music they like to listen to. Here's what they had to say.

Marco, Québec

«J'aime beaucoup le rock'n'roll. J'aime beaucoup les groupes comme U2, Duran [Duran], Bon Jovi. Maintenant, depuis quelques années, la musique française est rendue beaucoup meilleure. On a maintenant de la bonne musique en français. Il y a de bons groupes qui sont sortis, comme Vilain Pingouin, mais la musique américaine est très populaire ici.»

Flaure, Côte d'Ivoire

«La musique que j'aime, euh... J'aime à peu près toutes les musiques et puis, j'aime les musiques qui font danser, quoi.»

Catherine, Québec

«J'ai bien des misères à classifier les sortes de musique, mais je crois que j'aime le rock, le rock folk, le québécois. J'aime beaucoup de sortes de musique.»

Qui est ton chanteur préféré?

«Mon chanteur préféré, j'en ai beaucoup. J'aime beaucoup Renaud mais j'aime aussi un groupe : Jethro Tull. J'aime Edie Brickell, Brenda Kane et des chanteurs des Etats-Unis, du Québec et de la France surtout.»

Qu'en penses-tu?

1. What kind of music do these people like?
2. Which person shares your tastes in music?
3. What French musical artists have you heard?
4. Where can you go in your area to hear or buy music from foreign countries?

FA CHICKEN RUN. 2000. 1h25. Dessin animé américain en couleurs de Peter Lord et Nick Park. Ce film de conception très originale (les personnages sont en pâte à modeler) raconte l'histoire du destin tragique des poules qui ne pondent pas leur œuf quotidien à la ferme de madame Tweedy... En effet, ces malheureuses risquent de se retrouver au menu du dîner, comme plat principal. Leur situation semble désespérée... C'est alors qu'un coq venu d'ailleurs leur redonne espoir. ✦ **Studio Galande 21 v.f.** ✦ **Denfert 82 v.f.** ✦ **Le Grand Pavois 94 v.f.** ✦ **Saint Lambert 96 v.f.**

CO LES RANDONNEURS. 1996. 1h35. Comédie française en couleurs de Philippe Harel avec Benoît Poelvoorde, Karin Viard, Geraldine Pailhas, Vincent Elbaz, Philippe Harel. Les kilomètres à pied, ça n'use pas que les souliers : les nerfs aussi parfois. C'est ce que découvrent trois garçons et deux filles, sur un chemin de grande randonnée corse, quand se mêlent les problèmes de cœur et les rivalités. La meilleure façon de marcher : celle, rigolote, du réalisateur de «Un été sans histoires». ✦ **Studio Galande 21** ✦ **Denfert 82** ✦ **Le Grand Pavois 94**

DR JEAN DE FLORETTE. 1986. 2h02. Drame français de Claude Berri avec Gérard Depardieu, Yves Montand et Daniel Auteuil. Dans un petit village du sud de la France, un paysan et son neveu convoitent la propriété de leurs voisins. Ils veulent en effet utiliser la source qui s'y trouve pour arroser leurs champs. Ils décident alors de bloquer la source pour obliger leurs voisins à quitter les lieux et, pendant tout l'été torride, ils observent les efforts désespérés de leurs voisins pour s'approvisionner en eau. ✦ **Saint Lambert 96 v.f.**

AV LES TROIS MOUSQUETAIRES. 1993. 1h45. Film d'aventures américain en couleurs de Stephen Herek avec Chris O'Donnell, Charlie Sheen, Kiefer Sutherland, Oliver Platt, Tim Curry, Rebecca de Mornay. Arrivant de sa Gascogne natale, le jeune et fringant d'Artagnan rêve d'entrer dans la célèbre compagnie des mousquetaires du roi. Hélas! Le fourbe Richelieu vient de la dissoudre... D'Artagnan, en compagnie d'Athos, Porthos et Aramis, saura néanmoins prouver son courage au cours d'une mission très périlleuse... Nouvelle version librement adaptée du roman d'Alexandre Dumas. ✦ **Le Grand Pavois 94 v.f.**

DC UNE BREVE HISTOIRE DU TEMPS. A Brief History of Time. 1992. 1h20. Documentaire américain en couleurs de Errol Morris. L'univers a-t-il eu un commencement? Le temps s'achèvera-t-il un jour ? Adapté du best-seller de Stephen Hawking, le réalisateur de «Dossier Adams» met en images des théories scientifiques au cours d'un voyage en compagnie d'un savant d'exception, que certains comparent à Einstein. ✦ **Denfert 82 v.o.**

CO EMMA. L'entremetteuse. 1996. 1h55. Comédie américaine en couleurs de Douglas MacGrath avec Gwyneth Paltrow, Toni Collette, Alan Cumming, Jeremy Northam, Ewan MacGregor, Greta Scacchi. Dans l'Angleterre du XIXème siècle, une délicieuse jeune fille décide de s'occuper en jouant les marieuses. D'erreurs en catastrophes, de gaffes en maladresses, elle apprend à se connaître et à aimer les autres... D'après le roman de Jane Austen, une comédie qui mêle humour et romantisme. ✦ **Le Grand Pavois 94 v.o.**

18 Si on allait au ciné?

Lisons Look at the movie listings and answer these questions.

1. What information is given in the first paragraph of every entry? How can you tell the type of film?
2. What information is given in the second paragraph of every entry?
3. What information is given at the end of every entry after the diamond symbol?
4. Which film(s) would you like to see or have you already seen?

Comment dit-on...?

Asking for and giving information

To ask about films:

Qu'est-ce qu'on joue comme films?
  What films are playing?
C'est avec qui?
Ça passe où?
  Where is it playing?
Ça commence à quelle heure?

To respond:

On joue *Profil bas.*
  . . . is showing.
C'est avec Patrick Bruel.
Ça passe au Gaumont.
  It's playing at the . . .
A 18h30.

Cahier d'activités, pp. 125–126, Act. 10–11

19 **J'ai envie d'aller au ciné...**

Ecoutons Ecoute la conversation entre Béatrice et Fabien qui essaient de décider quel film aller voir. Puis, complète les phrases suivantes.

1. On joue...
   a. *Astérix chez les Bretons, Germinal, Jules et Jim.*
   b. *Astérix chez les Bretons, Le Fugitif, Germinal.*
   c. *Astérix chez les Bretons, Profil bas, Germinal.*

2. *Germinal,* c'est avec...
   a. Patrick Bruel.
   b. Isabelle Adjani.
   c. Gérard Depardieu.

3. Ça passe au...
   a. Gaumont Gobelins, Gaumont Les Halles, 14 Juillet.
   b. Gaumont Les Halles, 14 Juillet, Gaumont Alésia.
   c. Gaumont Alésia, Gaumont Gobelins, UGC Georges V.

4. Ça commence à...
   a. 18h20 et à 20h50.
   b. 18h15 et à 19h50.
   c. 17h20 et à 20h30.

20 **Méli-mélo!**

Lisons Trouve la bonne réponse pour chaque question, puis mets le dialogue dans le bon ordre. Ensuite, lis le dialogue avec un(e) camarade.

Ça passe où?
C'est avec qui?
Qu'est-ce qu'on joue comme films?
Ça commence à quelle heure?

Camille Claudel.
Euh... à 17h05 ou à 20h10.
A l'UGC Triomphe et au Gaumont Opéra.
Gérard Depardieu et Isabelle Adjani.

21 **Qu'est-ce qu'on joue comme films?**

Lisons/Parlons Choisis un des films de la page 319. Un(e) camarade va te demander quels films on joue, dans quels cinémas et qui sont les acteurs principaux. Ensuite, changez de rôle.

Au cinéma

les westerns
Le Train sifflera trois fois

les films comiques
Trois Hommes et un couffin

les films d'horreur
Frankenstein

les films de science-fiction
Le Monde perdu

les films d'amour
La Mariée est en fuite

les films policiers
Demain ne meurt jamais

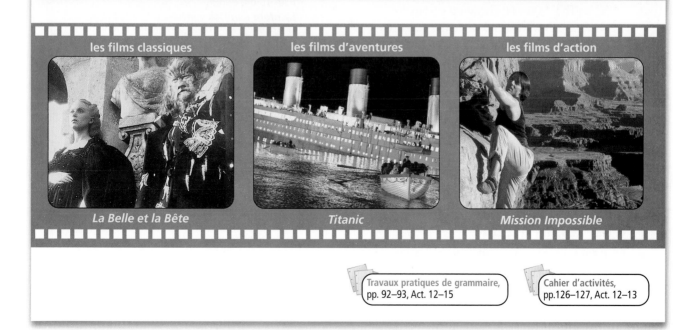

les films classiques
La Belle et la Bête

les films d'aventures
Titanic

les films d'action
Mission Impossible

Travaux pratiques de grammaire,
pp. 92–93, Act. 12–15

Cahier d'activités,
pp.126–127, Act. 12–13

22 A l'affiche cette semaine

Ecoutons Ecoute Nadège et Emile qui essaient de décider quel film aller voir. Quels genres de films est-ce qu'Emile suggère?

23 Le Hit-Parade

Ecrivons Fais une liste de tes dix films préférés. Ensuite, classe-les par genre. D'après ta liste, quel genre de films préfères-tu?

24 Ça te dit?

Parlons Tu organises une soirée vidéo où tu vas passer ton film préféré. Invite plusieurs camarades de classe à venir regarder ce film avec toi. S'ils ne veulent pas venir ou s'ils ne connaissent pas ce film, explique quel genre de film tu vas passer et qui sont les acteurs. Donne-leur aussi ton opinion sur ce film.

25 Au Gaumont Alésia

Lisons

a. Look at the first paragraph in the movie listings at the right. Find four types of information given.

b. Now look at the movie listings.

1. How much is the full price for *L'Enfant lion*? How much is the reduced price for students?
2. Is *Aladdin* in French or in English?
3. At the 2:00 P.M. showing of *Grosse Fatigue*, what time does the feature film actually begin?
4. Which of the movies listed here are dubbed in French?

26 Qu'est-ce qui passe au Gaumont?

Parlons Un(e) camarade et toi, vous avez envie de voir un film mercredi soir au Gaumont Alésia. Choisissez quel film vous voulez voir et à quelle heure.

27 C'est toi, le critique

Ecrivons Ecris une critique de ton film préféré. N'oublie pas de préciser de quel genre de film il s'agit et qui sont le réalisateur et les acteurs principaux, puis donne ton opinion sur le film.

Note culturelle

Before you go to the movies in France, check the local newspaper or movie guide. You'll notice that you can see many foreign films. Look for **v.o. (version originale)** to see a film in the original language with French subtitles, and **v.f. (version française)** to see a film dubbed in French. Look for ticket prices. Most theaters offer a discount **(tarif réduit)** for students and a lower ticket price for everyone on Mondays and/or Wednesdays. Check the time of the showing **(séance)**, and be aware that there are 10–20 minutes of commercials before the movie actually starts.

84 GAUMONT ALESIA. 73, avenue du Général Leclerc. 01.43.27.84.50; Résa : 01.40.30.30.31 **(#114)** M° Alésia. Perm de 14h à 24h. Pl : de 6, 50 à 7, 00 €. Mer, tarif unique : 5, 50 et 5, 25 €; Etud, CV : 5, 50 et 5, 25 € (Du Lun au Ven 18h) ; -12 ans : 4, 75 €. Carte Gaumont : 5 places : 27, 00 € (valables 2 mois, tlj à toutes les séances). Carte bleue acceptée. Rens : 3615 Gaumont. 1 salle équipée pour les malentendants et deux salles pour les handicapés.

L'Incroyable Voyage v.f. Dolby stéréo. Séances : 13h35, 15h45, 17h55, 20h05, 22h15. Film 10 mn après.

J'ai pas sommeil Dolby stéréo Séances : 13h35, 15h45, 17h55, 20h05, 22h15. Film 10 mn après.

L'Enfant lion Dolby stéréo. (Pl : 7, 50 et 5, 75€). Séances : 14h, 17h20, 21h. Film 25 mn après.

Aladdin v.f. Séances : Mer, Sam, Dim 13h25, 15h35. Film 15 mn après.

Une Pure Formalité Séances : Mer, Sam, Dim 17h50, 20h, 22h10 ; Jeu, Ven, Lun, Mar 13h30, 15h40, 17h50, 20h, 22h10. Film 15 mn après.

Le Jardin secret v.f. Séances : 14h, 16h40, 19h20, 21h55. Film 20 mn après.

Les Aristochats v.f. Dolby stéréo Séances : Mer, Sam, Dim 19h15, 21h50. Jeu, Ven, Lun, Mar 13h55, 16h30, 19h15, 21h50. Film 15 mn après.

Salle Gaumontrama (Pl : 7, 00 et 5, 50€): ***Grosse Fatigue*** Dolby stéréo. Séances : 14h, 16h, 18h, 20h, 22h. Film 20 mn après.

Rencontre culturelle

Qu'en penses-tu?

1. Look at these photos of **Minitel**® screens. What do you think the Minitel is?

2. Have you ever visited a French-language Web site? What do you think the following expressions might mean? **un chat, une fenêtre, un serveur, virtuel, une page perso, surfer le Web, un bogue, un cybernaute**

Savais-tu que... ?

Since 1984, the French have used the online information service called the **Minitel** to shop their favorite catalogues, buy movie tickets, look up phone numbers, or read magazine articles. Sounds like the World Wide Web, doesn't it? The Minitel was the first widely distributed online information service found in people's homes—before the Web could be found there. How do you think the Minitel will evolve in the coming years in response to the technology of the Internet?

The Web is becoming as popular in France as it is in the United States. In recent years, there has been a debate in France over Web terminology: should French speakers use English words, or make up their own? For every Internet term in English, you'll find many words (and creative spellings!) in French. For instance, a French speaker might use any one of the following expressions to mean *e-mail:* **le courrier électronique, le courriel, la messagerie électronique, l'e-mail,** or **l'imèle.**

S. F.

DAIREN
Alain Paris (J'ai Lu).

S'appuyant sur des structures sociales très hiérarchisées, l'humanité du XVIIe millénaire pratique une politique galactique conquérante. Mais cette expansion musclée est freinée par la résistance des Zyis sur la planète Uyuni et par une légende, celle de la Terre mythique, qui prône l'entente entre toutes les races de l'univers. Daïren est un solide «Space Opera» relevé d'un zeste de mysticisme, qui a parfaitement assimilé les leçons de son glorieux modèle, *la Guerre des étoiles.*

Denis Guiot

B.D.

CALVIN ET HOBBES
Bill Waterson (Hachette)

Calvin, c'est le garçon dynamique, intrépide, insupportable. Hobbes, c'est son faire-valoir... un tigre en peluche! Waterson, un des plus célèbres dessinateurs de presse américain, utilise seulement deux à quatre images par gag. Un trait simple et nerveux, un humour sympathique. Voilà une B.D. bien agréable et une traduction excellente, puisqu'elle est due au scénariste Frank Reichert.

Yves Frémion

28 Tu as compris?

Lisons

1. How many categories of books are presented? What are they?
2. Look at the review of *La Leçon* and *La Cantatrice chauve.* List the words that you recognize.
3. Scan the commentary on *Daïren.* What is this book about?
4. How does Yves Frémion describe the heroes of *Calvin et Hobbes?*

DECOUVRIR DES LIVRES POUR RIRE

LA LEÇON, LA CANTATRICE CHAUVE,
de Eugène Ionesco

Ionesco a composé la tragédie du langage. En rire majeur. Chez lui tout s'effondre : ses héros énoncent doctement des lieux communs éculés, entassent des axiomes absurdes dans leur conversation. Jusqu'au délire. De cette cacophonie burlesque naît l'image d'un monde en miettes, dérisoire et comique. (Folio.)

S.F.

Comment dit-on...?

Giving opinions

Favorable:

C'est drôle/amusant. *It's funny.*
C'est une belle histoire.
   It's a great story.
C'est plein de rebondissements.
   It's full of plot twists.
Il y a du suspense. *It's suspenseful.*
On ne s'ennuie pas.
   You're never bored.
C'est une histoire passionnante.
   It's an exciting story.
Je te le/la recommande.
   I recommend it.

Unfavorable:

C'est trop violent/long.
   It's too violent/long.
C'est déprimant. *It's depressing.*
C'est bête. *It's stupid.*
C'est un navet. *It's a dud.*
C'est du n'importe quoi.
   It's worthless.
Il n'y a pas d'histoire.
   It has no plot.
C'est gentillet, sans plus.
   It's cute, but that's all.
Ça casse pas des briques.
   It's not earth-shattering.

Cahier d'activités, p. 128, Act. 15

Ton livre préféré, c'est quel genre?

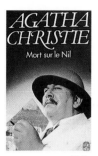
un roman policier
(un polar)?

une
autobiographie?

un roman d'amour?

un roman de
science-fiction?

une bande dessinée
(une B.D.)?

un livre de poésie?

un (roman) classique?

une pièce de théâtre?

Travaux pratiques de grammaire,
pp. 94–95, Act. 16–18

Cahier d'activités,
p. 128, Act. 16

29 Pas d'accord!

Ecoutons Ecoute Luc et Perrine parler de *La Cantatrice chauve*, *Daïren* et *Calvin et Hobbes*. Qu'est-ce que Luc aime? Et Perrine?

30 A mon avis

Ecrivons Fais une liste des trois derniers livres (ou pièces de théâtre) que tu as lus. Fais une description de ces livres. Utilise les phrases du Comment dit-on... ? à la page 324.

31 Pardon, monsieur...

Ecoutons Ecoute ces clients demander des livres au vendeur d'une librairie. Quel est le genre de chaque livre?

1. un roman de Simenon
2. *La Reine Margot*
3. les œuvres de Rimbaud
4. *La Florentine*
5. les œuvres complètes de Tintin

   a. une B.D.
   b. un roman d'amour
   c. un polar
   d. un livre de poésie
   e. un classique

32 Une interview

Parlons Tu dois faire la critique d'un livre pour ton cours de français. Demande à un(e) camarade quel livre il/elle a lu récemment, de quel genre de livre il s'agit et son opinion sur ce livre.

EXEMPLE —Qu'est-ce que tu as lu récemment?

—On a lu *Huckleberry Finn* pour le cours d'anglais.

—C'est quel genre de livre?

—C'est un classique.

—Tu as aimé?

—Oui, c'est une belle histoire et en plus, c'est très amusant.

Comment dit-on...?

Summarizing

To ask what something is about:

De quoi ça parle? *What's it about?*
Qu'est-ce que ça raconte? *What's the story?*

To tell what something's about:

Ça parle d'une femme qui devient actrice. *It's about . . .*
C'est l'histoire d'un chien qui cherche son père. *It's the story of . . .*

Cahier d'activités, p. 129, Act. 20

TROIS HOMMES ET UN COUFFIN
(FRANCE - 1985)
(couleurs)   1 h 40
Comédie de Coline Serreau
avec Roland Giraud, Michel Boujenah, André Dussollier

Jacques, Michel et Pierre sont des célibataires endurcis qui chérissent leur indépendance... jusqu'au jour où ils trouvent un bébé de six mois sur leur paillasson! Peu à peu, les trois hommes apprennent leur nouveau rôle de pères, pour le meilleur et pour le pire. Bientôt ils ne peuvent plus se passer de la petite Marie. Que feront-ils quand sa mère reviendra?

AU REVOIR LES ENFANTS
(FRANCE - 1987)
(couleurs)   1 h 42
Comédie dramatique de Louis Malle
avec Gaspard Manesse, Raphael Fejto

Pendant la Deuxième Guerre Mondiale, deux adolescents français se rencontrent et deviennent amis. Julien, le personnage principal, découvre l'absurdité du monde adulte à travers la triste histoire de son ami Jean qui est persécuté par les Allemands. Julien, enfant de bonne famille, et Jean, enfant prodige, vivent ensemble quelques aventures qu'on n'est pas près d'oublier.

NOTRE-DAME DE PARIS
(FRANCE-ITALIE - 1956)   **CINÉ CINÉMAS**
(couleurs)   1 h 40
Drame parisien de J. Delannoy d'après V. Hugo
avec G. Lollobrigida, A. Quinn, A. Cuny, R. Hirsch

C'est la fête des fous sur le parvis de Notre-Dame. Tout le monde y remarque Esmeralda, la danseuse gitane. Le capitaine Phœbus en tombe amoureux ainsi que Quasimodo, le bossu monstrueux qui habite la cathédrale. Mais le perfide Frollo a décidé d'enlever Esmeralda et est prêt à toutes les bassesses pour la conquérir.

L'ETERNEL RETOUR
(FRANCE - 1943)   **RTL**
(noir et blanc)   1 h 45
Drame de Jean Delannoy
avec J. Marais, M. Sologne, J. Murat, A. Rignault.

C'est le mythe de Tristan et Yseult revisité par Jean Delannoy, et par Jean Cocteau qui a signé le scénario. Les héros de la légende sont devenus Patrice et Nathalie, deux jeunes gens contemporains qui tombent amoureux l'un de l'autre sous l'effet d'un élixir magique qu'ils n'auraient jamais dû boire. Car Nathalie est mariée à l'oncle de Patrice.

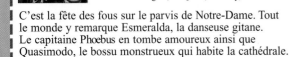

---

33 ### De quoi ça parle?

Lisons Lis les critiques des quatre films ci-dessus. Puis, lis les phrases suivantes et choisis le film qui correspond à chaque phrase.

1. C'est l'histoire de deux jeunes qui tombent amoureux.
2. Ce film parle de trois hommes qui tombent amoureux d'une danseuse gitane.
3. Ce film parle de trois hommes qui doivent s'occuper d'un bébé.
4. C'est l'histoire d'une amitié entre deux garçons.

DE BONS CONSEILS

When you summarize the plot of a book or movie, you use the present tense instead of the past tense, just as you do in English. **C'est l'histoire d'un jeune homme français qui veut être mousquetaire. Il va à Paris pour devenir mousquetaire du roi et en route, il prend part à trois duels.**

The relative pronouns *qui* and *que*

You can use clauses that begin with **qui** or **que** *(that, which, who,* or *whom)* to describe something or someone you've already mentioned.

- **Qui** is the subject of a clause and is followed by a singular or plural verb, depending on the subject of the main clause that **qui** represents.

> C'est l'histoire d'un garçon **qui tombe** amoureux d'une fille.
> Ça parle de deux garçons **qui tombent** amoureux de la même fille.

- **Que (qu')** is the direct object of a clause. It's always followed by a subject and a verb.

> Il aime une fille **que sa mère déteste.**
> Le film **qu'elle a vu était intéressant?**

- When the **passé composé** follows **que,** the past participle always agrees with the noun **que** represents.

> **La pièce** que j'ai vu**e** était amusante.

Grammaire supplémentaire, pp. 332–333, Act. 5–7

Cahier d'activités, p. 130, Act. 21–22

Travaux pratiques de grammaire, p. 44, Act. 15–17

34 ## Grammaire en contexte

Lisons Lis cette critique d'un nouveau livre et complète les phrases avec **qui** ou **que.**

> *L'Agent secret* est un livre plein de rebondissements ___1___ j'ai beaucoup aimé. C'est un roman policier ___2___ parle d'un détective ___3___ aide une jeune fille à retrouver son père. Le détective découvre ___4___ le père de la fille est un agent secret ___5___ travaille sur un projet très dangereux. La fille reçoit une lettre ___6___ dit que son père est en France, mais le détective pense ___7___ c'est un piège. Alors, c'est lui ___8___ va en France... Une histoire passionnante à lire absolument!

35 ## Grammaire en contexte

Parlons/Ecrivons Lisa a lu une bonne bande dessinée ce week-end et elle en a écrit une description pour son cours de français. Aide Lisa à écrire une description moins répétitive. Pour combiner les phrases utilise **qui** et **que.** Parfois, tu vas peut-être devoir ajouter des mots comme **mais** ou **et.** D'autres fois, tu ne vas pas utiliser tous les mots des phrases de Lisa.

1. Ce week-end j'ai lu une B.D.
   J'ai adoré cette B.D.
2. C'est une des aventures de Tintin.
   Tintin est un personnage très connu en France.
3. C'est un reporter.
   Il voyage dans tous les pays du monde.
4. Il a deux très bons amis.
   Ils s'appellent Capitaine Haddock et Professeur Tournesol.

36 ## Devine!

Ecrivons/Parlons Ecris un résumé du dernier livre que tu as lu. Ensuite, donne des détails sur ce livre à tes camarades. Ils vont deviner le titre du livre. Ensuite, la personne qui a deviné le titre de ton livre va résumer un autre livre.

37 De l'école au travail

Ecrivons You're a critic working for a journal distributed for French speakers interested in American culture. Write a review in French of a book you've read recently.

Lisons!

Cinq films qui ont fait date

Stratégie pour lire

Let's review some of the basic reading strategies you used in earlier chapters. In this reading, you will need to get oriented to the text, figure out its organization, and answer some questions to check your understanding of it.

A. Read the first and last sentences in the introduction. What will the reading be about?

1. special effects in films

2. some important films from the first 100 years of filmmaking

3. the history of filmmaking since 1895

B. Examine the organization of the descriptions of the five films.

1. What does the information following the first star tell you about the film?

   a. country of origin

   b. director

   c. date of film

   d. principal actors

   e. all of the above

2. What do you find after the second star?

   a. a critique of the film

   b. a summary of the plot

   c. an interview with the star

3. After the third star?

   a. importance of the film in the history of filmmaking

Le cinéma est né en 1895 : "le 7e art" s'apprête à fêter un siècle d'existence. En cent ans, que de progrès, que d'évolutions techniques, que de films ! **Voici quelques-uns des films, qui, chacun à leur manière, ont marqué un tournant dans l'histoire du cinéma.**

5 FILMS QUI ONT FAIT DATE

2001, L'ODYSSEE DE L'ESPACE

★ Grande-Bretagne-Etats-Unis, 1968. De Stanley Kubrick. Avec Keir Dullea, Gary Lockwood.
★ Une tribu de singes découvre l'usage des armes. Quatre millions d'années plus tard, dans un vaisseau spatial, des hommes sont confrontés à l'ordinateur HAL.
★ Kubrick a réalisé une fable sur l'Homme face au progrès et à l'Univers. Ce film est aussi l'une des premières œuvres importantes en matière de science-fiction.

IL ETAIT UNE FOIS DANS L'OUEST

★ Italie, 1968. De Sergio Leone. Avec Henry Fonda, Charles Bronson.
★ Le film se passe dans l'Ouest américain, à la fin du siècle dernier. « *Il était une fois dans l'Ouest* est, sous le prétexte d'une histoire presque nulle, avec des personnages de convention, une tentative pour reconstruire l'Amérique de cette époque», explique le réalisateur italien Sergio Leone.
★ Jusqu'alors, les westerns étaient la chasse gardée des Américains. Sergio Leone renouvela complètement le genre, avec ce que l'on a appelé, le "western-spaghetti", une parodie du western classique. Avec des bons et des méchants. Mais sans réelle authenticité historique. Ce film, particulièrement célèbre pour la musique d'Ennio Morricone, fait partie d'une longue série, dont le premier, *Pour une poignée de dollars,* fut réalisé en 1964.

E.T., L'EXTRA-TERRESTRE

★ Etats-Unis, 1982. De Steven Spielberg. Avec Dee Wallace, Henry Thomas, Peter Coyote.

★ Eliott, un jeune Américain de 10 ans, se prend d'amitié pour E.T., un extra-terrestre égaré sur Terre et qui cherche à regagner sa planète.

★ La fable est belle ; le message de Steven Spielberg est simple mais essentiel : apprenez à respecter autrui, en dépit des différences...

STAR WARS: UN NOUVEL ESPOIR

★ Etats-Unis, 1977. De George Lucas. Avec Harrison Ford, Carrie Fisher, Mark Hamill.

★ La princesse Leia est tenue en otage par les forces Impériales malfaisantes qui veulent réprimer une révolte contre l'Empire Galactique. Luke Skywalker et le Capitaine Han Solo s'allient avec Obi-wan Kenobi et les androïdes R2D2 et C3PO pour sauver la belle princesse et rétablir la justice dans la Galaxie.

★ "Le feuilleton de l'espace" de Lucas décrit l'opposition classique entre le bien et le mal, le jour et les ténèbres. C'est aussi un pionnier dans l'art des effets spéciaux. Avec ce mélange

de symbolisme mythologique et historique, le film transporte les spectateurs dans un monde fantastique tout en rappelant le temps passé.

CYRANO DE BERGERAC

★ France, 1989. De Jean-Paul Rappeneau. Avec Gérard Depardieu, Anne Brochet.

★ Cyrano aime sa cousine Roxane, qui lui préfère Christian, un jeune soldat. Le premier écrira pour le second les lettres d'amour qui séduiront la belle...

★ Qui aurait cru qu'on puisse tirer un film de la pièce en vers d'Edmond Rostand ? Pourtant, c'est un film plein de vie et de panache. Cyrano a fait découvrir les œuvres classiques à beaucoup !

b. the evolution of film techniques

c. a biography of the director

C. Read the information after the first star.

1. How many of these films were made in the United States? In France?

2. How many were joint productions?

3. What other two countries were involved in these films?

D. Read the information after the second star. Where and when does the story take place in *Il était une fois dans l'Ouest*?

E. Complète les phrases suivantes avec les descriptions correctes.

1. *Star Wars* est...

2. *Il était une fois dans l'Ouest* est...

3. *2001, l'Odyssée de l'espace* est...

4. *Cyrano de Bergerac* est...

a. une parodie du western classique.

b. une fable sur l'homme face au progrès.

c. tiré d'une pièce en vers.

d. célèbre pour ses effets spéciaux.

F. Trouve dans un journal une annonce pour un film que tu aimes et que tu trouves important. Ensuite, écris un article sur ce film. Donne les mêmes informations que celles qui se trouvent dans les présentations des cinq films de gauche. Deux ou trois élèves vont lire ton article et le corriger avant de le donner au professeur. Ta classe peut aussi faire un journal avec tous les articles que les élèves ont faits.

Cahier d'activités, p. 131, Act. 24

Grammaire supplémentaire

Première étape

Objective Identifying people and things

1 Simon et ses amis Serge et Bruno parlent des élèves et des professeurs de leur école. Complète leur conversation avec les formes correctes du verbe **connaître.** (p. 314)

SIMON   Salut, Bruno et Serge. C'est qui, cette fille qui parle à Luc? Vous la ___1___ ?

BRUNO   Bien sûr, je la ___2___ . Elle s'appelle Suzanne. Elle est dans mon cours de maths.

SIMON   C'est qui, ton prof? M. Martin?

BRUNO   Non, c'est M. Dubois. Tu le ___3___ , Serge?

SERGE   Non, je ne le ___4___ pas, mais mon frère aîné le ___5___ . C'était son prof de maths l'année dernière. Il est cool comme prof.

SIMON   Sophie et Marius le ___6___ aussi. Ils m'ont dit que c'était leur cours préféré. Tu as de la chance d'être dans ce cours.

BRUNO   Oui, c'est vrai. En fait, je dois faire mes devoirs. A plus tard.

2 Tu regardes un magazine de musique populaire avec un ami. Identifie les photos que tu regardes et complète chaque phrase avec **c'est, il est** ou **elle est.** (p. 315)

EXEMPLE   <u>C'est</u> un chanteur africain.

1. _____ américaine.
2. _____ un musicien.
3. _____ africain.
4. _____ une bonne chanteuse.
5. _____ un Français.
6. _____ canadienne.

3 Complète les questions suivantes avec **C'** ou **Il/Elle.** Ensuite, devine de laquelle des célébrités proposées on parle. (**p. 315**)

1. _____ est une chanteuse.

   _____ est canadienne.

   _____ est très connue en France.

   _____ est _____ .

2. _____ est un acteur très populaire.

   _____ est français.

   _____ est connu aux Etats-Unis.

   _____ est _____ .

Céline Dion Vanessa Paradis Gérard Depardieu

Patricia Kaas Isabelle Adjani

Patrick Bruel Roch Voisine

Deuxième étape

Objectives Asking for and giving information

4 Choisis quatre films et écris des phrases avec **c'est, il est** ou **elle est** pour parler de l'histoire dans le film et des acteurs. Choisis quatre films dans la liste ou parle d'autres films que tu as vus. (**pp. 315, 321**)

Titanic

Trois Hommes et un couffin La Belle et la Bête

Frankenstein Demain ne meurt jamais

Hercule

EXEMPLE   *Demain ne meurt jamais,* **c'est un film d'action...**

1. ...

2. ...

3. ...

4. ...

Grammaire supplémentaire

Troisième étape
Objectives Giving opinions; summarizing

5 Complète les phrases suivantes avec **qui** ou **que**. (**p. 327**)

1. C'est la fille _____ j'ai rencontrée à la boum.
2. C'est un livre _____ est très intéressant.
3. J'ai vu le film _____ Gérard Depardieu a tourné.
4. J'ai acheté les fleurs _____ étaient jolies.
5. Luc a parlé à la fille _____ tu aimes.
6. Tu as fait les devoirs _____ le professeur nous a donnés?
7. C'est l'histoire d'un jeune homme _____ rencontre la fille de ses rêves.
8. C'est un groupe américain _____ joue du rock.
9. C'est le roman policier _____ Marc a lu.
10. Je connais un Français _____ habite aux Etats-Unis.

6 Récris les phrases suivantes en utilisant **qui** ou **que**. (**p. 327**)

EXEMPLE   Ce week-end j'ai lu un livre. Le livre était très intéressant.
            Ce week-end j'ai lu un livre qui était très intéressant.

1. J'aime le cadeau. Tu m'as donné le cadeau.
2. J'ai rencontré un garçon. Le garçon est sympa.
3. Tu connais le monsieur. Le monsieur est arrivé.
4. Voilà les livres. Tu as perdu les livres.
5. Ce sont les devoirs. Tu dois finir les devoirs ce soir.
6. C'est l'histoire d'une jeune fille. La jeune fille tombe amoureuse d'un beau garçon.
7. Tu n'as pas envie de revoir le film? Tu as vu le film hier.
8. Dans ce livre, il s'agit d'un homme fou. L'homme s'habille en clown pour aller chez le dentiste.
9. C'est la femme mystérieuse. Il a rencontré la femme hier dans la rue.
10. C'est l'histoire d'un homme. L'homme s'échappe d'une prison à l'aide d'une cuillère.

Movie posters: *Un Homme, un revolver et un cheval* avec Philippe Lassot — 14h15, 8h25, 20h ; *Un Petit Malentendu* avec Annette Oyer et Valérie Lavet — 15h45, 17h30, 21h25 ; *Le Ver Gigantesque* avec Pierre Verdeterre — 14h20, 16h50, 18h35 ; *Le Voyage des petits hommes verts* avec Jérôme Partout — 13h15, 15h55, 17h40 ; *Un Suspect dans la ville* avec Amy Stère et Jean Darme — 14h10, 17h20, 19h45 ; *Le Trésor* avec Claude Acieux — 15h25, 18h30, 20h50

7 Complète les phrases suivantes avec le pronom relatif approprié (**qui, que** ou **qu'**). Ensuite, regarde les posters et donne le titre du film décrit. Attention! Il y a une phrase qui ne correspond à aucun poster. A toi de la trouver! (**p. 327**)

1. Ça raconte l'histoire d'un homme (qui/que) est attaqué par un ver gigantesque.

2. C'est l'histoire de petits hommes verts (que/qui) arrivent sur la terre pour nous kidnapper.

3. Ça parle d'un homme (qu'/qui) on ne voit plus parce qu'il devient invisible.

4. C'est l'histoire d'une femme (qui/que) devient détective pour trouver des documents volés.

5. Ce film, (qui/que) je vous recommande, parle d'un cow-boy (que/qui) arrive dans une ville fantôme pour attraper un bandit.

Mise en pratique

CD-ROM 3
DVD 2

internet

ADRESSE: go.hrw.com
MOT-CLE:
WA3 PROVENCE-11

Guide de l'été

Expositions
Concerts
Musées
Festivals

EXPOSITIONS

● **Nice**

2 juillet - 30 octobre
Marc Chagall, 1945-1985 : les années méditerranéennes.
L'exposition est une manière de saluer l'importance de la couleur dans l'œuvre du maître.
Musée national du message biblique - Marc Chagall. 36, avenue du Docteur-Ménard, 06000 Nice.
☏ **04.93.81.75.75.**

● **Saint-Paul-de-Vence**

2 juillet - 15 octobre
Braque : rétrospective.
Pour fêter son trentième anniversaire, la Fondation ne pouvait mieux choisir : Braque, au travers de plus de cent vingt œuvres.
Fondation Maeght, 06570 Saint-Paul-de-Vence.
☏ **04.93.32.81.63.**

● **Vence**

2 juillet - 30 octobre
Marc Chagall, 1945-1985: les années méditerranéennes.
Château de Villeneuve. Fondation Emile Hugues. 3, place du Frêne, 06140 Vence.
☏ **04.93.58.15.78.**

JAZZ

● **Juan-les-Pins**

19 - 27 juillet
Festival international de jazz d'Antibes-Juan-les-Pins.
Pour sa trente-quatrième édition, le célèbre festival permettra de retrouver Pat Metheny, Dee Dee Bridgewater, Gilberto Gil, Steve Grossman...
Pinède Gould, 06160 Juan-les-Pins.
☏ **04.92.90.53.00.**

THEATRE

● **Avignon**

8 juillet - 1er août
Festival d'Avignon.
In ou *off*, c'est le roi des festivals, la fête totale du théâtre avec ses beautés et ses dérives. En officiel, on pourra voir, entre autres, l'*Andromaque* d'Euripide monté par Jacques Lasalle et le très remarquable *Henry VI* de Shakespeare, que Start Seide reprend ici après son périple parisien.

PROVENCE-CÔTE-D'AZUR

35

1

1. Look at this page from the *Guide de l'été* on Provence-Côte d'Azur. What information is given for each event? Name four things.

2. Where would you go to see a Shakespeare play?

3. Which artists are exhibited in Provence in July?

4. Which musicians will be playing at Juan-les-Pins? What type of music do they play?

5. If you were in the Provence-Côte d'Azur area on July 4, what could you go see?

6. If you had five days to spend in the Provence-Côte d'Azur area this summer, when would you go and what would you see?

2

Listen as Martin and Janine, two radio film reviewers, give their opinions of *La Rue Cases-Nègres,* which is playing at the **Festival français de musique de films.** Then, answer the questions.

1. Where does the film take place?

2. What happens in the movie?

3. Did Martin like the film? Did Janine? Why or why not?

3 **Ecrivons!**

You've been hired by a French movie studio to submit proposals for books that you feel would make good screenplays. You've just finished a book that you feel could be a blockbuster movie. Write a proposal in which you briefly describe the plot and the main characters and tell why this book would make a great movie.

Stratégie pour écrire

Characterization is the way an author or playwright reveals the personality of the characters in a story or play. Think about what types of personalities the characters in the book have and how you might describe them.

Préparation

Before you write your proposal, jot down all the basic information you'll need to include about your book: the genre, the basic plot, and the time and place of the action. You might organize your information in an outline format.

Now think about the main characters. What does the author tell you directly about each of them? What are their physical characteristics? What do they do and say that reveals their personalities? A good way to organize your notes is to create a character map of each character using cluster diagrams.

Rédaction

After you've completed your character maps, you'll be ready to write the first draft. You should describe the plot of the story in as few words as possible; try to avoid unnecessary details.

As you write your character descriptions, recall from Chapter 1 the French words and phrases you've learned to describe and characterize others. The key to good characterization is to accurately describe a character's mental and emotional states, as well as how he or she looks. A character's mental state will often dictate how he or she appears on the outside. You might review the vocabulary for describing emotions in Chapter 9. Suggest actors and actresses who would be good for the roles and tell convincingly why you think this book would be a great movie.

Evaluation

Once your first draft is complete, read each part separately. Are your reasons for recommending the book convincing? Is your plot summary accurate and informative? Do you adequately describe the appearance and personality of each of the main characters? Make any changes that you feel are necessary. Be sure to proofread your work before you write the final draft.

4 **Jeu de rôle**

You have received an interview with the movie director about the screenplay you wrote. Act out this conversation, and then change roles. In your conversation, you should . . .

- discuss the book you wrote about in your screen play. Talk about the plot, the characters, and why you like it. Decide where the movie will take place and who will be the actors.
- make plans for a sequel to the movie you're making.

Can you use what you've learned in this chapter?

Can you identify people and things?
p. 313

1 How would you ask a friend if she's familiar with your favorite singer? If she isn't, how would you identify the person?

2 How would you respond if someone asked you if you were familiar with . . .
1. *La vie en rose?*
2. *Téléphone?*
3. Jeanne Mas?
4. Kassav'?

Can you ask for and give information?
p. 320

3 How would you ask a friend . . .
1. what movies are playing?
2. where a movie is playing?
3. who stars in a movie?
4. what time something starts?

4 According to this movie listing, how would you tell a friend what is playing tonight, where, and at what time?

LE PLUMEREAU 10, place Plumereau. Pl : 6, 10 €. Mer et Lun : 4, 60 €.; -26 ans, 3, 90 €. Séances sur réserv. Salle accessible aux handicapés.

Aladdin v.f. 15h30 ; 17h30 ; 20h10

Beaucoup de bruit pour rien v.o. Séances : 19h25 ; 21h40. Film 15 min après.

Les Quatre Cents Coups Dolby stéréo Séances : 14h15 ; 18h15 ; 21h25. Film 10 min après.

Les Trois Mousquetaires v.f. Dolby stéréo. Séances : 14h ; 15h45 ; 18h30; 20h45. Film 15 min après.

Au revoir les enfants Séances : 14h ; 16h ; 18h ; 20h. Film 10 min après.

Can you give opinions?
p. 324

5 What's your opinion of . . .
1. the play *Romeo and Juliet?*
2. romance novels?
3. westerns?
4. *To Kill a Mockingbird?*
5. classical music?
6. *La Cantatrice chauve?*

6 What would you say about the last book you read that you liked? The last movie you saw that you didn't like?

Can you summarize?
p. 326

7 How would you summarize the plot of . . .
1. your favorite film?
2. your favorite book?

Vocabulaire

Première étape

Identifying people and things

Tu connais... ?	Are you familiar with...?
Bien sûr. C'est...	Of course. They are (He/She/It is)...
Je ne connais pas.	I'm not familiar with them/him/her/it.

Music

une chanteuse (un chanteur)	singer
un musicien (une musicienne)	musician
un groupe	(music) group
une chanson	song
la musique classique	classical music
le jazz	jazz
le rock	rock
le rap	rap
le blues	blues
le country/le folk	country/folk
la pop	popular, main-stream music
le reggae	reggae

Adjectives

canadien(ne)	Canadian
africain(e)	African
antillais(e)	from the Antilles
américain(e)	American

Deuxième étape

Asking for and giving information

Qu'est-ce qu'on joue comme films?	What films are playing?
On joue...	...is showing.
Ça passe où?	Where is it playing?
Ça passe à/au...	It's playing at...
C'est avec qui?	Who's in it?
C'est avec...	...is (are) in it.
Ça commence à quelle heure?	What time does it start?
A...	At...

Types of films

un genre	a type (of film, literature, or music)
un western	western
un film comique	comedy
un film d'horreur	horror movie
un film de science-fiction	science-fiction movie
un film d'amour	romantic movie
un film policier	detective or mystery movie
un film classique	classic movie
un film d'aventures	adventure movie
un film d'action	action movie

Troisième étape

Giving opinions

C'est drôle/amusant.	It's funny.
C'est une belle histoire.	It's a great story.
C'est plein de rebondissements.	It's full of plot twists.
Il y a du suspense.	It's suspenseful.
On ne s'ennuie pas.	You're never bored.
C'est une histoire passionnante.	It's an exciting story.
Je te le/la recommande.	I recommend it.
Il n'y a pas d'histoire.	It has no plot.
Ça casse pas des briques.	It's not earth-shattering.
C'est...	It's...
trop violent.	too violent.
trop long.	too long.
bête.	stupid.
un navet.	a dud.
du n'importe quoi.	worthless.
gentillet, sans plus.	cute, but that's all.
déprimant.	depressing.

Summarizing

De quoi ça parle?	What's it about?
Qu'est-ce que ça raconte?	What's the story?
Ça parle de...	It's about...
C'est l'histoire de...	It's the story of...

Types of books

un roman policier (un polar)	detective or mystery novel
une (auto) biographie	(auto)biography
une bande dessinée (une B.D.)	comic book
un livre de poésie	book of poetry
un roman d'amour	romance novel
un roman de science-fiction	science-fiction novel
un (roman) classique	classic
une pièce de théâtre	play

Allez, viens au Québec!

Population : plus de 7.300.000

Villes principales : Montréal, Québec, Chicoutimi

Points d'intérêt : le parc de la Jacques-Cartier, le lac Saint-Jean, le parc olympique de Montréal, le parc du mont Sainte-Anne, le parc de la Gaspésie

Festivals : le Carnaval d'hiver, le Festival des Films du monde, la Fête des neiges

Québécois célèbres : Manon Rhéaume, Yves Beauchemin, Myriam Bédard, Sylvie Tremblay, Mylène Farmer

Ressources et industries : hydroélectricité, produits de bois et d'érable, tourisme, informatique et télécommunication

WA3 QUEBEC

 VIDEO

 CD-ROM 3 DVD 2

Le mont Sainte-Anne ▶

338

Le Québec

La province du Québec a un statut très indépendant. Trois fois plus grande que la France, elle compte pourtant moins de huit millions d'habitants. La langue officielle est le français, mais pour le commerce, la plupart des Québécois doivent aussi parler anglais. Montréal est la ville qui a le plus grand nombre d'habitants bilingues du monde. Pourquoi est-ce qu'on parle français au Québec? Parce que ce sont les Français qui l'ont fondé. Jacques Cartier a exploré le fleuve Saint-Laurent en 1534 et Samuel de Champlain a fondé La Nouvelle-France en 1608.

internet

ADRESSE: go.hrw.com
MOT-CLE: WA3 QUEBEC-12

1 Le Vieux-Québec
On peut le visiter en calèche.

2 Le parc de la Jacques-Cartier
Au nord de la ville de Québec, ce parc offre une grande variété d'activités en pleine réserve naturelle.

3 La péninsule de Gaspé
C'est l'une des plus anciennes régions touristiques du Québec, avec ses forêts et sa belle côte sauvage.

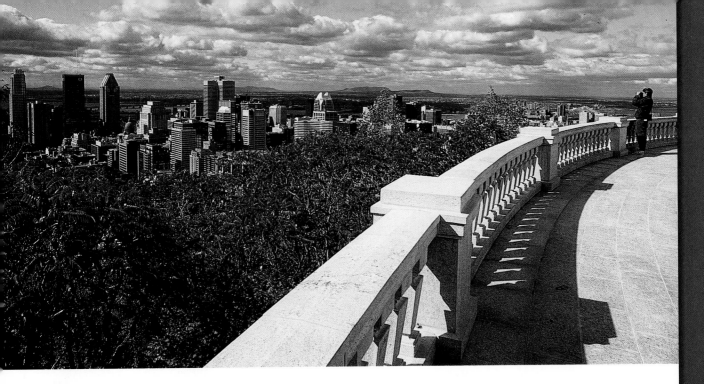

4 Montréal
Au bord du Saint-Laurent, Montréal est la plus grande ville du Québec.

5 Les Laurentides
On y trouve la plus grande concentration de stations de ski d'Amérique du nord.

6 La rivière Saguenay
Les hautes falaises qui bordent cette très large rivière lui donnent un aspect de fjord norvégien.

7 Les Inuits
Les Inuits sont un des peuples indigènes du Québec.

Au chapitre 12,

tu vas faire la connaissance de Michèle, Francine, René, Paul et Denis, cinq jeunes Québécois qui vont t'emmener faire une randonnée au parc de la Jacques-Cartier. C'est un vrai paradis pour les amoureux de la nature. Tu vas avoir l'occasion de voir des paysages d'une beauté sauvage et plein d'animaux tels que des mouffettes, des orignaux et même des ours!

CHAPITRE

12
A la belle étoile

Objectives

In this chapter you will review and practice how to

Première étape

- ask for and give information
- give directions

Deuxième étape

- complain
- express discouragement and offer encouragement
- ask for and give advice

Troisième étape

- relate a series of events
- describe people and places

internet

go.hrw.com

ADRESSE: go.hrw.com
MOT-CLE:
WA3 QUEBEC-12

◀ Au Québec, il y a des forêts magnifiques!

MISE EN TRAIN ▪ *Promenons-nous dans les bois*

Stratégie pour comprendre
Have you ever kept a journal on vacation before? What did you record in it? What do you think happened to René and his friends?

Michèle   **Francine**   **René**   **Mme Desrochers**   **Paul**   **Denis**

Le matin, au camping du parc de la Jacques-Cartier. René, Francine, Michèle, Denis et Paul s'apprêtent à partir pour une randonnée. Les parents de Francine, M. et Mme Desrochers, vont rester au camping. René, lui, commence son journal.

> 26 septembre.
> 8H15 - Tout le monde est prêt. On a l'eau, le pique-nique et des allumettes. Moi, j'ai mon appareil-photo. Mme Desrochers nous a donné une lampe de poche. A mon avis, ce n'est pas la peine. On va rentrer avant la nuit.

Mme Desrochers   Vous avez tout?

Francine   On devrait peut-être prendre une lampe de poche?

René   Oh, c'est pas la peine. On va rentrer avant la nuit.

Francine   La nuit tombe tôt. Moi, je préférerais en avoir une.

Michèle   Bien. On y va?

Paul   On y va!

René   J'arrive!

Mme Desrochers Tiens, Francine. On ne sait jamais.

3

Francine	Eh, vous avez vu! Superbe, non? Qu'en pensez-vous?
Michèle	C'est magnifique.
Denis	Il doit y avoir des tas d'animaux. C'est idéal pour la chasse.

12H30 - Nous avons marché toute la matinée. Une balade superbe. C'est magnifique ici. C'est tellement calme et tellement beau. Il y a autant de bruit qu'à Québec, mais c'est le bruit de la nature: le chant des oiseaux, les coin-coin des canards... Et si on écoutait bien, on entendrait peut-être le grognement d'un ours!... A propos d'animaux, Michèle et Denis se disputent... comme d'habitude.

3H10 - Si on veut arriver avant la nuit, il faut partir maintenant. Paul est fatigué. Il n'est pas habitué à ces longues marches... Francine veut prendre un raccourci. C'est une bonne idée, mais on risque de se perdre! Allons, faisons confiance à Francine!

4

Michèle	Tu n'as pas honte? Tu devrais plutôt préserver les animaux.
Denis	Il y a plus d'un million d'orignaux par ici. Un orignal de plus ou de moins, hein? Qu'est-ce que ça fait?
Michèle	Si tout le monde pensait comme toi, il n'y aurait plus d'orignaux ici!
Denis	Et si tout le monde pensait comme toi, il n'y aurait que des orignaux!

5

Francine	On devrait peut-être prendre un raccourci?
René	Tu as raison, il est déjà tard. Mais il ne faudrait pas se perdre.
Francine	T'inquiète pas. Si on marche vers le sud, on ne peut pas se perdre.

5H20 - Ça y est! Nous sommes perdus! Nous ne savons plus où nous sommes. C'est malin!... Paul a faim. Francine est embêtée. Et Denis est ravi! Lui, il adore l'aventure! Il faudrait trouver une solution. On ne peut pas dormir ici. Et si on continuait à marcher? Paul ne veut pas. Il a mal aux pieds. Je pourrais les laisser ici et chercher le chemin. Mais si je me perdais? Ce n'est peut-être pas une très bonne idée... Alors? Que faire?

6

René	Alors, qu'est-ce que tu proposes, Francine?
Francine	Je ne sais pas trop. Si on continue, on risque de se perdre encore plus. Si on reste ici, on risque d'avoir très froid et mes parents vont s'inquiéter. Je ne sais pas trop quoi faire.

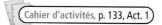
Cahier d'activités, p. 133, Act. 1

MISE EN TRAIN

trois cent quarante-cinq **345**

1 **Tu as compris?**

1. Where are the young people?
2. What are they doing?
3. What do Michèle and Denis disagree about?
4. What happens at the end of *Promenons-nous dans les bois?*

2 **Il est quelle heure?**

A quelle heure est-ce que René a écrit les phrases suivantes dans son journal?

1. Ça y est! Nous sommes perdus!
2. Mme Desrochers nous a donné une lampe de poche.
3. A propos d'animaux, Michèle et Denis se disputent... comme d'habitude.
4. Il faudrait trouver une solution.
5. Allons, faisons confiance à Francine!
6. C'est tellement calme et tellement beau.

3 **Qui suis-je?**

| Michèle | Denis | René | Francine | Paul |

J'ai faim.

J'aime aller à la chasse.

J'écris dans mon journal.

Je suis embêtée.

Je veux prendre un raccourci.

Je suis ravi.

Je pense qu'on devrait préserver les animaux.

4 **Cherche les expressions**

What do the people in *Promenons-nous dans les bois* say or write to . . .

1. ask for an opinion?
2. describe a place?
3. make a suggestion?
4. agree?
5. disagree?
6. ask for a suggestion?

5 **Et maintenant, à toi**

A ton avis, qu'est-ce qui va se passer maintenant? Imagine que tu fais du camping ou une randonnée et que tu te perds. Quelle est ta réaction?

QUÉBEC
DESTINATION : NATURE

□ Parcs de Conservation
□ Parcs de Récréation

6 Destination nature
Lisons

1. What geographical features do you see on the map? What cities?
2. What animals would you expect to find in Quebec?
3. What types of parks can you find in Quebec?

Comment dit-on...?

Asking for and giving information; giving directions

To ask for information:

Où se trouve le parc de la Jacques-Cartier?
Qu'est-ce qu'il y a à voir au parc?
Qu'est-ce qu'il y a à faire?

To give information:

Le parc **se trouve** près du lac Saint-Jean.
Il y a des forêts magnifiques et beaucoup
  d'animaux.
On peut faire des pique-niques, des safaris
  d'observation,...

To give directions:

C'est au nord/au sud/à l'est/à l'ouest de la ville de Québec.
  It's to the north/south/east/west of . . .
C'est dans le nord/le sud/l'est/l'ouest du Québec.
  It's in the northern/southern/eastern/western part of . . .

Cahier d'activités, pp. 134–135, Act. 2–4

7 ### Les parcs nationaux

Ecoutons Stéphane est à Montréal. Il essaie de choisir quel parc il veut visiter. Ecoute les informations que l'office de tourisme lui donne et décide de quel parc on parle. Aide-toi du plan à la page 347.

Note culturelle

Il y a beaucoup d'endroits sauvages à visiter au Québec. Un parc fameux, le parc de la Jacques-Cartier, tient son nom de l'explorateur Jacques Cartier qui a découvert et apporté au roi de France en 1534 ce qui est maintenant le Canada. Dans le parc vous pouvez suivre la route des draveurs, hommes qui transportaient, sur les rivières, les trappeurs et les bûcherons venus faire fortune après que Cartier ait dressé la carte de la région. Pendant l'été, vous pouvez aussi faire de la pêche avec un permis.

8 ### C'est tellement beau!

Parlons Demande à ton/ta camarade où sont les parcs suivants et ce qu'on peut y faire et y voir. Il/Elle va te répondre en s'aidant du plan à la page 347. Puis, changez de rôles.

le parc du Mont-Tremblant

le parc du Saguenay

le parc de la Jacques-Cartier

9 On pourrait aller...

Parlons Ton ami(e) et toi, vous essayez de décider où vous voulez aller en vacances. Suggère un endroit et réponds aux questions de ton/ta camarade qui te demande ce qu'il y a à voir et à faire là-bas. Puis, changez de rôle.

au Québec   à Paris   à Abidjan
à la Martinique
en Touraine   en Provence

DE BONS CONSEILS

You've learned a lot of words and phrases. To review them, remember vocabulary in thematic groups. Think of a topic or situation that you've studied, such as making suggestions about what to see and do in Martinique. Then, list the vocabulary and phrases that you would need in that situation. Keep the lists you make and use them to study for your next test—and your final exam!

Vocabulaire

Qu'est-ce qu'on peut voir dans les parcs du Québec?

CD-ROM 3
DVD 2

un orignal

un ours

un loup

un écureuil

un renard

un raton laveur

une mouffette

un canard

Travaux pratiques de grammaire, p. 98, Act. 1–3

Cahier d'activités, p. 135, Act. 5

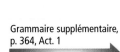

Grammaire supplémentaire, p. 364, Act. 1

10 Les animaux du parc

Ecoutons Francine est revenue d'une excursion dans le parc de la Jacques-Cartier. Quels animaux est-ce qu'elle a vus?

Qui suis-je?

Lisons

1. Je suis noir et blanc et j'ai une grande queue. Certains disent que je sens mauvais.

2. J'ai le museau et les oreilles pointus et une grande queue rousse. J'adore les poules!

3. Je suis gris et noir. J'ai une queue à rayures et j'ai l'air de porter un masque.

4. Je suis noir ou brun et les gens ont peur de moi parce que je suis grand et fort.

5. J'habite les lacs et les rivières. Les enfants adorent me donner à manger.

 Et toi?

Parlons Réponds aux questions suivantes, puis interviewe un(e) camarade.

1. Quels animaux du Vocabulaire à la page 349 est-ce que tu as déjà vus?

2. Où est-ce que tu les as vus?

3. Est-ce que tu leur as donné à manger?

4. Quels animaux est-ce que tu n'as jamais vus?

5. Si tu pouvais être un de ces animaux, lequel choisirais-tu? Pourquoi?

Vocabulaire

Qu'est-ce qu'on peut faire au Québec? On peut...

faire du camping.

faire du canotage.

faire du vélo de montagne.

faire une randonnée en skis.

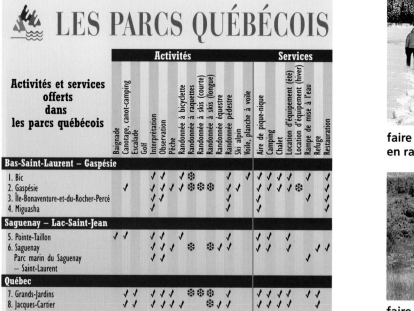

Cette liste ne représente pas tous les parcs du Québec.

faire une randonnée en raquettes.

faire une randonnée pédestre.

Travaux pratiques de grammaire, p. 99, Act. 4–6

Cahier d'activités, p. 135, Act. 6

Grammaire supplémentaire, p. 365, Act. 2–3

13 **Vrai ou faux?**

Lisons Regarde le tableau à la page 350 et décide si les phrases suivantes sont vraies ou fausses.

1. On peut se baigner au parc du Saguenay.
2. On peut faire du camping et de la pêche au parc du Miguasha.
3. Au parc du Pointe-Taillon, on peut faire une randonnée pédestre et du canotage.
4. On peut faire une randonnée en raquettes au parc du Saguenay, mais on ne peut pas faire de canotage.
5. Au parc de la Gaspésie, on ne peut pas faire de ski alpin, mais on peut faire une randonnée en skis.
6. Dans tous les parcs, il est possible de faire un pique-nique et une randonnée pédestre.

14 **Mon week-end au parc**

Ecoutons Ecoute ces personnes qui parlent de leurs week-ends. Fais une liste de ce que chaque groupe d'amis a fait.

15 **Un week-end sportif**

Parlons/Ecrivons Des groupes de copains font du camping. Compare leurs activités. Qu'est-ce qu'ils font de semblable? Et de différent?

Jules et Romain

Marie et Jeanne

16 **Moi, j'aime bien...**

Ecrivons Fais une liste des activités que tu aimerais pratiquer si tu allais au Québec. Quels sont les parcs qui offrent ces activités?

17 **Si on allait... ?**

Parlons En utilisant les listes que vous avez faites pour l'activité 16, choisissez un parc québécois où votre classe de français peut aller pour le voyage de fin d'année. Créez une publicité pour le parc pour persuader le reste de la classe d'y aller.

AU BON CAMPEUR

① TUE-INSECTES
Appréciez une soirée à l'extérieur sans moustiques grâce à ce tue-insectes portable.
Hauteur : 25 cm
4 watts, 220 volts
8, 80 €

② SAC DE COUCHAGE
Dimensions : 2 m x 80 cm
Extérieur nylon, intérieur coton. Fermeture éclair.
Peut être aussi utilisé comme couverture.
Six coloris.
Lavable à la machine.
36, 51 €

③ CANNE A PECHE
Poignée et bobine en plastique et moulinet en métal.
Vendue avec un flotteur et un mini-lancer téléscopique.
7, 00 €

④ LAMPE DE CAMPING
Indispensable pour les soirées autour du feu de camp.
80 watts, nécessite une cartouche 200 grs.
14, 17 €

⑤ SAC A DOS
Parfait pour emporter tout son matériel de randonnée. Nylon renforcé, fermeture éclair, cinq poches à fermetures velcro.
Bretelles ajustables et matelassées pour votre confort.
Existe en six couleurs.
22, 71 €

⑥ TENTE A AVANCEE
Trois places. Intérieur et toit en nylon.
Sol en mousse de polyéthylène.
Deux fenêtres.
Dimensions pliée :
35 cm x 12 cm
Poids : 2 kg.
60, 83 €

⑦ TAPIS DE SOL
Parfait pour le camping, la gym ou la plage.
100% polyéthylène. Dimensions : 2 m x 60 cm.
Deux épaisseurs au choix: 1 cm ou 2,5 cm
Coloris : bleu, rouge, noir et vert.
5, 63 €

18 **Tu as compris?**

Lisons Regarde la publicité et réponds aux questions suivantes.

1. Cette publicité est pour quelle sorte d'équipement?
2. Combien de poches a le sac à dos? Combien coûte-t-il?
3. Comment dit-on *sleeping bag* en français? Quelles sont les dimensions de celui sur la publicité? Combien coûte-t-il?
4. Comment est-ce qu'on peut utiliser le tapis de sol?
5. Est-ce que la tente a des fenêtres? Elle peut loger combien de personnes?

Tu as pensé à tout?

Tu n'as rien oublié?

Ne vous en faites pas. J'emporte...

des allumettes

une canne à pêche

une boussole

une tente

une trousse de premiers soins

un sac de couchage

une lampe de poche

de la lotion anti-moustiques

Travaux pratiques de grammaire, pp. 100–101, Act. 7–8

Cahier d'activités, p. 137, Act. 8–9

19 J'en ai besoin!

Parlons/Ecrivons Si tu vas faire du camping, qu'est-ce qu'il faut que tu emportes pour...

1. dormir?
2. attraper des poissons?
3. ne pas te perdre?
4. ne pas te faire piquer par les insectes?

5. soigner quelqu'un qui s'est fait mal?
6. bien voir la nuit?
7. faire la cuisine?

Note de grammaire

The verb **emporter** means *to take something with you*. It's a regular **-er** verb. You can use it to advise someone what to bring: **Emporte** une boussole!

Travaux pratiques de grammaire, p. 102, Act. 10–11

Grammaire supplémentaire, p. 365, Act. 4

20 ## Grammaire en contexte

Ecrivons Ton ami(e) va aller faire du camping avec toi. Ecris-lui une lettre dans laquelle tu lui donnes des conseils sur ce qu'il/elle doit emporter et mettre.

Si tu as oublié clothing vocabulary va à la page R14.

Travaux pratiques de grammaire, p. 101, Act. 9

Comment dit-on...?

Complaining; expressing discouragement and offering encouragement

CD-ROM 3 / DVD 2

To complain:

Je crève de faim!
Je meurs de soif!
Je suis fatigué(e).
J'ai peur des loups!
    I'm scared of . . . !

To express discouragement:

Je n'en peux plus!
J'abandonne!
Je craque!

To offer encouragement:

Courage!
Tu y es presque!
On y est presque!
Allez!

Cahier d'activités, p. 138, Act. 11

21 ## Qu'est-ce qu'ils disent?
Parlons/Ecrivons

1.

2.

3.

22 ## Jeu de rôle

Parlons Ecris et joue une scène dans laquelle des amis partent camper et se perdent. Parmi tes amis, une personne est toujours en train de se plaindre, une autre personne est découragée et elle a peur dans les bois et la dernière personne essaie d'encourager les deux autres.

Vocabulaire

respecter la nature	*to respect nature*
jeter (remporter) les déchets	*to throw away (to take back with you) your trash*
nourrir les animaux	*to feed the animals*
mutiler les arbres	*to deface the trees*
suivre les sentiers balisés	*to follow the marked trails*

Travaux pratiques de grammaire, p. 103, Act. 12–14

Cahier d'activités, p. 139, Act. 12

23 Au parc de la Jacques-Cartier

Lisons

1. Look at the words in bold type at the top and bottom of the poster. What is this poster about? Who is it for?

2. If you were going to a state park, what things do you think would be forbidden? What would be encouraged?

3. According to the illustrations and text below each one, what are three things you shouldn't do at the **parc de la Jacques-Cartier?**

4. Read the poster carefully to find two other things you shouldn't do, and two you should do.

PARC DE LA
JACQUES-CARTIER

**BIENVENUE
DANS LE PARC DE LA JACQUES-CARTIER**

«LA PROTECTION DU PARC, C'EST
L'AFFAIRE DE TOUS»

Lorsque tu viens dans le parc, prends soin de:

- laisser chez toi les animaux domestiques
- garer ta voiture dans les aires de stationnement
- admirer les animaux sauvages sans les déranger ni tenter de les nourrir;
- jeter tes déchets dans les contenants prévus à cette fin;
- contempler les arbres, arbustes et autres plantes sans les prélever, ni les mutiler;
- ramener chez toi toute substance nocive tels savon, huile, combustible ou pesticide;
- éviter de peinturer, d'altérer ou de prélever les roches et autres formations naturelles

Québec 🔳

24 Le règlement du parc

Ecoutons Ecoute Bénédicte et ses copains qui font une randonnée dans le parc. Choisis le dessin qui correspond à chaque conversation.

a.   b.   c.

Comment dit-on...?

Asking for and giving advice

To ask for advice:

Qu'est-ce que je dois faire?

To give advice:

Tu devrais respecter la nature.
Tu ferais bien de suivre les sentiers balisés.
Evite de nourrir les animaux.
Tu ne devrais pas mutiler les arbres.

Cahier d'activités, p. 139, Act. 13

25 Qu'est-ce qu'ils font, ces enfants?!

Parlons/Ecrivons Tu fais du camping avec un groupe d'enfants... mais ils font des bêtises. Qu'est-ce que tu leur conseilles?

26 Tu dois respecter les règles!

Ecrivons Fais un poster comme celui du parc de la Jacques-Cartier à la page 355. Ecris la liste des règles que l'on doit respecter dans un parc près de chez toi, dans ton école, dans ta classe ou dans ta chambre à la maison. Utilise des illustrations ou des extraits de magazines.

27 Mon journal

Ecrivons Est-ce que l'idée de faire du camping te plaît? Ecris ce que tu aimes et ce que tu n'aimes pas au sujet du camping.

Note culturelle

L'écologie est devenue une des priorités au Canada. Il y a plus de 500 groupes dédiés à la recherche et à la protection de l'environnement au Canada. Ces groupes ne travaillent pas seuls; le gouvernement aussi cherche à protéger les ressources naturelles du pays en créant des réserves naturelles et écologiques et des parcs nationaux. Un programme télévisé appelé La Semaine Verte fournie des mises à jour régulières concernant les problèmes d'environnement.

Quels sont les animaux en voie de disparition dans ta région?

We asked some francophone people about endangered animals in their areas. Here's what they had to say.

Max, Martinique

«Il y en a beaucoup qui ont déjà complètement disparu, mais l'animal qui est en voie de disparition en ce moment, c'est l'iguane. Il en reste une dizaine d'unités. Ils sont au fort Saint-Louis. Je crois que c'est plutôt ceux-là qui sont vraiment en voie de disparition.»

Qu'est-ce qu'on fait pour les protéger?

«J'ai l'impression qu'on ne s'en occupe pas beaucoup. Ils sont là. Ils sont livrés à eux-mêmes et je pense qu'ils vont disparaître dans très peu de temps.»

Marius, Côte d'Ivoire

«Il y a des animaux en voie de disparition comme l'éléphant. L'éléphant en Côte d'Ivoire, il y en avait plein avant, mais maintenant ils commencent à disparaître et puis aussi il y a... il y a plein d'animaux hein... Je ne sais pas, l'hippopotame, le crocodile et puis le singe et puis les jolis oiseaux, les petits oiseaux comme les grands. Bon, maintenant on n'en a pas trop. Pour les voir, il faut aller soit à l'intérieur du pays ou aller au zoo.»

Mathieu, Québec

«Qui sont en voie de disparition? Dans le fleuve Saint-Laurent, ici, en bas du Québec, il y a les baleines. Il y a les bélugas qui sont en voie de disparition. A l'extérieur, il y en a plusieurs. Il y en a beaucoup qui ont déjà disparu aussi. Et puis, il y a beaucoup d'oiseaux aussi qui disparaissent, à cause des produits qu'on envoie dans l'environnement.»

Qu'est-ce qu'on fait pour les protéger?

«Le gouvernement, ils pensent, enfin ils veulent faire dépolluer le fleuve Saint-Laurent ici, mais ils [ne] font pas grand-chose.»

Qu'en penses-tu?

1. Are there any endangered animals in your community? What endangered species have you read about or heard about in the news lately?
2. What is being done to protect endangered species?

Lundi 12 septembre 20h 15
Cher journal,
Me voici donc revenue de mon week-end de camping! Il faisait un temps horrible quand nous sommes partis mais heureusement ça n'a pas duré. A midi, il faisait beau et chaud, un temps magnifique, surtout pour les randonnées. Alors, on s'est mis en route! D'abord, on a fait une randonnée super et Marc a pris des tas de photos. Il y avait une chute d'eau géniale; il a pris une photo de moi devant. Nous avons même vu un ours! Après ça, on est allés se baigner dans la rivière. Ensuite, Julie est allée à la pêche, Marc est rentré au terrain de camping et moi, je suis restée nager. Malheureusement, les moustiques sont restés aussi! Ils m'ont piquée partout! Julie m'a prêté sa lotion anti-moustiques, mais c'était trop tard! Enfin, on a fait un pique-nique super. On a mangé les poissons que Julie avait attrapés. Quelle journée! Malgré les piqûres, c'était super génial. Vive le camping!
Sophie

 28 Tu as compris?

Lisons

1. Où est-ce que Sophie et ses amis sont allés?
2. Quel temps faisait-il?
3. Qu'est-ce qu'ils ont fait là-bas?
4. Le week-end s'est bien passé?

Comment dit-on...?

Relating a series of events; describing people and places

To relate a series of events:

D'abord, j'ai acheté des bottes et une casquette.
Ensuite, je suis parti(e) au parc avec Francine et Denis.
Après ça, on a fait une randonnée pédestre.
Finalement, je me suis couché(e) très tôt.

To describe people and places:

Il y avait beaucoup d'arbres et une chute d'eau.
Paul **était** pénible parce qu'il **avait** faim.
Francine **avait l'air** embêtée.
Moi, j'**étais** ravi(e)!

CD-ROM 3
DVD 2

Cahier d'activités, p. 140, Act. 15–16

29 **Le week-end de Séverine**

Ecoutons Séverine raconte son week-end au parc du Saguenay à son ami Guillaume. Ecoute, puis réponds aux questions.

1. Quel temps faisait-il?
2. Qu'est-ce qu'elles ont fait là-bas?
3. Est-ce que Monique était de bonne ou de mauvaise humeur? Pourquoi?

Grammaire

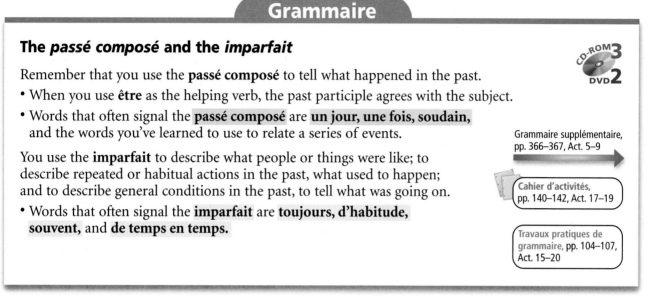

The *passé composé* and the *imparfait*

Remember that you use the **passé composé** to tell what happened in the past.

- When you use **être** as the helping verb, the past participle agrees with the subject.
- Words that often signal the **passé composé** are **un jour, une fois, soudain,** and the words you've learned to use to relate a series of events.

You use the **imparfait** to describe what people or things were like; to describe repeated or habitual actions in the past, what used to happen; and to describe general conditions in the past, to tell what was going on.

- Words that often signal the **imparfait** are **toujours, d'habitude, souvent,** and **de temps en temps.**

Grammaire supplémentaire, pp. 366–367, Act. 5–9

Cahier d'activités, pp. 140–142, Act. 17–19

Travaux pratiques de grammaire, pp. 104–107, Act. 15–20

30 **Grammaire en contexte**

Lisons Francine raconte une histoire de fantômes à ses amis réunis autour d'un feu de camp. Complète son histoire en mettant les verbes au passé composé ou à l'imparfait. Est-ce que c'était un vrai fantôme? Qu'est-ce que c'était?

À PROPOS, VOUS CONNAISSEZ LA VIEILLE MAISON DUCHARME?

C' __1__ (être) un soir d'automne. Je (J') __2__ (rentrer) chez moi. Je (J') __3__ (être) un peu en retard parce que je (j') __4__ (chercher) mon chat, Minou. Je (J') __5__ (passer) devant la maison Ducharme quand soudain, je (j') __6__ (entendre) un bruit. On aurait dit un fantôme! Je (J') __7__ (décider) de faire une enquête. D'abord, je (j') __8__ (monter) par l'escalier jusqu'à la terrasse — "CRICK, CRICK, CRICK," puis je (j') __9__ (ouvrir) la porte "JOUIIIING" et je (j') __10__ (entrer) dans la maison. A l'intérieur, il y __11__ (avoir) de la poussière et des toiles d'araignée partout. Je (J') __12__ (faire) un pas vers le salon quand, tout à coup, quelque chose __13__ (tomber) derrière moi! Je (J') __14__ (être) verte de peur! Le fantôme avait essayé de me tuer!

HEUREUSEMENT, JE ME SUIS ÉCHAPPÉE, SAINE ET SAUVE!

La journée de Pierre

Parlons/Ecrivons Aujourd'hui, Pierre a fait une randonnée dans le parc. Mets en ordre ses activités et raconte sa journée.

a.

b.

c.

d.

e.

f.

32 **Quelle aventure!**

Ecrivons Imagine que tu as passé le week-end avec un groupe d'amis dans un des parcs québécois. Décris le temps qu'il a fait là-bas, ce que tu as vu et ce que tout le monde a fait. Décris tes impressions de cette expérience dans la nature.

33  De l'école au travail

 Parlons Tu travailles pour le bureau d'information du parc de la Jacques-Cartier. Tu dois interviewer ton ami(e) au sujet du week-end décrit dans l'activité 32. Demande-lui où il/elle est allée(e), avec qui, quel temps il a fait, comment était le parc, ce qu'il/elle a fait et si c'était bien.

Rencontre culturelle

If you visit Quebec, you might be surprised at some of the French-Canadian words and expressions you'll hear. See if you can match the French expressions on the left with their French-Canadian equivalents on the right.

RUE CUL-DE-SAC

ARRÊT

1. maïs	**a.** bonjour
2. dîner	**b.** breuvage
3. stop	**c.** patate
4. au revoir	**d.** bienvenue
5. boisson	**e.** fin de semaine
6. pomme de terre	**f.** arrêt
7. week-end	**g.** souper
8. ça va	**h.** blé d'Inde
9. de rien	**i.** c'est correct
10. hot-dog	**j.** chien chaud

Qu'en penses-tu?

1. Which French expressions use English words? What do French Canadians use instead?
2. Which French-Canadian expressions show the influence of North American culture?

Savais-tu que... ?

If you visit Quebec, some of the words and expressions you will hear may be different from those you would hear in many parts of France. Some words and expressions heard in Quebec were used only in certain regions of France and may no longer be used in France. Other more modern expressions originated separately in France and Quebec. For example, in France, English words such as **hot-dog, week-end,** and **stop** are commonly used. In Quebec you are more likely to hear **patate, fin de semaine,** and **arrêt.** Some expressions you will hear in Quebec reflect the influence of English, such as **bienvenue,** which literally means "welcome," and is often used instead of **de rien** to mean "you're welcome."

(answers: 1. h, 2. g, 3. f, 4. a, 5. b, 6. c, 7. e, 8. i, 9. d, 10. j)

Lisons!

POÈMES DE ANNE HÉRBERT

Stratégie pour lire

What makes a group of words a poem? The *imagery* in the poem, or the pictures the words create in your mind, is part of what makes a poem come to life. One way a writer creates these images is to use *metaphors,* phrases that suggest a likeness or relationship between two things by stating that one thing is another. Before you look closely at the poem, read it aloud and note the images and metaphors the poet uses.

Nature is a theme for many poets, including Canadian writer Anne Hébert, author of several prize-winning novels, screenplays, and poems.

A. What do both poem titles relate to? Can you think of any poems or songs you're familiar with whose titles suggest the same themes?

B. Lis les premières strophes de chaque poème. Tu penses à quelles images en lisant ces strophes?

C. Lis les mots suivants et trouve chacun dans *Tombée du jour* ou *Nos Mains au jardin.*

Tombée du jour	
soleil évanoui	*vanishing sun*
ramasse	*pick up*
grisonne	*greys, is greying*
pourrir	*to rot away, to spoil*
sol	*ground*
survienne	*appears, arrives*
aubes	*dawns, daybreaks*
sauvage	*wild*
paroles	*words*

TOMBÉE DU JOUR

Le jour tombe
De l'arbre rond
Comme une orange ronde
Soleil évanoui

Nul ne le ramasse
Dans l'air qui grisonne
Le laisse là pourrir
Sur le sol noir

Survienne la nuit confuse
Rumination des aubes
    incertaines
Magma sauvage des
    paroles jamais dites

Germe la plus étonnante
    des fleurs vives
Et peut-être même le
    sang de la terre
Tout entière
En sa naissance reconduite

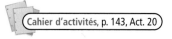

NOS MAINS AU JARDIN

Nous avons eu cette idée
De planter nos mains au jardin

Branches des dix doigts
Petits arbres d'ossements
Chère plate-bande.

Tout le jour
Nous avons attendu l'oiseau roux
Et les feuilles fraîches
A nos ongles polis.

Nul oiseau
Nul printemps
Ne se sont pris au piège de nos mains
coupées.

Pour une seule fleur
Une seule minuscule étoile de couleur
Un seul vol d'aile calme
Pour une seule note pure
Répétée trois fois.

Il faudra la saison prochaine
Et nos mains fondues comme l'eau.

étonnante	*surprising*
sang de la terre	*blood of the earth*
naissance	*birth*
Nos Mains au jardin	
ossements	*bones*
plate-bande	*flower/garden bed*
ongles	*fingernails*
ne se sont pris au piège	*didn't fall in the trap of . . .*

Tombée du jour

D. How does the poet describe the end of the day? What images does she use?

E. What tone does the poem have after the sun has set? The poet uses powerful images to describe the night. Find examples from the poem of some of these images.

Nos Mains au jardin

F. What type of images does the author use in the first two stanzas of the poem? Whom do you think **nous** represents?

G. What does the author want or long for? Does she get what she wants? Why or why not?

H. Comment est-ce que la nature est représentée dans le poème *Nos Mains au jardin?* Explique ta réponse en utilisant le vocabulaire trouvé dans le poème.

I. Think of how weather or nature affects you. What type of weather makes you happy? Sad? Make a list of these feelings and think about what you would associate with each one. Then, write a poem about these feelings. Try to use metaphors to create mental images for your reader.

J. Quel poème est-ce que tu préfères? Pourquoi?

Cahier d'activités, p. 143, Act. 20

LISONS!

trois cent soixante-trois **363**

Grammaire supplémentaire

Première étape Objectives Asking for and giving information; giving directions

1 Ta classe a fait une excursion à la montagne et quelques étudiants parlent de ce qu'ils ont vu. Dis ce que chacun a vu en employant ces fragments de phrases et ces photos. (**pp. 136, 140, 167, 305, 349**)

EXEMPLE   traverser/le chemin
Un raton laveur a traversé le chemin.

1. _____ /entrer/dans le lac/pour boire

2. Julien et Lucien/voir/ _____ /à côté d'un arbre

3. _____ /faire coin-coin/quand/ il/ passer/près de Stéphanie

4. _____ /se cacher/derrière un arbre

5. Dominique/voir/ _____ /sur la colline/à gauche/du chemin

6. Nous/entendre/ _____ /et ça nous a fait peur

2 Ta classe de sciences fait une étude sur les différents animaux que les élèves ont déjà vus. Dis ce que chaque personne faisait quand elle a vu chaque animal. Utilise les verbes au **passé composé** ou à **l'imparfait** quand c'est nécessaire. (**pp. 269, 350**)

1. Francine et Monique / faire du canotage / un canard
2. Marie et Julien / faire du vélo de montagne / une mouffette
3. Je / faire une randonnée pédestre / un raton laveur
4. Nous / se baigner / un orignal
5. Sasha / faire un pique-nique / un écureuil
6. Tu / faire du ski alpin / un loup

3 Toi et tes amis, vous allez au parc du Saguenay. Suggère une activité que vous pouvez faire selon ce que chaque personne emporte. Utilise l'expression **si on + imparfait**. (**pp. 237, 350**)

EXEMPLE   François: hiking boots   <u>**Si on faisait une randonnée pédestre?**</u>

1. Luc: a canoe
2. Christian: a tent
3. Martin: ski poles
4. Annick: a mountain bike
5. Yves: snowshoes
6. Laurent: fishing pole
7. Michelle: sandwiches and trail mix
8. Antoine: a camera
9. Isabelle: cross-country skis

Deuxième étape
Objectives Complaining; expressing discouragement and offering encouragement; asking for and giving advice

4 Ta famille fait des préparatifs pour un week-end de camping. Décide ce que chaque personne doit emporter pour faire les choses suivantes. (**p. 354**)

EXEMPLE   ta mère / faire la cuisine
<u>Elle emporte des allumettes.</u>

des allumettes	une tente une lampe de poche	un sac de couchage
	une boussole	
une trousse de premiers soins	de la lotion anti-moustiques	une canne à pêche
un canoë	des vélos de montagne	des raquettes

1. tes frères / dormir
2. ton père / ne pas se perdre
3. toi / attraper des poissons
4. on / bien voir la nuit
5. nous / soigner quelqu'un qui s'est fait mal

6. vous / ne pas se faire piquer par les moustiques
7. ton père et toi / faire du canotage
8. ta sœur / faire une randonnée pédestre dans la neige
9. ta mère et toi / faire du vélo de montagne
10. on / se protéger de la pluie

Grammaire supplémentaire

Troisième étape

Objectives Relating a series of events; describing people and places

5 Tu aides ton cousin à écrire une histoire de camping pour son cours de français. Complète le paragraphe avec l'imparfait ou le passé composé du verbe **emporter**. (**pp. 136, 230, 354, 359**)

Quand j'étais petit, mon père et moi, on faisait du camping tout le temps et on ___1___ beaucoup de choses avec nous. La semaine dernière, Johan et moi, on a fait du camping et on ___2___ beaucoup de choses aussi, mais pas assez. Mon père ___3___ toujours une tente. Alors, je (j') ___4___ une tente aussi. Johan devait emporter plusieurs choses, mais il (ne... pas) ___5___ la plus importante : une boussole. D'habitude, mon père et moi, nous ___6___ toujours une lampe de poche, mais Johan et moi, nous (ne... pas) ___7___ de lampe. Au moins, on n'a pas oublié les sacs de couchage. Quand j'étais petit, je (j') ___8___ toujours ma canne à pêche, mais cette fois, je (ne... pas) ___9___ de canne. Heureusement, Johan ___10___ sa canne.

6 Christine décrit ce qu'elle faisait quand elle avait cinq ans. Complète sa description avec l'imparfait des verbes entre parenthèses. (**p. 359**)

Quand je(j') ___1___ (être) petite, je(j') ___2___ (jouer) souvent avec mon frère. Il ___3___ (être) parfois pénible, mais nous ___4___ (aimer) jouer ensemble. On ___5___ (habiter) une petite maison près d'un parc et en général mes parents ___6___ (aimer) aller au parc avec nous. Il y ___7___ (avoir) toujours beaucoup d'enfants au parc. Quand il ___8___ (faire) beau, nous y ___9___ (passer) l'après-midi. Je me(m') ___10___ (amuser) beaucoup quand je (j') ___11___ (être) petite.

CHAPITRE 12   A la belle étoile

7 Tes camarades de classe racontent ce qui est arrivé quand ils faisaient du camping. Complète les phrases suivantes avec l'imparfait ou le passé composé du verbe. (**p. 359**)

1. On faisait une randonnée pédestre quand soudain, un ours énorme _____ le sentier.

   a. traversait   **b.** a traversé

2. Quand nous étions petits, mes frères et moi, nous _____ toujours à la montagne.

   a. sommes allés   **b.** allions

3. Un jour, on _____ un gros loup gris dans la forêt.

   a. voyait   **b.** a vu

4. De temps en temps, les mouffettes _____ dormir dans notre tente.

   a. venaient   **b.** sont venues

5. Vendredi, ils _____ du parc de la Gaspésie vers dix heures du matin.

   a. sont partis   **b.** partaient

6. Paul _____ les déchets dans la poubelle quand il a vu un orignal.

   a. a jeté   **b.** jetait

8 Ahmed fait du camping avec des amis et il écrit une lettre à ses parents pour décrire ce qui s'est passé. Complète sa lettre en mettant les verbes au passé composé ou à l'imparfait. (**p. 359**)

Chers Maman et Papa,

    Je m'amuse beaucoup avec mes amis. Chaque jour, il y a beaucoup de choses à faire. D'abord, en arrivant, je (j') __1__ (préparer) la tente avec Robert. Ensuite, tout le monde __2__ (ranger) ses affaires. Je __3__ (ne pas emporter) de lampe de poche, alors je (j') __4__ (devoir) emprunter celle de Robert. Le premier jour, il __5__ (pleuvoir), mais samedi et hier, il __6__ (faire) du soleil. Lorette et moi, nous __7__ (apporter) nos cannes à pêche et hier, on __8__ (aller) au lac pour attraper des poissons. Mais, on __9__ (ne rien attraper)! Claude et Benoît __10__ (se perdre) parce qu'ils __11__ (ne pas suivre) les sentiers balisés. Ils __12__ (être) fatigués et ils __13__ (avoir) très faim quand ils __14__ (revenir) au terrain de camping. On va rentrer vendredi, mais j'ai envie de rester ici encore une semaine!

                                        Je vous embrasse,
                                        Ahmed

9 Jean-Pierre a fait du camping le week-end dernier. Fais des phrases complètes pour décrire son week-end. Utilise le passé composé et l'imparfait. (**p. 359**)

1. ce / être le week-end dernier

2. il / faire beau

3. Anaïs et Christophe / venir avec moi

4. d'abord / je / acheter les provisions

5. ensuite / on / partir pour le terrain de camping

6. au parc / nous / décider / de faire une randonnée pédestre

7. Christophe / être pénible / parce que / il / être fatigué

8. je / voir beaucoup de renards et de canards

9. au lac / Christophe et Anaïs / attraper des poissons pour le dîner

10. je / ne pas emporter la tente / alors / on / dormir à la belle étoile

internet

ADRESSE: go.hrw.com
MOT-CLE: WA3 QUEBEC-12

1 Your friends decided to "rough it" on a camping trip, so you're off to the **parc de la Jacques-Cartier.** Before you go, read the **Conseils pratiques** of the lynx, the mascot of the park.

1. When are you most likely to be bothered by insects at the park?

2. What should you do to protect yourself against bites?

3. **Non potable** means *not drinkable.* What water at the park is not drinkable?

4. What can you do to make the water drinkable?

Conseils pratiques

Comme la période des insectes piqueurs s'étend de la mi-juin à la fin août, nous vous conseillons, pour un séjour agréable :
- d'apporter de l'huile à mouches;
- de porter des vêtements de couleur pâle;
- de ne pas consommer de bananes;
- d'éviter les produits parfumés.

Avertissement :
L'eau de surface (lacs, rivières et ruisseaux) est non potable et doit être bouillie pendant cinq minutes avant consommation. Veuillez noter que le parasite Giardia est résistant aux comprimés de chlore et d'iode utilisés pour purifier l'eau.

2 Béatrix and her brother Etienne are spending the weekend at the **parc de la Gaspésie.** Listen to their conversation and answer the questions below.

1. What are Etienne and Béatrix doing?

2. What are two things Etienne complains about?

3. Why does Etienne ask Béatrix if she brought the first-aid kit?

4. What are Béatrix's plans for the afternoon?

5. What are Etienne's plans for the afternoon?

3 What comparisons can you make among the people and places you've learned about this year? Make a chart with **France, Martinique, Côte d'Ivoire, Quebec,** and the **United States** in a column on the left. Across the top of the chart, write these headings for six columns: **Location and Size, Language(s), History, Teenage Life, Leisure Activities,** and **Food.** Fill in the chart, using your book as a reference. Compare your chart with a partner's. What similarities and differences do you find among these cultures?

4 Ecrivons!

Imagine that you're one of the first pioneers who explored the unsettled wilderness of Canada. Write an account of your adventures, making sure to include descriptions of the landscape, of any animals you encountered, and of any problems you faced.

Stratégie pour écrire

Story mapping can help you decide in which direction you want your story to go. A story map provides you with different situations and possible solutions or problems that might arise from each one.

Préparation

A story map in writing works much like a flow chart does in computer programming: it begins at a certain point and flows in different directions based on the action taken. First, decide how you want your story to begin. On a sheet of paper, jot down a short phrase that describes your beginning and draw a circle around it. Next, think about several things that might happen as a result of the beginning of the story. Jot these down, draw circles around them, and draw lines connecting them to your first circle. Now write down several things that might result from this second set of actions and connect them also with lines. Continue mapping out your story until you reach a conclusion for each action.

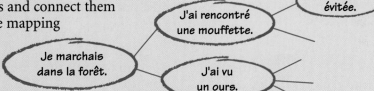

Rédaction

When your story map is complete, you'll be ready to write about your adventures in the Canadian wilderness. Look at your map and choose the direction that you want your story to take. As you write the first draft of your story, add appropriate details to make it more appealing to your reader. Also, don't forget to use the expressions you've learned for relating a series of events to help your story flow more smoothly and logically.

Evaluation

One key to good writing is listening carefully to how the words sound. Read your story aloud to yourself and listen to what you've written. This can often alert you to awkward sentences and to areas where your ideas don't flow smoothly. A variation of this might be to have a classmate read your work aloud to you.

5 Jeu de rôle

It's your job to convince a reluctant friend to come with you to the **parc de la Jacques-Cartier.** He or she has never been camping and is a bit fearful. You should tell your friend what you know about the park's history, what there is to see and do at the park, what to bring, and what to do and what not to do at the park.

Can you use what you've learned in this chapter?

Can you ask for and give information?
p. 348

1 How would you ask someone what there is to see and do in these places? How would you tell someone?
1. in a Canadian park
2. in Abidjan
3. in your favorite city

Can you give directions?
p. 348

2 How would you ask where these places are? How would you tell where they are?
1. le parc de la Jacques-Cartier
2. la Côte d'Ivoire
3. la Martinique

Can you complain and express discouragement?
p. 354

3 What would you say if . . .
1. you were on a hike and just couldn't go on?
2. you hadn't eaten since 5:00 this morning?
3. you were afraid of a certain animal?

Can you offer encouragement?
p. 354

4 How would you encourage your tired friend to finish the hike?

Can you ask for and give advice?
p. 356

5 How would you ask someone for advice?

6 What would you advise a friend to pack for a camping trip . . .
1. in the summer?
2. in the winter?

7 What advice would you give a friend who . . .
1. is being bitten by mosquitos?
2. is offering some potato chips to a squirrel?
3. just threw the potato chip bag on the ground?

Can you relate a series of events and describe people and places?
p. 358

8 How would you say that you did these things in this order?

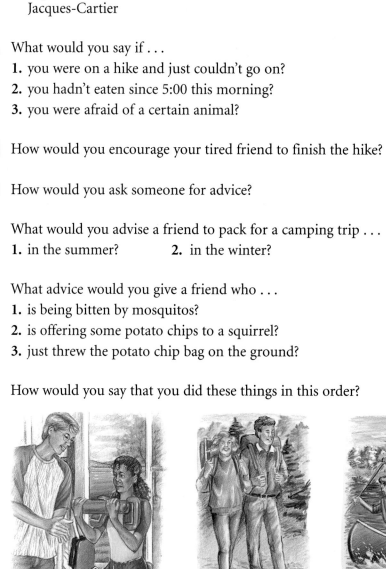

9 How would you describe . . .
1. the weather yesterday?
2. how you felt this morning?

Première étape

Vocabulaire

Asking for and giving information; giving directions

Où se trouve… ?	Where is… located?
Qu'est-ce qu'il y a à voir/ faire… ?	What is there to see/do…?
… se trouve…	…is located…
Il y a…	There is/are…
On peut…	You can…
C'est au nord/au sud/à l'est/ à l'ouest de…	It's to the north/ south/east/ west of…
C'est dans le nord/le sud/ l'est/l'ouest de…	It's in the northern/ southern/eastern/ western part of…

Animals

un orignal	moose
un ours	bear
un loup	wolf
un écureuil	squirrel
un renard	fox
un raton laveur	raccoon
une mouffette	skunk
un canard	duck

Outdoor activities

faire du camping	to go camping
faire du canotage	to go canoeing
faire du vélo de montagne	to go mountain-bike riding
faire une randonnée pédestre	to go for a hike
… en raquettes	…snow-shoeing
… en skis	…cross-country skiing

Deuxième étape

Complaining; expressing discouragement and offering encouragement

Je crève de faim!	I'm dying of hunger!
Je meurs de soif!	I'm dying of thirst!
Je suis fatigué(e).	I'm tired.
J'ai peur (de la, du, des)…	I'm scared (of)…
Je n'en peux plus!	I just can't do any more!
J'abandonne!	I'm giving up!
Je craque!	I'm losing it!
Courage!	Hang in there!
Tu y es (On y est) presque!	You're (we're) almost there!
Allez!	Come on!

Asking for and giving advice

Qu'est-ce que je dois faire?	What should I do?
Tu devrais…	You should…
Tu ferais bien de…	You would do well to…
Evite de…	Avoid…
Tu ne devrais pas…	You shouldn't…
respecter la nature	to respect nature
jeter (remporter) les déchets	to throw away (to take with you) your trash
nourrir les animaux	to feed the animals
mutiler les arbres	to deface the trees
suivre les sentiers balisés	to follow the marked trails

Camping equipment

emporter	to bring (with you)
une lampe de poche	flashlight
une tente	tent
un sac de couchage	sleeping bag
une boussole	compass
une trousse de premiers soins	first-aid kit
une canne à pêche	fishing pole
des allumettes	matches
de la lotion anti-moustiques	insect repellent

Troisième étape

Relating a series of events; describing people and places

D'abord,…	First,…
Ensuite,…	Then,…
Après ça,…	After that,…
Finalement,…	Finally,…
Il y avait…	There was/were…
Il était…	He was…
Elle avait l'air…	She seemed…
J'étais…	I was…

Reference Section

▶ Summary of Functions R3

▶ Si tu as oublié R14

▶ Additional Vocabulary R16

▶ Grammar Summary R23

▶ Pronunciation Guide.............................R43

▶ Numbers...R44

▶ French-English Vocabulary R47

▶ English-French Vocabulary R71

▶ Grammar Index R89

▶ Credits R93

Summary of Functions

Function is another word for the way in which you use language for a specific purpose. When you find yourself in specific situations, such as in a restaurant, in a grocery store, or at school, you'll want to communicate with those around you. In order to communicate in French, you have to "function" in the language.

Each chapter in this book focuses on language functions. You can easily find them in boxes labeled **Comment dit-on...?** The other features in the chapter—grammar, vocabulary, culture notes—support the functions you're learning.

Here is a list of the functions presented in Levels 1 and 2 of the *Allez, viens!* program and their French expressions. You'll need them in order to communicate in a wide range of situations. Following each function are the numbers of the level, the chapter, and the page where the function was first introduced.

Socializing

Greeting people **I Ch. 1, p. 22**
Bonjour.
Salut.

Saying goodbye **I Ch. 1, p. 22**
Salut.
Au revoir.
A tout à l'heure.
A bientôt.
A demain.
Tchao.

Asking how people are **I Ch. 1, p. 23**
(Comment) ça va?
Et toi?

Telling how you are **I Ch. 1, p. 23**
Ça va.
Super!
Très bien.
Comme ci comme ça.
Bof.
Pas mal.
Pas terrible.

Expressing thanks **I Ch. 3, p. 90**
Merci.
A votre service.

Extending invitations **I Ch. 6, p. 179**
Allons... !
Tu veux... ?
Tu viens?
On peut...

Accepting invitations **I Ch. 6, p. 179**
Je veux bien.

Pourquoi pas?
D'accord.
Bonne idée.

Refusing invitations **I Ch. 6, p. 179**
Désolé(e), je suis occupé(e).
Ça ne me dit rien.
J'ai des trucs à faire.
Désolé(e), je ne peux pas.

Identifying people **I Ch. 7, p. 203**
C'est...
Ce sont...
Voici...
Voilà...

II Ch. 11, p. 313
Tu connais...
Bien sûr. C'est...
Je ne connais pas.

Introducing people **I Ch. 7, p. 207**
C'est...
Je te/vous présente...
Très heureux (heureuse). (FORMAL)

Seeing someone off **I Ch. 11, p. 336**
Bon voyage!
Bonnes vacances!
Amuse-toi bien!
Bonne chance!

Welcoming someone **II Ch. 2, p. 37**
Bienvenue chez moi (chez nous).
Faites (Fais) comme chez vous (toi).
Vous avez (Tu as) fait bon voyage?

Responding to someone's welcome **II Ch. 2, p. 37**
Merci.

C'est gentil de votre (ta) part.
Oui, excellent.
C'était fatigant!

Extending good wishes II Ch. 3, p. 79
Bonne fête!
Joyeux (Bon) anniversaire!
Bonne fête de Hanoukkah!
Joyeux Noël!
Bonne année!
Meilleurs vœux!
Félicitations!
Bon voyage!
Bonne route!
Bonne santé!

Congratulating someone II Ch. 5, p. 143
Félicitations!
Bravo!
Chapeau!

Exchanging Information

Asking someone's name and giving yours I Ch. 1, p. 24
Tu t'appelles comment?
Je m'appelle...

Asking and giving someone else's name I Ch. 1, p. 24
Il/Elle s'appelle comment?
Il/Elle s'appelle...

Asking someone's age and giving yours I Ch. 1, p. 25
Tu as quel âge?
J'ai... ans.

Asking for information (about classes) I Ch. 2, pp. 55, 58
Tu as quels cours... ?
Vous avez... ?
Tu as quoi... ?
Tu as... à quelle heure?

(about places) II Ch. 4, p. 102
Où se trouve... ?
Qu'est-ce qu'il y a... ?
C'est comment?

II Ch. 12, p. 348
Où se trouve... ?
Qu'est-ce qu'il y a à voir... ?
Qu'est-ce qu'il y a à faire?

(about travel) II Ch. 6, p. 172
A quelle heure est-ce que le train (le car)

pour... part?
De quel quai... ?
A quelle heure est-ce que vous ouvrez (fermez)?
Combien coûte... ?
un aller-retour
un aller simple
C'est combien, l'entrée?

(about movies) II Ch. 11, p. 320
Qu'est-ce qu'on joue comme films?
Ça passe où?
C'est avec qui?
Ça commence à quelle heure?

Giving information (about classes) I Ch. 2, p. 55
Nous avons...
J'ai...

Telling when you have class I Ch. 2, p. 58
à... heures
à... heures quinze
à... heures trente
à... heures quarante-cinq

Describing a place II Ch. 4, p. 102
dans le nord
dans le sud
dans l'est
dans l'ouest
plus grand(e) que
moins grand(e) que
charmant(e)
coloré(e)
vivant(e)

II Ch. 12, p. 358
Il y avait...
Il était...

Giving information (about travel) II Ch. 6, p. 172
Du quai...
Je voudrais...
Un..., s'il vous plaît.
... tickets, s'il vous plaît.

II Ch. 12, p. 348
...se trouve...
Il y a...
On peut...

(about movies) II Ch. 11, p. 320
On joue...
Ça passe à...
C'est avec...
A...

Making requests I Ch. 3, p. 80
Tu as... ?
Vous avez... ?

Responding to requests I Ch. 3, p. 80
Voilà.
Je regrette.
Je n'ai pas de...

Asking others what they need I Ch. 3, p. 82
Qu'est-ce qu'il te faut pour... ?
Qu'est-ce qu'il vous faut pour... ?

Expressing need I Ch. 8, p. 238
Qu'est-ce qu'il te faut?
Il me faut...
De quoi est-ce que tu as besoin?
J'ai besoin de...

Expressing need (shopping) I Ch. 10, p. 301
Oui, il me faut...
Oui, vous avez... ?
Je cherche quelque chose pour...
J'aimerais... pour aller avec...

Getting someone's attention I Ch. 3, p. 90
Pardon.
Excusez-moi.

I Ch. 5, p. 151
... s'il vous plaît.
Excusez-moi.
Monsieur!
Madame!
Mademoiselle!

Exchanging information (about leisure activities)
I Ch. 4, p. 116
Qu'est-ce que tu fais comme sport?
Qu'est-ce que tu fais pour t'amuser?
Je fais...
Je ne fais pas de...
Je joue...

II Ch. 1, p. 12
Qu'est-ce que tu aimes faire?
Qu'est-ce que tu fais comme sport?
Qu'est-ce que tu aimes comme musique?
Quel(le) est ton/ta... préféré(e)?
Qui est ton/ta... préféré(e)?

Ordering food and beverages I Ch. 5, p. 151
Vous avez choisi?
Vous prenez?
Je voudrais...
Je vais prendre..., s'il vous plaît.
Un sandwich, s'il vous plaît.
Donnez-moi..., s'il vous plaît.

Apportez-moi..., s'il vous plaît.
Vous avez... ?
Qu'est-ce que vous avez comme... ?

Paying the check I Ch. 5, p. 155
L'addition, s'il vous plaît.
Oui, tout de suite.
Un moment, s'il vous plaît.
Ça fait combien, s'il vous plaît?
Ça fait... euros.
C'est combien,... ?
C'est... euros.

Making plans I Ch. 6, p. 173
Qu'est-ce que tu vas faire... ?
Tu vas faire quoi... ?
Je vais...
Pas grand-chose.
Rien de spécial.

Arranging to meet someone I Ch. 6, p. 183
Quand (ça)?
tout de suite
Où (ça)?
devant
au métro...
chez...
dans...
Avec qui?
A quelle heure?
A cinq heures...
et demie
et quart
moins le quart
moins cinq
midi (et demi)
minuit (et demi)
vers...
On se retrouve...
Rendez-vous...
Entendu.

Describing and characterizing people
I Ch. 7, p. 209
Il/Elle est comment?
Ils/Elles sont comment?
Il est...
Elle est...
Ils sont...

II Ch. 1, p. 10
avoir... ans
J'ai...
Il/Elle a...
Ils/Elles ont...
Je suis...

Il/Elle est...
Ils/Elles sont...

Describing people II Ch. 12, p. 358
Il avait...
Elle avait l'air...
J'étais...

Making a telephone call I Ch. 9, p. 276
Bonjour.
Je suis bien chez... ?
C'est...
(Est-ce que)... est là, s'il vous plaît?
(Est-ce que) je peux parler à... ?
Je peux laisser un message?
Vous pouvez lui dire que j'ai téléphoné?
Ça ne répond pas.
C'est occupé.

Answering a telephone call I Ch. 9, p. 276
Allô?
Bonjour.
Qui est à l'appareil?
Vous pouvez rappeler plus tard?
Une seconde, s'il vous plaît.
D'accord.
Bien sûr.
Ne quittez pas.

Inquiring (shopping) I Ch. 10, p. 301
(Est-ce que) je peux vous aider?
Vous désirez?
Je peux l'(les) essayer?
Je peux essayer... ?
C'est combien,... ?
Ça fait combien?
Vous avez ça en... ?

Pointing out places and things I Ch. 12, p. 361
Là, tu vois, c'est...
Regarde, voilà...
Ça, c'est...
Là, c'est...
Voici...

Asking for advice (directions)
I Ch. 12, p. 366
Comment est-ce qu'on y va?

Making suggestions I Ch. 12, p. 366
On peut y aller...
On peut prendre...

Asking for directions I Ch. 12, p. 371
Pardon,... s'il vous plaît?
Pardon,... Où est..., s'il vous plaît?
Pardon,... Je cherche..., s'il vous plaît.

II Ch. 2, p. 49
Où est..., s'il vous plaît?

Giving directions I Ch. 12, p. 317
Vous continuez jusqu'au prochain feu rouge.
Vous tournez...
Vous allez tout droit jusqu'à...
Vous prenez la rue..., puis traversez la rue...
Vous passez devant...
C'est tout de suite à...

II Ch. 2, p. 49
Traversez...
Prenez...
Puis, tournez à gauche dans/sur...
Allez (continuez) tout droit.
sur la droite (gauche)

II Ch. 12, p. 348
C'est au nord/au sud/à l'est/à l'ouest de...
C'est dans le nord/le sud/l'est/l'ouest de...

Inquiring about past events I Ch. 9, p. 270
Qu'est-ce que tu as fait... ?
Tu es allé(e) où?
Et après?
Qu'est-ce qui s'est passé?

Inquiring about future plans I Ch. 11, p. 329
Qu'est-ce que tu vas faire... ?
Où est-ce que tu vas aller... ?

Sharing future plans I Ch. 11, p. 329
J'ai l'intention de...
Je vais...

Relating a series of events II Ch. 1, p. 20
Qu'est-ce que tu vas faire... ?
D'abord, je vais...
Ensuite,...
Puis,...
Enfin,...

II Ch. 4, p. 111
Après ça...
Finalement...
Vers...

II Ch. 12, p. 358
D'abord,...
Ensuite,...
Puis,...
Après ça,...
Enfin,/Finalement,...

Pointing out where things are II Ch. 2, p. 43
Là, c'est...
A côté de...
Il y a...

Ça, c'est...
en face de
à gauche de
à droite de
près de

Making purchases II Ch. 3, p. 66
Combien coûte(nt)... ?
Combien en voulez-vous?
Je vais (en) prendre...
Ça fait combien?

Asking what things were like II Ch. 8, p. 226
C'était comment?
C'était tellement différent?

Describing what things were like II Ch. 8, p. 226
C'était...
Il y avait...
La vie était plus..., moins...

Reminiscing II Ch. 8, p. 229
Quand j'étais petit(e),...
Quand il/elle était petit(e),...
Quand j'avais... ans,...

Breaking some news II Ch. 9, p. 263
Tu connais la nouvelle?
Tu ne devineras jamais ce qui s'est passé.
Tu sais qui... ?
Tu sais ce que... ?
Devine qui...
Devine ce que...

Showing interest II Ch. 9, p. 263
Raconte!
Aucune idée.
Dis vite!

Beginning a story II Ch. 9, p. 267
A propos,...

Continuing a story II Ch. 9, p. 267
Donc,...
Alors,...
Bref,...
C'est-à-dire que...
... quoi.
A ce moment-là,...
... tu vois.

Ending a story II Ch. 9, p. 267
Heureusement,...
Malheureusement,...
Finalement,...

Summarizing II Ch. 11, p. 326
De quoi ça parle?
Qu'est-ce que ça raconte?

Ça parle de...
C'est l'histoire de...!

Expressing Feelings and Emotions

Expressing likes and preferences about things
I Ch. 1, p. 26
J'aime (bien)...
J'aime mieux...
J'adore...
Je préfère...

I Ch. 5, p. 154
C'est...

Expressing dislikes about things I Ch. 1, p. 26
Je n'aime pas...

I Ch. 5, p. 154
C'est...

Telling what you'd like and what you'd like to do
I Ch. 3, p. 85
Je voudrais...
Je voudrais acheter...

Telling how much you like or dislike something
I Ch. 4, p. 114
Beaucoup.
Pas beaucoup.
Pas tellement.
Pas du tout.
surtout

Inquiring about likes and dislikes
I Ch. 5, p. 154
Comment tu trouves ça?

Sharing confidences I Ch. 9, p. 279
J'ai un petit problème.
Je peux te parler?
Tu as une minute?

II Ch. 10, p. 286
Je ne sais pas quoi faire.
J'ai un problème.
Tu as une minute?
Je peux te parler?
Qu'est-ce qu'il y a?
Je t'écoute.
Qu'est-ce que je peux faire?

Consoling others I Ch. 9, p. 279
Ne t'en fais pas!
Je t'écoute.
Ça va aller mieux!
Qu'est-ce que je peux faire?

II Ch. 5, p. 141
Ça va aller mieux.
T'en fais pas.
C'est pas grave.
Courage!

Hesitating **I Ch. 10, p. 310**
Euh... J'hésite.
Je ne sais pas.
Il/Elle me plaît, mais il/elle est...

Making a decision **I Ch. 10, p. 310**
Vous avez décidé de prendre... ?
Vous avez choisi?
Vous le/la/les prenez?
Je le/la/les prends.
Non, c'est trop cher.

Expressing indecision **I Ch. 11, p. 329**
J'hésite.
Je ne sais pas.
Je n'en sais rien.
Je n'ai rien de prévu.

Expressing wishes **I Ch. 11, p. 329**
J'ai envie de...
Je voudrais bien...

Asking how someone is feeling
II Ch. 2, p. 38
Pas trop fatigué(e)?
Vous n'avez pas (Tu n'as pas) faim?
Vous n'avez pas (Tu n'as pas) soif?

Telling how you are feeling
II Ch. 2, p. 38
Non, ça va.
Si, un peu.
Si, je suis crevé(e).
Si, j'ai très faim (soif)!
Si, je meurs de faim (soif)!

Inquiring **II Ch. 5, p. 139**
Comment ça s'est passé?
Comment s'est passée ta journée (hier)?
Comment s'est passé ton week-end?
Comment se sont passées tes vacances?

Expressing satisfaction **II Ch. 5, p. 139**
Ça s'est très bien passé!
C'était incroyable!
Quelle journée!
Quel week-end!

Expressing frustration **II Ch. 5, p. 139**
Quelle journée!
Quel week-end!
J'ai passé une journée épouvantable!

C'est pas mon jour!
Tout a été de travers!

Sympathizing with someone **II Ch. 5, p. 141**
Oh là là!
C'est pas de chance, ça!
Pauvre vieux (vieille)!

Making excuses **II Ch. 5, p. 143**
Je suis nul (nulle) en maths.
Je suis assez bon (bonne) en histoire.
Je suis le/la meilleur(e) en informatique.
Ce n'est pas mon fort.
J'ai du mal à comprendre.

Expressing disbelief and doubt **II Ch. 6, p. 168**
Tu plaisantes!
Pas possible!
Ça m'étonnerait!
C'est pas vrai!
N'importe quoi!
Mon œil!

Expressing concern for someone **II Ch. 5, p. 135**
Ça n'a pas l'air d'aller.
Qu'est-ce qui se passe?
Qu'est-ce qui t'arrive?
Raconte!

II Ch. 7, p. 189
Quelque chose ne va pas?
Qu'est-ce que tu as?
Tu n'as pas l'air en forme.

Complaining **II Ch. 7, p. 189**
Je ne me sens pas bien.
Je suis tout(e) raplapla.
J'ai mal dormi.
J'ai mal partout!

II Ch. 12, p. 354
Je crève de faim!
Je meurs de soif!
Je suis fatigué(e).
J'ai peur (de la, du, des)...

Expressing discouragement **II Ch. 7, p. 198**
Je n'en peux plus!
J'abandonne.
Je craque!

II Ch. 12, p. 354
Je n'en peux plus!
J'abandonne!
Je craque!

Offering encouragement **II Ch. 7, p. 198**
Allez!
Encore un effort!

Tu y es presque!
Courage!

II Ch. 12, p. 354
Courage!
Tu y es (On y est) presque!
Allez!

Telling what or whom you miss **II Ch. 8, p. 225**
Je regrette...
... me manque.
... me manquent.
Ce qui me manque, c'est (de)...!

Persuading

Asking for suggestions **II Ch. 1, p. 18**
Qu'est-ce qu'on fait?

II Ch. 4, p. 106
Qu'est-ce qu'on peut faire?

Making suggestions **I Ch. 12, p. 366**
On peut y aller...
On peut prendre...

I Ch. 5, p. 145
On va... ?
On fait... ?
On joue... ?

II Ch. 1, p. 18
Si tu veux, on peut...
On pourrait...
Tu as envie de... ?
Ça te dit de... ?

II Ch. 4, p. 106
On peut...
Ça te dit d'aller... ?
Si on allait... ?

II Ch. 8, p. 237
Si on achetait... ?
Si on visitait... ?
Si on jouait... ?
Si on allait... ?

Accepting suggestions **I Ch. 4, p. 122**
D'accord.
Bonne idée.
Allons-y!
Oui, c'est...

Turning down suggestions **I Ch. 4, p. 122**
Non, c'est...
Ça ne me dit rien.
Désolé(e), mais je ne peux pas.

Responding to suggestions **II Ch. 1, p. 18**
D'accord.
C'est une bonne (excellente) idée.
Je veux bien.
Je ne peux pas.
Ça ne me dit rien.
Non, je préfère...
Pas question!

II Ch. 8, p. 237
D'accord.
C'est une bonne idée.
Bof.
Non, je préfère...
Non, je ne veux pas.

Making excuses **I Ch. 5, p. 149**
Désolé(e), j'ai des devoirs à faire.
J'ai des courses à faire.
J'ai des trucs à faire.
J'ai des tas de choses à faire.

II Ch. 5, p. 143
..., c'est pas mon fort.
J'ai du mal à comprendre.
Je suis pas doué(e) pour...

II Ch. 10, p. 291
Désolé(e).
J'ai quelque chose à faire.
Je n'ai pas le temps.
Je suis très occupé(e).
C'est impossible.

Giving reasons **II Ch. 5, p. 143**
Je suis assez bon (bonne) en...
C'est en... que je suis le/la meilleur(e).
..., c'est mon fort.

Making a recommendation
I Ch. 5, p. 148
Prends/Prenez...

Asking for permission **I Ch. 7, p. 213**
(Est-ce que) je peux... ?
Tu es d'accord?

Giving permission **I Ch. 7, p. 213**
Oui, si tu veux.
Pourquoi pas?
Oui, bien sûr.
D'accord, si tu... d'abord...

Refusing permission **I Ch. 7, p. 213**
Pas question!
Je ne suis pas d'accord.
Non, tu as... à...
Pas ce soir.

Making requests **I Ch. 8, p. 240**
Tu peux aller faire les courses?
Tu me rapportes... ?

I Ch. 12, p. 364
Est-ce que tu peux... ?
Tu pourrais passer à... ?

Accepting requests **I Ch. 8, p. 240**
Bon, d'accord.
Je veux bien.
J'y vais tout de suite.

I Ch. 12, p. 364
D'accord.
Je veux bien.
Si tu veux.

Declining requests **I Ch. 8, p. 240**
Je ne peux pas maintenant.
Je regrette, mais je n'ai pas le temps.

I Ch. 12, p. 364
Désolé(e), mais je n'ai pas le temps.
J'ai des tas de choses (trucs) à faire.

Telling someone what to do
I Ch. 8, p. 240
Rapporte-moi...
Prends...
Achète(-moi)...
N'oublie pas.

Asking for food **II Ch. 3, p. 72**
Je pourrais avoir... ?
Vous pourriez (Tu pourrais) me passer... ?

Offering food **I Ch. 8, p. 247**
Tu veux... ?
Vous voulez... ?
Vous prenez... ?
Tu prends... ?
Encore de... ?

II Ch. 3, p. 72
Voilà.
Vous voulez (Tu veux)... ?
Encore... ?
Tenez (Tiens).

Accepting food **I Ch. 8, p. 247**
Oui, s'il vous (te) plaît.
Oui, avec plaisir.

II Ch. 3, p. 72
Oui, je veux bien.

Refusing food **I Ch. 8, p. 247**
Non, merci.

Non, merci. Je n'ai plus faim.
Je n'en veux plus.

II Ch. 3, p. 72
Merci, ça va.
Je n'ai plus faim (soif).

Asking for advice **I Ch. 12, p. 366**
Comment est-ce qu'on y va?

I Ch. 9, p. 279
A ton avis, qu'est-ce que je fais?
Qu'est-ce que tu me conseilles?

I Ch. 10, p. 300
Je ne sais pas quoi mettre pour...
Qu'est-ce que je mets?

II Ch. 3, p. 76
Tu as une idée de cadeau pour... ?
Qu'est-ce que je pourrais offrir à... ?
Bonne idée!

II Ch. 10, p. 286
A ton avis, qu'est-ce que je dois faire?
Qu'est-ce que tu ferais, toi?
Qu'est-ce que tu me conseilles?

II Ch. 12, p. 356
Qu'est-ce que je dois faire?

Giving advice **I Ch. 9, p. 279**
Oublie-le/-la/-les!
Téléphone-lui/-leur!
Tu devrais...
Pourquoi tu ne... pas?

I Ch. 10, p. 300
Pourquoi est-ce que tu ne mets pas... ?
Mets...

II Ch. 1, p. 15
Pense à prendre...
Prends...
N'oublie pas...

II Ch. 3, p. 76
Offre-lui (leur)...
Tu pourrais lui (leur) offrir...
... peut-être?

II Ch. 7, p. 197
Tu devrais...
Tu ferais bien de...
Tu n'as qu'à...
Pourquoi tu ne... pas... ?

II Ch. 10, p. 286
Oublie-le/-la/-les.
Invite-le/-la/-les.

Parle-lui/-leur.
Dis-lui/-leur que...
Ecris-lui/-leur.
Explique-lui/-leur.
Excuse-toi.
Téléphone-lui/-leur.
Tu devrais...

II Ch. 7, p. 202
Evite de...
Ne saute pas...
Tu ne devrais pas...

II Ch. 12, p. 356
Tu devrais...
Tu ferais bien de...
Evite de...
Tu ne devrais pas...

Accepting advice II Ch. 3, p. 76
Bonne idée!
C'est original.
Tu as raison...
D'accord.

II Ch. 7, p. 197
Tu as raison.
Bonne idée.
D'accord.

Rejecting advice II Ch. 3, p. 76
C'est trop cher.
C'est banal.
Ce n'est pas son style.
Il/Elle en a déjà un(e).

II Ch. 7, p. 197
Non, je n'ai pas très envie.
Je ne peux pas.
Ce n'est pas mon truc.
Non, je préfère...

Reminding I Ch. 11, p. 333
N'oublie pas...
Tu n'as pas oublié... ?
Tu ne peux pas partir sans...
Tu prends... ?

Reassuring I Ch. 11, p. 333
Ne t'en fais pas.
J'ai pensé à tout.
Je n'ai rien oublié.

II Ch. 8, p. 225
Tu vas t'y faire.
Fais-toi une raison.
Tu vas te plaire ici.
Tu vas voir que...

Asking a favor I Ch. 12, p. 364
Est-ce que tu peux... ?
(Est-ce que) tu pourrais me rendre un
petit service?
Tu pourrais passer à... ?

Agreeing to a request I Ch. 12, p. 364
D'accord.
Je veux bien.
Si tu veux.

Refusing a request I Ch. 12, p. 364
Désolé(e), mais je n'ai pas le temps.
J'ai des tas de choses (trucs) à faire.
Non, je ne peux pas.

Reprimanding someone II Ch. 5, p. 143
C'est inadmissible.
Il faut mieux travailler en classe.
Il ne faut pas faire le clown en classe!
Ne recommence pas.

**Justifying your recommendations
II Ch. 7, p. 202**
C'est bon pour toi.
C'est mieux que...
Ça te fera du bien.

Advising against something II Ch. 7, p. 202
Evite de...
Ne saute pas...
Tu ne devrais pas...

Asking for a favor II Ch. 10, p. 291
Tu peux m'aider?
Tu pourrais... ?
Ça t'ennuie de... ?
Ça t'embête de... ?

Granting a favor II Ch. 10, p. 291
Avec plaisir.
Bien sûr.
Pas du tout.
Bien sûr que non.
Pas de problème.

Apologizing II Ch. 10, p. 294
C'est de ma faute.
Excuse-moi.
Désolé(e).
J'aurais dû...
J'aurais pu...
Tu ne m'en veux pas?

Accepting an apology II Ch. 10, p. 294
Ça ne fait rien.
Je ne t'en veux pas.
Il n'y a pas de mal.

Reproaching someone **II Ch. 10, p. 294**
Tu aurais dû...
Tu aurais pu...!

Expressing Attitudes and Opinions

Agreeing **I Ch. 2, p. 54**
Oui, beaucoup.
Moi aussi.
Moi non plus.

Disagreeing **I Ch. 2, p. 54**
Moi, non.
Non, pas trop.
Moi, si.
Pas moi.

Asking for opinions **I Ch. 2, p. 61**
Comment tu trouves... ?
Comment tu trouves ça?

I Ch. 9, p. 269
Tu as passé un bon week-end?

I Ch. 10, p. 306
Comment tu trouves... ?
Il/Elle me va?
Il/Elle te (vous) plaît?
Tu aimes mieux... ou... ?

I Ch. 11, p. 337
Tu as passé un bon... ?
Ça s'est bien passé?
Tu t'es bien amusé(e)?

II Ch. 6, p. 164
C'était comment?
Ça t'a plu?
Tu t'es amusé(e)?

Expressing opinions **I Ch. 2, p. 61**
C'est...

I Ch. 9, p. 269
Oui, très chouette.
Oui, excellent.
Oui, très bon.
Oui, ça a été.
Oh, pas mauvais.
C'était épouvantable.
Très mal.

I Ch. 11, p. 337
Oui, très chouette.
C'était formidable!
Non, pas vraiment.
Oui, ça a été.
Oh, pas mauvais.

C'était épouvantable.
Je suis embêté(e).
C'était un véritable cauchemar!

Paying a compliment **I Ch. 10, p. 306**
C'est tout à fait ton/votre style.
Il/Elle te (vous) va très bien.
Il/Elle va très bien avec...
Je le/la/les trouve...
sensass (sensationnel)
C'est parfait.

II Ch. 3, p. 72
C'est vraiment bon!
C'était délicieux!

II Ch. 2, p. 44
Il (Elle) est vraiment bien, ton (ta)...
Il (Elle) est cool, ton (ta)...
beau (belle)
génial(e)
chouette

Responding to compliments **II Ch. 2, p. 44;**
II Ch. 3, p. 72
Ce n'est pas grand-chose.
C'est gentil!
Tu trouves?
C'est vrai? (Vraiment?)

Criticizing **I Ch. 10, p. 306**
Il/Elle ne te (vous) va pas du tout.
Il/Elle ne va pas du tout avec...
Il/Elle est (Ils/Elles sont) trop...
Je le/la/les trouve moche(s).

Emphasizing likes **II Ch. 4, p. 107**
Ce que j'aime bien, c'est...
Ce que je préfère, c'est...
Ce qui me plaît, c'est (de)...

Emphasizing dislikes **II Ch. 4, p. 107**
Ce que je n'aime pas, c'est...
Ce qui m'ennuie, c'est (de)...
Ce qui ne me plaît pas, c'est (de)...

Expressing enthusiasm **II Ch. 6, p. 164**
C'était...
magnifique.
incroyable.
superbe.
sensass.
Ça m'a beaucoup plu.
Je me suis beaucoup amusé(e).

Expressing indifference **II Ch. 6, p. 164**
C'était...
assez bien.

comme ci comme ça.
pas mal.
Plus ou moins.

Expressing dissatisfaction II Ch. 6, p. 164
C'était...
ennuyeux.
mortel.
nul.
sinistre.
Sûrement pas!
Je me suis ennuyé(e).

Wondering what happened and offering possible explanations II Ch. 9, p. 260
Je me demande...
A mon avis,...
Peut-être que...
Je crois que...
Je parie que...

Accepting explanations II Ch. 9, p. 260
Tu as peut-être raison.
C'est possible.
Ça se voit.
Evidemment.

Rejecting explanations II Ch. 9, p. 260
A mon avis, tu te trompes.
Ce n'est pas possible.
Je ne crois pas.

Giving opinions II Ch. 11, p. 324
C'est drôle (amusant).
C'est une belle histoire.
C'est plein de rebondissements.
Il y a du suspense.
On ne s'ennuie pas.
C'est une histoire passionnante.
Je te le recommande.
Il n'y a pas d'histoire.
Ça casse pas des briques.
C'est...
trop violent.
trop long.
bête.
un navet.
du n'importe quoi.
gentillet, sans plus.
déprimant.

Si tu as oublié...

Family and Pets

le beau-père	*stepfather/father-in-law*
la belle-fille	*stepdaughter/ daughter-in-law*
la belle-mère	*stepmother/mother-in-law*
le beau-frère	*brother-in-law/stepbrother*
la belle-sœur	*stepsister/sister-in-law*
le cousin (la cousine)	*cousin*
le demi-frère	*half-brother*
la demi-sœur	*half-sister*
l'enfant unique	*only child*
le frère	*brother*
la grand-mère	*grandmother*
le grand-père	*grandfather*
la mère	*mother*
l'oncle (m.)	*uncle*
le père	*father*
la sœur	*sister*
la tante	*aunt*
le canari	*canary*
le chat	*cat*
le chien	*dog*
le poisson	*fish*

Clothing and Colors

un blouson	*a jacket*
des boucles (f.) d'oreilles(f.)	*earrings*
un bracelet	*a bracelet*
un cardigan	*a sweater*
une casquette	*a cap*
une ceinture	*a belt*
un chapeau	*a hat*
des chaussettes (f.)	*socks*
des chaussures (f.)	*shoes*

une chemise	*a shirt (men's)*
un chemisier	*a shirt (women's)*

un collant	*hose*
une cravate	*a tie*
une jupe	*a skirt*
des lunettes (f.) de soleil	*sunglasses*

un maillot de bain	*a bathing suit*
un manteau	*a coat*
un pantalon	*a pair of pants*
une robe	*a dress*
des sandales (f.)	*sandals*
un short	*a pair of shorts*
un sweat-shirt	*a sweatshirt*
une veste	*a suit jacket, a blazer*
blanc(he)(s)	*white*
bleu(e)(s)	*blue*
gris(e)(s)	*grey*
jaune(s)	*yellow*
marron	*brown*
noir(e)(s)	*black*
orange	*orange*
rose(s)	*pink*
rouge(s)	*red*
vert(e)(s)	*green*
violet(te)(s)	*purple*

Weather and Seasons

Il fait beau.	*It's nice weather.*
Il fait chaud.	*It's hot.*
Il fait frais.	*It's cool.*
Il fait froid.	*It's cold.*
Il neige.	*It's snowing.*
Il pleut.	*It's raining.*

l'hiver	*winter*
le printemps	*spring*
l'été	*summer*
l'automne	*fall*

How to Tell Time

A quelle heure?	*At what time?*
à... heure(s)	*at . . . o'clock*
à... heure(s) quinze	*at . . . fifteen*
à... heure(s) trente	*at . . . thirty*
à... heure(s) quarante-cinq	*at . . . forty-five*
à... heure(s) et demie	*at half past . . .*
à... heure(s) et quart	*at quarter past . . .*
à... heure(s) moins le quart	*at quarter to . . .*
à... heure(s) moins cinq	*at five to . . .*
à midi	*at noon*
à minuit	*at midnight*
à midi (minuit) et demi	*at half past noon (midnight)*

Sports

faire de l'aérobic	*to do aerobics*
faire de l'athlétisme	*to do track and field*

faire du jogging	*to jog*
faire de la natation	*to swim*
faire du patin à glace	*to ice-skate*
faire des/de la photo(s)	*to take pictures/to do photography*
faire du roller en ligne	*to in-line skate*
faire du ski	*to ski*
faire du ski nautique	*to water ski*
faire du théâtre	*to do drama*
faire du vélo	*to bike*

faire de la vidéo	*to make videos*
jouer au base-ball	*to play baseball*
jouer au basket(-ball)	*to play basketball*
jouer au foot(ball)	*to play soccer*
jouer au football américain	*to play football*
jouer au golf	*to play golf*
jouer au hockey	*to play hockey*
jouer à des jeux vidéo	*to play video games*
jouer au tennis	*to play tennis*
jouer au volley(-ball)	*to play volleyball*

Additional Vocabulary

This list presents additional vocabulary you may want to use when you're doing the activities in the textbook and in the workbooks. If you can't find the words you need here, try the French-English and English-French vocabulary lists beginning on page R47.

Adjectives

absurd	*absurde*
agile	*agile*
awesome (impressive)	*impressionnant(e), imposant(e)*
boring	*ennuyeux (ennuyeuse)*
chilly (weather)	*froid; frais*
colorful (person) (thing)	*vif (vive); pittoresque; coloré(e)*
despicable	*abject(e); ignoble; méprisable*
eccentric	*excentrique; original(e); bizarre*
horrifying	*horrifiant(e)*
incredible	*incroyable*
phenomenal	*phénoménal(e)*
scandalous	*scandaleux (scandaleuse)*
tasteful (remark, object)	*de bon goût*
tasteless (flavor)	*sans goût/insipide*
tasteless (remark)	*de mauvais goût*
terrifying	*terrifiant(e), épouvantable*
threatening	*menaçant(e)*
tremendous (size)	*énorme; (excellent) formidable; fantastique*
unbearable	*insupportable*
unforgettable	*inoubliable*
unique	*unique*

Rooms of the House and Furnishings

garage	*le garage*
office	*le bureau*
basement	*la cave/le sous-sol*
attic	*le grenier*
patio	*la terrasse*
closet	*le placard*
couch	*le divan; le canapé*
easy chair	*le fauteuil*
mirror	*le miroir*
nightstand	*la table de nuit*
painting	*le tableau*
refrigerator	*le réfrigérateur (le frigo)*
oven	*le four*
microwave	*le micro-ondes*
dishwasher	*le lave-vaisselle*
washing machine	*le lave-linge, la machine à laver*
dryer	*le sèche-linge*
wall-to-wall carpeting	*la moquette*

Shops and Gifts

mall	*le centre commercial*
jewelry shop	*la bijouterie*
perfume shop	*la parfumerie*
clothing store	*la boutique de vêtements*
bookstore	*la librairie*
music store	*le disquaire*
jewelry	*des bijoux* (m.)
ring	*une bague*
watch	*une montre*
necklace	*un collier*
earrings	*des boucles* (f.) *d'oreilles*
bracelet	*un bracelet*
perfume	*un parfum*
outfit (matching; women)	*un ensemble*

Daily Activities

to wake up	*se réveiller*
to get ready	*se préparer*
to comb your hair	*se peigner*
to fix your hair	*se coiffer*
to shave	*se raser*
to put on makeup	*se maquiller*

to put perfume on	*se parfumer*
to look at yourself in the mirror	*se regarder dans le miroir*
to hurry	*se dépêcher*
to shower	*se doucher, prendre une douche*

School Day Activities

to get a good grade	*avoir une bonne note*
to see friends	*retrouver ses amis*
to have a substitute	*avoir un(e) remplaçant(e)*
to be quizzed	*être interrogé(e) par le prof*
to win a game	*gagner un match*
to have an argument with a friend	*se disputer avec un copain (une copine)*
to miss a class	*manquer un cours*
to be called to the principal's office	*être convoqué(e) chez le proviseur*
to receive a warning	*recevoir un avertissement*

Weekend Activities

to visit friends	*rendre visite à des amis*
to go to a concert	*aller au concert*
to rent some movies	*louer des vidéos*
to go to a party	*aller à une soirée/ boum/fête*
to go to a botanical garden	*aller au jardin botanique*
to go to an art exhibit	*aller voir une exposition*
to go to a festival	*aller voir un festival*

Illnesses

to cough	*tousser*
bronchitis	*une bronchite*
tonsillitis	*une angine*
indigestion	*une indigestion*
sore neck	*un torticolis*
to be sick to your stomach	*avoir une crise de foie*

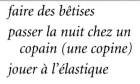

Injuries

to have a bruise	*avoir un bleu*
to have a cut/wound	*avoir une coupure/plaie*
to strain a muscle	*se froisser un muscle*
to bump into	*se cogner contre*
to injure (something)	*se blesser (à la) (au)*

Childhood Events, Toys, and Games

to get in trouble	*faire des bêtises*
to have a slumber party	*passer la nuit chez un copain (une copine)*
to jump Chinese jump rope	*jouer à l'élastique*
to jump rope	*sauter à la corde*

to lose a tooth	*perdre une dent de lait*
to play blind man's bluff	*jouer à colin-maillard*
to play hopscotch	*jouer à la marelle*
to put one's tooth under one's pillow	*mettre sa dent sous l'oreiller*
to run away	*faire une fugue*
to start school for the first time	*entrer à l'école*
to swing	*faire de la balançoire*
to wait for the Tooth Fairy	*attendre que la souris passe*

Fairy Tales

Once upon a time . . .	*Il était une fois...*
bears	*des ours* (m.)
big bad wolf	*le grand méchant loup*
castle	*un château*
enchanted	*enchanté(e)*
fairy	*la fée*
golden hair	*les cheveux d'or*
king	*le roi*
knight	*le chevalier*
magic mirror	*le miroir magique*
magician	*le magicien*
poisoned apple	*la pomme empoisonnée*
prince	*le prince*
Prince Charming	*le Prince Charmant*
princess	*la princesse*
seven dwarfs	*les sept nains*
slipper	*le soulier*
sword	*l'épée* (f.)
queen	*la reine*
wicked stepmother	*la marâtre*
And they lived happily ever after.	*Ils vécurent heureux et eurent beaucoup d'enfants.*

Friendship

to be sorry	*être désolé(e)*
to confide in someone	*se confier à quelqu'un*
to feel guilty	*se sentir coupable*

to get along with someone	s'entendre bien avec quelqu'un
to help someone do something	aider quelqu'un à faire quelque chose
to make friends	se faire des amis
to meet after school	se retrouver après l'école
to misunderstand	mal comprendre
to take the first step	faire le premier pas
to talk with friends	discuter avec des amis

More Music, Movies, Books

latest (music) hits	les derniers tubes
movie soundtrack	la bande originale d'un film
music videos	les clips (m.)
new wave	la new wave, la nouvelle vague
opera	l'opéra (m.)
fantasy film	un film fantastique
historic film	un film historique
psychological drama	un drame psychologique
war movie	un film de guerre
biography	une biographie
comedy	une comédie
drama	un drame
fable	une fable
fairy tale	un conte de fée
novel	un roman
tragedy	une tragédie

Outdoor Activities

to climb mountains	faire de l'alpinisme
to go rock-climbing	faire de l'escalade
to go rafting	faire la descente d'une rivière
to do archery	faire du tir à l'arc
to go spelunking	faire de la spéléologie
to go on a photo safari	faire un safari-photo
to collect rocks	ramasser des pierres
to collect butterflies	aller à la chasse aux papillons
to pick wildflowers	cueillir des fleurs sauvages
to collect wood	ramasser du bois
to build a fire	faire un feu
to sing around the campfire	chanter autour du feu de camp

Computers

CD-ROM	le CD-ROM, le disque optique compact
CD-ROM drive	le lecteur de CD-ROM, l'unité (f.) de CD-ROM
to click	cliquer
computer	l'ordinateur (m.)

R19

delete key	*la touche d'effacement*
disk drive	*le lecteur de disquette, l'unité* (f.) *de disquettes*
diskette, floppy disk	*la disquette, la disquette souple*
to drag	*glisser, déplacer*
e-mail	*le courrier électronique, la messagerie électronique*
file (folder)	*le fichier*
hard drive	*le disque dur*
homepage	*la page d'accueil*
Internet	*Internet* (m.)
keyboard	*le clavier*
keyword	*le mot-clé*
log on	*l'ouverture* (f.) *de session*
modem	*le modem*
monitor	*le moniteur, le logimètre*
mouse	*la souris*

password	*le mot de passe*
to print	*imprimer*
printer	*l'imprimante* (f.)
to quit	*quitter*
to record	*enregistrer*
return key	*la touche de retour*
to save	*sauvegarder, enregistrer*
screen	*l'écran* (m.)
to search	*chercher, rechercher*
search engine	*le moteur de recherche, l'outil* (m.) *de recherche*
to send	*envoyer*
software	*le logiciel*
Web site	*le site du Web, le site W3*
World Wide Web	*le World Wide Web, le Web, le W3*

Geographical Terms

The Continents

Africa	*l'Afrique* (f.)
Antarctica	*l'Antarctique* (f.)
Asia	*l'Asie* (f.)
Australia	*l'Australie* (f.)
Europe	*l'Europe* (f.)

North America	*l'Amérique* (f.) *du Nord*
South America	*l'Amérique* (f.) *du Sud*

Countries

Algeria	*l'Algérie* (f.)
Argentina	*l'Argentine* (f.)
Australia	*l'Australie* (f.)
Austria	*l'Autriche* (f.)
Belgium	*la Belgique*
Brazil	*le Brésil*
Canada	*le Canada*
China	*la Chine*
Egypt	*l'Egypte* (f.)
England	*l'Angleterre* (f.)
France	*la France*
Germany	*l'Allemagne* (f.)
Greece	*la Grèce*
Holland	*la Hollande*
India	*l'Inde* (f.)
Ireland	*l'Irlande* (f.)
Israel	*Israël* (m.) (no article)
Italy	*l'Italie* (f.)
Jamaica	*la Jamaïque*
Japan	*le Japon*
Jordan	*la Jordanie*
Lebanon	*le Liban*
Libya	*la Libye*
Luxembourg	*le Luxembourg*
Mexico	*le Mexique*
Monaco	*Monaco* (f.) (no article)
Morocco	*le Maroc*
Netherlands	*les Pays-Bas* (m.)
North Korea	*la Corée du Nord*

Peru	*le Pérou*	Maryland	*le Maryland*
Philippines	*les Philippines* (f.)	Massachusetts	*le Massachusetts*
Poland	*la Pologne*	Michigan	*le Michigan*
Portugal	*le Portugal*	Minnesota	*le Minnesota*
Republic of Côte d'Ivoire	*la République de Côte d'Ivoire*	Mississippi	*le Mississippi*
Russia	*la Russie*	Missouri	*le Missouri*
Senegal	*le Sénégal*	Montana	*le Montana*
South Korea	*la Corée du Sud*	Nebraska	*le Nebraska*
Spain	*l'Espagne* (f.)	Nevada	*le Nevada*
Switzerland	*la Suisse*	New Hampshire	*le New Hampshire*
Syria	*la Syrie*	New Jersey	*le New Jersey*
Tunisia	*la Tunisie*	New Mexico	*le Nouveau Mexique*
Turkey	*la Turquie*	New York	*l'état de New York*
United States	*les Etats-Unis* (m.pl.)	North Carolina	*la Caroline du Nord*
Vietnam	*le Viêt-nam*	North Dakota	*le Dakota du Nord*
		Ohio	*l'Ohio* (m.)

States

		Oklahoma	*l'Oklahoma* (m.)
		Oregon	*l'Oregon* (m.)
Alabama	*l'Alabama* (m.)	Pennsylvania	*la Pennsylvanie*
Alaska	*l'Alaska* (m.)	Rhode Island	*le Rhode Island*
Arizona	*l'Arizona* (m.)	South Carolina	*la Caroline du Sud*
Arkansas	*l'Arkansas* (m.)	South Dakota	*le Dakota du Sud*
California	*la Californie*	Tennessee	*le Tennessee*
Colorado	*le Colorado*	Texas	*le Texas*
Connecticut	*le Connecticut*	Utah	*l'Utah* (m.)
Delaware	*le Delaware*	Vermont	*le Vermont*
Florida	*la Floride*	Virginia	*la Virginie*
Georgia	*la Géorgie*	Washington	*l'état de Washington*
Hawaii	*Hawaii* (m.) (no article)	West Virginia	*la Virginie de l'Ouest*
Idaho	*l'Idaho* (m.)	Wisconsin	*le Wisconsin*
Illinois	*l'Illinois* (m.)	Wyoming	*le Wyoming*
Indiana	*l'Indiana* (m.)		
Iowa	*l'Iowa* (m.)		
Kansas	*le Kansas*		
Kentucky	*le Kentucky*		
Louisiana	*la Louisiane*		
Maine	*le Maine*		

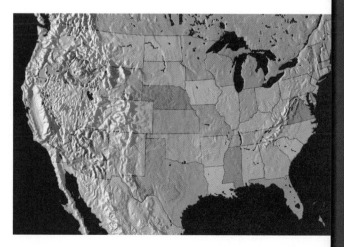

Cities

Algiers	*Alger*
Brussels	*Bruxelles*
Cairo	*Le Caire*
Geneva	*Genève*
Lisbon	*Lisbonne*
London	*Londres*
Montreal	*Montréal*
Moscow	*Moscou*
New Orleans	*La Nouvelle-Orléans*

Quebec City	*Québec*
Tangier	*Tanger*
Venice	*Venise*
Vienna	*Vienne*

Other Geographical Terms

Alps	*les Alpes* (f.)
Atlantic Ocean	*l'Atlantique* (m.), *l'océan* (m.) *Atlantique*
border	*la frontière*
capital	*la capitale*
continent	*un continent*
country	*un pays*
English Channel	*la Manche*
hill	*une colline*
lake	*un lac*
latitude	*la latitude*
longitude	*la longitude*
Mediterranean Sea	*la mer Méditerranée*
mountain	*une montagne*
North Africa	*l'Afrique* (f.) *du Nord*
North Pole	*le pôle Nord*
ocean	*l'océan* (m.)
Pacific Ocean	*le Pacifique, l'océan* (m.) *Pacifique*
plain	*une plaine*
Pyrenees	*les Pyrénées* (f.)
river	*une rivière, un fleuve*
sea	*la mer*
South Pole	*le pôle Sud*
state	*un état*
valley	*une vallée*

ADJECTIVES

REGULAR ADJECTIVES

In French, adjectives agree in gender and number with the nouns that they modify. A regular adjective has four forms: masculine singular, feminine singular, masculine plural, and feminine plural. To make a regular adjective agree with a feminine noun, add an **-e** to the masculine singular form of the adjective. To make an adjective agree with a plural noun, add an **-s** to the masculine singular form. To make an adjective agree with a feminine plural noun, add **-es** to the masculine singular form. Adjectives ending in **-é,** like **étonné,** also follow these rules.

	SINGULAR	PLURAL
MASCULINE	un homme **gourmand**	des hommes **gourmands**
FEMININE	une femme **gourmande**	des femmes **gourmandes**

ADJECTIVES THAT END IN AN UNACCENTED -E

When an adjective ends in an unaccented **-e,** the masculine singular and feminine singular forms are the same. To form the plural of these adjectives, add an **-s** to the singular forms.

	SINGULAR	PLURAL
MASCULINE	un frère **pénible**	des garçons **pénibles**
FEMININE	une sœur **pénible**	des filles **pénibles**

ADJECTIVES THAT END IN -S

When the masculine singular form of an adjective ends in an **-s,** the masculine plural form does not change. The feminine forms follow the regular adjective rules.

	SINGULAR	PLURAL
MASCULINE	un tapis **gris**	des tapis **gris**
FEMININE	une robe **grise**	des robes **grises**

ADJECTIVES THAT END IN -EUX

Adjectives that end in **-eux** do not change in the masculine plural. The feminine singular form of these adjectives is made by replacing the **-x** with **-se.** To form the feminine plural, replace the **-x** with **-ses.**

	SINGULAR	PLURAL
MASCULINE	un homme **furieux**	des hommes **furieux**
FEMININE	une femme **furieuse**	des filles **furieuses**

ADJECTIVES THAT END IN -IF

To make the feminine singular form of adjectives that end in **-if**, replace **-if** with **-ive.** To make the plural forms of these adjectives, add an **-s** to the singular forms.

	SINGULAR	PLURAL
MASCULINE	un garçon **sportif**	des garçons **sportifs**
FEMININE	une fille **sportive**	des filles **sportives**

ADJECTIVES THAT END IN -IEN

To make the feminine singular and feminine plural forms of adjectives that end in **-ien** in their masculine singular form, add **-ne** and **-nes.** Add an **-s** to form the masculine plural.

	SINGULAR	PLURAL
MASCULINE	un garçon **canadien**	des garçons **canadiens**
FEMININE	une fille **canadienne**	des filles **canadiennes**

ADJECTIVES THAT DOUBLE THE LAST CONSONANT

To make the adjectives **bon, gentil, gros, mignon, mortel, nul,** and **violet** agree with a feminine noun, double the last consonant and add an **-e.** To make the plural forms, add an **-s** to the singular forms. Notice that with **gros,** the masculine singular and masculine plural forms are the same.

	SINGULAR				
MASCULINE	**bon**	**gentil**	**gros**	**mignon**	**violet**
FEMININE	**bonne**	**gentille**	**grosse**	**mignonne**	**violette**

	PLURAL				
MASCULINE	**bons**	**gentils**	**gros**	**mignons**	**violets**
FEMININE	**bonnes**	**gentilles**	**grosses**	**mignonnes**	**violettes**

INVARIABLE ADJECTIVES

Some adjectives are invariable. They never change form. **Marron, orange,** and **super** are examples of invariable adjectives.

Véronique est une fille **super.** Elle a les yeux **marron.**

Note that **sympa** doesn't change form in the feminine, but you add an **-s** to the plural.

Véronique est une fille très **sympa.** Ses sœurs sont **sympas** aussi.

IRREGULAR ADJECTIVES

The adjectives **beau, nouveau,** and **vieux,** have irregular feminine forms: **belle, nouvelle,** and **vieille.** They also have irregular masculine forms when they modify singular nouns that begin with a vowel sound: **bel, nouvel,** and **vieil.** To form the masculine plural of **beau** and **nouveau,** add an **-x. Vieux** does not change in the masculine plural. To make **belle, nouvelle,** and **vieille** plural, simply add an **-s. Des** changes to **de** when you have an adjective that precedes a plural noun.

	beau	nouveau	vieux
MASCULINE SINGULAR	un **beau** jardin	un **nouveau** lit	un **vieux** musée
BEFORE VOWEL SOUND	un **bel** homme	un **nouvel** anorak	un **vieil** imperméable
FEMININE SINGULAR	une **belle** maison	une **nouvelle** lampe	une **vieille** gare
MASCULINE PLURAL	de **beaux** jardins	de **nouveaux** lits	de **vieux** musées
FEMININE PLURAL	de **belles** maisons	de **nouvelles** lampes	de **vieilles** gares

POSITION OF ADJECTIVES

In French, adjectives are usually placed after the noun that they modify.

C'est un film **déprimant!**

However, there are certain adjectives that you usually place before the noun. These are adjectives that refer to the beauty, age, goodness, or size of the nouns they modify. Some of these adjectives are **beau (belle), bon, grand, jeune, joli, nouveau, petit,** and **vieux (vieille).**

DEMONSTRATIVE ADJECTIVES

This, that, these, and *those* are demonstrative adjectives. In French there are two masculine singular forms: **ce** and **cet.** You use **cet** before a masculine singular noun that begins with a vowel sound. Some examples are **cet homme** and **cet imperméable.** Demonstrative adjectives always precede the nouns that they modify.

	Singular Before a Consonant	Singular Before a Vowel Sound	Plural
MASCULINE	**ce** cadre	**cet** imperméable	**ces** vases
FEMININE	**cette** main	**cette** écharpe	**ces** chansons

POSSESSIVE ADJECTIVES

Possessive adjectives come before the noun that they modify, and agree in number and gender with that noun. Before singular nouns that begin with a vowel sound, use the masculine singular form, **mon ami(e), ton ami(e), son ami(e).**

	Masculine Singular	Feminine Singular	Masc./Fem. Singular Before a Vowel Sound	Masc./Fem. Plural
my	**mon** jardin	**ma** maison	**mon** armoire	**mes** étagères
your	**ton** salon	**ta** cuisine	**ton** anorak	**tes** bottes
his, her, its	**son** tapis	**sa** lampe	**son** imperméable	**ses** mains

The possessive adjectives for *our, your,* and *their* have only two forms, singular and plural.

	SINGULAR	PLURAL
our	**notre** jardin	**nos** armoires
your	**votre** maison	**vos** chambres
their	**leur** salon	**leurs** posters

ADJECTIVES AS NOUNS

To use a color or an adjective as a noun, add a definite article before the adjective. The article and the adjective that you use agree in number and gender with the noun that they are replacing.

—Tu aimes le tapis bleu ou **le gris?**
  Do you like the blue rug or the grey one?

—J'aime **le bleu.**
  I like the blue one.

—Vous préférez **les bottes noires** ou **les grises?**
  Do you prefer the black boots or the grey ones?

—Je préfère **les noires.**
  I like the black ones.

ADVERBS

ADVERBS OF FREQUENCY

To tell how often you do or used to do something, you use adverbs of frequency. Some adverbs of frequency are **de temps en temps** *(from time to time),* **d'habitude** *(usually),* **... fois par semaine** *(. . . time(s) a week),* **souvent** *(often),* **quelquefois** *(sometimes),* **rarement** *(rarely),* and **ne... jamais** *(never).*

Most adverbs follow the conjugated verb.

Nathalie téléphone **souvent** à ses amis.

Quand j'étais petit, je mangeais **rarement** des légumes.

Adverbs made up of more than one word can be placed at the beginning or the end of a sentence. **Ne (N')... jamais** is placed around the conjugated verb. With the **passé composé,** the adverb is placed before the past participle.

D'habitude, je ne mange pas de viande.   Je **n'**ai **jamais** fait de plongée.

Je fais des abdominaux **trois fois par semaine.**   J'ai **beaucoup** mangé.

ARTICLES

INDEFINITE ARTICLES

To refer to whole items, you use the indefinite articles **un, une,** and **des.** Remember that the indefinite articles agree in number and gender with the nouns they modify.

	SINGULAR	PLURAL
MASCULINE	**un** rôti	**des** œufs
FEMININE	**une** tarte	**des** crevettes

PARTITIVE ARTICLES

To refer to only some of or a portion of an item, you use the partitive articles **du, de la,** and **de l'. Du** and **de la** modify masculine and feminine singular nouns, respectively. **De l'** is used to modify a masculine or feminine noun that begins with a vowel sound.

Donne-moi **du** poisson, s'il te plaît.   *Give me some fish, please.*

Je voudrais **de la** mousse au chocolat.   *I'd like some chocolate mousse.*

Tu veux **de l'**omelette, Marc?   *Do you want some omelette, Marc?*

NEGATION WITH ARTICLES

When the main verb of the sentence is negated, the indefinite and the partitive articles usually change to **de.** Definite articles remain the same after a negative verb.

Karim prend **de** l'eau minérale.   —>   Karim ne prend pas **d'**eau minérale.

Je vais acheter **des** fleurs.   —>   Je ne vais pas acheter **de** fleurs.

J'ai **le** nouveau CD de MC Solaar.   —>   Je n'ai pas **le** nouveau CD de MC Solaar.

INTERROGATIVES

INTONATION

Just as in English, your voice generally falls at the end of a statement or a question in French. However, when asking a yes-or-no question, your voice rises at the end of the question; this is called *intonation.*

Tu vas acheter cette vieille maison?

Another way to form a yes-or-no question is to add **est-ce que** to the beginning of the sentence.

Est-ce que tu vas acheter cette vieille maison?

FORMAL AND INFORMAL QUESTIONS

To say *which* or *what,* use the correct form of the interrogative adjective **quel** before a noun.

	SINGULAR	PLURAL
MASCULINE	**Quel** livre?	**Quels** films?
FEMININE	**Quelle** robe?	**Quelles** bottes?

To ask for specific kinds of information, use the following question words:

A quelle heure?	*At what time?*	**Où?**	*Where?*
Avec qui?	*With whom?*	**Quand?**	*When?*

To ask a question in a formal situation, use the question words above followed by **est-ce que.** You should also use **est-ce que** when you ask formal yes-or-no questions.

A quelle heure est-ce que le train part?

Avec qui est-ce qu'on va à la bibliothèque?

Est-ce que vous avez des anoraks?

In informal situations, you may place the question words at the beginning or the end of the question. For yes-or-no questions, simply raise your voice at the end without using **est-ce que.**

Le train part **à quelle heure?**

Avec qui on va à la bibliothèque?

Tu vas acheter cette vieille maison?

NOUNS

PLURAL FORMS OF NOUNS

In French, you make most nouns plural by adding an **-s** to the end of the word, unless they already end in **-s** or **-x**. Nouns that end in **-eau** are made plural by adding an **-x,** and nouns that end in **-al** are generally made plural by replacing the **-al** with **-aux.**

	Regular nouns	-s or -x	-eau	-al
SINGULAR	cadre	tapis	bureau	animal
PLURAL	cadres	tapis	bureaux	animaux

PREPOSITIONS

THE PREPOSITIONS A AND DE

The preposition **à** means *to, at,* or *in,* and **de** means *from* or *of.* When **à** and **de** precede the definite articles **le** and **les,** they form the contractions **au, aux, du,** and **des.** If they precede any other definite article, there is no contraction.

Nous allons **à la** plage et **au** zoo.   Tu es loin **du** marché, mais près **des** musées.

	Masculine Article	Feminine Article	Vowel Sound	Plural
à	à + le = **au**	à la	à l'	à + les = **aux**
de	de + le = **du**	de la	de l'	de + les = **des**

De is also used to indicate possession or ownership.

Là, c'est la boulangerie **de** ma tante.   *That's my aunt's bakery over there.*
C'est le bureau **du** prof.   *It's the teacher's desk.*

PREPOSITIONS AND PLACES

To say that you are at or going to a place, you need to use a preposition. With cities, use the preposition **à: à Paris.** One notable exception is **en Arles.** When speaking about masculine countries, use **au: au Viêt-nam.** With names of plural countries, use **aux: aux Etats-Unis.** Most countries ending in **-e** are feminine; in these cases, use **en: en Italie. Le Mexique** is an exception. If a country begins with a vowel, like **Inde,** use **en: en Inde.**

Cities	Masculine Countries	Feminine or Masculine Countries that begin with a vowel	Plural Countries
à Nantes à Paris en Arles	**au** Canada **au** Maroc **au** Mexique	**en** Italie **en** Espagne **en** Israël	**aux** Etats-Unis **aux** Philippines **aux** Pays-Bas

PRONOUNS

SUBJECT PRONOUNS: TU AND VOUS

The pronoun **tu** is used when you are addressing someone your own age or younger; **tu** is also often used when speaking to family members. **Vous,** on the other hand, is used when addressing someone older than you, someone you don't know very well, or groups of people.

DIRECT OBJECT PRONOUNS: LE, LA, AND LES

	SINGULAR	PLURAL
MASCULINE	le / l'	les
FEMININE	la / l'	les

A direct object is a noun or pronoun that receives the action of the verb. A direct object pronoun replaces a direct object that has already been mentioned. The direct object pronoun agrees in gender and number with the noun it refers to. You place the direct object pronoun in front of the conjugated verb.

— Il mange **la tarte?**

— Oui, il **la** mange.

If the pronoun is the direct object of an infinitive, it precedes the infinitive.

— Tu vas attendre **le bus?**

— Oui, je vais **l'**attendre.

In an affirmative command, the direct object pronoun follows the verb and is connected to it with a hyphen. In a negative command, the pronoun precedes the verb.

— Je voudrais acheter **le pull** bleu. — Et **la cravate** verte?

— Achète-**le!** — Ne **l'**achète pas! Elle est horrible!

DIRECT OBJECT PRONOUNS AND THE PASSE COMPOSE

When using the direct object pronouns **le, la, l', les, me, te, nous,** and **vous** with the **passé composé,** you must often change the spelling of the past participle to agree in number and gender with the preceding direct object pronoun.

— Tu as rangé **ta chambre?** — Pierre a acheté **les boissons?**

— Oui, je **l'**ai rangé**e** ce matin. — Non, il ne **les** a pas acheté**es.**

THE PRONOUN Y

To replace a phrase meaning *to, on, at,* or *in* any place that has already been mentioned, use the pronoun **y.** It can replace phrases beginning with prepositions of location such as **à, sur, chez, dans,** and **en + a place or thing.** Place **y** before the conjugated verb or before an infinitive.

— Elle va **à la confiserie?** — Oui, elle **y** va.

If there is an infinitive in the sentence, **y** precedes the infinitive.

— Tu vas aller **à l'épicerie** ce matin? — Oui, je vais **y** aller.

THE PRONOUN EN

The object pronoun **en** can be used to replace phrases that begin with **du, de la, de l',** or **des.** These phrases might refer to activities:

— Tu fais **de la plongée?**

— Non, je n'**en** fais pas.

or to quantities:

— Tu veux **des œufs** pour le dîner?

— Oui, j'**en** veux bien.

— Est-ce qu'il te faut **du café?**

— Non, j'**en** ai acheté hier.

Like other object pronouns, **en** precedes the conjugated verb. If the sentence contains an infinitive, **en** is placed between the conjugated verb and the infinitive.

— Nous avons **des crevettes?**

— Non, mais je vais **en** acheter aujourd'hui.

THE REFLEXIVE PRONOUNS

Reflexive pronouns accompany a reflexive verb, a verb whose action is done by the subject to itself. These pronouns reflect the subject, and they change depending upon the subject of the sentence. The reflexive pronoun **se** is part of the infinitive of a reflexive verb. The verb **se laver** (*to wash oneself*) is conjugated below.

Subject	Reflexive Pronoun	se laver
je	**me**	Je **me** lave.
tu	**te**	Tu **te** laves.
il/elle/on	**se**	Il/Elle/On **se** lave.
nous	**nous**	Nous **nous** lavons.
vous	**vous**	Vous **vous** lavez.
ils/elles	**se**	Ils/Elles **se** lavent.

INDIRECT OBJECT PRONOUNS: LUI, LEUR

The pronouns **lui** (*to/for him, to/for her*) and **leur** (*to/for them*) replace nouns that are indirect objects of a verb. They are used to replace a phrase that begins with **à** or **pour** followed by a person or persons, never by things.

The pronoun is placed before the conjugated verb . . .

Tu offres un cadeau **à ta mère?** —> Tu **lui** offres un cadeau?

or before an infinitive, when it is the object of that infinitive.

Je vais offrir des bonbons **à mes amis.** —> Je vais **leur** offrir des bonbons.

In affirmative commands, the pronouns follow the verb and are connected to it with a hyphen.

Offre un cadre **à ta sœur!** —> **Offre-lui** un cadre!

POSITION OF OBJECT PRONOUNS

Object pronouns like **le, la, l', les, lui, leur, me, te, nous,** and **vous** usually precede the conjugated verb in a sentence.

Tu **me** donnes un cadeau? Mon livre? Je **l'**ai oublié à l'école.

Paul **leur** parle tout le temps. Qui **vous** a donné ce bracelet?

In affirmative commands, the object pronoun follows the verb and is connected to it by a hyphen. In this case, **me** and **te** change to **moi** and **toi.** In negative commands, the object pronoun precedes the conjugated verb.

Téléphone-**moi** ce soir! Donne-**le** à ta sœur!

Ne **me** donne pas de tarte! Ne **les** invite pas!

When the object pronoun is the object of the infinitive, the object pronoun directly precedes the infinitive.

Je voudrais **l'**inviter à la boum. Tu aurais dû **lui** téléphoner.

IL/ELLE EST VERSUS C'EST

Both **il/elle est** and **c'est** can mean *he/she is.* **Il/Elle est** can be used to identify someone by the person's profession or nationality. In this case, no article precedes the noun.

Harrison Ford? **Il est** acteur. Céline Dion? **Elle est** québécoise.

If **c'est** is used for the same purpose, the noun must be preceded by an appropriate article.

Harrison Ford? **C'est un** acteur. Céline Dion? **C'est une** Québécoise.

When you use both an adjective and a noun, you must use **c'est.**

Céline Dion? **C'est une** chanteuse québécoise.

RELATIVE PRONOUNS: CE QUI AND CE QUE

Ce qui and **ce que** are relative pronouns that mean *what.* However, **ce qui** is the subject of the verb in the clause it introduces:

Ce qui est embêtant, c'est de devoir se coucher très tôt.

Ce que, on the other hand, is the object of the verb in the clause it introduces and it is usually followed by a subject:

Ce que je n'aime pas, c'est aller à la pêche quand il pleut.

RELATIVE PRONOUNS: QUI AND QUE

The relative pronouns **qui** and **que** introduce clauses that give more information about a subject that you've already mentioned. **Qui** is the subject of the verb in the clause it introduces. The verb agrees with the person or object in the main clause that it refers to.

Isabelle Adjani est une actrice **qui est** très connue en France.

J'ai deux amis **qui s'appellent** Hervé et Guillaume.

Que is the direct object of the verb in the clause; therefore, it is followed by a subject. When the verb in the clause introduced by **que** is in the **passé composé,** the past participle agrees with the noun that **que** represents.

Voici le CD **que** je voudrais acheter. **La tente** que j'ai **achetée** hier est très chouette!

VERBS

REGULAR -ER VERBS

To form the present tense of most -er verbs, drop the -er and add the following endings to the stem.

	aimer (to like, love)	
Subject	**Stem**	**Ending**
j'		-e
tu		-es
il/elle/on		-e
nous	aim	-ons
vous		-ez
ils/elles		-ent

For the **nous** form of the verbs **manger, nager,** and **voyager,** only the -r is dropped from the infinitive, the -e is retained: **nous mangeons, nous nageons, nous voyageons.** For the **nous** form of **commencer,** the second **c** is changed to a **ç** in the stem: **nous commençons.**

Some **-er** verbs that are presented for the first time in Level 2 are: **déguster** (to taste, enjoy), **se baigner** (to go swimming), **s'habiller** (to get dressed), **se lever** (to get up), **se laver** (to wash), **tomber** (to fall), and **emporter** (to take something with you).

REGULAR -IR VERBS

To form the present tense of most **-ir** verbs, drop the **-ir** and add the following endings to the stem.

	choisir (to choose)	
Subject	**Stem**	**Ending**
je		-is
tu		-is
il/elle/on		-it
nous	chois	-issons
vous		-issez
ils/elles		-issent

Other **-ir** verbs that follow this pattern are **grandir, maigrir, grossir,** and **se nourrir.** To form the past participle of these verbs, you simply drop the **-ir** from the infinitive and add **-i** to the stem (**choisir —> choisi**).

REGULAR -RE VERBS

The present tense of most **-re** verbs is formed by dropping the **-re** and adding the following endings to the stem.

	attendre (to wait)		
Subject	**Stem**	**Ending**	
j'		-s	
tu		-s	
il/elle/on	attend	-(no ending)	
nous		-ons	
vous		-ez	
ils/elles		-ent	

VERBS LIKE DORMIR

These verbs follow a different pattern from the one you learned for regular **-ir** verbs. These verbs have two stems: one for the singular subjects, and one for the plural ones.

	dormir (to sleep)	partir (to leave)	sortir (to go out, to take out)
je	dors	pars	sors
tu	dors	pars	sors
il/elle/on	dort	part	sort
nous	dormons	partons	sortons
vous	dormez	partez	sortez
ils/elles	dorment	partent	sortent
Past Participle	dormi	parti	sorti

IRREGULAR VERBS

The verbs **avoir, être, aller,** and **faire** are irregular because they do not follow the conjugation patterns that **-er, -ir,** and **-re** verbs do.

	avoir *(to have)*	**être** *(to be)*
je/j'	ai	suis
tu	as	es
il/elle/on	a	est
nous	avons	sommes
vous	avez	êtes
ils/elles	ont	sont
Past Participle	eu	été

	aller *(to go)*	**faire** *(to do, make)*
je	vais	fais
tu	vas	fais
il/elle/on	va	fait
nous	allons	faisons
vous	allez	faites
ils/elles	vont	font
Past Participle	allé	fait

Devoir, pouvoir, and **vouloir** are also irregular. They are usually followed by an infinitive.
  Je peux chanter. *I can sing.*

	devoir *(to have to, must)*	**pouvoir** *(be able to, can)*	**vouloir** *(to want)*
je	dois	peux	veux
tu	dois	peux	veux
il/elle/on	doit	peut	veut
nous	devons	pouvons	voulons
vous	devez	pouvez	voulez
ils/elles	doivent	peuvent	veulent
Past Participle	dû	pu	voulu

These verbs also have irregular forms.

	dire *(to say)*	écrire *(to write)*	lire *(to read)*
je/j'	dis	écris	lis
tu	dis	écris	lis
il/elle/on	dit	écrit	lit
nous	disons	écrivons	lisons
vous	dites	écrivez	lisez
ils/elles	disent	écrivent	lisent
Past Participle	dit	écrit	lu

	mettre *(to put, to put on, to wear)*	prendre *(to take, to have food or drink)*	voir *(to see)*
je	mets	prends	vois
tu	mets	prends	vois
il/elle/on	met	prend	voit
nous	mettons	prenons	voyons
vous	mettez	prenez	voyez
ils/elles	mettent	prennent	voient
Past Participle	mis	pris	vu

THE VERB CONNAITRE

Some French verbs do not follow any of the regular verb patterns you've learned. They are referred to as *irregular verbs.* **Connaître** *(to know, to be familiar with)* is an irregular verb. Here are the forms of **connaître** in the present tense:

connaître *(to know, to be acquainted with)*	
je	connais
tu	connais
il/elle/on	connaît
nous	connaissons
vous	connaissez
ils/elles	connaissent

The past participle of **connaître** is **connu. Connaître** uses **avoir** as its helping verb in the **passé composé.** The **passé composé** of **connaître** has a special meaning.

    J'ai connu Sophie au lycée. *I met Sophie (for the first time) at school.*

THE VERB OUVRIR

While the verb **ouvrir** ends in **-ir,** it is conjugated like a regular **-er** verb.

ouvrir (to open)	
j'	ouvre
tu	ouvres
il/elle/on	ouvre
nous	ouvrons
vous	ouvrez
ils/elles	ouvrent

The past participle of **ouvrir** is **ouvert. Ouvrir** uses **avoir** as its helping verb in the **passé composé.**

J'ai ouvert la porte pour mon père.

VERBS WITH STEM AND SPELLING CHANGES

Verbs listed in this section are not irregular, but they do have some stem and spelling changes. When you write the forms of **acheter** and **promener,** add an **accent grave** over the second-to-last **e** in all forms except **nous** and **vous.** Notice that the second **é** in **préférer** changes from **é** to **è** in all forms except the **nous** and **vous** forms.

	acheter (to buy)	préférer (to prefer)	promener (to walk) (an animal))
je/j'	achète	préfère	promène
tu	achètes	préfères	promènes
il/elle/on	achète	préfère	promène
nous	achetons	préférons	promenons
vous	achetez	préférez	promenez
ils/elles	achètent	préfèrent	promènent
Past Participle	acheté	préféré	promené

The following verbs have different stems for the **nous** and **vous** forms.

	appeler (to call)	essayer (to try)
j'	appelle	essaie
tu	appelles	essaies
il/elle/on	appelle	essaie
nous	appelons	essayons
vous	appelez	essayez
ils/elles	appellent	essaient
Past Participle	appelé	essayé

REFLEXIVE VERBS

French verbs that require a reflexive pronoun are called *reflexive verbs.* The subject of the sentence receives the action of a reflexive verb. The reflexive pronoun must change with the subject, as shown in the table below.

To make a reflexive verb negative, place **ne... pas** around the reflexive pronoun and the verb (**Je ne me lève pas tôt le week-end.**)

se laver *(to wash)*		
je	me	lave
tu	te	laves
il/elle/on	se	lave
nous	nous	lavons
vous	vous	lavez
ils/elles	se	lavent

To make the **passé composé** of a reflexive verb, you need to use **être** as the helping verb. The past participle must agree in number and gender with the subject when there's no direct object following the verb. (**Elle s'est lavée.** but **Elle s'est lavé les mains.**)

To make a reflexive verb negative in the **passé composé,** place **ne... pas** around the reflexive pronoun and the helping verb. (**Je ne me suis pas levée tôt samedi.**)

se laver			
je	me	suis	lavé (e)
tu	t'	es	lavé (e)
il/elle/on	s'	est	lavé (e) (s)
nous	nous	sommes	lavé (e)s
vous	vous	êtes	lavé (e) (s)
ils/elles	se	sont	lavé (e)s

THE PASSE COMPOSE WITH AVOIR

The **passé composé** of most verbs consists of two parts: the present tense form of the helping verb **avoir** and the past participle of the main verb. To form the past participle, use the formulas below. To make a sentence negative in the **passé composé,** place the **ne... pas** around the helping verb **avoir.**

Infinitive	aimer *(to love, to like)*		choisir *(to choose)*		vendre *(to sell)*	
	Stem	Ending	Stem	Ending	Stem	Ending
Past Participle	aim	-é	chois	-i	vend	-u
	aimé		choisi		vendu	
Passé Composé	j'ai aimé		j'ai choisi		j'ai vendu	

J'**ai mangé** au fast-food. Nous n'**avons** pas encore **choisi** la musique.

Elle **a choisi** un anorak rouge. Elle n'**a** pas **répondu** à sa lettre.

Some verbs have irregular past participles.

être	—>	**été**	**lire**	—>	**lu**	**recevoir**	—>	**reçu**
avoir	—>	**eu**	**mettre**	—>	**mis**	**boire**	—>	**bu**
prendre	—>	**pris**	**faire**	—>	**fait**	**voir**	—>	**vu**
faire	—>	**fait**						

THE PASSE COMPOSE WITH ETRE

While most French verbs use **avoir** as the helping verb in the **passé composé,** two groups of verbs use **être** as their helping verb. The first group includes verbs of motion, like **aller, descendre, monter, tomber, venir,** and so on. You form the **passé composé** of these verbs with two parts: the present tense form of the helping verb **être** and the past participle of the main verb. When using **être,** the past participle has to agree in gender and number with the subject. To make a sentence negative, put **ne... pas** around the helping verb. (**Je ne suis pas allé à l'école hier.**)

aller *(to go)*		
je	suis	allé(e)
tu	es	allé(e)
il/elle/on	est	allé(e)(s)
nous	sommes	allé(e)s
vous	êtes	allé(e)(s)
ils/elles	sont	allé(e)s

The second group, reflexive verbs, also uses **être** as the helping verb. For more information on the **passé composé** with reflexive verbs, see the heading "Reflexive Verbs" on page R38.

THE IMPARFAIT

To talk about what used to happen in the past or to describe what things were like, you use the **imparfait** (imperfect tense.) The stem you use to form the imperfect is the **nous** form of the verb in the present tense without **-ons** (écrire —> nous écrivons —> écriv-). For verbs like **manger,** drop the final **-e** from the stem for the **nous** and **vous** forms (**nous mangions, vous mangiez).** The endings are listed below. To make the imperfect form negative, place **ne... pas** around the verb.

écrire *(to write)*		
	Stem	**Endings**
j'		-ais
tu		-ais
il/elle/on	écriv	-ait
nous		-ions
vous		-iez
ils/elles		-aient

Je n'**écrivais** pas de lettres.   Elles **achetaient** des bonbons.

Tu **mangeais** bien?   Nous n'**allions** pas à l'école le samedi.

You will often need to use the verbs **avoir** and **être** in the **imparfait** to talk about the past. The table below gives you the **imparfait** forms of both verbs. Notice that **être** uses the irregular stem **ét-.**

avoir *(to have)*	
j'	avais
tu	avais
il/elle/on	avait
nous	avions
vous	aviez
ils/elles	avaient

être *(to be)*	
j'	étais
tu	étais
il/elle/on	était
nous	étions
vous	étiez
ils/elles	étaient

- The phrase **C'était...** *(It was . . .)* can be used in a variety of situations to describe how something was or used to be, including: expressing enthusiasm (**C'était magnifique!**), expressing indifference (**C'était assez bien.**), and expressing dissatisfaction (**C'était mortel.**).

- To tell how people seemed, use the expression **avoir l'air** in the **imparfait** followed by an adjective.

    Ils **avaient l'air** contents.

- You can also use the expression **si on** followed by a verb in the **imparfait** to make a suggestion.

    Si on jouait au volley?

THE IMPARFAIT VS. THE PASSE COMPOSE

In French, there are two tenses you can use to talk about the past: the **imparfait** and the **passé composé.** The table below lists the uses of each tense.

Imparfait	Passé Composé
• to describe how things and people were in the past **Il était petit.** • to describe general conditions or to set the scene **Il faisait froid.** • to talk about what used to happen or to tell about repeated or habitual actions **J'allais à l'école le samedi.** • after words that indicate a repeated action in the past, like **toujours, d'habitude, souvent, tous les jours,** and **de temps en temps** **Je jouais souvent au foot.** • to tell what was going on when something else happened **Je regardais la télé quand Pierre est arrivé.** • to emphasize that you were in the middle of doing something when something else happpened, you can use the expression **être en train de** in the **imparfait** followed by an infinitive **J'étais en train de manger quand Jacques est arrivé.** • to make a suggestion, you can use the expression **si on** followed by a verb in the **imparfait** **Si on allait à la plage?** • to tell how someone seemed to be, you can use the expression **avoir l'air** in the **imparfait** followed by an adjective **Elle avait l'air triste.**	• to tell what happened **Il est tombé.** • after words that indicate a specific moment in the past, like **un jour, soudain, tout d'un coup, au moment où,** and **une fois** **Un jour, elle est partie.** • after words that indicate in which order a series of events occurred, like **d'abord, après, ensuite, enfin,** and **finalement** **Ensuite, on a payé.** • to talk about an event that occurred while another action was going on **Il a téléphoné quand tu dormais.**

THE IMPERATIVE (COMMANDS)

To make a request or a command of most verbs, use the **tu, nous,** or **vous** form of the present tense of the verb without the subject. Remember to drop the final **-s** in the **tu** form of an **-er** verb.

Prends un jus de fruit!

Range ta chambre!

Allons en colonie de vacances!

Continuez tout droit.

To make a command negative, simply place **ne... pas** around the verb.

Ne sors **pas** sans faire tes devoirs!

THE NEAR FUTURE (LE FUTUR PROCHE)

To say that something is going to happen, use the near future (**le futur proche**). It is made up of two parts: the present tense of the verb **aller** and the infinitive of the main verb.

Je **vais faire** de la plongée demain.

I'm going to go scuba diving tomorrow.

To make a sentence in the **futur proche** negative, place **ne... pas** around the conjugated verb (**aller**).

Monique **ne** va **pas** lire la biographie de Napoléon.

Monique isn't going to read Napoleon's biography.

Pronunciation Index

Sound	Letter Combination	IPA Symbol	Example
The sounds [y] and [u]	the letter **u**	/y/	une
	the letter combination **ou**	/u/	nous
The nasal sound [ã]	the letter combination **an**	/ã/	anglais
	the letter combination **am**		jambon
	the letter combination **en**		comment
	the letter combination **em**		temps
The vowel sounds [ø] and [œ]	the letter combination **eu**	/ø/	deux
	the letter combination **eu**	/œ/	heure
The nasal sounds [ɔ̃], [ɛ̃], and [œ̃]	the letter combination **on**	/ɔ̃/	pardon
	the letter combination **om**		nombre
	the letter combination **in**	/ɛ̃/	cousin
	the letter combination **im**		impossible
	the letter combination **ain**		copain
	the letter combination **aim**		faim
	the letter combination **(i)en**		bien
	the letter combination **un**	/œ̃/	lundi
	the letter combination **um**		humble
The sounds [o] and [ɔ]	the letter combination **au**	/o/	jaune
	the letter combination **eau**		beau
	the letter **ô**		rôle
	the letter **o**	/ɔ/	carotte
The vowel sounds [e] and [ɛ]	the letter combination **ez**	/e/	apportez
	the letter combination **er**		trouver
	the letter combination **ait**	/ɛ/	fait
	the letter combination **ais**		français
	the letter combination **ei**		neige
	the letter **ê**		bête
The glides [j], [w], and [ɥ]	the letter **i**	/j/	mieux
	the letter combination **ill**		maillot
	the letter combination **oi**	/w/	moi
	the letter combination **oui**		Louis
	the letter combination **ui**	/ɥ/	huit
h, th, ch, and gn	the letter **h**	/ˈ/	les halls
	the letter combination **th**	/t/	théâtre
	the letter combination **ch**	/ʃ/	chocolat
	the letter combination **gn**	/ɲ/	oignon
The **r** sound	the letter **r**	/ʀ/	rouge
			vert

Numbers

Les Nombres Cardinaux

0 zéro	**20** vingt	**80** quatre-vingts
1 un(e)	**21** vingt et un(e)	**81** quatre-vingt-un(e)
2 deux	**22** vingt-deux	**82** quatre-vingt-deux
3 trois	**23** vingt-trois	**90** quatre-vingt-dix
4 quatre	**24** vingt-quatre	**91** quatre-vingt-onze
5 cinq	**25** vingt-cinq	**92** quatre-vingt-douze
6 six	**26** vingt-six	**100** cent
7 sept	**27** vingt-sept	**101** cent un
8 huit	**28** vingt-huit	**200** deux cents
9 neuf	**29** vingt-neuf	**201** deux cent un
10 dix	**30** trente	**300** trois cents
11 onze	**31** trente et un(e)	**800** huit cents
12 douze	**32** trente-deux	**1.000** mille
13 treize	**40** quarante	**2.000** deux mille
14 quatorze	**50** cinquante	**3.000** trois mille
15 quinze	**60** soixante	**10.000** dix mille
16 seize	**70** soixante-dix	**19.000** dix-neuf mille
17 dix-sept	**71** soixante et onze	**40.000** quarante mille
18 dix-huit	**72** soixante-douze	**500.000** cinq cent mille
19 dix-neuf	**73** soixante-treize	**1.000.000** un million

- The word **et** is used only in 21, 31, 41, 51, 61, and 71.
- **Vingt (trente, quarante,** and so on) **et une** is used when the number refers to a feminine noun: **trente et une cassettes.**
- The **s** is dropped from **quatre-vingts** and is not added to multiples of **cent** when these numbers are followed by another number: **quatre-vingt-cinq; deux cents,** *but* **deux cent six.** The number **mille** never takes an **s** to agree with a noun: **deux mille insectes.**
- **Un million** is followed by **de** + a noun: **un million d'euros.**
- In writing numbers, a period is used in French where a comma is used in English.

Les Nombres Ordinaux

1er, 1ère premier, première	**9e** neuvième	**17e** dix-septième
2e deuxième	**10e** dixième	**18e** dix-huitième
3e troisième	**11e** onzième	**19e** dix-neuvième
4e quatrième	**12e** douzième	**20e** vingtième
5e cinquième	**13e** treizième	**21e** vingt et unième
6e sixième	**14e** quatorzième	**22e** vingt-deuxième
7e septième	**15e** quinzième	**30e** trentième
8e huitième	**16e** seizième	**40e** quarantième

This list includes both active and passive vocabulary in this textbook. Active words and phrases are those listed in the **Vocabulaire** section at the end of each chapter. You are expected to know and be able to use active vocabulary. All entries in heavy black type in this list are active. All other words are passive. Passive vocabulary is for recognition only.

The number after each entry refers to the chapter where the word or phrase is introduced. Nouns are always given with an article. If it is not clear whether the noun is masculine or feminine, *m.* (masculine) or *f.* (feminine) follows the noun. Some nouns that are generally seen only in the plural, as well as ones that have an irregular plural form, are also given with gender indications and the abbreviation *pl.* (plural) following them. An asterisk (*) before a word beginning with *h* indicates an aspirate *h*. Phrases are alphabetized by the key word(s) in the phrase.

The following abbreviations are also used in this vocabulary: *pp.* (past participle), *inv.* (invariable), *adj.* (adjective), *obj.* (object), and *subj.* (subject).

à *to, in (a city or place)*, I, 11; **A...** *At...*, II, 11; **A bientôt.** *See you soon.* I, 1; **à la** *to, at*, I, 6; **à côté de...** *next to*, II, 2; **A demain.** *See you tomorrow.* I, 1; **à droite de** *to the right of*, II, 2; **à gauche de** *to the left of*, II, 2; à l'autre bout *at the other end*, II, 9; **à la mode** *in style*, I, 10; à la place de *in the place of*, II, 6; à peu près *nearly*, II, 11; **A propos,...** *By the way,...*, II, 9; **A quelle heure?** *At what time?* I, 6; **A tout à l'heure!** *See you later (the same day)!* I, 1; **A votre service.** *At your service. (You're welcome.)*, I, 3; **Tu n'as qu'à...** *All you have to do is...*, II, 7

a: Il/Elle a... *He/She has...*, II, 1

abandonne: J'abandonne. *I give up.* II, 7

les abdominaux (m. pl.): **faire des abdominaux** *to do sit-ups*, II, 7

aborder *to approach*, II, 10

l' acajou (m.) *mahogany*

accepter *to accept*, II, 10

l' accès (m.) *access*, II, 2

l' **accident** (m.): **avoir un accident** *to have an accident*, II, 9

l' accord (m.) *agreement*, II, 1

D' accord. *OK.* I, 9; II, 7; **D'accord, si tu... d'abord.** *OK, if you..., first.* I, 7; **Bon, d'accord.** *Well, OK.* I, 8; **Je ne suis pas d'accord.** *I don't agree.* I, 7;

Tu es d'accord? *Is that OK with you?* I, 7

accordons: Accordons nos violons. *Let's come to an understanding.* II, 4

accueillant *welcoming*, II, 1

accueillir *to welcome*, II, 2

achetait: Si on achetait... ? *How about buying...?* II, 8

acheter *to buy*, I, 9; **Achète (-moi)...** *Buy (me)...*, I, 8

l' acier (m.) *steel*, II, 12

l' acteur (m.) *actor*, II, 11

l' activité (f.) *activity*, II, 1

l' **addition** (f.) *check, bill*, I, 5; **L'addition, s'il vous plaît.** *The check, please.* I, 5

l' adjectif (m.) *adjective*, II, 1

adorer *to adore*, I, 1; **J'adore...** *I adore...*, I, 1; *I love...*, II, 1

l' adresse (f.) *skill*, II, 7

l' **aérobic** (f.) *aerobics*, I, 4; **faire de l'aérobic** *to do aerobics*, I, 4; II, 7

les affaires (f. pl.) *things, belongings*, II, 11

africain(e) *African (adj.)*, II, 11

l' **âge** (m.) *age;* **Tu as quel âge?** *How old are you?* I, 1

âgé(e) *older*, I, 7

l' agence de voyages (f.) *travel agency*, II, 8

l' agneau (m.) *lamb*, II, 3

ai: J'ai... *I have...* I, 2; II, 1; **J'ai... ans.** *I am...years old.* I, 1; **J'ai besoin de...** *I need...*, I, 8; **J'ai de la fièvre.** *I have a fever.* II, 7; **J'ai faim.** *I'm hungry.* I, 5; **J'ai l'intention de...** *I intend to...*, I, 11; **J'ai mal au genou.** *My knee hurts.* II, 7; **J'ai soif.** *I'm thirsty.* I, 5; **Je n'ai pas de...**

I don't have..., I, 3

aider *to help*, II, 8; **(Est-ce que) je peux vous aider?** *May I help you?* I, 10; **Tu peux m'aider?** *Can you help me?* II, 10; l'aide: à l'aide d'une cuillère *using a spoon*, II, 11

aïe! *ouch!*, II, 7

l' ail (m.) *garlic*, II, 3

l' aile (f.) *wing*, II, 12

ailleurs *elsewhere*, II, 4

aimer *to like*, I, 1; **Ce que j'aime bien, c'est...** *What I like is...*, II, 4; **Ce que je n'aime pas, c'est...** *What I don't like is...*, II, 4; **J'aime bien...** *I like...*, II, 1; **J'aime mieux...** *I prefer...*, I, 1; II, 1; **Je n'aime pas...** *I don't like...*, I, 1; II, 1; **Moi, j'aime (bien)...** *I (really) like...*, I, 1; **Qu'est-ce que tu aimes comme musique?** *What music do you like?* II, 1; **Qu'est-ce que tu aimes faire?** *What do you like to do?* II, 1; **Tu aimes mieux... ou... ?** *Do you prefer...or...?* I, 10; **Tu aimes... ?** *Do you like...?* I, 1

aimerais: J'aimerais... pour aller avec... *I'd like... to go with...*, I, 10

ainsi que *as well as*, II, 1

l' **air** (m.): **avoir l'air...** *to seem...*, II, 9; **Ça n'a pas l'air d'aller.** *Something's wrong?* II, 5; **Elle avait l'air...** *She seemed...*, II, 12; **Tu n'as pas l'air en forme.** *You don't look well.* II, 7

ajouter *to add*, II, 3

l' album (m.) *album*, II, 11

l' **algèbre** (f.) *algebra*, I, 2

l' **aliment** (m.) *food*, II, 7
l' **alimentation** (f.): le magasin d'alimentation *food store*, II, 3
  allait: Si on allait…? *How about going…?* II, 4
  allé(e) (pp. of aller) *went*, I, 9; **Je suis allé(e)…** *I went…*, I, 9; **Tu es allé(e) où?** *Where did you go?* I, 9
l' **allemand** (m.) *German (language)*, I, 2
  aller *to go*, I, 6; **l'aller-retour** (m.) *round-trip ticket*, II, 6; **l'aller simple** (m.) *one-way ticket*, II, 6; **aller à la pêche** *to go fishing*, II, 4; **Ça n'a pas l'air d'aller.** *Something's wrong?* II, 5; **Ça te dit d'aller…?** *What do you think about going…?* II, 4; **Ça va aller mieux!** *It's going to get better!* I, 9; II, 5; **On peut y aller…** *We can go there…*, I, 12
l' **allergie** (f.) *allergy*, II, 7; **J'ai des allergies.** *I have allergies.* II, 7
  Allez! *Come on!* II, 7; **Allez tout droit.** *Go straight ahead.* II, 2; **Allez au tableau!** *Go to the blackboard!* I, 0
  Allô? *Hello?* I, 9
  Allons… *Let's go…*, I, 6; **Allons-y!** *Let's go!* I, 4
l' **allumette** (f.) *match*, II, 12
l' **allure** (f.) *style, elegance*, II, 4
  Alors,… *So,…* II, 9
  amener: amener à ébullition *bring to a boil*, II, 3
  américain(e) *American* (adj.), II, 11
l' **ami(e)** *friend*, I, 1
l' **amitié** (f.) *friendship*, II, 10
  amoureux (-euse) *in love*, II, 9; **tomber amoureux (-euse) (de quelqu'un)** *to fall in love (with someone)*, II, 9
  amusant(e) *funny*, I, 7; II, 1; *fun*, II, 11
l' **amuse-gueule** (m.) *appetizer, snack*, II, 10; **préparer les amuse-gueule** *to make party snacks*, II, 10
  amusé(e) (pp. of s'amuser): **Je me suis beaucoup amusé(e).** *I had a lot of fun.* II, 6; **Tu t'es amusé(e)?** *Did you have fun?* II, 6; **Tu t'es bien amusé(e)?** *Did you have fun?* I, 11
  amuser *to amuse, entertain*, II, 1
s' **amuser** *to have fun*, II, 4; **Amuse-toi bien!** *Have fun!* I, 11; **Qu'est-ce que tu fais pour t'amuser?** *What do you do to have fun?* I, 4
l' **an** (m.) *year*, I, 1; **avoir… ans** *to be…years old*, II, 1; **J'ai… ans.** *I am…years old.* I, 1; **Quand j'avais… ans,…** *When I was…years old,…*, II, 8

l' **ananas** (m.) *pineapple*, I, 8; II, 4
l' **anglais** (m.) *English (language)*, I, 1
l' **animal** (m.) *animal*, II, 12; **donner à manger aux animaux** *to feed the animals*, II, 6; **nourrir les animaux** *to feed the animals*, II, 12
  animé(e) *exciting*, II, 8
l' **anneau** (m.) *ring*, II, 12
l' **année** (f.) *year*, II, 1; **Bonne année!** *Happy New Year!* II, 3
l' **anniversaire** (m.) *anniversary; birthday*, I, 7; **Joyeux (Bon) anniversaire!** *Happy birthday!* II, 3
l' **annonce** (f.) *advertisement*, II, 2
l' **anorak** (m.) *ski jacket*, II, 1
  antillais(e) *from the Antilles*, II, 11
les Antilles *the West Indies*, II, 4
  août *August*, I, 4; **en août** *in August*, I, 4
  apercevoir *to notice*, II, 8
  aplatir *to flatten*, II, 3
l' **appareil** (m.) *phone*, I, 9; **Qui est à l'appareil?** *Who's calling?* I, 9
l' **appareil-photo** (m.) *camera*, I, 11; II, 1
  appartient *belongs to*, II, 8
  appartenir *to belong to*, II, 8
s' **appeler** *to call oneself, to be called*, I, 1; **Il/Elle s'appelle comment?** *What's his/her name?* I, 1; **Il/Elle s'appelle…** *His/Her name is…*, I, 1; **Je m'appelle…** *My name is…*, I, 1; **Tu t'appelles comment?** *What's your name?* I, 1
  apporter *to bring*, I, 9; **Apportez-moi…, s'il vous plaît.** *Please bring me…*, I, 5
  apprécier *to appreciate*, II, 1
  apprendre *to learn*, I, 0
s' **apprêter** *to get ready*, II, 12
  approprié(e) *appropriate*, II, 1
s' **approvisionner** *to provide oneself, to supply oneself*, II, 11
l' **après-midi** (m.) *afternoon*, I, 2; *in the afternoon*, I, 2; **l'après-midi libre** (m.) *afternoon off*, I, 2
  après *after*, I, 9; **Après ça,…** *After that,…* II, 4; **Après, je suis sorti(e).** *Afterwards, I went out.* I, 9; **Et après?** *And afterwards?* II, 4
d' **après** *according to*, II, 2
l' **arbre** (m.) *tree*, II, 12; **mutiler les arbres** *to deface the trees*, II, 12
l' **argent** (m.) *money*, I, 11
l' **armoire** (f.) *armoire/wardrobe*, II, 2
  arracher *to grab, snatch*, II, 8
l' **arrêt** (m.) *stop*, II, 12
  arrêter *to stop*, II, 7

  arriver *to arrive*, II, 5; **Qu'est-ce qui t'arrive?** *What's wrong?* II, 5
l' **article** (m.) *article*, II, 1
l' **artisanat** (m.) *craft industry*, II, 8
l' **artiste** (m./f.) *artist*, II, 11
les arts martiaux (m. pl.), *martial arts*, II, 7
les **arts plastiques** (m. pl.) *art class*, I, 2
  as: De quoi est-ce que tu as besoin? *What do you need?* I, 8; **Qu'est-ce que tu as?** *What's wrong?* II, 7; **Qu'est-ce que tu as fait?** *What did you do?* I, 9; **Tu as…?** *Do you have…?* I, 3; **Tu as… à quelle heure?** *At what time do you have…?* I, 2; **Tu as quel âge?** *How old are you?* I, 1
l' **ascenseur** (m.) *elevator*, II, 2
  Asseyez-vous! *Sit down!* I, 0
  assez *sort of*, II, 9; **assez bien** *OK*, II, 6
l' **assiette** (f.) *plate*, I, 5; les assiettes en carton *paper plates*, II, 10
  assister: assister à un spectacle son et lumière *to attend a sound and light show*, II, 6
l' **astuce** (f.) *cleverness*, II, 7
l' **athlète** (m./f.) *athlete*, II, 7
l' **athlétisme** (m.) *track and field*, I, 4; **faire de l'athlétisme** *to do track and field*, I, 4
  attendre *to wait for*, I, 9
l' **attention** (f.) *attention*, II, 11
l' **attitude** (f.) *attitude*, II, 9
l' **attrait** (m.) *attraction*, II, 11
  attraper *to catch*, II, 11
  au *to, at*, I, 6; *to, in (before a masculine noun)*, I, 11; **Au revoir!** *Goodbye!* I, 1; **au métro…** *at the…metro stop*, I, 6
l' **auberge de jeunesse** (f.) *youth hostel*, II, 2
  aucun(e) *no, none, any*, II, 9; **Aucune idée.** *No idea.* II, 9
  aujourd'hui *today*, I, 2
  aurais: J'aurais dû… *I should have…*, II, 10; **J'aurais pu…** *I could have…*, II, 10; **Tu aurais dû…** *You should have…*, II, 10; **Tu aurais pu…** *You could have…*, II, 10
  aussi *also*, I, 1; **Moi aussi.** *Me too.* I, 2
  autant de *as much, as many*, II, 10
l' **autobiographie** (f.) *autobiography*, II, 11
l' **automne** (m.) *autumn, fall*, I, 4; **en automne** *in the fall*, I, 4
l' autre (m./f.) *another*, II, 2
  autrefois *in the past*, II, 4
  autrui *others, other people*, II, 11

aux *to, in (before a plural noun),*
I, 11
l' **auxiliaire** (m.) *auxilary* (verb), II, 5
avais: Quand j'avais... ans,...
When I was…years old,…, II, 8
avait: Elle avait l'air... *She
seemed…,* II, 12; **Il y avait...**
There was/were…, II, 8
l' **avantage** (m.) *advantage,* II, 8
avec *with,* I, 6; **avec moi** *with
me,* I, 6; **Avec qui?** *With
whom?* I, 6; **C'est avec qui?**
Who's in it? II, 11; **C'est avec...**
…is (are) in it. II, 11
l' **avenir** (m.) *future,* II, 1
l' **aventure** (f.) *adventure,* II, 11
avez: Oui, vous avez...? *Yes, do
you have…?* I, 10; **Qu'est-ce
que vous avez comme...?**
What kind of…do you have? I,
5; **Vous avez...?** *Do you
have…?* I, 2
l' **avion** (m.) *plane,* I, 12; **en
avion** *by plane,* I, 12
l' **avis** (m.) *opinion,* I, 9; **A mon
avis,...** *In my opinion,…,* II, 9;
A mon avis, tu te trompes. *In
my opinion, you're mistaken.* II,
9; **A ton avis, qu'est-ce que je
dois faire?** *In your opinion,
what should I do?* II, 10; **A ton
avis, qu'est-ce que je fais?** *In
your opinion, what do I do?* I, 9
l' **avocat** (m.) *avocado,* I, 8
avoir *to have,* I, 2 ; **avoir
rendez-vous (avec quelqu'un)**
*to have an appointment/a date
(with someone),* II, 9; **avoir des
responsabilités** *to have
responsibilities,* II, 8; **avoir des
soucis** *to have worries,* II, 8;
avoir faim *to be hungry,* I, 5;
avoir l'air... *to seem …,* II, 9;
avoir soif *to be thirsty,* I, 5;
avoir un accident *to have an
accident,* II, 9; **avoir... ans** *to
be…years old,* II, 1
avons: Nous avons... *We
have…,* I, 2; **Nous avons parlé.**
We talked. I, 9
avril *April,* I, 4; **en avril** *in
April,* I, 4
ayant: ayant pu donner *having
been able to give,* I, 2

la **baguette** *long, thin loaf of bread,*
I, 12; II, 3; la baguette magique
magic wand, II, 6
se **baigner** *to go swimming,* II, 4
le **bal** *dance, prom,* II, 1

le **balcon** *balcony,* II, 2
la **baleine** *whale,* II, 12
le **ballon** *ball,* II, 5
banal(e) *ordinary,* II, 3; **C'est
banal.** *That's ordinary.* II, 3
la **banane** *banana,* I, 8
le **bananier** *banana tree,* II, 4
la **bande** *group of friends,* II, 10
la **bande dessinée (la B.D.)** *comic
book,* II, 11
le **bandit** *bandit,* II, 11
la **banlieue** *suburbs*
la **banque** *bank,* I, 12
le **baptême** *christening,* II, 6
barbant(e) *boring,* I, 2
le **base-ball** *baseball,* I, 4; **jouer au
base-ball** *to play baseball,* I, 4
le **basket(-ball)** *basketball,* I, 4;
jouer au basket(-ball) *to play
basketball,* I, 4
les **baskets** (f. pl.) *a pair of
sneakers,* I, 3; II, 1
le **bateau** *boat,* I, 12; **en bateau**
by boat, I, 12; **faire du bateau**
to go sailing, I, 11
le **bâtiment** *building,* II, 8
Bd (abbrev. of boulevard) (m.)
boulevard, I, 6
B.D. (la bande dessinée) *comic
book,* II, 11
beau (bel) *handsome,* II, 1; **Il
fait beau.** *It's nice weather.* I, 4
Beaucoup. *A lot.* I, 4; **Oui,
beaucoup.** *Yes, very much.* I,
2; **Pas beaucoup.** *Not very
much.* I, 4
beaux: les beaux-arts (m. pl.)
fine arts, II, 2
belle *beautiful,* II, 1; **C'est une
belle histoire.** *It's a great
story.* II, 11
le **besoin: De quoi est-ce que tu as
besoin?** *What do you need?* I,
8; **J'ai besoin de...** *I need…,* I, 8
la **bête** *beast, animal,* II, 6; **bête**
(adj.) *stupid,* II, 1
la **bêtise** *silly thing, blunder,* II, 8;
faire des bêtises *to do silly
things,* II, 8
le **beurre** *butter,* I, 8; II, 3
la **bibliothèque** *library,* I, 6; II, 2
la **bicyclette** *bicycle,* II, 4
bien *well,* I, 1; **bien se nourrir**
to eat well, II, 7; **Ça te fera du
bien.** *It'll do you good.* II, 7;
**Il/Elle est vraiment bien,
ton/ta...** *Your…is really great.*
II, 2 ; **J'aime bien...** *I like…,*
II, 1; **J'en veux bien.** *I'd like
some.* I, 8; **Je ne me sens pas
bien.** *I don't feel well.* II, 7; **Je
veux bien.** *Gladly.* I, 8; *I'd like
to.* II, 1; *I'd really like to.* I, 6;
Moi, j'aime (bien)... *I (really)
like…,* I, 1; **Très bien.** *Very
well.* I, 1

Bien sûr. *Of course,* I, 3; II, 10;
Certainly, I, 9; **Bien sûr que
non.** *Of course not.* II, 10;
Bien sûr. C'est... *Of course.
They are (He/She/It is)…,* II, 11
bientôt *soon,* I, 1; **A bientôt.**
See you soon. I, 1
Bienvenue chez moi (chez nous).
*Welcome to my home (our
home),* II, 2
le **bifteck** *steak,* II, 3
bilingue *bilingual,* II, 1
le **billet** *ticket,* I, 11; **un billet
d'avion** *plane ticket,* I, 11; II,
1; le billet de retard *tardy slip,*
II, 5; **un billet de train** *train
ticket,* I, 11
la **biographie** *biography,* II, 11
la **biologie** *biology,* I, 2
la **bise** *kiss,* II, 1
bizarre *strange,* II, 10
blanc(he) *white,* I, 3
bleu(e) *blue,* I, 3; II, 1
le **bleuet** *blueberry,* II, 3
blond(e) *blond,* I, 7; II, 1
le **blouson** *jacket,* I, 10
le **blues** *blues (music),* II, 11
le **bobard** *lie, fib,* II, 9
le **bœuf** *beef,* I, 8; II, 3
Bof! *(expression of indifference),*
I, 1; II, 8
le **bogue** *computer bug,* II, 11
boire *to drink,* I, 5; II, 3; **Qu'est-
ce qu'il y a à boire?** *What is
there to drink?* I, 5
le **bois** *wood,* II, 2; en bois *made of
wood,* II, 2
la **boisson** *drink,* I, 5; **Qu'est-ce
que vous avez comme
boissons?** *What do you have
to drink?* I, 5
la **boîte** *box,* II, 3; **une boîte de**
a can of, I, 8; **une boîte de
chocolats** *box of chocolates,* II,
3
le **bol** *bowl,* II, 3
bon *good,* I, 5; **Bon, d'accord.**
Well, OK. I, 8; **Bon courage!**
Good luck! I, 2; **Bon
rétablissement!** *Get well soon!*
II, 3; **Bon voyage!** *Have a
good trip!* I, 11; **C'est bon pour
toi.** *It's good for you.* II, 7;
C'est vraiment bon! *It's really
good!* II, 3; **Oui, très bon.** *Yes,
very good.* I, 9; **pas bon** *not
good,* I, 5; **Vous avez (Tu as) fait
bon voyage?** *Did you have a
good trip?* II, 2
bonne *good,* I, 4; **Bonne
chance!** *Good luck!* I, 11;
Bonne fête! *Happy holiday!
(Happy saint's day!)* II, 3;
Bonne idée. *Good idea.* I, 4;
II, 3; **Bonnes vacances!** *Have
a good vacation!* I, 11; **C'est une
bonne idée.** *That's a good*

idea. II, 1; **de bonne humeur** *in a good mood,* II, 9
le **bonbon** *candy,* II, 3
le **bonheur** *happiness,* II, 1
Bonjour. *Hello.* I, 1
le **bord: au bord de la mer** *to/at the coast,* I, 11
le **bossu** *hunchback,* II, 11
la **botte** *boot,* I, 10; II, 1
la **boucherie** *butcher shop,* II, 3
la **boucle d'oreille** *earring,* I, 10
la **bougie** *candle,* II, 3
le **bouillon** *broth,* II, 3
la **boulangerie** *bakery,* I, 12; II, 3
le **boulgour** *bulgur wheat,* II, 3
la **boum** *party,* I, 6; **aller à une boum** *to go to a party,* I, 6; **faire une boum** *to give a party,* II, 10
le **bouquet** *bouquet,* II, 3
la **bourse** *purse,* II, 4
bousculer *to be swept off one's feet,* II, 10
la **boussole** *compass,* II, 12
le **bout** *end,* II, 9; **à l'autre bout** *at the other end,* II, 9
la **bouteille** *bottle,* I, 8; **une bouteille de** *a bottle of,* I, 8
la **boutique de cadeaux** *gift shop,* II, 3
le **bracelet** *bracelet,* I, 3
la **branche** *branch,* II, 12
le **bras** *arm,* II, 7; **J'ai mal au bras.** *My arm hurts.* II, 7
Bravo! *Terrific!* II, 5
Bref,... *Anyway,...,* II, 9
le **bretzel** *pretzel,* II, 7
le **breuvage** *drink,* II, 8
la **brique: Ça casse pas des briques.** *It's not earth-shattering.* II, 11
la **brochure** *brochure,* II, 4
se **brosser: se brosser les dents** *to brush one's teeth,* II, 4
la **brousse** *the bush,* II, 8
le **bruit** *noise,* II, 2
brûler *to burn,* II, 6
brun(e) *brunette,* I, 7; *dark brown (hair),* II, 1
bruyant(e) *noisy,* II, 8
la **bulle** *speech bubble,* II, 2
le **bureau** *desk,* II, 2; *office,* II, 8
le **bulletin trimestriel** *report card,* II, 5
le **bus** *bus,* I, 12; **en bus** *by bus,* I, 12; **rater le bus** *to miss the bus,* II, 5
le **but** *goal,* II, 7

ça: Ça fait combien? *How much does that make?* II, 3; **Ça fait**

combien, s'il vous plaît? *How much is it, please?* I, 5; **Ça fait... euros.** *It's...euros.* I, 5; **Ça ne me dit rien.** *I don't feel like it.* I, 4; *That doesn't interest me.* II, 1; **Ça se voit.** *That's obvious.* II, 9; **Ça te dit d'aller...?** *What do you think about going...?* II, 4; **Ça te dit de...?** *Does... sound good to you?* II, 1; **Ça va. Fine.** I, 1; **Ça va?** *How are things going?* I, 1; **Ça, c'est... This is...,** I, 12; II, 2; **Comment ça s'est passé?** *How did it go?* II, 5; **Et après ça,...** *And after that,...,* I, 9; **Merci, ça va.** *No thank you, I've had enough.* II, 3; **Non, ça va.** *No, I'm fine.* II, 2; **Oui, ça a été.** *Yes, it was fine.* I, 9
la **cacahuète** *peanut,* II, 7
le **cacao** *cocoa,* II, 8
cacher *to hide,* II, 5
le **cachot** *dungeon,* II, 6
le **caddie®** *shopping cart,* II, 3
le **cadeau** *gift,* I, 11; **Tu as une idée de cadeau pour...?** *Do you have a gift idea for ...?* II, 3; **la boutique de cadeaux** *gift shop,* II, 3
le **cadre** *photo frame,* II, 3; *setting, surroundings,* II, 6, 12; **un cadre rustique** *a country (rustic) atmosphere,* II, 1
le **café** *coffee,* I, 5; *café,* I, 5; **le café au lait** *coffee with milk,* II, 3
le **cahier** *notebook,* I, 3
la **caisse** *ticket window,* II, 6
la **calculatrice** *calculator,* I, 3
la **calèche** *four-wheeled carriage*
le **calisson** *calisson (a type of sweet made with ground almonds)*
calme *calm,* II, 8
le **camarade (la camarade) (class)mate, friend,** II, 1
cambodgien(ne) *Cambodian* (adj.), II, 1
le **caméscope** *camcorder,* II, 4
le **camp: ficher le camp** *to leave quickly, "scram,"* II, 5
la **campagne** *countryside,* I, 11; **à la campagne** *to/at the countryside,* I, 11
le **camping** *camping,* I, 11; **faire du camping** *to go camping,* I, 11, 12; **terrain de camping** (m.) *campground,* II, 2
canadien(ne) *Canadian* (adj.), II, 11
le **canard** *duck,* II, 12
le **canari** *canary,* I, 7
la **canne à pêche** *fishing pole,* II, 12
la **cannelle** *cinnamon,* II, 3
le **canotage** *canoeing,* II, 12; **faire du canotage** *to go canoeing,* II, 12

la **cantine** *cafeteria,* I, 9; **à la cantine** *at the school cafeteria,* I, 9
la **capitale** *capital,* II, 4
le **car** *bus (intercity),* II, 6
les **caractères gras** (m.) *boldface,* II, 10
le **cardigan** *sweater,* I, 10
la **carence** *deficiency,* II, 7
la **carotte** *carrot,* I, 8
carré(e) *square,* II, 1
le **carré d'agneau** *rack of lamb,* II, 3
la **carte** *map,* I, 0; **La carte, s'il vous plaît.** *The menu, please.* I, 5
la **carte postale** *postcard,* II, 6
les **cartes** (f. pl.) *cards,* I, 4; **jouer aux cartes** *to play cards,* I, 4
la **cascade** *waterfall,* II, 4
la **case** *box,* II, 10; *hut,* II, 11
la **casquette** *cap,* I, 10
casser (avec quelqu'un) *to break up (with someone),* II, 9; **Ça casse pas des briques.** *It's not earth-shattering.* II, 11; **se casser...** *to break one's...,* II, 7
la **cassette** *cassette tape,* I, 3
la **catégorie** *category,* II, 3
la **cathédrale** *cathedral,* II, 2
le **cauchemar** *nightmare,* I, 11; **C'était un véritable cauchemar!** *It was a real nightmare!* I, 11
ce *this; that,* I, 3; **Ce sont... These/those are...,** I, 7
ce que *what* (obj.), II, 4; **Ce que j'aime bien, c'est...** *What I like is...,* II, 4; **Ce que je n'aime pas, c'est...** *What I don't like is...,* II, 4; **Ce que je préfère, c'est...** *What I prefer is...,* II, 4; **Tu sais ce que...?** *Do you know what...?* II, 9
ce qui *what* (subj.), II, 4; **Ce qui m'ennuie, c'est (de)...** *What bothers me is...,* II, 4; **Ce qui me plaît, c'est (de)...** *What I like is...,* II, 4; **Ce qui ne me plaît pas, c'est (de)...** *What I don't care for is...,* II, 4
la **ceinture** *belt,* I, 10
célèbre *famous; well-known,* II, 1
le **centre commercial** *mall,* I, 6
les **céréales** (f. pl.) *cereal,* II, 3
certain(e) *certain,* II, 10
le **cerveau** *brain,* II, 7
ces *these; those,* I, 3
C'est... *It's...,* I, 2; II, 11; *This is...,* I, 7; **C'est-à-dire que...** *That is,...,* II, 9; **C'est combien?** *How much is it?* I, 3; **C'est comment?** *What's it like?* II, 4; **Ça, c'est... This is...,** II, 2; **Non, c'est...** *No, it's...,* I, 4; **Non, c'est impossible.** *No, that's impossible.* I, 7; **Oui, c'est...** *Yes, it's...,* I, 4
cet *this; that,* I, 3

C'était... *It was…*, II, 6
cette *this; that*, I, 3
chacun(e) *each person*, II, 11
la chaîne stéréo *stereo*, II, 2
la chaise *chair*, I, 0
la chaleur *warmth*, II, 4
la chambre *bedroom*, I, 7; II, 2; **ranger ta chambre** *to pick up your room*, I, 7
le champignon *mushroom*, I, 8
le champ de canne à sucre (m.) *sugar cane field*, II, 4
la chance *luck*, I, 11; **Bonne chance!** *Good luck!* I, 11; **C'est pas de chance, ça!** *Tough luck!* II, 5
changer *to change*, II, 2
la chanson *song*, II, 11
le chant *song*, II, 12
chanter *to sing*, I, 9
le chanteur *(male) singer*, II, 11
la chanteuse *(female) singer*, II, 11
le chapeau *hat*, I, 10; **Chapeau!** *Well done!* II, 5
le chapitre *chapter*, II, 5
chaque *each*, II, 1
la charcuterie *delicatessen*, II, 3
charmant(e) *charming*, II, 4
la chasse gardée *private ground*, II, 11
le chat *cat*, I, 7; *chat room*, II, 11
châtain *brown (hair)*, II, 1
le château *château/castle*, II, 6
la châtelaine *lady of the nobility*, II, 6
chaud(e) *hot*, I, 4; **Il fait chaud.** *It's hot.* I, 4
chauffer *to heat*, II, 3
la chaussette *sock*, I, 10
la chaussure *shoe*, I, 10
la chemise *shirt (men's)*, I, 10
le chemisier *shirt (women's)*, I, 10
le chèque de voyage *traveler's check*, II, 1
cher (chère) *expensive*, I, 10; **C'est trop cher.** *It's too expensive.* I, 10; II, 3
chercher *to look for*, I, 9; **Je cherche quelque chose pour...** *I'm looking for something for…*, I, 10
les cheveux (m. pl.) *hair*, II, 1
la cheville *ankle*, II, 7; **se fouler la cheville** *to sprain one's ankle*, II, 7
le chèvre *goat cheese*, II, 3
chez... *to/at…'s house*, I, 6; **Bienvenue chez moi (chez nous).** *Welcome to my home (our home)*, II, 2; **chez le disquaire** *at the record store*, I, 12; **Faites/Fais comme chez vous/toi.** *Make yourself at home.* II, 2; **Je suis bien chez...?** *Is this…'s house?* I, 9
chic *chic*, I, 10
le chien *dog*, I, 7; **promener le**

chien *to walk the dog*, I, 7
le chien chaud *hot dog*, II, 12
le chiffre *number*, II, 1
la chimie *chemistry*, I, 2
la chipie *rascal (for a girl only)*, II, 10
les chips (f.) *chips*, II, 7
le chocolat *chocolate*, I, 1; *hot chocolate*, I, 5
choisi (e) (pp. of choisir) *decided, chosen*, I, 5; **Vous avez choisi?** *Have you decided/chosen?* I, 5
choisir *to choose, to pick*, I, 10; **choisir la musique** *to choose the music*, II, 10
la chorale *choir*, I, 2
la chose *thing*, I, 12; **J'ai quelque chose à faire.** *I have something else to do.* II, 10; **J'ai des tas de choses (trucs) à faire.** *I have lots of things to do.* I, 12; **Quelque chose ne va pas?** *Is something wrong?* II, 7
le chou *cabbage*, II, 3
le chou-fleur *cauliflower*, II, 3
chouette *very cool*, II, 2; **Oui, très chouette.** *Yes, very cool.* I, 9
la chute d'eau *waterfall*, II, 4
le ciel *sky*, II, 5
le cimetière *cemetery*, II, 2
le cinéma *the movies*, I, 1; *movie theater*, I, 6
le circuit *tour*, II, 6; **faire un circuit des châteaux** *to tour some châteaux*, II, 6
le citron *lemon*, I, 8
le citron pressé *lemonade*, I, 5
la classe *class*, II, 1
le classeur *loose-leaf binder*, I, 3
le clavecin *harpsicord*, II, 2
le client *client*, II, 3
clignoter *to blink*, II, 9
climatisé(e) *air-conditioned*, II, 2
le clin d'œil *the blink of an eye*, II, 8
le clocher *church tower*, II, 2
le clown *clown*, II, 11 **Tu ne dois pas faire le clown en classe!** *You shouldn't goof off in class!* II, 5
le coca *cola*, I, 5
cocher *to check off*, II, 10
le cocotier *coconut tree*, II, 4
le cœur *heart*, II, 5; **J'ai mal au cœur.** *I'm sick to my stomach.* II, 7
le coin *corner;* I, 12; **au coin de** *on the corner of*, I, 12
coin-coin *quack-quack*, II, 12
le collant *hose*, I, 10
collé(e): être collé(e) *to have detention*, II, 5
le collège *middle-school*, II, 8
la colline *hill*, II, 12
le colombo de cabri *a type of spicy*

goat stew, II, 3
la colonie: en colonie de vacances *to/at a summer camp*, I, 11
la colonne *column*, II, 2
coloré(e) *colorful*, II, 4
le combat *fight*, II, 7
combien *how much, how many*, I, 5; **C'est combien,...?** *How much is…?* I, 5; **C'est combien?** *How much is it?* I, 3; **C'est combien, l'entrée?** *How much is the entrance fee?* II, 6; **Ça fait combien?** *How much is it?* I, 10; *How much does that make?* II, 3; **Ça fait combien, s'il vous plaît?** *How much is it, please?* I, 5; **Combien coûte(nt)...?** *How much is (are)…?* II, 3; **Combien en voulez-vous?** *How many (much) do you want?* II, 3
combiner *to combine*, II, 11
la comédie *comedy*, II, 11
comme *like, as*, II, 11; **Comme ci comme ça.** *So-so.* I, 1; II, 6; **Qu'est-ce que tu fais comme sport?** *What sports do you play?* I, 4; **Qu'est-ce que vous avez comme...?** *What kind of…do you have?* I, 5; **Qu'est-ce que vous avez comme boissons?** *What do you have to drink?* I, 5
commencer *to begin, to start*, I, 9; **Ça commence à quelle heure?** *At what time does it start?* II, 11
comment *what*, I, 0; *how*, I, 1; **(Comment) ça va?** *How's it going?* I, 1; **C'est comment?** *What's it like?* II, 4; **C'était comment?** *How was it?* II, 6; *What was it like?* II, 8; **Comment tu trouves...?** *What do you think of…?* I, 2; **Comment tu trouves ça?** *What do you think of that/it?* I, 2; *How do you like it?* I, 5; **Il/Elle est comment?** *What is he/she like?* I, 7; **Ils/Elles sont comment?** *What are they like?* I, 7; **Tu t'appelles comment?** *What is your name?* I, 0
le commentaire *comment*, II, 2
commenté(e): un circuit commenté *guided walk*, II, 2
la commode *chest of drawers*, II, 2
comparer *to compare*, II, 8
compléter *to complete*, II, 1
le compliment *compliment*, II, 2
comprendre *to understand*, II, 5; **J'ai du mal à comprendre.** *I have a hard time understanding.* II, 5
compris (pp. of comprendre): Tu as compris? *Did you understand?* II, 1

concassé(e) *crushed*, II, 3
la conception *concept, idea*, II, 11
le concentré *purée*, II, 3
le concert *concert*, I, 1
le concombre *cucumber*, II, 3
le concours *competition*, II, 4
la condition *condition, shape*, II, 7; **se mettre en condition** *to get into shape*, II, 7
conduire *to drive*, II, 8; **conduire une voiture** *to drive a car*, II, 8
se confier à *to confide in*, II, 10
la confiserie *candy shop*, II, 3
la confiture *jam*, I, 8
connais: Je ne connais pas. *I'm not familiar with them (him/her/it)*. II, 11; **Tu connais la nouvelle?** *Did you hear the latest?* II, 9; **Tu connais...?** *Are you familiar with...?* II, 11
la connaissance *acquaintance*, II, 5; faire la connaissance de *to make someone's acquaintance*, II, 5
connaître *to know; to be acquainted with*, II, 1, 11
conseiller *to advise, to counsel*; **Qu'est-ce que tu me conseilles?** *What do you advise me to do?* I, 9; *What do you think I should do?* II, 10
les conseils (m.pl.) *advice*, II, 1
consoler *to console*, II, 5
consommer *to eat, to consume*, II, 7; **consommer trop de sucre** *to eat too much sugar*, II, 7
le conte de fée *fairy tale*, II, 9
content(e) *happy*, I, 7
continuer *to continue*, I, 12; **Vous continuez jusqu'au prochain feu rouge.** *You keep going until the next light.* I, 12
contre *against*, II, 2
convaincre *to convince*, II, 8
convenir *to agree with*, II, 5
convient *agrees with*, II, 5
la conversation *conversation*, II, 2
convoitent (convoiter) *to covet, to envy, to desire*, II, 11
cool *cool*, I, 2; **Il/Elle est cool, ton/ta...** *Your...is cool.* II, 2
le copain (la copine) *friend*, II, 10
le coq *rooster*, II, 11
le coquillage *shellfish*, II, 7
le correspondant (la correspondante) *pen pal*, II, 1
correspondre *to correspond*, II, 2
corriger *to correct*, II, 8
le costume *costume*, II, 1
la côte *coast*, II, 8
le côté: à côté de *next to*, I, 12; II, 2
le coton *cotton*, I, 10; **en coton** *(made of) cotton*, I, 10
le cou *neck*, II, 7; **J'ai mal au cou.** *My neck hurts.* II, 7
la couche *layer*, II, 3

se coucher *to go to bed*, II, 4
coule: J'ai le nez qui coule. *I've got a runny nose.* II, 7
la couleur *color*, I, 3; **De quelle couleur est...?** *What color is...?* I, 3
le couloir *hallway*, II, 2
le country *country (music)*, II, 11
le coup *strike, blow, hit*, II, 7, 9; un coup de main *a helping hand*, II, 10
coupé(e) *cut*, II, 3
coupe: Ça coupe l'appétit. *It spoils your appetite.* II, 3
se couper *to cut one's (part of the body)*, II, 7; **se couper le doigt** *to cut one's finger*, II, 7
la cour *court (of a king or queen)*, II, 6
Courage! *Hang in there!* II, 5
le coureur *runner*, II, 4
le courriel *e-mail*, II, 11
le courrier électronique *e-mail*, II, 11
le cours *course*, I, 2; **cours de développement personnel et social (DPS)** *health*, I, 2; **Tu as quels cours...?** *What classes do you have...?* I, 2
les courses (f. pl.) *shopping; errands*, I, 8; **faire les courses** *to do the shopping*, I, 7; **J'ai des courses à faire.** *I have errands to do.* I, 5; **Tu peux aller faire les courses?** *Can you do the shopping?* I, 8
court(e) *short (objects)*, I, 10; *(hair)*, II, 1
le cousin *male cousin*, I, 7
la cousine *female cousin*, I, 7
coûte: Combien coûte(nt)...? *How much is (are)...?* II, 3
craque: Je craque! *I'm losing it!* II, 7
la cravate *tie*, I, 10
le crayon *pencil*, I, 3
créer *to create*, II, 3
la crème *cream*, II, 3; **crème fraîche** *a type of thick, heavy cream*, II, 3; **de la crème contre les insectes** *insect repellent*, II, 12
la crémerie *dairy*, II, 3
la crêpe *a very thin pancake*, I, 5
creuser *to dig*, II, 8
crève: Je crève de faim! *I'm dying of hunger!* II, 12
crevé(e): Si, je suis crevé(e). *Yes, I'm exhausted.* II, 2
la crevette *shrimp*, II, 3
crier *to yell, scream*, II, 5
croire *to believe*, II, 6, 9
crois: Je crois que... *I think that...*, II, 9; **Je ne crois pas.** *I don't think so.* II, 9
la croissance *growth, development*, II, 7

le croissant *croissant*, II, 3
la croix *cross*, II, 7
le croque-monsieur *toasted ham and cheese sandwich*, I, 5
cru(e) *uncooked*, I, 5
le cube *block*, II, 8
la cuillerée *spoonful*, II, 3; cuillerée à soupe *tablespoonful*, II, 3; cuillerée à thé *teaspoonful*, II, 3
le cuir *leather*, I, 10; **en cuir** *(made of) leather*, I, 10
cuire *to cook, to bake*, II, 3
la cuisine *kitchen*, II, 2
la culture *culture*, II, 6
la culture physique *physical training*, II, 7
cybernaute *(Web) surfer*, II, 11

D

D'abord,... *First,...*, II, 1; **D'abord, j'ai fait...** *First, I did...*, I, 9
D'accord. *OK.* I, 4; II, 1; **Bon, d'accord.** *Well, OK.* I, 8; **D'accord, si tu... d'abord.** *OK, if you..., first.* I, 7; **Je ne suis pas d'accord.** *I don't agree.* I, 7; **Tu es d'accord?** *Is that OK with you?* I, 7
d' après *according to*, II, 2
d'habitude *usually*, I, 4
dangereux (-euse) *dangerous*, II, 8
dans *in*, I, 6
la danse *dance*, I, 2
danser *to dance*, I, 1; **danser le zouk** *to dance the zouk*, II, 4
la date *date*, II, 10
la daube de lapin *rabbit stew*, II, 3
la daurade *sea bream (a type of fish)*, II, 4
davantage *more*, II, 5
de *from*, I, 0; *of*, I, 0; **de l'** *some*, I, 8; **de la** *some*, I, 8; **de taille moyenne** *of medium height*, II, 1; **Je n'ai pas de...** *I don't have...*, I, 3; **Je ne fais pas de...** *I don't play/do...*, I, 4
débarrasser la table *to clear the table*, I, 7
debout *standing up*, II, 5
se débrouiller *to manage*, II, 8
le début *beginning*, II, 1
décembre *December*, I, 4; **en décembre** *in December*, I, 4
les déchets (m. pl.) *trash*, II, 12; **jeter (remporter) les déchets** *to throw away (to take with you) your trash*, II, 12

R52

déchirer *to rip*, II, 5
décidé (pp. of décider): **Vous avez décidé de prendre... ?** *Have you decided to take…?* I, 10
la décoration *decoration*, II, 2
découper *to cut out*, II, 3
se décourager *to become discouraged*, II, 1
la découverte *discovery*, II, 6
découvrir *to discover*, II, 2
décrire *to describe*, II, 1
la défaite *defeat*, II, 7
le dégât *damage*, II, 7
dégoûtant(e) *gross*, I, 5
déguster *to taste, enjoy*, II, 4
déjà *already*, I, 9; **Il/Elle en a déjà un(e).** *He/She already has one (of them).* II, 3
le déjeuner *lunch*, I, 2; **déjeuner** *to have lunch*, I, 9
le délice *delight*, II, 3
délicieux (-euse) *delicious*, I, 5; **C'était délicieux!** *That was delicious!* II, 3
le deltaplane: faire du deltaplane *to hang glide*, II, 4
demain *tomorrow*, I, 2; **A demain.** *See you tomorrow.* I, 1
demande: Je me demande... *I wonder…*, II, 9
demander *to ask*, II, 2; **demander la permission à tes parents** *to ask your parents' permission*, II, 10; **demander pardon à (quelqu'un)** *to ask (someone's) forgiveness*, II, 10
déménager *to move*, II, 8
la demeure *residence*, II, 6
demi(e): et demi *half past (after midi and minuit)*, I, 6; **et demie** *half past*, I, 6; une demi-heure *half an hour*, II, 4
démodé(e) *out of style*, I, 10
la dent *tooth*, II, 7; **J'ai mal aux dents.** *My teeth hurt.* II, 7; **se brosser les dents** *to brush one's teeth*, II, 4
le dépaysement *change of scenery*
déposer *to deposit*, I, 12
déprimant(e) *depressing*, II, 11
déprimé(e) *depressed*, II, 9
depuis *since*, II, 5
le dernier (la dernière) *last*, II, 9
se dérouler *to take place*, II, 4
derrière *behind*, I, 12
des *some*, I, 3
se désaltérer *to quench one's thirst*, II, 5
descendre *to go down*, II, 6
la description *description*, II, 1
désert(e) *deserted*, II, 12
désespéré(e) *desperate*, II, 11
désirer: Vous désirez? *What would you like?* I, 10
Désolé(e). *Sorry.* I, 5; II, 10;

Désolé(e), je suis occupé(e). *Sorry, I'm busy.* I, 6; **Désolé(e), mais je ne peux pas.** *Sorry, but I can't.* I, 4
le dessert *dessert*, II, 3
le dessin *drawing*, II, 2
dessiner *to draw*, II, 2
le destin *fate*, II, 11
la destination *destination*, II, 4
le détail *detail*, II, 1
se détendre *to relax*
devant *in front of*, I, 6
devenir *to become*, II, 6
devine: Devine ce que... *Guess what…*, II, 9; **Devine qui...** *Guess who…*, II, 9
devineras: Tu ne devineras jamais ce qui s'est passé. *You'll never guess what happened.* II, 9
devoir *to have to, must*, II, 7
les devoirs (m. pl.) *homework*, I, 2; **faire ses devoirs** *to do homework*, I, 7
devrais: Tu devrais... *You should…*, I, 9; II, 7; **Tu ne devrais pas...** *You shouldn't…*, II, 7
le dictionnaire *dictionary*, I, 3
différent(e) *different*, II, 8
difficile *hard*, I, 2
dimanche *Sunday*, I, 2; **le dimanche** *on Sundays*, I, 2
le dîner *dinner*, I, 8; **dîner** *to have dinner*, I, 9
dingue *crazy*, II, 9
dire *to say, to tell*, I, 9; **Ça ne me dit rien.** *That doesn't interest me.* I, 4; II, 1; **Ça te dit d'aller... ?** *What do you think about going…?* II, 4; **Ça te dit de... ?** *Does…sound good to you?* II, 1; **dire à (quelqu'un) que...** *to tell (someone) that…*, II, 10; **Dis vite!** *Let's hear it!* II, 9; **Dis-lui/-leur que...** *Tell him/her/ them that…*, II, 10; **écouter ce qu'il/elle dit** *to listen to what he/she says*, II, 10; il dit *he says*, II, 5; **Vous pouvez lui dire que j'ai téléphoné?** *Can you tell her/ him that I called?* I, 9
la direction (f.) *directions*, II, 2
disparaître *to disappear*, II, 8
disponible *available*, II, 2
la dispute *argument*, II, 10
se disputer (avec quelqu'un) *to have an argument (with someone)*, II, 9
le disquaire *record store*, I, 12; **chez le disquaire** *at the record store*, I, 12
le disque compact/le CD *compact disc/CD*, I, 3
dissoudre *to disband, to dissolve*, II, 11

la diversité *diversity*, II, 2
le documentaire *documentary*, II, 11
le doigt *finger*, II, 7; **se couper le doigt** *to cut one's finger*, II, 7
dois: A ton avis, qu'est-ce que je dois faire? *In your opinion, what should I do?* II, 10; **Non, tu dois...** *No, you've got to…*, I, 7; **Qu'est-ce que je dois... ?** *What should I…?* II, 1
doit: On doit... *Everyone should…*, II, 7
le don *gift*, II, 6
Donc,... *Therefore,…*, II, 9
le donjon *castle keep*, II, 6
donner *to give*, I, 5; **donner à manger aux animaux** *to feed the animals*, II, 6; **Donnez-moi... , s'il vous plaît.** *Please give me…*, I, 5
dorer *to brown*, II, 3
dormi (pp. of dormir) *slept*, II, 7; **J'ai mal dormi.** *I didn't sleep well.* II, 7
dormir *to sleep*, I, 1
le dos *back*, II, 7; **J'ai mal au dos.** *My back hurts.* II, 7
la douane *customs*, II, 1
la douceur *sweetness*, II, 4
doué(e) *talented*, II, 5
le doute *doubt*, II, 6
doux (douce) *mild*, II, 1
la douzaine *dozen*, I, 8; **une douzaine de** *a dozen*, I, 8
le drame *drama*, II, 11
le droit *the right to do something*, II, 8
la droite *right (direction)*, I, 12; **à droite** *to the right*, I, 12; **à droite de** *to the right of*, II, 2; **sur la droite** *on the right*, II, 2
drôle *funny*, II, 11; **C'est drôle.** *It's funny.* II, 11
du *some*, I, 8
dû (pp. of devoir): **J'aurais dû...** *I should have…*, II, 10; **Tu aurais dû...** *You should have…*, II, 10
dur(e) *hard*, II, 3; *tough, difficult*, II, 4

l' eau (f.) *water*, I, 5; **l'eau minérale** *mineral water*, I, 5; **la chute d'eau** *waterfall*, II, 4; **le sirop de fraise (à l'eau)** *water with strawberry syrup*, I, 5
l' ébène (f.) *ebony*, II, 8
l' ébullition (f.) *boiling, a boil*, II, 3; amener à ébullition *bring*

to a boil, II, 3

écartelé(e) to be torn (between two things), II, 10

l' échange (m.) exchange; échanges franco-américains Franco-American exchange programs, II, 1

s' échapper: s'échapper d'une prison to escape from prison, II, 11

échanger to exchange, II, 2

l' écharpe (f.) scarf, I, 10; II, 1

éclater to burst, II, 4

l' école (f.) school, I, 1

écouter to listen, I, 1; écouter ce qu'il/elle dit to listen to what he/she says, II, 10; écouter de la musique to listen to music, I, 1; Ecoutez! Listen! I, 0; Je t'écoute. I'm listening. I, 9; II, 10

l' écran (m.) screen, II, 1

écrasé(e) crushed, II, 3

écris: Ecris-lui/-leur. Write to him/her/them. II, 10

l' écrivain (m.) writer, author, II, 4

s' écrouler to collapse, fall down, II, 5

l' écureuil (m.) squirrel, II, 12

l' édredon (m.) comforter, II, 9

l' éducation physique et sportive (EPS) (f.) physical education, I, 2

en effet indeed, II, 11

l' effort (m.) effort, try, II, 7; Encore un effort! One more try! II, 7

égaré(e) lost, II, 11

l' église (f.) church, II, 2

l' élève (m./f.) student, I, 2

s' éloigner to distance oneself, II, 10

l' e-mail (m.) e-mail, II, 11

l' émail (les émaux) (m.) enamel work, II, 2

embêtant(e) annoying, I, 7; II, 1

embête: Ça t'embête de...? Would you mind…? II, 10

embêté(e) worried, II, 10

emmener to take (someone) along, II, 8

l' émotion (f.) emotion, II, 9

empêcher to stop (from doing something), II, 10

employer to use, II, 3

l' employé (l'employée) employee, II, 6

emporter to bring (with you), II, 12

emprunter to borrow, I, 12

en some, of it, of them, any, none, I, 8; to, in (before a feminine country), I, 11; Combien en voulez-vous? How many (much) do you want? II, 3; en coton (made of) cotton, I, 10; en cuir (made of) leather, I, 10; en dépit de in spite of, II,

11; en effet indeed, II, 10; en face de across from, II, 2; en jean (made of) denim, I, 10; en voie de in the process of, II, 12; Il/Elle en a déjà un(e). He/She already has one (of them). II, 3; Je n'en peux plus! I just can't do any more! II, 7; Je n'en veux plus. I don't want anymore. I, 8; Je ne t'en veux pas. No hard feelings. II, 10; J'en veux bien. I'd like some. I, 8; Je vais (en) prendre... I'll take…, II, 3; Oui, j'en veux bien. Yes, I'd like some. I, 8; T'en fais pas. Don't worry. II, 5; Tu n'as pas l'air en forme. You don't seem too well. II, 7; Tu ne m'en veux pas? No hard feelings? II, 10; Vous avez ça en...? Do you have that in…? (size, fabric, color), I, 10

encore again; Encore de...? More…? I, 8; Encore un effort! One more try! II, 7; Encore...? Some more…? II, 3

l' endroit (m.) place, I, 12

énervé(e) annoyed, II, 9

l' enfance (f.) childhood, II, 8

l' enfant (m./f.) child, I, 7

Enfin,... Finally,…, II, 1; Enfin, je suis allé(e)... Finally, I went…, I, 9

ennuie: Ça t'ennuie de...? Would you mind…? II, 10; Ce qui m'ennuie, c'est (de)... What bores me is…, II, 4; On ne s'ennuie pas. You're never bored. (One does not get bored.) II, 11

ennuyé(e) bored, II, 6; Je me suis ennuyé(e). I was bored. II, 6

ennuyer to bother, II, 8

ennuyeux (-euse) boring, II, 6; C'était ennuyeux. It was boring. I, 5

l' ensemble (m.) group, II, 8 ensemble (adv.) together, II, 8

enseveli(e) buried, II, 8

Ensuite,... Next,…, II, 1; Then,…, II, 12

entendre to hear, II, 5; entendre le réveil to hear the alarm clock, II, 5

Entendu. OK.; Agreed. I, 6

l' entente (f.) harmony, II, 11 enterrer to bury, II, 8

s' entraider to help each other, II, 10

l' entraînement (m.) training, II, 7 entraîner to carry along, II, 12

s' entraîner à... to train for (a sport), II, 7

l' entraîneur (m.) trainer, coach, II, 7

entre between, I, 12

l' entrée (f.) first course, II, 3; entrance fee, II, 6; C'est

combien, l'entrée? How much is the entrance fee? II, 6

entrer to enter, II, 6

l' enveloppe (f.) envelope, I, 12

l' envie (f.) desire, need; J'ai envie de... I feel like…, I, 11; Non, je n'ai pas très envie. No, I don't feel like it. II, 7; Tu as envie de...? Do you feel like…? II, 1

les environs (m. pl.) surroundings, II, 12

envoyer to send, I, 12; envoyer des lettres to send letters, I, 12; envoyer les invitations to send the invitations, II, 10

l' épicerie (f.) (small) grocery store, I, 12

l' épisode (m.) episode, II, 1

épouser to marry, II, 8

épouvantable horrible, terrible, I, 11; passer une journée épouvantable to have a horrible day, II, 5; C'était épouvantable. It was horrible. I, 11; II, 9

l' épreuve (f.): à toute épreuve solid, unfailing, II, 10

l' équilibre (m.) balance, II, 7

l' équipe (f.) team, II, 7

l' équitation (f.) horseback riding, I, 1; faire de l'équitation to go horseback riding, I, 1

l' érable (m.) maple

es: Tu es allé(e) où? Where did you go? I, 9; Tu es d'accord? Is that OK with you? I, 7

l' escalier (m.) stairs, II, 2

les escargots (m.) snails, I, 1; II, 3

l' espagnol (m.) Spanish (language), I, 1

l' espoir (m.) hope, II, 11

essayer to try; to try on, I, 10; Je peux essayer...? Can I try on…? I, 10; Je peux l'(les) essayer? Can I try it (them) on? I, 10

est: Il/Elle est... He/She is…, I, 7; Il/Elle est comment? What is he/she like? I, 7; Qu'est-ce qui s'est passé? What happened? I, 9; Quelle heure est-il? What time is it? I, 6; Qui est à l'appareil? Who's calling? I, 9

Est-ce que (Introduces a yes-or-no question), I, 4; (Est-ce que) je peux...? May I…? I, 7

l' est (m.) east, II, 4; dans l'est in the east, II, 4; C'est à l'est de... It's to the east of…, II, 12

et and, I, 1; Et après ça,... And after that,…, I, 9; Et toi? And you? I, 1

l' étage (m.) floor (of a building), II, 2; le premier étage second floor, II, 2

l' étagère (f.) shelf, II, 2

étais: J'étais... I was…, II, 12

était: C'était comment? *What was it like?* II, 8; **C'était épouvantable.** *It was horrible.* I, 9; **C'était tellement différent?** *Was it really so different?* II, 8

l' **état** (m.) *state*, II, 4

les **Etats-Unis** (m. pl.) *the United States*, II, 1

l' **été** (m.) *summer*, I, 4; **en été** *in the summer*, I, 4

été (pp. of être): **Oui, ça a été.** *Yes, it was fine.* I, 9

étendu(e) *vast*, II, 8

éternue: J'éternue beaucoup. *I'm sneezing a lot.* II, 7

l' **ethnie** (f.) *ethnic group*, II, 8

l' **étoile** (f.) *star*, II, 4

étonné(e) *surprised*, II, 9

étonnerait: Ça m'étonnerait! *I doubt it!* II, 6

étrange *strange*, II, 12

l' **étranger** (m.): **à l'étranger** *abroad*, II, 1

être *to be*, I, 7; **Ça s'est très bien passé!** *It went really well!* II, 5; **Comment ça s'est passé?** *How did it go?* II, 5; **être collé(e)** *to have detention*, II, 5; **être en train de** *to be in the process of (doing something)*, II, 9; **Il/Elle est...** *He/She is...*, I, 7; II, 1

l' **étude** (f.) *study hall*, I, 2

étudier *to study*, I, 1

l' **euro** (m.), *European Community monetary unit*, I, 3; II, 3

Evidemment. *Obviously.* II, 9

éviter *to avoid*, II, 3; **Evite/ Evitez de fumer.** *Avoid smoking.* II, 7

l' **examen** (m.) *exam, test*, I, 1; **passer un examen** *to take a test*, I, 9

excellent(e) *excellent*, I, 5; **Oui, excellent.** *Yes, excellent.* I, 9; II, 2

l' **excitant** (m.) *stimulant*, II, 7

l' **excursion** (f.) *excursion*, II, 12

l' **excuse** (f.) *excuse*, II, 5

s' **excuser** *to apologize*, II, 10; **Excuse-moi.** *Forgive me.* II, 10; **Excuse-toi.** *Apologize.* II, 10

excusez: Excusez-moi. *Excuse me.* I, 3

l' **exercice** (m.) *exercise*, II, 7; **faire de l'exercice** *to exercise*, II, 7

expliquer *to explain*, II, 2; **Explique-lui/-leur.** *Explain to him/her/them.* II, 10; **expliquer ce qui s'est passé (à quelqu'un)** *to explain what happened (to someone)*, II, 10

l' **exportateur** (m.) *exporter*, II, 8

l' **exposé** (m.) *oral presentation*, II, 5

l' **expression** (f.) *expression*, II, 1

F

face: en face de *across from*, I, 12; II, 2

fâché(e) *angry*, II, 9

facile *easy*, I, 2

faciliter *to make easier, facilitate*, II, 7

la **façon** *way*, II, 1

le **faible** *weakness*, II, 7

la **faïence** *glazed pottery*, II, 2

la **faim** *hunger*, II, 2; **avoir faim** *to be hungry*, I, 5; **Je n'ai plus faim.** *I'm not hungry anymore.* II, 3; **Non, merci. Je n'ai plus faim.** *No thanks. I'm not hungry anymore.* I, 8; **Si, j'ai très faim!** *Yes, I'm very hungry!* II, 2; **Vous n'avez pas (Tu n'as pas) faim?** *Aren't you hungry?* II, 2

faire *to do, to make, to play*, I, 4; **Désolé(e) j'ai des devoirs à faire.** *Sorry, I have homework to do.* I, 5; **faire la connaissance de** *to make someone's acquaintance*, II, 10; **faire la cuisine** *to cook*, II, 8; **faire la tête** *to sulk*, II, 9; **faire les préparatifs** *to get ready*, II, 10; **faire semblant de** *to pretend to (do something)*, II, 10; **Fais-toi une raison.** *Make the best of it.* II, 8; **Faites/Fais comme chez vous (toi).** *Make yourself at home.* II, 2; **J'ai des courses à faire.** *I have errands to do.* I, 5; **J'ai des tas de choses à faire.** *I have lots of things to do.* I, 5; **J'ai des trucs à faire.** *I have some things to do.* I, 5; **Je ne sais pas quoi faire.** *I don't know what to do.* II, 10; **Qu'est-ce qu'on peut faire?** *What can we do?* II, 4; **Qu'est-ce que je dois faire?** *What should I do?* II, 12; **Qu'est-ce que tu aimes faire?** *What do you like to do?* II, 1; **Qu'est-ce que tu vas faire...?** *What are you going to do...?* I, 6; **se faire mal à...** *to hurt one's...*, II, 7; **Tu peux aller faire les courses?** *Can you do the shopping?* I, 8; **Tu vas faire quoi...?** *What are you going to do...?* I, 6; **Tu vas t'y faire.** *You'll get used to it.* II, 8

fais: A ton avis, qu'est-ce que je fais? *In your opinion, what do I do?* I, 9; **Fais-toi une raison.** *Make the best of it.* II, 8; **Ne t'en fais pas!** *Don't worry!* I, 9; I, 11; **Faites (Fais) comme chez vous (toi).** *Make yourself at home.* II, 2; **Je fais...** *I play/*

do..., I, 4; **Je ne fais pas de...** *I don't play/do...*, I, 4; **Ne t'en fais pas!** *Don't worry!* I, 9; **Qu'est-ce que tu fais comme sport?** *What sports do you play?* II, 1; **Qu'est-ce que tu fais pour t'amuser?** *What do you do to have fun?* I, 4; **Qu'est-ce que tu fais...?** *What do you do...?* I, 4; **Qu'est-ce que tu fais quand...?** *What do you do when...?* I, 4; **T'en fais pas.** *Don't worry.* II, 5

fait: Ça fait combien? *How much does that make?* II, 3; **Ça ne fait rien.** *It doesn't matter.* II, 10; **D'abord, j'ai fait...** *First, I did...*, I, 9; **Il fait beau.** *It's nice weather.* I, 4; **Il fait frais.** *It's cool.* I, 4; **Il fait froid.** *It's cold.* I, 4; **Il fait chaud.** *It's hot.* I, 4; **Qu'est-ce qu'on fait?** *What should we do?* II, 1

fait (pp. of faire) *done, made*, I, 9; **J'ai fait...** *I did/made...*, I, 9; **Qu'est-ce que tu as fait...?** *What did you do...?* I, 9

faites: Faites/Fais comme chez vous/toi. *Make yourself at home.* II, 2

la **falaise** *cliff*, II, 5

la **famille** *family*, I, 7

un **fantôme** *ghost*, II, 11

la **farine** *flour*, I, 8

fatigant(e) *tiring*, II, 2; **C'était fatigant!** *It was tiring!* II, 2

fatigué(e) *tired*, II, 2; **Je suis fatigué(e)** *I'm tired.* II, 12; **Pas trop fatigué(e)?** *(You're) not too tired?* II, 2

faudra: Il faudra... *It will be necessary...*, II, 12

faut: Il faut mieux travailler en classe. *You have to work harder in class.* II, 5; **Il me faut...** *I need...*, I, 3; **Il ne faut pas faire le clown en classe!** *You can't be goofing off in class!* II, 5; **Oui, il me faut...** *Yes, I need...*, I, 10; **Qu'est-ce qu'il te faut?** *What do you need?* I, 8; **Qu'est-ce qu'il te faut pour...?** *What do you need for...? (informal)*, I, 3; **Qu'est-ce qu'il vous faut pour...?** *What do you need for...? (formal)*, I, 3

la **faute** *fault*, II, 10; **C'est de ma faute.** *It's my fault.* II, 10

faux (fausse) *false*, II, 2

le **féculent** *carbohydrate*, II, 7

la **fée** *fairy*, II, 6

Félicitations! *Congratulations!* II, 3

la **femme** *wife*, I, 7

la **fenêtre** *window*, I, 0

fera: Ça te fera du bien. *It'll do you good.* II, 7

ferais: Qu'est-ce que tu ferais, toi? *What would you do?* II, 10; **Tu ferais bien de...** *You would do well to…,* II, 7

la **ferme** *farm,* II, 11

fermer: *to close,* II, 6; **A quelle heure est-ce que vous fermez?** *At what time do you close?* II, 6; **Fermez la porte.** *Close the door.* I, 0

la **fête** *party,* I, 1; *holiday,* II, 3; **Bonne fête!** *Happy holiday! (Happy saint's day!),* II, 3; **Bonne fête de Hanoukkah!** *Happy Hanukkah!* II, 3; la fête des Mères *Mother's Day,* II, 3; la fête des Pères *Father's Day,* II, 3

le **feu** *flame (heat),* II, 3

la **feuille: une feuille de papier** *a sheet of paper,* I, 0; *leaf,* II, 12

février *February,* I, 4; **en février** *in February,* I, 4

ficher: ficher le camp *to leave quickly, "scram,"* II, 5

fier (fière) *proud,* II, 1

la **fièvre: J'ai de la fièvre.** *I have a fever.* II, 7

la figure *face,* II, 5

filer *to spin,* II, 6

la **fille** *daughter,* I, 7

le **film** *movie,* I, 6; **film classique** *classic movie,* II, 11; **film comique** *comedy,* II, 11; **film d'action** *action movie,* II, 11; **film d'amour** *romantic movie,* II, 11; **film d'aventures** *adventure movie,* II, 11; **film d'horreur** *horror movie,* II, 11; **film de science-fiction** *science-fiction movie,* II, 11; **film policier** *detective or mystery movie,* II, 11; **voir un film** *to see a movie,* I, 6

le **fils** *son,* I, 7

la fin *end,* II, 4

Finalement,... *Finally,…* I, 9; II, 4

fixer: fixer la date *to choose the date,* II, 10

le flamant *flamingo*

le **fleuriste** *florist's shop,* II, 3

la **fleur** *flower,* II, 3

le fleuve *river*

la **fois** *time,* I, 4; **une fois par semaine** *once a week,* I, 4

le **folk** *folk music,* II, 11

fonder *to found,* II, 12

fondu(e) *melted,* II, 3

le **foot(ball)** *soccer,* I, 1; **le football américain** *football,* I, 4; **jouer au foot** *to play soccer,* I, 4; **jouer au football américain** *to play football,* I, 4

la **forêt** *forest,* I, 11; **en forêt** *to the forest,* I, 11; **la forêt tropicale** *tropical rainforest,*

II, 4

la **forme** *form,* II, 1; **Tu n'as pas l'air en forme.** *You don't look well.* II, 7

formidable *great,* I, 11; **C'était formidable!** *It was great!* I, 11

fort(e) *strong,* I, 7; II, 1; **C'est pas mon fort.** *It's not my strong point.* II, 5; **C'est mon fort.** *It's my strong point.* II, 5

la fosse *grave,* II, 8

le fou *fool, jester,* II, 3; *crazy,* II, 11; Plus on est de fous, plus on rit. *The more the merrier.* II, 3

le **foulard** *scarf,* II, 3

se **fouler** *to sprain one's (part of the body),* II, 7; **se fouler la cheville** *to sprain one's ankle,* II, 7

le four *oven,* II, 3; au four *baked,* II, 3

fourbe *treacherous,* II, 11

fraîche (f. of **frais**) *cool, fresh,* II, 12

frais *cool (weather),* I, 4; **Il fait frais.** *It's cool.* I, 4

la **fraise** *strawberry,* I, 8

le **franc** *(the former French monetary unit),* I, 3

le **français** *French (language),* I, 1

français(e) *French (adj),* II, 1

francophone, *French-speaking,* II, 3

frapper *to knock,* II, 2

freiné(e) *held up, slowed down,* II, 11

le **frère** *brother,* I, 7

fringant(e) *dashing,* II, 11

les **frites** (f. pl.) *French fries,* I, 1

froid(e) *cold,* I, 4; **Il fait froid.** *It's cold.* I, 4

le **fromage** *cheese,* I, 5; II, 3

les **fruits de mer** (m. pl.) *seafood,* II, 3

fumer: Evite/Evitez de fumer. *Avoid smoking.* II, 7

furieux (-euse) *furious,* II, 9

le fuseau *spindle,* II, 6

gagner *to win, to earn,* I, 9

les **gants** (m.) *a pair of gloves,* II, 1

le **garçon** *boy,* I, 9

garder: garder ta petite sœur *to look after your little sister,* I, 7

la **gare** *train station,* II, 2

la gare routière *bus station,* II, 6

garni(e) *garnished,* II, 3

le **gâteau** *cake,* I, 8

la **gauche** *left (direction),* I, 12; **à gauche** *to the left,* I, 12; **à**

gauche de *to the left of,* II, 2; **sur la gauche** *on the left,* II, 2

gazeuse *carbonated,* II, 7

en général *in general,* II, 8

gêné(e) *embarrassed,* II, 9

génial(e) *great,* I, 2; II, 2

le **genou: J'ai mal au genou.** *My knee hurts.* II, 7

le **genre** *type (of film, literature, or music),* II, 11

les **gens** (m.pl.) *people,* II, 1

gentil(le) *nice,* I, 7; II, 1; **C'est gentil de votre (ta) part.** *That's so nice of you.* II, 2; **Merci, c'est gentil!** *Thanks, that's nice of you!* II, 2

gentillet: gentillet, sans plus *cute (but that's all),* II, 11

la **géographie** *geography,* I, 2

la **géométrie** *geometry,* I, 2

le gibier *game (animals)*

le gingembre *ginger,* II, 3

gitan(e) (adj.) *gypsy,* II, 11

la **glace** *ice cream,* I, 1

la **glace: faire du patin à glace** *to ice-skate,* I, 4

glacé(e) *iced,* II, 3

le **golf** *golf,* I, 4; **jouer au golf** *to play golf,* I, 4

les **gombos** (m.pl.) *okra,* I, 8

la **gomme** *eraser,* I, 3

la **gorge** *throat,* II, 7; **J'ai mal à la gorge.** *I have a sore throat.* II, 7

gourmand(e) *someone who loves to eat,* II, 3

la gousse d'ail *clove of garlic,* II, 3

le goût: Chacun ses goûts. *To each his own.* II, 11

le **goûter** *afternoon snack,* I, 8

la goutte *drop,* II, 8

la **goyave** *guava,* I, 8

la graisse *fat,* II, 7

la grammaire *grammar,* II, 1

grand(e) *tall,* I, 7; II, 1; *big,* I, 10; II, 1; **moins grand(e) que** *smaller than…,* II, 4; **plus grand(e) que** *bigger than…,* II, 4

grand-chose: Ce n'est pas grand-chose. *It's nothing special.* II, 3; **Pas grand-chose.** *Not much.* I, 6

la **grand-mère** *grandmother,* I, 7

le **grand-père** *grandfather,* I, 7

les grands-parents (m. pl.) *grandparents,* II, 6

grandir *to grow,* I, 10

gras(se): des matières grasses *fat,* II, 7

le gratin *cheese-toppped dish,* II, 3

gratuit(e) *free,* II, 1

grave *serious,* II, 5; **C'est pas grave.** *It's not serious.* II, 5

grec (grecque) *Greek (adj.),* II, 1

grignoter: grignoter entre les repas *to snack between meals,*

II, 7
grillé(e) *grilled*, II, 3
la grippe *flu*, II, 7; **J'ai la grippe.**
I've got the flu. II, 7
gris(e) *grey*, I, 3
le grognement *growl*, II, 12
gros(se) *fat*, I, 7
grossir *to gain weight*, I, 10
la grotte *cave*, II, 8
le groupe *(musical) group*, II, 11
guidé(e) *guided*, II, 6; **une visite
guidée** *a guided tour*, II, 6
la gymnastique *gymnastics*, II, 7;
faire de la gymnastique *to do
gymnastics*, II, 7

s' **habiller** *to get dressed*, II, 4
habiter *to live*, II, 1
l' habitude (f.) *habit*, II, 7; les
habitudes alimentaires (f. pl.)
eating habits, II, 7
d' habitude *usually*, I, 4
s' habituer à *to get used to*, II, 1
haché(e) *ground (meat)*, I, 4
*le **hamburger** *hamburger*, I, 1
Hanoukkah *Hanukkah*, II, 3;
Bonne fête de Hanoukkah!
Happy Hanukkah! II, 3
*les **haricots verts** (m.pl.) *green
beans*, I, 8
l' hébergement (m.) *lodging*, II, 6,
12
hésite: Euh... J'hésite. *Oh, I'm
not sure.* I, 10
l' **heure** (f.) *hour; time*, I, 1; **à
l'heure de** *at the time of*, I, 1;
A quelle heure? *At what time?*
I, 6; **A tout à l'heure!** *See you
later (the same day)!* I, 1; **Quelle
heure est-il?** *What time is it?*
I, 6; **Tu as... à quelle heure?** *At
what time do you have…?* I, 2
heures *…o'clock*, I, 2; **à... heures**
at…o'clock, I, 2; **à... heures
quarante-cinq** *at…forty-five*,
I, 2; **à... heures quinze**
at…fifteen, I, 2; **à... heures
trente** *at… thirty*, I, 2
heureusement *fortunately*, II, 9
**heureux (-euse): Très heureux
(heureuse).** *Pleased to meet
you.* I, 7
hier *yesterday*, I, 9
l' **histoire** (f.) *history*, I, 2; *story*,
II, 11; les histoires marseillaises
(f. pl.) *tall tales*, II, 9; **C'est
l'histoire de...** *It's the story
of…*, II, 11; **C'est une belle
histoire.** *It's a great story.* II,
11; **C'est une histoire**

passionnante. *It's an exciting
story.* II, 11; **Il n'y a pas
d'histoire.** *It has no plot.* II, 11
l' **hiver** (m.) *winter*, I, 4; **en hiver**
in the winter, I, 4
*le **hockey** *hockey*, I, 4; **jouer au
hockey** *to play hockey*, I, 4
horrible *terrible*, I, 10
hors: hors du feu *away from the
flame*, II, 3
*le **hot-dog** *hot dog*, I, 5
l' hôtel particulier (m.) *mansion*,
II, 9
*la **huée** *boo, hoot*, II, 5
l' huile (f.) *oil*, II, 3
les huîtres (f.) *oysters*, II, 3
l' **humeur** (f.) *mood*, II, 9; **de
mauvaise humeur** *in a bad
mood*, II, 9; **de bonne humeur**
in a good mood, II, 9
humoristique *humorous*, II, 2

ici *here*, II, 1
idéal(e) *ideal*, II, 2
l' **idée** (f.) *idea*, II, 3; **Bonne idée!**
Good idea! I, 4; II, 3; **C'est une
bonne (excellente) idée.**
That's a good (excellent) idea. II,
1; **Tu as une idée de cadeau
pour... ?** *Have you got a gift
idea for…?* II, 3
l' **île** (f.) *island*, II, 4
l' illustration (f.) *illustration*, II, 7
il y a *there is/there are*, I, 5; **Il n'y
a pas de mal.** *No harm done.*
II, 10; **Qu'est-ce qu'il y a à
boire?** *What is there to drink?*
I, 5
Il y avait... *there was/
were…*, II, 12
l' image (f.) *image*, II, 2
imaginaire *imaginary*, II, 1
imaginer *to imagine*, II, 1
l' imèle (m.) *e-mail*, II, 11
l' immeuble (m.) *building*, II, 2
l' impératrice (f.) *empress*, II, 6
l' **imperméable** (m.) *raincoat*, II, 1
important(e) *important*, II, 6
importe: du n'importe quoi
worthless, II, 11; **N'importe
quoi!** *That's ridiculous!* II, 6
impossible *impossible*, II, 10;
C'est impossible. *It's
impossible.* II, 10
**inadmissible: C'est
inadmissible.** *That's not
acceptable.* II, 5
inattendu(e) *unexpected*, II, 9
s' **incorporer** *to incorporate/
integrate oneself*, II, 1

incrédule *unbelieving*, II, 10
incroyable *incredible*, II, 6;
C'était incroyable! *It was
amazing/unbelievably bad!* II, 5
indien(ne) *Indian (adj.)*, II, 1
indigène *native*
individuel(le) *individual*, II, 7
indonésien(ne) *Indonesian
(adj.)*, II, 1
l' infirmerie (f.) *infirmary*, II, 5
l' information (f.) *information*, II,
5
l' **informatique** (f.) *computer
science*, I, 2
les ingrédients (m. pl.) *ingredients*,
II, 3
inquiet (inquiète) *worried*, II, 9
insolite *unusual*, II, 2
intelligent(e) *smart*, I, 7; II, 1
l' **intention** (f.): **J'ai l'intention
de...** *I intend to…*, I, 11
intéressant(e) *interesting*, I, 2
intéresser *to interest*, II, 1
l' intérieur (m.) *interior*, II, 2
l' **interro** (f.) *quiz*, I, 9
l' interview (f.) *interview*, II, 1
interviewer *to interview*, II, 1
l' **invitation** (f.) *invitation*, II, 10;
envoyer les invitations *to
send the invitations*, II, 10
invite: Invite-le/-la/-les. *Invite
him/her/them.* II, 10
l' invité(e) *guest*, II, 1
Ivoirien(ne) *native of the Ivory
Coast*, II, 8

jamais: ne... jamais *never*, I, 4
la jambe *leg*, II, 7; **J'ai mal à la
jambe.** *My leg hurts.* II, 7
le jambon *ham*, I, 5; II, 3
janvier *January*, I, 4; **en janvier**
in January, I, 4
le jardin *yard*, II, 2
jaune *yellow*, I, 3
le jazz *jazz*, II, 11
je *I*, I, 1
le jean *(a pair of) jeans*, I, 3; II, 1;
en jean *denim*, I, 10
jeter *to throw*; **jeter les déchets**
to throw away your trash, II, 12
le jeu *game*, II, 1; les jeux de
société *board games*, II, 4;
jouer à des jeux vidéo *to play
video games*, I, 4
jeudi *Thursday*, I, 2; **le jeudi** *on
Thursdays*, I, 2
jeune *young*, I, 7; II, 1
la jeunesse: l'auberge (f.) **de
jeunesse** *youth hostel*, II, 2
la Joconde *the Mona Lisa*, II, 1

le **jogging** *jogging*, I, 4; **faire du jogging** *to jog*, I, 4
la **joie** *joy*, II, 1
jouait: Si on jouait...? *How about playing…?* II, 8
jouer *to play*, I, 4; **Je joue...** *I play…*, I, 4; **Je ne joue pas...** *I don't play…*, I, 4; **jouer à...** *to play…(a game)*, I, 4; **On joue...** *…[film] is showing.* II, 11; **Qu'est-ce qu'on joue comme films?** *What films are playing?* II, 11
le **jouet** *toy*, II, 8
le **jour** *day*, I, 2; II, 5; **C'est pas mon jour!** *It's just not my day!* II, 5. **tous les jours** *everyday*, II, 1
le **journal** *journal*, II, 1
journaliste (m./f.) *journalist*, II, 8
la **journée** *day*, II, 5; **passer une journée épouvantable** *to have a horrible day*, II, 5; **Comment s'est passée ta journée (hier)?** *How was your day (yesterday)?* II, 5; **Quelle journée!** *What a good/bad day!* II, 5
joyeux (-euse) *happy, merry*, II, 3; **Joyeux (Bon) anniversaire!** *Happy birthday!* II, 3; **Joyeux Noël!** *Merry Christmas!* II, 3
juillet *July*, I, 4; **en juillet** *in July*, I, 4
juin *June*, I, 4; **en juin** *in June*, I, 4
le **jumeau (la jumelle)** *twin*, II, 4
la **jupe** *skirt*, I, 10
le **jus** *juice*, I, 5; **le jus d'orange** *orange juice*, I, 5; **le jus de pomme** *apple juice*, I, 5
jusqu'à *up to; until*, I, 12; **Vous allez tout droit jusqu'à...** *You go straight ahead until you get to…*, 12
juste *just, only*, II, 5

le **kilo** *kilogram*, I, 8; **un kilo de** *a kilogram of*, I, 8

la *her, it*, I, 9
là *there*, I, 9; **-là** *there (noun suffix)*, I, 3; **(Est-ce que)... est**

là, s'il vous plaît? *Is…, there, please?* I, 9; **Là, c'est...** *Here (There) is…*, II, 2; **là-bas** *(over) there*, II, 1
le **lac** *lake*, II, 1
laisser *to permit*, II, 6, 8 *to leave*, I, 9; II, 12; **Je peux laisser un message?** *Can I leave a message?* I, 9
le **lait** *milk*, I, 8; II, 3; lait gélifié *sweetened, yogurt-like pudding*, II, 3
la **laitue** *lettuce*, II, 3
la **lampe** *lamp*, II, 2; **la lampe de poche** *flashlight*, II, 12
le **lapin chasseur** *rabbit in tomato-mushroom sauce*, II, 3
large *baggy*, I, 10
les **larmes** (f.) *tears*, II, 7
le **latin** *Latin (language)*, I, 2
la **lavande** *lavender*
laver *to wash*, I, 7; **laver la voiture** *to wash the car*, I, 7; **se laver** *to wash oneself*, II, 4
le *him, it*, I, 9
les **légumes** (m.) *vegetables*, I, 8; II, 7
lent(e) *slow*, II, 12
les *them*, I, 9
la **lettre** *letter*, II, 1
leur (indirect object) *to them*, I, 9
leur(s) *their*, I, 7
se **lever** *to get up*, II, 4; **Levez-vous!** *Stand up!* I, 0
Levez la main! *Raise your hand!* I, 0
libanais(e) *Lebanese (adj.)*, II, 1
la **librairie** *bookstore*, I, 12
libre *free*, II, 8
lié(e) *bound, tied*, II, 10
le **lieu** *place*, II, 1
le **lièvre** *hare*, II, 8
la **limonade** *lemon soda*, I, 5
lire *to read*, I, 1
la **liste** *list*, II, 3
le **lit** *bed*, II, 2
le **litre** *liter*, I, 8; **un litre de** *a liter of*, I, 8
livré(e) *delivered*, II, 12
la **livre** *pound*, I, 8; **une livre de** *a pound of*, I, 8
le **livre** *book*, I, 3; **le livre de poésie** *book of poetry*, II, 11
local(e) *local*, II, 4
le **logement** *lodging*, II, 2
logique *logical*, II, 2
loin *far*, I, 12; **loin de** *far from*, I, 12
long(ue) *long*, II, 1; **trop long(ue)** *too long*, II, 11
longtemps *(for) a long time*, II, 6
lorsque *when*, II, 4
la **lotion: la lotion anti-moustiques** *insect repellent*, II, 12
louer *to rent*, II, 6
le **loup** *wolf*, II, 12

lu (pp. of **lire**) *read*, I, 9
lui *to him, to her*, I, 9
la **lumière** *light*, II, 6
lundi *Monday*, I, 2; **le lundi** *on Mondays*, I, 2
luné(e): toujours mal luné(e) *always in a bad mood*, II, 8
les **lunettes de soleil** (f. pl.) *sunglasses*, I, 10
le **lycée** *high school*, II, 2
le **lycéen (la lycéenne)**, *high school student* II, 5

M

ma *my*, I, 7
madame (Mme) *ma'am; Mrs*, I, 1; **Madame!** *Waitress!* I, 5
mademoiselle (Mlle) *miss; Miss*, I, 1; **Mademoiselle!** *Waitress!* I, 5
le **magasin** *store*, I, 1; **faire les magasins** *to go shopping*, I, 1; **un grand magasin** *department store*, II, 3
le **magazine** *magazine*, I, 3
le **magnétoscope** *videocassette recorder, VCR*, I, 0
magnifique *beautiful*, II, 6
mai *May*, I, 4; **en mai** *in May*, I, 4
maigrir *to lose weight*, I, 10
le **maillot de bain** *bathing suit*, I, 10
la **main** *hand*, I, 0; **J'ai mal à la main.** *My hand hurts.* II, 7; **se serrer la main** *to shake hands*, II, 8; **un coup de main** *a helping hand*, II, 10
maintenant *now*, I, 2; **Je ne peux pas maintenant.** *I can't right now.* I, 8
mais *but*, I, 1
le **maïs** *corn*, I, 8
la **Maison des jeunes et de la culture** *recreation center*, I, 6
maîtriser, *to master* II, 4
mal *bad*, I, 1; **Il n'y a pas de mal.** *No harm done.* II, 10; **J'ai mal à...** *My…hurts.* II, 7; **J'ai mal à la gorge.** *I have a sore throat.* II, 7; **J'ai mal à la jambe.** *My leg hurts.* II, 7; **J'ai mal à la main.** *My hand hurts.* II, 7; **J'ai mal à la tête.** *My head hurts.* II, 7; **J'ai mal au bras.** *My arm hurts.* II, 7; **J'ai mal au cœur.** *I'm sick to my stomach.* II, 7; **J'ai mal au cou.** *My neck hurts.* II, 7; **J'ai mal au dos.** *My back hurts.* II, 7; **J'ai mal au ventre.** *My stomach hurts.* II, 7; **J'ai mal aux dents.** *My*

teeth hurt. II, 7; **J'ai mal à l'oreille.** *My ear hurts.* II, 7; **J'ai mal au pied.** *My foot hurts.* II, 7; **J'ai mal dormi.** *I didn't sleep well.* II, 7; **J'ai mal partout!** *I hurt all over!* II, 7; **mal à l'aise** *uncomfortable,* II, 9; **pas mal** *not bad,* I, 1; *all right,* II, 6; **se faire mal à...** *to hurt one's...,* II, 7; toujours mal luné(e) *always in a bad mood,* II, 8; **Très mal.** *Very badly.* I, 9

le **mal du pays:** avoir le mal du pays, *to be homesick* II, 8

malade *sick,* II, 7; **Je suis malade.** *I'm sick.* II, 7

le **malentendu** *misunderstanding,* II, 10; **un petit malentendu** *a little misunderstanding,* II, 10

malgré *in spite of,* II, 5

le **malheur** *misfortune,* II, 10 **Malheureusement,...** *Unfortunately,...,* II, 9

le **malheureux** (la malheureuse) *unfortunate, unlucky person,* II, 11

la **mandarine** *mandarin orange,* II, 3

manger *to eat,* I, 6; II, 7; **donner à manger aux animaux** *to feed the animals,* II, 6; **manger quelque chose** *to eat something,* I, 6

la **mangue** *mango,* I, 8

la **manière** *way,* II, 1

le **manoir** *manor,* II, 5

manque: ... me manque. *I miss...(singular),* II, 8; **Ce qui me manque, c'est (de)...** *What I miss is...,* II, 8

manquent: ... me manquent. *I miss...(plural),* II, 8

le **manteau** *coat,* I, 10

le **maquis** *popular Ivorian outdoor restaurant,* II, 8

le **marchand** *shopkeeper,* II, 3

la **marche** *step,* II, 5; **rater une marche** *to miss a step,* II, 5

le **marché** *market,* I, 8 **mardi** *Tuesday,* I, 2; **le mardi** *on Tuesdays,* I, 2

le **mari** *husband,* I, 7

marocain(e) *Moroccan* (adj.), II, 1

la **maroquinerie** *leather-goods shop,* II, 3

la **marraine** *godmother,* II, 6

marron (inv.) *brown,* I, 3; II, 1

le **marron** *chestnut,* II, 3

mars *March,* I, 4; **en mars** *in March,* I, 4

le **Martiniquais** (la Martiniquaise), *native of Martinique* II, 4

la **Martinique,** *Martinique* II, 4

le **masque** *mask,* II, 8

le **match** *game,* I, 6; **regarder un match** *to watch a game (on TV),* I, 6; **voir un match** *to see*

a game (in person), I, 6

les **maths** (f. pl.) *math,* I, 1

les **matières grasses** (f. pl.) *fat,* II, 7

le **matin** *morning, in the morning,* I, 2

mauvais(e) *bad,* I, 9; **C'est pas mauvais!** *It's pretty good!* I, 5; **Oh, pas mauvais.** *Oh, not bad.* I, 9; **Très mauvais.** *Very bad.* I, 9; **avoir une mauvaise note** *to get a bad grade,* II, 5; **de mauvaise humeur** *in a bad mood,* II, 9

me *me, to me,* II, 1

la **mécanique** *mechanics,* II, 10

méchant(e) *mean,* I, 7; II, 1

les **médicaments** (m.) *medicine,* I, 12

meilleur(e) *better,* II, 7; **C'est meilleur que(de)...** *It's better than...,* II, 7; **Meilleurs vœux!** *Best wishes!* II, 3; **C'est en... que je suis le/la meilleur(e).** *I'm best in...,* II, 5

mélanger *to mix,* II, 3

le **membre** *member,* II, 5

même *same,* II, 2; **le/la même** *the same,* II, 9; **quand même** *anyway,* II, 1

le **ménage** *housework,* I, 1; **faire le ménage** *to do housework,* I, 1; II, 10

mentionné(e) *mentioned,* II, 2

le **menu** *menu,* II, 3

la **méprise** *mistake, error,* II, 1

la **mer** *sea,* II, 4; **au bord de la mer** *to/at the coast,* I, 11

Merci. *Thank you.* I, 3; II, 2; **Merci, ça va.** *No thank you, I've had enough.* II, 3; **Merci, c'est gentil!** *Thanks, that's nice of you!* II, 3; **Non, merci.** *No, thank you.* I, 8

mercredi *Wednesday,* I, 2; **le mercredi** *on Wednesdays,* I, 2

la **mère** *mother,* I, 7

la **merveille** *wonder,* II, 8

merveilleux (-euse) *marvelous, wonderful,* II, 1

mes *my,* I, 7

le **message** *message,* II, 6

la **messagerie électronique** *emailer,* II, 11

le **métro** *subway,* I, 12; **au métro...** *at the...metro stop,* I, 6; **en métro** *by subway,* I, 12

le **metteur en scène** *director,* II, 11

mettre *to put, to put on, to wear,* I, 10; **Je ne sais pas quoi mettre pour...** *I don't know what to wear for...,* I, 10; **Mets...** *Wear...,* I, 10; **Qu'est-ce que je mets?** *What shall I wear?* I, 10; **se mettre en condition** se mettre en forme *to get into shape,* II, 7

meublé(e) *furnished,* II, 2

les **meubles** (m.) *furniture,* II, 2

meurs: Je meurs de soif! *I'm dying of thirst!* II, 12; **Si, je meurs de faim/soif!** *Yes, I'm dying of hunger/thirst!* II, 2

mexicain(e) *Mexican* (adj.), II, 1

midi *noon,* I, 6; **Il est midi.** *It's noon.* I, 6; **Il est midi et demi.** *It's half past noon.* I, 6

mieux *better,* I, 9; **Ça va aller mieux!** *It's going to get better!* I, 9; *It'll get better.* II, 5; **J'aime mieux...** *I prefer...,* I, 1; II, 1; **Tu aimes mieux... ou...?** *Do you prefer... or...?* I, 10

mignon(ne) *cute,* I, 7; II, 1

mijoter *to simmer,* II, 3

milieu: au milieu de *in the middle of*

le **millefeuille** *layered pastry,* II, 3

les **milliers** (m. pl.) *thousands,* II, 4

mince *slender,* I, 7

le **minimum** *minimum,* II, 4

minuscule *minuscule, tiny,* II, 12

minuit *midnight,* I, 6; **Il est minuit.** *It's midnight.* I, 6; **Il est minuit et demi.** *It's half past midnight.* I, 6

la **minute** *minute,* I, 9; **Tu as une minute?** *Do you have a minute?* I, 9; II, 10

le **mobilier** *furniture,* II, 2

moche *tacky,* I, 10; **Je le/la/les trouve moche(s).** *I think it's (they're) really tacky.* I, 10

la **mode** *style, fashion,* I, 10; **à la mode** *in style,* I, 10

moi *me,* I, 2; **Moi aussi.** *Me too.* I, 2; **Moi, non.** *I don't.* I, 2; **Moi non plus.** *Neither do I.* I, 2; **Moi, si.** *I do.* I, 2; **Pas moi.** *Not me.* I, 2

moins *minus; less,* II, 8; *lower,* I, 0; **La vie était moins...** *Life was less...,* II, 8; **moins cinq** *five to,* I, 6; **moins grand(e) que** *smaller than...,* II, 4; **moins le quart** *quarter to,* I, 6; au moins *at least,* II, 3; **Plus ou moins.** *More or less.* II, 6

le **mois** *month,* I, 4

la **moitié** *half,* II, 3; la moitié de *half of,* II, 3

le **moment** *moment,* I, 5; *point,* II, 9; **A ce moment-là,...** *At that point,...,* II, 9; **Un moment, s'il vous plaît.** *One moment, please.* I, 5

mon *my,* I, 7

le **monde** *world;* beaucoup de monde, *a lot of people,* II, 9

monsieur (M.) *sir; Mr.* I, 1; **Monsieur!** *Waiter!* I, 5

la **montagne** *mountain,* I, 11; **à la montagne** *to/at the mountains,* I, 11; **faire du vélo de montagne** *to go mountain-bike riding,* II, 12; **les**

montagnes russes   *roller coaster*, II, 6
monter   *to go up*, II, 6; **monter dans une tour**   *to go up in a tower*, II, 6
la **montre**   *watch*, I, 3
Montréal   *Montreal*, II, 1
montrer   *to show*, I, 9
le **morceau**   *piece*, I, 8; **un morceau de**   *a piece of*, I, 8
mortel(le)   *deadly dull*, II, 6
la **mosquée**   *mosque*, II, 8
le **mot**   *word*; un petit mot   *a short note*, II, 2
motivé (e)   *motivated*, II, 4
Mouais.   *Yeah.* II, 6
la **mouffette**   *skunk*, II, 12
le **moulin**   *mill, windmill*, II, 12
mourir   *to die*, II, 6
le **moustique**   *mosquito*, II, 4
le **mouton**   *mutton*, II, 3
le **moyen**   *means, way to do something*, II, 8
le **Moyen Age**   *Middle Ages*, II, 6
moyen(ne)   *average, medium*, II, 1; **de taille moyenne**   *of medium height*, II, 1
le **mur**   *wall*, II, 5
la **musculation**   *weightlifting*; **faire de la musculation**   *to lift weights*, II, 7
le **musée**   *museum*, I, 6; II, 2
le **musicien (la musicienne)**   *musician*, II, 11
la **musique**   *music*, I, 2; **la musique classique**   *classical music*, II, 11; **écouter de la musique**   *to listen to music*, I, 1; **Qu'est-ce que tu aimes comme musique?**   *What music do you like?* II, 1
mutiler   *to deface, to mutilate*, II, 12; **mutiler les arbres**   *to deface the trees*, II, 12
mystérieux (mystérieuse)   *mysterious*, II, 11

N

nager   *to swim*, I, 1
naître   *to be born*, II, 6
la **narine**   *nostril*, II, 8
la **natation**   *swimming*, I, 4; **faire de la natation**   *to swim*, I, 4
la **nature**   *nature*, II, 12
nautique   *nautical*; **faire du ski nautique**   *to water-ski*, I, 4
le **navet**   *turnip*; **C'est un navet.**   *It's a dud.* II, 11
ne: ne... jamais   *never*, I, 4; **ne... ni grand(e) ni petit(e)**   *neither tall nor short*, I, 7; **ne... pas encore**   *not yet*, I, 9; **ne...**

pas   *not*, I, 1; **Pourquoi tu ne... pas...?**   *Why don't you…?* II, 7; **Tu n'as qu'à...**   *All you have to do is…*, II, 7
néanmoins   *nevertheless*, II, 11
nécessaire   *necessary*, II, 5
négative (négatif)   *negative*, II, 5
la **neige**   *snow*, II, 8
neige: Il neige.   *It's snowing.* I, 4
nettoyer   *to clean*, II, 10
le **nez**   *nose*, II, 7; **J'ai le nez qui coule.**   *I've got a runny nose.* II, 7
nocif (-ive)   *harmful*, II, 12
le **Noël**   *Christmas*, II, 3; **Joyeux Noël!**   *Merry Christmas!* II, 3
noir(e)   *black*, I, 3; II, 1
la **noix de coco**   *coconut*, I, 8
le **nom**   *(last) name*, II, 1
nommer   *to name*, II, 8
non   *no*, I, 1; **Moi, non.**   *I don't.* I, 2; **Moi non plus.**   *Neither do I.* I, 2; **Non, c'est...**   *No, it's…*, I, 4; **Non, merci.**   *No, thank you.* I, 8; **Non, pas trop.**   *No, not too much.* I, 2
le **nord**   *north*, II, 4; **dans le nord**   *in the north*, II, 4; **C'est au nord de...**   *It's to the north of…*, II, 12
norvégien(ne)   *Norwegian*, II, 12
nos   *our*, I, 7
la **nostalgie**   *nostalgia*, II, 8
la **note**   *grade*, II, 5; **avoir une mauvaise note**   *to get a bad grade*, II, 5; *note (music)*, II, 12
noter   *to write down*, II, 10
notre   *our*, I, 7
nourrir   *to feed*, II, 12; **nourrir les animaux**   *to feed the animals*, II, 12; **bien se nourrir**   *to eat well*, II, 7
nouveau (nouvel/nouvelle)   *new*, II, 2
la **nouvelle: Tu connais la nouvelle?**   *Did you hear the latest?* II, 9
novembre   *November*, I, 4; **en novembre**   *in November*, I, 4
nul(le)   *useless*, I, 2; *lame*, II, 6; *worthless*, II, 8; *no (non-existent)*, II, 12
nullement   *not at all*, II, 9
le **numéro**   *number*, II, 4

O

l' **objet** (m.)   *object*, II, 1
obliger   *to force, to oblige*, II, 11
observer   *to observe, to watch*, II, 11
l' **occasion** (f.)   *chance*, II, 1
occupé(e): C'est occupé.   *It's busy.* I, 9; **Désolé(e), je suis occupé(e).**   *Sorry, I'm busy.* I, 6; **Je suis très occupé(e).**   *I'm very busy.* II, 10
s' **occuper de**   *to take care of someone or something*, II, 10
octobre   *October*, I, 4; **en octobre**   *in October*, I, 4
l' **œil** (m.) (pl. les yeux)   *eye*, II, 1; **Mon œil!**   *Yeah, right!* II, 6
l' **œillet** (m.)   *carnation*, II, 3
l' **œuf** (m.)   *egg*, I, 8; II, 3
l' **œuvre** (f.)   *work, piece of art*, II, 11
l' **office de tourisme** (m.)   *tourist information office*, II, 2
offre: Offre-lui (-leur)...   *Give him/her (them)…*, II, 3
offrir (à quelqu'un)   *to give (to someone)*, II, 10; **Qu'est-ce que je pourrais offrir à...?**   *What could I give to…?* II, 3; **Tu pourrais lui (leur) offrir...**   *You could give him/her (them)…*, II, 3
oh: Oh là là!   *Oh no!* II, 5; **Oh, pas mauvais.**   *Oh, not bad.* I, 9
l' **oignon** (m.)   *onion*, I, 8
l' **oiseau** (m.)   *bird*, II, 5
ombragé(e)   *shaded*, II, 3
l' **ombre** (f.)   *shade*, II, 1
l' **omelette** (f.)   *omelette*, I, 5
on: On...?   *How about…?* I, 4; **On fait du ski?**   *How about skiing?* I, 5; **On joue au baseball?**   *How about playing baseball?* I, 5; **On peut...**   *We can…*, I, 6; **On pourrait...**   *We could…*, II, 1; **On va au café?**   *Shall we go to the café?* I, 5
l' **oncle** (m.)   *uncle*, I, 7
l' **ongle** (m.)   *fingernail*, II, 12
l' **opinion** (f.)   *opinion*, II, 8
optimiste   *optimistic*, II, 10
orange (inv.)   *orange (color)*, I, 3
l' **orange** (f.)   *orange*, I, 8
l' **ordinateur** (m.)   *computer*, I, 3
l' **ordre** (m.)   *order*, II, 3
l' **oreille** (f.)   *ear*, II, 7; **J'ai mal à l'oreille.**   *My ear hurts.* II, 7
l' **oreiller** (m.)   *pillow*, II, 2
organiser   *to organize*, II, 8
original(e)   *original, unique*, II, 3; **C'est original.**   *That's unique.* II, 3
l' **orignal** (m.)   *moose*, II, 12
l' **os** (m.)   *bone*, II, 7
oser   *to dare (to do something)*, II, 10
les **ossements** (m. pl.)   *bones*, II, 12
ou   *or*, I, 1; **ou bien**   *or (else)*, II, 7
où   *where*, I, 6; **Où (ça)?**   *Where?* I, 6; **Où est-ce que tu vas aller...?**   *Where are you going to go…?* I, 11; **Où est... s'il vous plaît?**   *Where is…, please?* II, 2; **Où se trouve...?**

Where is…? II, 4; **Tu es allé(e) où?** *Where did you go?* I, 9
oublier *to forget,* I, 9; **Je n'ai rien oublié.** *I didn't forget anything.* I, 11; **N'oublie pas…** *Don't forget…,* I, 8; II, 1; **Oublie-le/-la/-les!** *Forget him/her/them!* I, 9; II, 10; **Tu n'as pas oublié…?** *You didn't forget…?* I, 11
l' **ouest** (m.) *west,* II, 4; **dans l'ouest** *in the west,* II, 4; **C'est à l'ouest de…** *It's to the west of…,* II, 12
ouf *whew,* II, 7
oui *yes,* I, 1; **Oui, c'est…** *Yes, it's…,* I, 4; **Oui, s'il te/vous plaît.** *Yes, please.* I, 8
l' **ours** (m.) *bear,* II, 12
ouvert(e) *open,* II, 1
ouvrez: A quelle heure est-ce que vous ouvrez? *When do you open?* II, 6; **Ouvrez vos livres à la page…** *Open your books to page…,* I, 0
ouvrir *to open,* II, 6

la **page** *page,* I, 0
la **page perso** *personal web page,* II, 11
le **pagne** *a piece of Ivorian cloth,* II, 8
le **paillasson** *doormat,* II, 11
le **pain** *bread,* I, 8; II, 3; **le pain au chocolat** *croissant with a chocolate filling,* II, 3
la **paire** *pair,* II, 2
le **palmier** *palm tree,* II, 4
le **panier** *basket,* II, 8
la **panne** *breakdown (car);* **tomber en panne** *to break down,* II, 9
la **panoplie** *range,* II, 11
le **pantalon** *pair of pants,* I, 10
la **papaye** *papaya,* I, 8
la **papeterie** *stationery store,* I, 12
le **papier** *paper,* I, 0
le **paquet** *package, box,* I, 8; **un paquet de** *a package/box of,* I, 8
le **paragraphe** *paragraph,* II, 1
le **parapluie** *umbrella,* I, 11
le **parc** *park,* I, 6; II, 2; **visiter un parc d'attractions** *to visit an amusement park,* II, 6
parce que *because,* I, 5; **Je ne peux pas parce que…** *I can't because…,* I, 5
Pardon. *Pardon me,* I, 3; **demander pardon à (quelqu'un)** *to ask*

(someone's) forgiveness, II, 10; **Pardon, madame. … s'il vous plaît?** *Excuse me, ma'am… please!* I, 12; **Pardon, mademoiselle. Où est… s'il vous plaît?** *Excuse me, miss. Where is…please?* I, 12; **Pardon, monsieur. Je cherche…, s'il vous plaît.** *Excuse me, sir. I'm looking for…, please.* I, 12
pardonner à (quelqu'un) *to forgive (someone),* II, 10
le **parent** *parent, relative,* I, 7
la **parenthèse** *parenthesis,* II, 1
parfait(e) *perfect,* I, 10; **C'est parfait.** *It's perfect.* I, 10
parfois *sometimes, occasionally,* II, 2
parie: Je parie que… *I bet that…,* II, 9
parisien(ne) *Parisian,* II, 1
parlé (pp. of parler) *talked, spoke,* I, 9; **Nous avons parlé.** *We talked.* I, 9
parler *to talk, to speak,* I, 1; **(Est-ce que) je peux parler à…?** *Could I speak to…?* I, 9; **Ça parle de…** *It's about…,* II, 11; **De quoi ça parle?** *What's it about?* II, 11; **Je peux te parler?** *Can I talk to you?* I, 9; II, 10; **Parle-lui/-leur.** *Talk to him/her/them.* II, 10; **parler au téléphone** *to talk on the phone,* I, 1
parmi *among,* II, 12
parquer *to pen up,* II, 11
la **part** *part,* II, 2; **C'est gentil de votre (ta) part.** *That's nice of you.* II, 2
partager *to share,* II, 7
le **partenaire (la partenaire)** *partner,* II, 1
le **participe passé** *past participle,* II, 7
partir *to leave,* I, 11; II, 6; **A quelle heure est-ce que le train (le car) pour… part?** *What time does the train (the bus) for…leave?* II, 6; **à partir de** *from;* **Tu ne peux pas partir sans…** *You can't leave without…,* II, 11
partout: J'ai mal partout! *I hurt all over!* II, 7
pas: Il/Elle ne va pas du tout avec… *It doesn't go at all with…,* I, 10; **Pas bon.** *Not good.* I, 5; **Pas ce soir.** *Not tonight.* I, 7; **Pas du tout.** *Not at all.* II, 10; **Pas grand-chose.** *Not much.* I, 6; **Pas mal.** *Not bad.* I, 1; **pas mauvais** *pretty good,* I, 5; *not bad,* I, 9; **Pas moi.** *Not me.* I, 2; **Pas question!** *No way!* II, 1; *Out of the question!* I,

7; **pas super** *not so hot,* I, 2; **Pas terrible.** *Not so great.* I, 1
passé (pp. of passer): **Ça s'est bien passé?** *Did it go well?* I, 11; **Ça s'est très bien passé!** *It went really well!* II, 5; **Comment ça s'est passé?** *How did it go?* II, 5; **expliquer ce qui s'est passé (à quelqu'un)** *to explain what happened (to someone),* II, 10; **J'ai passé une journée épouvantable!** *I had a terrible day!* II, 5; **Qu'est-ce qui s'est passé?** *What happened?* I, 9; **Tu as passé un bon week-end?** *Did you have a good weekend?* I, 9; **Tu as passé un bon…?** *Did you have a good…?* I, 11
passer *to take,* I, 9; *to go by, to pass,* I, 12; **Ça passe à…** *It's playing at…,* II, 11; **Ça passe où?** *Where is that playing?* II, 11; **passer l'aspirateur** *to vacuum,* I, 7; **passer un examen** *to take a test,* I, 9; **Tu pourrais passer à…?** *Could you go by…?* I, 12; **Vous passez devant…** *You'll pass…,* I, 12
se **passer: Qu'est-ce qui se passe?** *What's going on?* II, 5
le **passeport** *passport,* I, 11; II, 1
le **passe-temps** *hobby,* II, 4
passionnant(e) *fascinating,* I, 2; **C'est une histoire passionnante.** *It's an exciting story.* II, 11
la **patate** *potato,* II, 12
la **pâte à modeler** *modeling clay,* II, 11
le **pâté** *pâté,* II, 3
les **pâtes** (f. pl.) *pasta,* II, 7
le **patin** *skating;* **faire du patin à glace** *to ice skate,* I, 4
la **pâtisserie** *pastry,* I, 12; *pastry shop,* I, 12; II, 3
pauvre *poor;* **Pauvre vieux/ vieille!** *You poor thing!* II, 5
le **pays** *country,* II, 6
le **paysan** *farmer,* II, 11
la **peau** *skin,* II, 7
la **pêche** *fishing;* **aller à la pêche** *to go fishing,* II, 4; **la canne à pêche** *fishing pole,* II, 12
la **pêche** *peach,* I, 8
les **pêcheurs** (m.) *fishermen;* **le village de pêcheurs** *fishing village,* II, 4
pédestre: faire une randonnée pédestre *to go for a hike,* II, 12
le **peintre** *painter,* II, 2
la **peinture** *painting,* II, 2
pendant *during, for,* II, 4; **pendant ce temps** *meanwhile,* II, 1
la **pendule** *clock,* II, 9
pénible *a pain in the neck,* I, 7

penser: J'ai pensé à tout. *I've thought of everything.* I, 11; **Pense à prendre...** *Remember to take…*, II, 1

la **pension** *board and lodging*, II, 12

perché(e) *set high up in the mountains*, II, 9

perdre *to lose*, II, 5; **se perdre** *to get lost*, II, 9

le **père** *father*, I, 7

perfide *deceitful*, II, 11

la **permission** *permission*, II, 10; **demander la permission à tes parents** *to ask your parents' permission*, II, 10

le personnage principal *main character*, II, 9

la **personne** *person*, II, 1

personnel(le) *personal* II, 8

pessimiste *pessimistic*, II, 10

le **petit déjeuner** *breakfast*, I, 8

petit(e) *short (height)*, I, 7; II, 1; *small*, I, 10; II, 1; petit à petit *little by little*, II, 3; **Quand il/elle était petit(e),...** *When he/she was little,…*, II, 8; **Quand j'étais petit(e),...** *When I was little, …*, II, 8

les **petits pois** (m.) *peas*, I, 8

un **peu** *a little*, II, 2; **Si, un peu.** *Yes, a little.* II, 2

la **peur: J'ai peur (de la, du, des)...** *I'm scared (of)…*, II, 12

peut: On peut... *We can…*, I, 6

peut-être *maybe*, II, 3; **Tu as peut-être raison.** *Maybe you're right.* II, 9

peux: Désolé(e), mais je ne peux pas. *Sorry, but I can't.* I, 4; **Tu peux... ?** *Can you…?* I, 8

la **pharmacie** *drugstore*, I, 12

le **philtre** *potion*, II, 8

la **photo** *picture, photo*, I, 4; **faire de la photo** *to do photography*, I, 4; **faire des photos** *to take pictures*, I, 4

photographique *photographic*, II, 4

la **phrase** *sentence*, II, 1

la **physique** *physics*, I, 2

la **pièce** *room (of a house)*, II, 2; *play (theatrical)*, I, 6; **voir une pièce** *to see a play*, I, 6; une pièce (d'or ou d'argent) *coin*, II, 4

le **pied** *foot*, I, 12; **à pied** *on foot*, I, 12; **J'ai mal au pied.** *My foot hurts.* II, 7

le **piège** *trap*, II, 5

piétonnier(-ière) *pedestrian* (adj.), II, 2

le **pique-nique** *picnic*, I, 6; **faire un pique-nique** *to have a picnic*, I, 6; II, 6

pique-niquer *to have a picnic*, II, 6

pire: de pire en pire *worse and worse*, II, 5

la **piscine** *swimming pool*, I, 6; II, 2

la **piste** *track*, II, 7

le **pitre:** faire le pitre *to clown around*, II, 5

la **pizza** *pizza*, I, 1

le **placard** *closet*, II, 2

la **plage** *beach*, I, 1; II, 4

se **plaindre** *to complain*, II, 12

plaire: Il/Elle me plaît, mais c'est cher. *I like it, but it's expensive.* I, 10; **Il/Elle te/vous plaît?** *Do you like it?* I, 10; **Ce qui me plaît, c'est (de)...** *What I like is…*, II, 4; **Ce qui ne me plaît pas, c'est (de)...** *What I don't care for is…*, II, 4; **s'il vous/te plaît** *please*, I, 3; **Un... , s'il vous plaît.** *A(n)…, please.* II, 6

se **plaire: Tu vas te plaire ici.** *You're going to like it here.* II, 8

plaisanter *to joke;* **Tu plaisantes!** *You're joking!* II, 6

le **plaisir** *pleasure*, I, 8; **Avec plaisir.** *With pleasure.* II, 10; **Oui, avec plaisir.** *Yes, with pleasure.* I, 8

le **plan** *map*, II, 2

le plan d'entraînement individuel *personal training program*, II, 7

la **planche: faire de la planche à voile** *to go windsurfing*, I, 11; II, 4

planter *to plant*, II, 12

le **plat** *dish*, II, 3

le **plat principal** *main course*, II, 3

la **plate-bande** *flower bed*, II, 12

plein(e) *full*, II, 8; **C'est plein de rebondissements.** *It's full of plot twists.* II, 11; plein tarif *full admission price*, II, 2

pleurer *to cry*, II, 6

pleut: Il pleut. *It's raining.* I, 4

plat(e) *flat;* eau plate *non-carbonated water*, II, 7

la **plongée: faire de la plongée** *to go scuba diving*, I, 11; **faire de la plongée avec un tuba** *to snorkel*, II, 4; **faire de la plongée sous-marine** *to scuba dive*, II, 4

plu (pp. of plaire): **Ça m'a beaucoup plu.** *I really liked it.* II, 6; **Ça t'a plu?** *Did you like it?* II, 6

la **pluie** *rain*, II, 9

plus *more*, II, 1; **Je n'ai plus faim/soif.** *I'm not hungry/thirsty anymore.* II, 3; **Je n'en peux plus!** *I just can't do any more!* II, 7; **Je n'en veux plus.** *I don't want anymore.* I, 8; **La vie était plus...** *Life was more…*, II, 8; **Moi non plus.** *Neither do I.* I, 2; **Non, merci. Je n'ai plus faim.** *No thanks. I'm not hungry anymore.* I, 8; **plus grand(e) que** *bigger than…*, II, 4; Plus on est de fous, plus on rit. *The more the merrier.* II, 3; **Plus ou moins.** *More or less.* II, 6

plusieurs *several*, II, 1

plutôt *rather*, II, 7

la **poêle** *frying pan*, II, 3

la **poésie** *poetry*, II, 11

le **poids** *weight*, II, 7

poilu(e) *hairy, furry*, II, 9

le **point de départ** *starting point*, II, 2

le **point de vue** *point of view*, II, 9

la **poire** *pear*, I, 8

les **pois chiches** *chickpeas*, II, 3

le **poisson** *fish*, I, 7; II, 3

la **poissonnerie** *fish shop*, II, 3

poli(e) *polite*, II, 3; *polished*, II, 12

poliment *politely*, II, 3

polisson *naughty*, II, 8

la **pomme** *apple*, I, 8

la **pomme de terre** *potato*, I, 8

les **pompes** (f.) *push-ups*, II, 7; **faire des pompes** *to do push-ups*, II, 7

pondent un œuf (pondre) *to lay (an egg)*, II, 11

le **pont** *bridge*

la **pop** *popular, mainstream music*, II, 11

populaire *popular*, II, 5

le **porc** *pork*, I, 8

la **porte** *door*, I, 0

le **portefeuille** *wallet*, I, 3; II, 3

porter *to wear*, I, 10

le **portrait** *portrait, description*, II, 1

poser (un problème, une question) *to present or ask*, II, 1

positif (positive) *positive*, II, 5

possible *possible*, II, 9; **C'est possible.** *That's possible.* II, 9; **Ce n'est pas possible.** *That's not possible.* II, 9; **Pas possible!** *No way!* II, 6

la **poste** *post office*, I, 12; II, 2

le **poster** *poster*, I, 3; II, 2

la **poterie** *pottery*, II, 8

la **poubelle** *trash can*, I, 7; **sortir la poubelle** *to take out the trash*, I, 7

le **pouding** *pudding*, II, 3

la **poule** *live chicken (hen)*, I, 8

le **poulet** *chicken meat*, I, 8; II, 3

pour *for*, I, 3; **Qu'est-ce qu'il te faut pour... ?** *What do you need for…? (informal)*, I, 3; **Qu'est-ce que tu fais pour t'amuser?** *What do you do to have fun?* I, 4

pourquoi *why*, I, 6; **Pourquoi est-ce que tu ne mets pas... ?** *Why don't you wear…?* I, 10;

Pourquoi pas? *Why not!* I, 6; **Pourquoi tu ne... pas?** *Why don't you…?* I, 9; II, 7
pourrais: Je pourrais avoir...? *May I have some…?* II, 3; **(Est-ce que) tu pourrais me rendre un petit service?** *Could you do me a favor?* I, 12; **Qu'est-ce que je pourrais offrir à...?** *What could I give to…?* II, 3; **Tu pourrais...?** *Could you…?* II, 10; **Tu pourrais lui (leur) offrir...** *You could give him/her (them)…,* II, 3; **Tu pourrais passer à...?** *Could you go by…?* I, 12
pourrait: On pourrait... *We could…,* II, 1
pourriez: Vous pourriez (Tu pourrais) me passer...? *Would you pass me…?* II, 3
pouvoir *to be able to, can,* I, 8; **Est-ce que tu peux...?** *Can you…?* I, 12; **(Est-ce que) je peux...?** *May I…?* I, 7; **Je n'en peux plus!** *I just can't do any more!* II, 7; **Je ne peux pas.** *I can't.* II, 1; **Je ne peux pas maintenant.** *I can't right now.* I, 8; **Je peux te parler?** *Can I talk to you?* II, 10; **Non, je ne peux pas.** *No, I can't.* I, 12; **On peut...** *We can…,* II, 4; *You can…,* II, 12; **Qu'est-ce qu'on peut faire?** *What can we do?* II, 4; **Si tu veux, on peut...** *If you like, we can…,* II, 1; **Qu'est-ce que je peux faire?** *What can I do?* I, 9; **Tu peux m'aider?** *Can you help me?* II, 10
le **pouvoir** *power,* II, 8
pratiquer *to practice,* II, 1
préférer *to prefer,* I, 1; **Ce que je préfère, c'est...** *What I prefer is…,* II, 4; **Je préfère...** *I prefer…,* I, 1; II, 1; **Non, je préfère...** *No, I'd rather…,* II, 1
préféré(e) *favorite,* II, 1; **Quel(le) est ton/ta... préféré(e)?** *What is your favorite…?* II, 1; **Qui est ton/ta... préféré(e)?** *Who is your favorite…?* II, 1
le **premier étage** *second floor,* II, 2
prendre *to take or to have (food or drink),* I, 5; **avoir (prendre) rendez-vous (avec quelqu'un)** *to have (make) a date/an appointment (with someone),* II, 9; **Je le/la/les prends.** *I'll take it/them.* I, 10; **Je vais (en) prendre...** *I'll take…,* II, 3; **Je vais prendre..., s'il vous plaît.** *I'll have…, please.* I, 5; *I'm going to have…, please.* I, 5; **On peut prendre...** *We can take…,* II,

12; **Pense à prendre...** *Remember to take…,* II, 1; **Prends/Prenez...** *Get…,* I, 8; *Have…,* I, 5; *Take…,* II, 1; **Prenez une feuille de papier.** *Take out a sheet of paper.* I, 0; **Tu prends...?** *Are you taking…?* I, 11; *Will you have…?* I, 8; **Vous avez décidé de prendre...?** *Have you decided to take…?* I, 10; **Vous le/la/les prenez?** *Are you going to take it/them?* I, 10; **Vous prenez?** *What are you having?* I, 5; *Will you have…?* I, 8; **Prenez la rue..., puis traversez la rue...** *Take… Street, then cross… Street.* I, 12
le **prénom** *first name,* II, 1
les **préparatifs** (m. pl.): **faire les préparatifs** *to get ready,* II, 10
préparer *to make, to prepare,* II, 10; **préparer les amuse-gueule** *to make party snacks,* II, 10
près *close,* I, 12; **près de** *close to,* I, 12; *near,* II, 2
présenter: Je te/vous présente... *I'd like you to meet…,* I, 7
presque *almost,* II, 7; **Tu y es (On y est) presque!** *You're (we're) almost there!* II, 7
pressé(e) *in a hurry,* II, 7
prêt(e) *ready,* II, 10
le **prétendant** *suitor,* II, 8
prévu(e): Je n'ai rien de prévu. *I don't have any plans.* I, 11
principal(e) *main,* II, 7
le **printemps** *spring,* I, 4; **au printemps** *in the spring,* I, 4
pris (pp. of **prendre**) *took,* I, 9
privé(e): être privé(e) de sortie *to be "grounded,"* II, 9
le **prix** *price,* II, 3
le **problème** *problem,* I, 9; **J'ai un petit problème.** *I've got a problem.* I, 9; **J'ai un problème.** *I have a problem.* II, 10; **Pas de problème.** *No problem.* II, 10
prochain(e) *next,* I, 12; **Vous continuez jusqu'au prochain feu rouge.** *You keep going until the next light.* I, 12
proche *nearby,* II, 1; *close,* II, 5
le **produit** *product,* II, 3
les **produits laitiers** (m. pl.) *dairy products,* I, 8
le **prof(esseur)** *teacher,* I, 2
profiter *to take advantage of,* II, 1
le **pronom** *pronoun,* II, 3; le **pronom objet** *object pronoun,* II, 10
le **projet** *projects, plans,* II, 1
la **promenade** *walk,* I, 6; **faire une promenade** *to go for a walk,* I, 6
se **promener** *to go for a walk,* II, 4; **promener le chien** *to walk the dog,* I, 7

promouvoir *to promote,* II, 2
prôner *to advocate,* II, 11
propos: A propos,... *By the way,…,* II, 9
proposé(e) *suggested,* II, 1
propre *(one's) own,* II, 1; **propre** *clean,* II, 8
la **propriété** *property,* II, 11
provençal(e) *from Provence,* II, 10
le **proviseur** *school principal,* II, 5
pu (pp. of pouvoir): **J'aurais pu...** *I could have…,* II, 10; **Tu aurais pu...** *You could have…,* II, 10
la **publicité** *advertisement,* II, 3
puis *then,* II, 1; **Puis, tournez à gauche dans/sur...** *Then, turn left on…,* II, 2; **Prenez la rue..., puis traversez la rue...** *Take… Street, then cross… Street.* I, 12
le **pull(-over)** *pullover sweater,* I, 3; II, 1
pur(e) *pure,* II, 12

Q

qu'est-ce que *what* (obj.), I, 4; **Qu'est-ce que tu as?** *What's wrong?* II, 7; **Qu'est-ce qu'il te/vous faut pour...?** *What do you need for…?* I, 3; **Qu'est-ce qu'il y a...?** *What is there…?* II, 4; **Qu'est-ce qu'il y a?** *What's wrong?* II, 10; **Qu'est-ce qu'on fait?** *What should we do?* II, 1; **Qu'est-ce qu'on peut faire?** *What can we do?* II, 4; **Qu'est-ce que je peux faire?** *What can I do?* I, 9; II, 10; **Qu'est-ce que tu aimes faire?** *What do you like to do?* II, 1; **Qu'est-ce que tu as fait...?** *What did you do…?* I, 9; **Qu'est-ce que tu fais...?** *What do you do…?* I, 4; **Qu'est-ce que tu fais comme sport?** *What sports do you play?* I, 4; **Qu'est-ce que tu fais pour t'amuser?** *What do you do to have fun?* I, 4; **Qu'est-ce que tu fais quand...?** *What do you do when…?* I, 4; **Qu'est-ce que tu vas faire...?** *What are you going to do…?* I, 6; **Qu'est-ce que vous avez comme...?** *What kind of…do you have?* I, 5; **Qu'est-ce que vous avez comme boissons?** *What do you have to drink?* I, 5
qu'est-ce qui *what* (subj.), I, 9; **Qu'est-ce qui s'est passé?**

What happened? I, 9; **Qu'est-ce qui se passe?** *What's going on?* II, 5; **Qu'est-ce qui t'arrive?** *What's wrong?* II, 5

le quai *platform*, II, 6; **De quel quai...?** *From which platform…?* II, 6; **Du quai...** *From platform…*, II, 6

quand *when*, I, 6; **Quand (ça)?** *When?* I, 6; quand même *anyway*, II, 1

quant: quant à *with respect to*, II, 1

la quantité *quantity*, II, 3

le quart *quarter*, I, 6; **et quart** *quarter past*, I, 6; **moins le quart** *quarter to*, I, 6

le quartier *neighborhood*, II, 8

quel(le) *which*, I, 1; *what*, I, 2; **De quelle couleur est...?** *What color is…?* I, 3; **Quel(le) est ton/ta... préféré?** *What is your favorite…?* II, 1; **Quel temps fait-il?** *What's the weather like?* I, 4; **Quel week-end formidable!** *What a great weekend!* II, 5; **Quel week-end!** *What a good/bad weekend!* II, 5; **Quelle journée!** *What a good/ bad day!* II, 5; **Quelle journée formidable!** *What a great day!* II, 5; **Tu as... à quelle heure?** *At what time do you have…?* I, 2; **Tu as quel âge?** *How old are you?* I, 1; **Tu as quels cours...?** *What classes do you have…?* I, 2

quelques *some, a few*, II, 3

quelqu'un *someone*, II, 3

quelque chose *something*, I, 10; **J'ai quelque chose à faire.** *I have something (else) to do.* II, 10; **Je cherche quelque chose pour...** *I'm looking for something for…*, I, 10; **Quelque chose ne va pas?** *Is something wrong?* II, 5

quelque part *somewhere*, II, 9

quelquefois *sometimes*, I, 4

la question: Pas question! *No way!* II, 1; *Out of the question!* I, 7

le questionnaire *questionnaire*, II, 8

qui *who*, II, 1; *whom*, I, 6; **Avec qui?** *With whom?* I, 6; **Qui est ton/ta... préféré(e)?** *Who is your favorite …?* II, 1

la quiche *quiche: a type of custard pie, usually with savory filling, such as ham, bacon, cheese, or spinach*, I, 5

quitter *to leave*, II, 6; quitter les lieux *to leave the place*, II, 2, 11

quittez: Ne quittez pas. *Hold on.* I, 9

quoi *what*, I, 2; **... quoi.** *…you know.* II, 9; **De quoi est-ce que tu as besoin?** *What do you need?* I, 5; **Je ne sais pas quoi faire.** *I don't know what to do.* II, 10; **Je ne sais pas quoi mettre pour...** *I don't know what to wear for…*, I, 10; **N'importe quoi!** *That's ridiculous!* II, 6; **Tu as quoi...?** *What do you have…?* I, 2; **Tu vas faire quoi?** *What are you going to do?* I, 6

quotidien(ne) *daily*, II, 4

le raccourci *short cut*, II, 12

raconte: Raconte! *Tell me!* II, 5; **Qu'est-ce que ça raconte?** *What's the story?* II, 11

raconter *to tell (a story)*, II, 1

la radio *radio*, I, 3

le raisin *grapes*, I, 8

la raison *reason*, II, 5; **Fais-toi une raison.** *Make the best of it.* II, 8; **Tu as raison...** *You're right…*, II, 3

rajouter *to add*, II, 7

le ramasseur de balles *ballboy*, II, 8

ramener *to bring back*, II, 8

la randonnée *hike*, I, 11; **faire de la randonnée** *to go hiking*, I, 11; **faire une randonnée en raquettes** *to go snow-shoeing*, II, 12; **faire une randonnée en skis** *to go cross-country skiing*, II, 12; **faire une randonnée pédestre** *to go for a hike*, II, 12

le rang *row*, II, 3

ranger *to arrange, to straighten;* **ranger ta chambre** *to pick up your room*, I, 7

le rap *rap music*, II, 11

râpé(e) *grated*, II, 3

raplapla *wiped out*, II, 7; **Je suis tout raplapla.** *I'm wiped out.* II, 7

rappeler *to call back*, I, 9; **Vous pouvez rappeler plus tard?** *Can you call back later?* I, 9

se rappeler *to remember*, II, 6

rapporter *to bring back*, I, 8; **Rapporte-moi...** *Bring me back…*, I, 8; **Tu me rapportes...?** *Will you bring me…?* I, 8

la raquette: faire une randonnée en raquettes *to go snow-shoeing*, II, 12

rarement *rarely*, I, 4

rassurer *to reassure*, II, 8

rater *to fail*, I, 9; *to miss*, I, 9; **rater le bus** *to miss the bus*, I, 9; II, 5; **rater un examen** *to fail a test*, I, 9; **rater une interro** *to fail a quiz*, I, 9; **rater une marche** *to miss a step*, II, 5

le raton laveur *raccoon*, II, 12

rayer *to blot out, to erase*, II, 10

réagir *to react*, II, 9

le réalisateur *director*, II, 11

le rebondissement: C'est plein de rebondissements. *It's full of plot twists.* II, 11

recevoir *to receive*, II, 5; **recevoir le bulletin trimestriel** *to receive one's report card*, II, 5

la recherche *search*, II, 11

recommande: Je te le recommande. *I recommend it.* II, 11

recommence: Ne recommence pas. *Don't do it again.* II, 5

se **réconcilier: se réconcilier avec (quelqu'un)** *to make up (with someone)*, II, 10

réconforter *to comfort*, II, 8

reconnaître *to recognize*, II, 3

la récréation *break*, I, 2

récrire *to rewrite*, II, 3

récupérer *to recover*, II, 1

la rédaction *essay*, II, 5

redonner *to give back*, II, 11

réduit(e) *reduced*, II, 2

réel (réelle) *real*, II, 6

refuser *to refuse*, II, 10

se régaler *to treat oneself*, II, 3

le regard *look, glance*, II, 10

regarder *to watch, to look at*, I, 1; **Non, merci, je regarde.** *No, thanks, I'm just looking.* I, 10; **Regarde, c'est...** *Look, here's (there's)(it's)…*, I, 12; **Regarde, voilà...** *Look, here's (there's) (it's)…*, I, 12; **regarder la télé(vision)** *to watch TV*, I, 1; **regarder un match** *to watch a game (on TV)*, I, 6; **Regardez la carte!** *Look at the map!* I, 0

le régent (la régente) *regent; someone who rules in place of the king or queen*, II, 6

le reggae *reggae music*, II, 11

le régime *diet*, II, 7; **suivre un régime trop strict** *to follow a diet that's too strict*, II, 7

la région *region*, II, 3

la règle *ruler*, I, 3; les règles *rules*, II, 7

regrette: Je regrette. *Sorry.* I, 3; **Je regrette...** *I miss…*, II, 8; **Je regrette, mais je n'ai pas le temps.** *I'm sorry, but I don't have time.* I, 8

le rein *kidney*, II, 7

la reine *queen*, II, 6

relaxant(e) *relaxing*, II, 8

la relaxation *relaxation*, II, 7

la **religieuse** *cream puff pastry*, II, 3
relire *to reread*, II, 8
remarquer *to notice*, II, 10
remplacer *to replace*, II, 3
remplir *to fill*, II, 5
remporter: remporter les déchets *to take your trash with you*, II, 12
le **renard** *fox*, II, 12
rencontrer *to meet*, I, 9; II, 9
le **rendez-vous** *appointment, date*, II, 9; **avoir (prendre) rendez-vous (avec quelqu'un)** *to have (make) a date/appointment (with someone)*, II, 9; **Rendez-vous...** *We'll meet…*, I, 6
rendre *to return something*, I, 12; **rendre les interros** *to return tests*, II, 5
rendre visite à *to visit (someone)*, II, 8
rentrer *to go back (home)*, II, 6
renverser *to knock over, spill*, II, 5
répartir *to spread evenly*, II, 3
le **repas** *meal*, II, 7; **sauter un repas** *to skip a meal*, II, 7
répéter *to rehearse, to practice*, I, 9; **Répétez!** *Repeat!* I, 0
la répétition *repetition*, II, 3
répétitif/répétitive *repetitive*, II, 11
répondre *to answer*, I, 9; **Ça ne répond pas.** *There's no answer.* I, 9
la réponse *response, answer*, II, 1
le reportage *report*, II, 4
reprendre *to have a second helping*, II, 3
représenter *to represent*, II, 4
réprimander *to reprimand*, II, 5
reprochant *reproaching*, II, 10
le reproche *reproach*, II, 10
la résolution *resolution*, II, 1
respecter *to respect*, II, 12; **respecter la nature** *to respect nature*, II, 12
la **responsabilité** *responsibility*, II, 8; **avoir des responsabilités** *to have responsibilities*, II, 8
ressembler à *to resemble*, II, 1
la ressource *resource*, II, 8
ressusciter *to bring back to life*, II, 8
le **restaurant** *restaurant*, I, 6
rester *to stay*, II, 6
le resto *restaurant*, II, 1
le résumé *summary*, II, 11
le **rétablissement: Bon rétablissement!** *Get well soon!* II, 3
en retard *late*, II, 5
retirer: retirer de l'argent *to withdraw money*, I, 12
retourner *to return*, II, 6
rétro (inv.) *retro*, I, 10

se **retrouver** *to meet*, I, 6; **Bon, on se retrouve...** *We'll meet…*, I, 6
le **rêve** *dream*, II, 1
le **réveil** *alarm clock*, II, 5; **entendre le réveil** *to hear the alarm clock*, II, 5
revenir *to come back*, II, 6; faire revenir dans le beurre *to sauté in butter*, II, 3
revoir *to watch again, to see again*, II, 11
le **rez-de-chaussée** *first (ground) floor*, II, 2
le **rhume** *cold*, II, 7; **J'ai un rhume.** *I've got a cold.* II, 7
rien *anything*, I, 11; *nothing*, I, 6; **Ça ne fait rien.** *It doesn't matter.* II, 10; **Ça ne me dit rien.** *I don't feel like it.* I, 4; *That doesn't interest me.* II, 1; **Je n'ai rien oublié.** *I didn't forget anything.* I, 11; **Rien de spécial.** *Nothing special.* I, 6
rigoler *to laugh*, II, 10
le risque *risk*, II, 5
risquent de se retrouver (risquer) *risk ending up*, II, 11
riverain(e) *riverside* (adj.), II, 8
la rivière *river*, II, 12
le **riz** *rice*, I, 8
la **robe** *dress*, I, 10
le **rock** *rock music*, II, 11
le roi *king*, II, 6
le **roller: faire du roller en ligne** *to in-line skate*, I, 4
le **roman** *novel*, I, 3; **le roman classique** *classic (novel)*, II, 11; **le roman d'amour** *romance novel*, II, 11; **le roman de science-fiction** *science-fiction novel*, II, 11; **le roman policier (le polar)** *detective or mystery novel*, II, 11
la rondelle *slice*, II, 3
rose *pink*, I, 3
le rossignol *nightingale*, II, 6
le **rôti de bœuf** *roast beef*, II, 3
la **roue: la grande roue** *ferris wheel*, II, 6
rouge *red*, I, 3
la **route: Bonne route!** *Have a good (car) trip!* II, 3
la routine *routine*, II, 4
roux (rousse) *red-headed*, I, 7; II, 1
la rue *street*, II, 11
russe *Russian* (adj.), II, 1; **les montagnes russes** *roller coaster*, II, 6

s'il vous/te plaît *please*, I, 3; **Oui, s'il te/vous plaît.** *Yes, please.* I, 8
sa *his, her*, I, 7
le **sable** *sand*, II, 4
le **sac (à dos)** *bag; backpack*, I, 3; **le sac à main** *purse*, II, 3; **le sac de couchage** *sleeping bag*, II, 12
le sachet *small bag*, II, 3
sais: Je n'en sais rien. *I have no idea.* I, 11; **Je ne sais pas quoi faire.** *I don't know what to do.* II, 10; **Je ne sais pas.** *I don't know.* I, 10; **Tu sais ce que...?** *Do you know what…?* II, 9; **Tu sais qui...?** *Do you know who…?* II, 9
la saison *season*, II, 4
la **salade** *salad, lettuce*, I, 8; II, 3
sale *dirty*, II, 8
saler *to salt*, II, 3
la **salle à manger** *dining room*, II, 2; **la salle de bains** *bathroom*, II, 2; la salle de jeux *game room*, II, 2; la salle de lavage *laundry room*, II, 2
le **salon** *living room*, II, 2
saluer *to greet*, II, 8
Salut! *Hi!* or *Goodbye!* I, 1
samedi *Saturday*, I, 2; **le samedi** *on Saturdays*, I, 2
la **sandale** *sandal*, I, 10
le **sandwich** *sandwich*, I, 5; **un sandwich au fromage** *cheese sandwich*, I, 5; **un sandwich au jambon** *ham sandwich*, I, 5; **un sandwich au saucisson** *salami sandwich*, I, 5
le sang *blood*, II, 7
la **santé** *health*, II, 7; **C'est bon pour la santé.** *It's healthy.* II, 7
la sauce *sauce*, II, 7
le **saucisson** *salami*, I, 5; II, 3
sauf *except*, II, 2
saupoudrer *to sprinkle (with)*, II, 3
saute: Ne saute pas... *Don't skip…*, II, 7
sauter *to jump; to skip*, II, 7; **sauter un repas** *to skip a meal*, II, 7
sauver *to save*, II, 5
le savoir *knowledge*, II, 8
savoir *to know*, II, 8
le scénario *scenario*, II, 11
la scène *scene*, II, 2
les **sciences naturelles** (f. pl.) *natural science*, I, 2
la séance *film show*, II, 11
sec (sèche) *dry, dried*, II, 7

la seconde *second,* I, 9; **Une seconde, s'il vous plaît.** *One second, please.* I, 9
la section *section,* II, 2
le séjour *visit, stay,* II, 1
séjourner *to stay*
le sel *salt,* II, 7
selon *according to,* II, 10
la semaine *week,* I, 4; **une fois par semaine** *once a week,* I, 4
semblable *similar,* II, 2
semblant: faire semblant de *to pretend to (do something),* II, 10
sembler *to seem,* II, 11
sens: Je ne me sens pas bien. *I don't feel well.* II, 7
sensass (sensationnel) *fantastic,* I, 10; *sensational,* II, 6
la sensation *sensation,* II, 9
le sentier *path, trail,* II, 12; **suivre les sentiers balisés** *to follow the marked trails,* II, 12
se sentir *to feel,* II, 6
septembre *September,* I, 4; **en septembre** *in September,* I, 4
serré(e) *tight,* I, 10
serrer: serrer la main *to shake hands,* II, 8
le serveur *server (computer),* II, 11
le service *service,* I, 3; **A votre service.** *At your service; You're welcome,* I, 3
servir *to serve,* II, 3
ses *his, her,* I, 7
seul(e) *only (one),* II, 4
seulement *only,* II, 4
le short *(a pair of) shorts,* I, 3
si *yes (to contradict a negative question),* I, 2; *if,* II, 1; **Moi, si. I do.** I, 2; **Si on achetait...?** *How about buying...?* II, 8; **Si on allait...?** *How about going...?* II, 4; **Si on jouait...?** *How about playing...?* II, 8; **Si on visitait...?** *How about visiting...?* II, 8; **Si tu veux, on peut...** *If you like, we can...,* II, 1
le siècle *century,* II, 6
la sieste *nap,* II, 8; **faire la sieste** *to take a nap,* II, 8
la signature *signature,* II, 11
simple *simple,* II, 8
le singe *monkey,* II, 11
sinistre *awful,* II, 6
le sirop de fraise (à l'eau) *water with strawberry syrup,* I, 5
la situation *situation,* II, 5
situé(e) à *situated in,* II, 5
le ski *skiing,* I, 1; **faire du ski** *to ski,* I, 4; **faire du ski nautique** *to water-ski,* I, 4
les skis (m.): **faire une randonnée en skis** *to go cross-country skiing,* II, 12
la sœur *sister,* I, 7
la soif: avoir soif *to be thirsty,* I, 5;

Je n'ai plus soif. *I'm not thirsty anymore.* II, 3; **Si, j'ai très soif!** *Yes, I'm very thirsty.* II, 2; **Vous n'avez pas (Tu n'as pas) soif?** *Aren't you thirsty?* II, 2
le soir *evening; in the evening,* I, 4; **Pas ce soir.** *Not tonight.* I, 7
la soirée *evening,* II, 10
la solution *solution,* II, 10
son *his, her,* I, 7
le sondage *poll,* II, 1
sont: Ce sont... *These/those are...,* I, 7; **Ils/Elles sont...** *They're...,* I, 7; II, 1; **Ils/Elles sont comment?** *What are they like?* I, 7
la sorcière *witch,* II, 8
sorti(e) (pp. of **sortir**) *went out,* I, 9; **Après, je suis sorti(e).** *Afterwards, I went out.* I, 9
la sortie *dismissal,* I, 2; **être privé(e) de sortie** *to be "grounded,"* II, 9
sortir *to go out,* II, 6; **sortir avec les copains** *to go out with friends,* I, 1; **sortir la poubelle** *to take out the trash,* I, 7
le souci *worry,* II, 8; **avoir des soucis** *to have worries,* II, 8
soudain *suddenly,* II, 5
souhaits: A tes souhaits! *Bless you!* II, 7
souligner *to underline,* II, 9
la soupe au pistou *vegetable soup with basil*
le souper *dinner,* II, 12
la source *source of water, spring,* II, 11
sous *under,* II, 4
sous-marin(e): faire de la plongée sous-marine *to scuba dive,* II, 4
soutenir *to support,* II, 10
se souvenir *to remember,* II, 9
souvent *often,* I, 4
spécial(e) *special,* I, 6; **Rien de spécial.** *Nothing special.* I, 6
la spécialité *specialty,* II, 8
le spectacle *show,* II, 6; **assister à un spectacle son et lumière** *to attend a sound and light show,* II, 6
le sport *gym class,* I, 2; *sports,* I, 1; **faire du sport** *to play sports,* I, 1; **Qu'est-ce que tu fais comme sport?** *What sports do you play?* I, 4
les sports d'hiver *winter sports,* II, 7
sportif (sportive) *athletic,* II, 1
le stade *stadium,* I, 6
le statut *status*
le steak-frites *steak and French fries,* I, 5
stressant(e) *stressful,* II, 8
strict(e) *strict,* II, 7
le style *style,* II, 3; **C'est tout à fait

ton style.** *It looks great on you!* I, 10; **Ce n'est pas son style.** *That's not his/her style.* II, 3
le stylo *pen,* I, 3
le sucre *sugar,* I, 8
sucré(e) *sweet,* II, 7
le sud *south,* II, 4; **dans le sud** *in the south,* II, 4; **C'est au sud de...** *It's to the south of...,* II, 12
la sueur *sweat,* II, 7
suggérer *to suggest,* II, 4
la suggestion *suggestion,* II, 3
suis: Désolé(e), je suis occupé(e). *Sorry, I'm busy.* I, 6; **Après, je suis sorti(e).** *Afterwards, I went out.* I, 9; **Je suis bien chez...?** *Is this ...'s house?* I, 9
suite: C'est tout de suite à... *It's right there on the...,* I, 12; **J'y vais tout de suite.** *I'll go right away.* I, 8; **tout de suite** *right away,* I, 6
suivant(e) *following,* II, 1
suivre *to follow,* II, 7; **suivre les sentiers balisés** *to follow the marked trails,* II, 12; **suivre un régime trop strict** *to follow a diet that's too strict.* II, 7
le sujet *subject;* au sujet de *about,* II, 2
super *super* (adj.), I, 2; *really, ultra-* (adv.), II, 9; **Super! Great!** I, 1; **pas super** *not so hot,* I, 2
superbe *great,* II, 6
le supermarché *supermarket,* I, 8
sur *on,* II, 2; **sur la droite/gauche** *on the right/left,* II, 2; sur le vif *live, on the spot,* II, 9
sûr: Bien sûr. *Of course.* II, 10; **Bien sûr. C'est...** *Of course. They are (He/She is) ...,* II, 11
sûrement *certainly,* II, 1; **Sûrement pas!** *Definitely not!* II, 6
surfer le web *to surf the net,* II, 11
surprenant(e) *surprising,* II, 2
la surprise *surprise,* II, 3
sursauter *to jump,* II, 9
surtout *especially,* I, 1
le surveillant *university student who supervises younger students at school,* II, 5
le suspense: Il y a du suspense. *It's suspenseful.* II, 11
le sweat(-shirt) *sweatshirt,* I, 3; II, 1
le symbole *symbol,* II, 7
sympa (abbrev. of **sympathique**) *nice,* I, 7; II, 1
sympathique *nice,* I, 7

ta *your,* I, 7
le tabac *tobacco,* II, 1
le tableau *blackboard,* I, 0
la taille *size,* I, 10; **de taille moyenne** *of medium height,* II, 1
le taille-crayon *pencil sharpener,* I, 3
le tam-tam (inv.) *an African drum,* II, 8
tamisé(e) *subdued,* II, 3
tant *so much,* II, 8
la tante *aunt,* I, 7
le tapis *rug,* II, 2
la tapisserie *tapestry,* II, 2
taquiner *to tease,* II, 8
tard *late,* II, 4
le tarif *admission price,* II, 2
la tarte *pie,* I, 8; **la tarte aux pommes** *apple tart,* II, 3
la tartine *bread, butter, and jam,* II, 3
le tas: J'ai des tas de choses à faire. *I have lots of things to do.* I, 5
la tasse *cup,* II, 3
le taxi *taxi,* I, 12; **en taxi** *by taxi,* I, 12
Tchao! *Bye!* I, 1
la techno *techno,* II, 3
le tee-shirt *T-shirt,* II, 1
la télé(vision) *television, TV,* I, 1; **regarder la télé(vision)** *to watch TV,* I, 1
le téléphone *telephone,* I, 1; **parler au téléphone** *to talk on the phone,* I, 1; **Téléphone-lui-/leur.** *Phone him/her/them.* II, 10
téléphoné (pp. of téléphoner) *called, phoned,* I, 9; **Vous pouvez lui dire que j'ai téléphoné?** *Can you tell him/her that I called?* I, 9
téléphoner à (quelqu'un) *to call (someone),* II, 10; **Téléphone-lui-/leur!** *Call him/her/them!* I, 9
tellement: C'était tellement différent? *Was it really so different?* II, 8; **Pas tellement.** *Not too much.* I, 4
le témoignage *display,* II, 2
le témoin *witness,* II, 9
la tempête *storm,* II, 12
temps *time,* I, 4; *weather,* I, 4; **de temps en temps** *from time to time,* I, 4; **Je regrette, mais je n'ai pas le temps.** *I'm sorry, but I don't have time.* I, 8; **Je suis désolé(e), mais je n'ai pas le temps.** *Sorry, but I don't have time.* I, 12; **Je n'ai pas le temps.** *I don't have time.* II, 10; **Quel temps fait-il?** *What's the weather like?* I, 4

Tenez. *Here you are* (formal, plural). II, 3
le tennis *tennis,* I, 4; **jouer au tennis** *to play tennis,* I, 4
la tentative *attempt,* II, 11
la tente *tent,* II, 12
tenter *to tempt,* II, 4
la tenue *outfit,* II, 1
le terrain de camping *campground,* II, 2
la terrasse *terrace,* II, 2
la terre *Earth,* II, 10
terrible: Pas terrible. *Not so great.* I, 1
tes *your,* I, 7
la tête *head,* II, 7; **J'ai mal à la tête.** *My head hurts.* II, 7; **faire la tête** *to sulk,* II, 9
thaïlandais(e) *Thai* (adj.), II, 1
le thé *tea,* II, 3
le théâtre *theater,* I, 6; II, 2; **faire du théâtre** *to do drama,* I, 4
le thème *theme,* II, 4
le ticket *ticket,* II, 6; **Trois tickets, s'il vous plaît.** *Three (entrance) tickets, please.* II, 6
Tiens. *Here you are* (familiar). II, 3
le timbre *stamp,* I, 12
timide *shy,* I, 7
le tissu *fabric, cloth,* II, 8
le titre *title,* II, 7
toi *you,* I, 1; **Et toi?** *And you?* I, 1
la toile d'araignée *spider web,* II, 12
les toilettes (f.) (**les W.-C.** (m. pl.)) *toilet, restroom,* II, 2
la tomate *tomato,* I, 8
tomber *to fall,* II, 5; **tomber amoureux (-euse) (de quelqu'un)** *to fall in love (with someone),* II, 9; **tomber en panne** *to break down (car),* II, 9
ton *your,* I, 7
tondre *to mow, to cut,* I, 7; **tondre le gazon** *to mow the lawn,* I, 7
le tonus *vigor,* II, 7
torride *very hot,* II, 11
tôt *early,* II, 4
toujours: toujours mal luné(e) *always in a bad mood,* II, 8
la tour *tower,* II, 6
le tour: faire un tour sur la grande roue *to take a ride on the ferris wheel,* II, 6; **faire un tour sur les montagnes russes** *to take a ride on the roller coaster,* II, 6
le touriste (la touriste) *tourist,* II, 6
touristique *with tourist appeal,* II, 2
tourner *to turn,* I, 12; **Puis,**

tournez à gauche dans/sur... *Then, turn left on...,* II, 2; **Vous tournez...** *You turn...,* I, 12
le tournoi de joute *jousting tournament,* II, 6
tout(e) *all,* I, 2; **A tout à l'heure!** *See you later (the same day)!* I, 1; à toute épreuve *solid, unfailing,* II, 10; **Allez (continuez) tout droit.** *Go (keep going) straight ahead.* II, 2; **C'est tout à fait ton style.** *It looks great on you!* I, 10; **C'est tout de suite à...** *It's right there on the...,* I, 12; **Il/Elle ne va pas du tout avec...** *It doesn't go at all with...,* I, 10; **J'ai pensé à tout.** *I've thought of everything.* I, 11; **J'y vais tout de suite.** *I'll go right away.* I, 8; **Oui, tout de suite.** *Yes, right away.* I, 5; **Pas du tout.** *Not at all.* I, 4; II, 10; tout à coup *suddenly,* II, 9; **Tout a été de travers!** *Everything went wrong!* II, 5; **tout de suite** *right away,* I, 5; **Vous allez tout droit jusqu'à...** *You go straight ahead until you get to...,* I, 12
tout le monde *everybody,* II, 9
tragique *tragic,* II, 11
le train *train,* I, 12; **en train** *by train,* I, 12; **être en train de** *to be in the process of (doing something),* II, 9
traînant(e) *trailing,* II, 9
la tranche *slice,* I, 8; **une tranche de** *a slice of,* I, 8
tranquille *peaceful,* II, 8
le travail *work,* II, 8
travailler *to work,* I, 9; **Tu dois mieux travailler en classe.** *You have to work harder in class.* II, 5
les travaux pratiques (m. pl.) *lab,* I, 2
travers: Tout a été de travers! *Everything went wrong!* II, 5
Traversez... *Cross...,* II, 2
le traversin *bolster pillow,* II, 2
très *very,* I, 1; **Ça s'est très bien passé!** *It went really well!* II, 5; **Très bien.** *Very well.* I, 1; **Très heureux (-euse).** *Pleased to meet you.* I, 7
trompes: A mon avis, tu te trompes. *In my opinion, you're mistaken.* II, 9
trop *too (much),* I, 10; **C'est trop cher.** *It's too expensive.* I, 10; II, 3; **Non, pas trop.** *No, not too much.* I, 2
tropical(e) *tropical,* II, 4
la trousse *pencil case,* I, 3; **la trousse de premiers soins**

first-aid kit, II, 12
trouver *to find*, I, 9; **Comment tu trouves...?** *How do you like...?* I, 10; *What do you think of...?* I, 2; **Je le/la/les trouve...** *I think it's/they're...*, I, 10; **Où se trouve...?** *Where is...?* II, 4; **Tu trouves?** *Do you think so?* II, 2
le truc *thing*, I, 5; **Ce n'est pas mon truc.** *It's not my thing.* II, 7; **J'ai des tas de choses (trucs) à faire.** *I have lots of things to do.* I, 12; **J'ai des trucs à faire.** *I have some things to do.* I, 5
tu *you*, I, 0
le tuba: faire de la plongée avec un tuba *to snorkel*, II, 4
tutoyer *to use **tu** when speaking to someone*, II, 2
le type *type*, II, 9

U

un, *a, an*, I, 3
une, *a, an*, I, 3
utile *useful*, II, 9
utiliser *to use*, II, 1

V

va: Ça me va? *Does it suit me?* I, 10; (Comment) ça va? *How's it going?* I, 1; Ça ne te/vous va pas du tout. *That doesn't look good on you.* I, 10; Ça te/vous va très bien. *That suits you really well.* I, 10; Ça va. *Fine.* I, 1; Ça va aller mieux. *It'll get better.* II, 5; Ça va très bien avec... *It goes very well with...,* I, 10; Comment est-ce qu'on y va? *How can we get there?* I, 12; Il/Elle me va? *Does it suit me?* I, 10; Il/Elle ne va pas du tout avec.. *It doesn't go at all with...,* I, 10; Il/Elle te/vous va très bien. *It suits you really well.* I, 10; Il/Elle va très bien avec... *It goes very well with...,* I, 10; Quelque chose ne va pas? *Is something wrong?* II, 7
vachement *really (informal)*, II, 9
les vacances (f. pl.) *vacation*, I, 1; Bonnes vacances! *Have a*

good vacation! I, 11; **Comment se sont passées tes vacances?** *How was your vacation?* II, 5; **en colonie de vacances** *to/at a summer camp*, I, 11; **en vacances** *on vacation*, I, 4
vais: D'abord, je vais... *First, I'm going to...,* II, 1; Je vais... *I'm going...,* I, 6; *I'm going to...,* I, 11; Je vais (en) prendre... *I'll take...,* II, 3; J'y vais tout de suite. *I'll go right away.* I, 8
le vaisseau spatial *spacecraft*, II, 11
la vaisselle *dishes*, I, 7; faire la vaisselle *to do the dishes*, I, 7
la valise *suitcase*, I, 11
varier *to vary*, II, 4
vas: Qu'est-ce que tu vas faire...? *What are you going to do...?* II, 1
le vase *vase*, II, 3
végétarien(ne) *vegetarian*, II, 3
le vélo *bike*, I, 1; à vélo *by bike*, I, 12; faire du vélo *to bike*, I, 4; faire du vélo de montagne *to go mountain-bike riding*, II, 12
vendre *to sell*, I, 10
vendredi *Friday*, I, 2; le vendredi *on Fridays*, I, 2
venir *to come*, II, 6
le vent *wind*, II, 12
venu (past participle of venir) *to come*, II, 7
le ventre *stomach*, II, 7; J'ai mal au ventre *My stomach hurts.* II, 7
le ver *worm*, II, 11
le verbe *verb*, II, 1
véritable *real*, I, 11; C'était un véritable cauchemar! *It was a real nightmare!* I, 11
le verre *glass*, II, 2
vers *around*, I, 6; Vers... *About (a certain time)...,* II, 4
verser *to pour*, II, 3
la version *version*, II, 9
vert(e) *green*, I, 3; II, 1
la veste *suit jacket, blazer*, I, 10
le vêtement *clothing item*, I, 10
veux: Je veux bien. *I'd really like to.* I, 6; Tu veux... avec moi? *Do you want...with me?* I, 6
la viande *meat*, I, 8
la vidéo *video*, I, 4; faire de la vidéo *to make videos*, I, 4; jouer à des jeux vidéo *to play video games*, I, 4
la vidéocassette *videotape*, I, 3
la vie *life*, II, 8; La vie était plus... moins... *Life was more..., less...,* II, 8
viens: Tu viens? *Will you come?* I, 6
vietnamien(ne) *Vietnamese (adj.)*, II, 1
vieux (vieil, vieille) *old*, II, 2; Pauvre vieux/vieille! *You*

poor thing! II, 5
vif: sur le vif *live, on the spot*, II, 9
la vigne *vineyard*
le village de pêcheurs *fishing village*, II, 4
la ville *city*, II, 2
violent(e) *violent*, II, 11; trop violent *too violent*, II, 11
violet(te) *purple*, I, 3
le violon: Accordons nos violons. *Let's come to an understanding.* II, 4
virtuel *virtual*, II, 11
visitait: Si on visitait...? *How about visiting...?* II, 8
la visite: une visite guidée *a guided tour*, II, 6
visiter *to visit (a place)*, I, 9; II, 6
vite: Dis vite! *Let's hear it!* II, 9
le vitrail *stained glass*, II, 2
la vitrine: faire les vitrines *to window-shop*, I, 6
vivant(e) *lively*, II, 4
vivre *to live*, II, 4
le vocabulaire *vocabulary*, II, 2
les vœux (m. pl.) *wishes*, II, 3; Meilleurs vœux! *Best wishes!* II, 3; une carte de vœux *greeting card*, II, 3
Voici... *This is...,* I, 7
Voilà. *Here it is.* II, 3; *Here*, I, 3; Voilà... *There's...,* I, 7
la voile *sailing*, I, 11; faire de la planche à voile *to windsurf*, I, 11; faire de la voile *to go sailing*, I, 11
voir *to see*, I, 6; Qu'est-ce qu'il y a à voir...? *What is there to see...?* II, 12; Tu vas voir que... *You'll see that...,* II, 8; voir un film *to see a movie*, I, 6; aller voir un match *to go see a game*, I, 6; voir une pièce *to see a play*, I, 6
vois: ... tu vois. *...you see.* II, 9
le voisin *neighbor*, II, 11
voit: Ça se voit. *That's obvious.* II, 9
la voiture *car*, I, 7; en voiture *by car*, I, 12; laver la voiture *to wash the car*, I, 7
le vol *flight*, II, 12
la volaille *poultry*, II, 3
le volcan *volcano*, II, 4
volé(e), *stolen*, II, 11
le volet *shutter*, II, 12
le voleur *thief*, II, 8
le volley(-ball) *volleyball*, I, 4; jouer au volley(-ball) *to play volleyball*, I, 4
vos *your*, I, 7
votre *your*, I, 7
voudrais: Je voudrais... *I'd like...,* I, 3; II, 6; Je voudrais acheter... *I'd like to buy...,* I, 3;

Je voudrais bien... *I'd really like to...*, I, 11

vouloir *to want*, I, 6; **J'en veux bien.** *I'd like some.* I, 8; Je n'en veux plus. *I don't want anymore.* I, 8; **Je ne t'en veux pas.** *No hard feelings.* II, 10; **Je veux bien.** *Gladly.* I, 12; *I'd like to.* II, 1; *I'd really like to.* I, 6; **Non, je ne veux pas.** *No, I don't want to.* II, 8; **Oui, je veux bien.** *Yes, I would.* II, 3; **Oui, si tu veux.** *Yes, if you want to.* I, 7; **Si tu veux, on peut...** *If you like, we can...*, II, 1; **Tu ne m'en veux pas?** *No hard feelings?* II, 10; **Tu veux...?** *Do you want...?* I, 6; II, 3; **Vous voulez...?** *Do you want...?* I, 8; II, 3

vous *you*, I, 0

le voyage *trip, voyage*, I, 11; **Bon voyage!** *Have a good trip! (by plane, ship)*, I, 11; II, 3; **Vous avez (Tu as) fait bon voyage?** *Did you have a good trip?* II, 2

voyager *to travel*, I, 1

vrai(e) *true*, I, 2; **C'est pas vrai!** *You're kidding!* II, 6; **C'est vrai?** *Really?* II, 2

vraiment *really*, I, 11; **C'est vraiment bon!** *It's really good!* II, 3; **Il/Elle est vraiment bien, ton/ta...** *Your...is really great.* II, 2 ; **Non, pas vraiment.** *No, not really.* I, 11

vu (pp. of **voir**) *seen*, I, 9

vue *with a view of*, II, 2

les W.-C. (m. pl.) *restroom*, II, 2

le week-end *weekend; on weekends*, I, 4; **ce week-end** *this weekend*, I, 6; **Comment s'est passé ton week-end?** *How was your weekend?* II, 5

le western *western (movie)*, II, 11

y *there*, I, 12; **Allons-y!** *Let's go!* I, 4; **Comment est-ce qu'on y va?** *How can we get there?* I, 12; **Il y avait...** *There was/were...*, II, 8; **Je n'y comprends rien.** *I don't understand anything about it.* II, 5; **J'y vais tout de suite.** *I'll go right away.* I, 8; **On peut y aller...** *We can go there...*, I, 12; **Tu vas t'y faire.** *You'll get used to it.* II, 8

le yaourt *yogurt*, I, 8

les yeux (m. pl.) *eyes*, II, 1

zéro *a waste of time*, I, 2

le zoo *zoo*, I, 6; II, 6

le zouk: danser le zouk *to dance the zouk*, II, 4

Zut! *Darn!* I, 3

In this vocabulary, the English definitions of all active French words in the book have been listed, followed by their French equivalent. The number after each entry refers to the chapter in which the entry is introduced. The roman numeral accompanying each chapter number indicates the level in which the entry is presented. It is important to use a French word in its correct context. The use of a word can be checked easily by referring to the chapter where it appears.

French words and phrases are presented in the same way as in the French-English vocabulary.

a *un, une,* I, 3
able: to be able to *pouvoir,* I, 8
about *vers,* II, 4; **about (a certain time)…** *vers…,* II, 4; **It's about…** *Ça parle de…,* II, 11; **What's it about?** *De quoi ça parle?* II, 11
acceptable: That's not acceptable. *C'est inadmissible.* II, 5
accident *l'accident* (m.), II, 9; **to have an accident** *avoir un accident,* II, 9
across from *en face de,* I, 12; II, 2
action *l'action* (f.), II, 11; **action movie** *un film d'action,* II, 11
adore *adorer,* I, 1; **I adore…,** *J'adore…,* I, 1
adventure *l'aventure* (f.), II, 11; **adventure movie** *un film d'aventures,* II, 11
advise *conseiller,* I, 9; **What do you advise me to do?** *Qu'est-ce que tu me conseilles?* I, 9
aerobics *l'aérobic* (f.), I, 4; **to do aerobics** *faire de l'aérobic,* I, 4; II, 7
African (adj.) *africain(e),* II, 11
after *après,* I, 9; **And after that,…** *Et après ça,…* I, 9; II, 4
afternoon *l'après-midi* (m.), I, 2; **afternoon off** *l'après-midi libre,* I, 2, **in the afternoon** *l'après-midi,* I, 2
afterwards *après,* I, 9; **Afterwards, I went out.** *Après, je suis sorti(e).* I, 9; **And afterwards?** *Et après?* I, 9
again: Don't do it again! *Ne recommence pas!* II, 5
agree *être d'accord,* I, 7; **I don't agree.** *Je ne suis pas d'accord.* I, 7
Agreed. *Entendu.* I, 6
ahead: Go (Keep going) straight ahead. *Allez (Continuez) tout droit.* II, 2
alarm clock *le réveil,* II, 5; **to hear the alarm clock** *entendre le réveil,* II, 5
algebra *l'algèbre* (f.), I, 2
all: All you have to do is… *Tu n'as qu'à…,* II, 7; **Not at all.** *Pas du tout.* I, 4; II, 10; **I hurt all over!** *J'ai mal partout!* II, 7; **all right** *pas mal,* II, 6
allergy *l'allergie* (f.), II, 7; **I have allergies.** *J'ai des allergies.* II, 7
almost *presque,* II, 7; **You're (We're) almost there!** *Tu y es (On y est) presque!* II, 7
already *déjà,* I, 9
also *aussi,* I, 1
am: I am… *Je suis…,* II, 1; **I am… years old.** *J'ai… ans.* I, 1
amazing *incroyable,* II, 5; **It was amazing!** *C'était incroyable!* II, 5
American (adj.) *américain(e),* II, 11
amusement park *le parc d'attractions,* II, 6
an *un, une,* I, 3
and *et,* I, 1
angry *fâché(e),* II, 9
ankle *la cheville,* II, 7; **to sprain one's ankle** *se fouler la cheville,* II, 7
annoyed *énervé(e),* II, 9
annoying *embêtant(e),* I, 7; II, 1
answer *répondre,* I, 9; **There's no answer.** *Ça ne répond pas.* I, 9
any (of it) *en,* I, 8
any more: I don't want any
more. *Je n'en veux plus.* I, 8; **I just can't do any more!** *Je n'en peux plus!* II, 7
anymore *ne… plus,* II, 3; **I'm not hungry/thirsty anymore.** *Je n'ai plus faim/soif.* II, 3
anything *ne… rien,* I, 11; **I didn't forget anything.** *Je n'ai rien oublié.* I, 11
Anyway,… *Bref, …,* II, 9
apologize *s'excuser,* II, 10; **Apologize.** *Excuse-toi.* II, 10
apple *la pomme,* I, 8; **apple juice** *le jus de pomme,* I, 5; **apple tart** *la tarte aux pommes,* II, 3
April *avril,* I, 4
are: These/Those are… *Ce sont…,* I, 7; **They're…** *Ils/Elles sont…,* I, 7
argument: to have an argument (with someone) *se disputer (avec quelqu'un),* II, 9
arm *le bras,* II, 7
armoire *l'armoire* (f.), II, 2
around *vers,* II, 4
arrive *arriver,* II, 5
art class *les arts plastiques* (m. pl.), I, 2
ask *demander,* II, 10; **to ask (someone's) forgiveness** *demander pardon à (quelqu'un),* II, 10; **to ask your parents' permission** *demander la permission à tes parents,* II, 10
at *à,* I, 6; II, 2; **at… fifteen** *à… heure(s) quinze,* I, 2; **at… forty-five** *à… heure(s) quarante-cinq,* I, 2; **at… thirty** *à… heure(s) trente,* I, 2; **at… 's house** *chez…,* I, 6; **At that point,…** *A ce moment-là,…,* II, 9; **at the record store** *chez le disquaire,* I, 12; **At what time?** *A quelle heure?* I, 6

athletic *sportif (sportive)*, II, 1
attend *assister à*, II, 6; **to attend a sound and light show** *assister à un spectacle son et lumière*, II, 6
August *août*, I, 4
aunt *la tante*, I, 7
autobiography *l'autobiographie* (f.), II, 11
avocado *l'avocat* (m.), I, 8
Avoid… *Evitez de…*, II, 7; *Evite de…*, II, 12; **Avoid smoking.** *Evitez de fumer.* II, 7
away: Yes, right away. *Oui, tout de suite.* I, 5
awful *sinistre*, II, 6

back *le dos*, II, 7
back: come back *revenir*, II, 6; **go back (home)** *rentrer*, II, 6
backpack *le sac à dos*, I, 3
bad *mauvais(e)*, I, 9; **It was unbelievably bad!** *C'était incroyable!* II, 5; **not bad** *pas mal*, I, 2; **Oh, not bad.** *Oh, pas mauvais.* I, 9; **Very bad.** *Très mauvais.* I, 9; **What a bad day!** *Quelle journée!* II, 5; **What a bad weekend!** *Quel week-end!* II, 5
bag *le sac*, I, 3; **sleeping bag** *sac de couchage*, 12
baggy *large*, I, 10
bakery *la boulangerie*, I, 12; II, 3
balcony *le balcon*, II, 2
banana *la banane*, I, 8; **banana tree** *le bananier*, II, 4
bank *la banque*, I, 12
baseball *le base-ball*, I, 4; **to play baseball** *jouer au base-ball*, I, 4
basketball *le basket(-ball)*, I, 4; **to play basketball** *jouer au basket (-ball)*, I, 4
basket *le panier*, II, 8
bathing suit *le maillot de bain*, I, 10
bathroom *la salle de bains*, II, 2
be *être*, I, 7
be able to, can *pouvoir*, I, 8; **Can you…?** *Est-ce que tu peux…?* I, 12; **I can't.** *Je ne peux pas.* II, 7
to be in the process of (doing something) *être en train de (+ infinitive)*, II, 9
beach *la plage*, I, 1
beans *les haricots* (m.), I, 8; **green beans** *les haricots verts*, I, 8

bear *l'ours* (m.), II, 12
beautiful *beau (belle) (bel)*, II, 2; *magnifique*, II, 6
because *parce que*, I, 5
become *devenir*, II, 6
bed *le lit*, II, 2; **to go to bed** *se coucher*, II, 4
bedroom *la chambre*, II, 2
beef *le bœuf*, I, 8
begin *commencer*, I, 9
behind *derrière*, I, 12
belt *la ceinture*, I, 10
best: Best wishes! *Meilleurs vœux!* II, 3; **Make the best of it.** *Fais-toi une raison.* II, 8
bet *parier*, II, 9; **I bet that…** *Je parie que…*, II, 9
better *mieux*, II, 5; *meilleur(e)*, II, 7; **It'll get better.** *Ça va aller mieux.* II, 5; **It's better than…** *C'est meilleur que…*, II, 7; **It's going to get better!** *Ça va aller mieux!* I, 9; **You have work harder in class.** *Il faut mieux travailler en classe.* II, 5
between *entre*, I, 12
big *grand(e)*, I, 10; II, 1
bigger *plus grand(e)*, II, 4; **bigger than…** *plus grand(e) que…*, II, 4
bike *le vélo; faire du vélo*, I, 4; **by bike** *à vélo*, I, 12
biking *le vélo*, I, 1
binder: loose-leaf binder *le classeur*, I, 3
biography *la biographie*, II, 11
biology *la biologie*, I, 2
birthday *l'anniversaire* (m.), II, 3; **Happy birthday!** *Joyeux (Bon) anniversaire!* II, 3
black *noir(e)*, I, 3; **black hair** *les cheveux noirs*, II, 1
blackboard *le tableau*, I, 0; **Go to the blackboard!** *Allez au tableau!* I, 0
blazer *la veste*, I, 10
bless: Bless you! *A tes souhaits!* II, 7
blond *blond(e)*, I, 7; **blond hair** *les cheveux blonds*, II, 1
blue *bleu(e)*, I, 3
blues (music) *le blues*, II, 11
boat *le bateau*, I, 12; **by boat** *en bateau*, I, 12
book *le livre*, I, 0
bookstore *la librairie*, I, 12
boots *les bottes* (f.), I, 10
bored *ennuyé(e)*, II, 6; **I was bored.** *Je me suis ennuyé(e).* II, 6; **You're never bored.** *On ne s'ennuie pas.* II, 11
boring *barbant(e)*, I, 2; *ennuyeux (-euse)*, II, 6; **It was boring.** *C'était ennuyeux.* I, 5; *C'était barbant!* I, 12
born: to be born *naître*, II, 6

borrow *emprunter*, I, 12
bother *ennuyer*, II, 8; **What bothers me is…** *Ce qui m'ennuie, c'est (de)…*, II, 4
bottle *la bouteille*, I, 8; **a bottle of** *une bouteille de*, I, 8
box: a box/package of *un paquet de*, I, 8
boy *le garçon*, I, 0
bracelet *le bracelet*, I, 3
bread *le pain*, I, 8; II, 3; **long, thin loaf of bread** *la baguette*, I, 12
break *la récréation*, I, 2; **to break down (car)** *tomber en panne*, II, 9; **to break up (with someone)** *casser (avec quelqu'un)*, II, 9; **to break one's (leg)** *se casser (la jambe)*, II, 7
breakfast *le petit déjeuner*, I, 8
bring *apporter*, I, 9; **Bring me back…** *Rapporte-moi…*, I, 8; **Please bring me…** *Apportez-moi…, s'il vous plaît.* I, 5; **to bring (with you)** *emporter*, II, 12; **Will you bring me…?** *Tu me rapportes…?* I, 8
brother *le frère*, I, 7
brown *marron* (inv.), I, 3; **brown hair** *les cheveux châtain*, II, 1; **dark brown hair** *les cheveux bruns*, II, 1
brunette *brun(e)*, I, 7
brush: to brush one's teeth *se brosser les dents*, II, 4
bus *le bus*, I, 12; *le car* (intercity), II, 6; **by bus** *en bus*, I, 12; **to miss the bus** *rater le bus*, II, 5
busy *occupé(e)*, I, 6; **I'm very busy.** *Je suis très occupé(e).* II, 10; **It's busy.** *C'est occupé.* I, 9; **Sorry, I'm busy.** *Désolé(e), je suis occupé(e).* I, 6
but *mais*, I, 1
butcher shop *la boucherie*, II, 3
butter *le beurre*, I, 8; II, 3
buy *acheter*, I, 9; **Buy (me)…** *Achète(-moi)…*, I, 8; **How about buying…?** *Si on achetait…?* II, 8
by: By the way,… *A propos,…*, II, 9
Bye! *Tchao!* I, 1

cafeteria *la cantine*, I, 9; **at the school cafeteria** *à la cantine*, I, 9
cake *le gâteau*, I, 8
calculator *la calculatrice*, I, 3

call (someone) *téléphoner à (quelqu'un)*, II, 10; **Call him/her/them!** *Téléphone-lui/-leur!* I, 9; **Can you call back later?** *Vous pouvez rappeler plus tard?* I, 9; **Then I called…** *Ensuite, j'ai téléphoné à…,* I, 9; **Who's calling?** *Qui est à l'appareil?* I, 9

calm *calme,* II, 8

camera *l'appareil-photo* (m.), I, 11; II, 1

camp: to/at a summer camp *en colonie de vacances,* I, 11

campground *le terrain de camping,* II, 2

camping *le camping,* I, 11; **to go camping** *faire du camping,* I, 11

can (to be able to) *pouvoir,* I, 8; **Can you do the shopping?** *Tu peux aller faire les courses?* I, 8; **Can I try on…?** *Je peux essayer…?* I, 10; **Can you…?** *Est-ce que tu peux…?* I, 12; *Tu peux…,* I, 8; **Can I talk to you?** *Je peux te parler?* II, 10; **If you like, we can…** *Si tu veux, on peut…,* II, 1; **We can…** *On peut…,* II, 4; **What can I do?** *Qu'est-ce que je peux faire?* II, 10; **What can we do?** *Qu'est-ce qu'on peut faire?* II, 4

can *la boîte,* I, 8; **a can of** *une boîte de,* I, 8

Canadian (adj.) *canadien(ne),* II, 11

canary *le canari,* I, 7

candy *le bonbon,* II, 3

candy shop *la confiserie,* II, 3

canoe: to go canoeing *faire du canotage* (Canada), II, 12

can't: I can't. *Je ne peux pas.* II, 1; **I can't right now.** *Je ne peux pas maintenant.* I, 8; **No, I can't.** *Non, je ne peux pas.* I, 12

cap *la casquette,* I, 10

capital *la capitale,* II, 4

car *la voiture,* I, 7; **by car** *en voiture,* I, 12; **to wash the car** *laver la voiture,* I, 7

cards *les cartes* (f.), I, 4; **to play cards** *jouer aux cartes,* I, 4

care: What I don't care for is… *Ce qui ne me plaît pas, c'est (de)…,* II, 4

carrot *la carotte,* I, 8

cassette tape *la cassette,* I, 3

cat *le chat,* I, 7

cathedral *la cathédrale,* II, 2

CD (compact disc) *le disque compact/le CD,* I, 3

cereal *les céréales* (f. pl.), II, 3

Certainly. *Bien sûr.* I, 9

chair *la chaise,* I, 0

charming *charmant(e),* II, 4

check *l'addition* (f.), I, 5; **The check, please.** *L'addition, s'il vous plaît.* I, 5; **traveler's check** *le chèque de voyage,* II, 1

cheese *le fromage,* I, 5, II, 3; **toasted ham and cheese sandwich** *le croque-monsieur,* I, 5

chemistry *la chimie,* I, 2

chest: chest of drawers *la commode,* II, 2

chic *chic,* I, 10

chicken *le poulet,* II, 3; **chicken meat** *le poulet,* I, 8; **live chickens** *les poules* (f.), I, 8

child *l'enfant* (m./f.), I, 7

chocolate *le chocolat,* I, 1; **box of chocolates** *la boîte de chocolats,* II, 3

choir *la chorale,* I, 2

choose *choisir,* I, 10; **to choose the date** *fixer la date,* II, 10; **to choose the music** *choisir la musique,* II, 10

Christmas *Noël,* II, 3; **Merry Christmas!** *Joyeux Noël!* II, 3

church *l'église* (f.), II, 2

class *le cours,* I, 2; **What classes do you have…?** *Tu as quels cours…?* I, 2

classic (novel) *un (roman) classique,* II, 11; **classic movie** *un film classique,* II, 11

classical *classique,* II, 11; **classical music** *la musique classique,* II, 11

clean *propre,* II, 8; **to clean house** *faire le ménage,* I, 7

clear the table *débarrasser la table,* I, 7

clock: to hear the alarm clock *entendre le réveil,* II, 5

close *fermer,* I, 0; **Close the door!** *Fermez la porte!* I, 0; **At what time do you close?** *A quelle heure est-ce que vous fermez?* II, 6

close to *près de,* I, 12

cloth *le tissu,* II, 8

clothing *les vêtements* (m.), I, 10

coast *le bord de la mer,* I, 11; **to/at the coast** *au bord de la mer,* I, 11

coat *le manteau,* I, 10

coconut *la noix de coco,* I, 8; **coconut tree** *le cocotier,* II, 4

coffee *le café,* I, 5

cola *le coca,* I, 5

cold *le rhume,* II, 7; **I've got a cold.** *J'ai un rhume.* II, 7; **It's cold.** *Il fait froid.*

color *la couleur,* I, 3; **What color is…?** *De quelle couleur est…?* I, 3

colorful *coloré(e),* II, 4

come *venir,* II, 6; **Come on!** *Allez!* II, 7; **Will you come?** *Tu viens?* I, 6

come back *revenir,* II, 6

comedy (film) *le film comique,* II, 11

comic book *la bande dessinée (la B. D.),* II, 11

compact disc/CD *le disque compact/le CD,* I, 3

compass *la boussole,* II, 12

computer *l'ordinateur* (m.), I, 3

computer science *l'informatique* (f.), I, 2

concert *le concert,* I, 1

Congratulations! *Félicitations!* II, 3

continue *continuer,* I, 12

cool *cool,* I, 2; **very cool** *chouette,* II, 2; **Your… is cool.** *Il/Elle est cool, ton/ta…,* II, 2; **It's cool (outside).** *Il fait frais.* I, 4

corn *le maïs,* I, 8

corner *le coin,* I, 12; **on the corner of** *au coin de,* I, 12

cotton *le coton,* I, 10; **in cotton** *en coton,* I, 10

could: Could you…? *Tu pourrais…?* II, 10; **Could you do me a favor?** *(Est-ce que) tu pourrais me rendre un petit service?* I, 12; **Could you go by…?** *Tu pourrais passer à…?* I, 12; **I could have…** *J'aurais pu…,* II, 10; **We could…** *On pourrait…,* II, 1; **You could give him/her (them)…** *Tu pourrais lui (leur) offrir…,* II, 3; **You could have…** *Tu aurais pu…,* II, 10

country (music) *le country,* II, 11

countryside *la campagne,* I, 11; **to/at the countryside** *à la campagne,* I, 11

course *le cours,* I, 2; **first course of a meal** *l'entrée* (f.), II, 3; **main course of a meal** *le plat principal,* II, 3; **Of course.** *Bien sûr.* I, 3; **Of course not.** *Bien sûr que non.* II, 10

cousin *le cousin (la cousine),* I, 7

cream puff pastry *la religieuse,* II, 3

croissant *le croissant,* II, 3; **croissant with a chocolate filling** *le pain au chocolat,* II, 3

cross *traverser,* II, 2; **Cross…** *Traversez…,* II, 2

cross-country: to go cross-country skiing *faire une randonnée en skis,* II, 12

cut: to cut one's finger *se couper le doigt,* II, 7

cute *mignon(ne),* I, 7; II, 1; *gentillet(te),* II, 11; **cute (but that's all)** *gentillet, sans plus,* II, 11

dairy *la crémerie*, II, 3; **dairy products** *les produits laitiers* (m. pl.), I, 8
dance *danser* (v.), I, 1; *la danse* (n.), I, 2; **to dance the zouk** *danser le zouk*, II, 4
dangerous *dangereux (-euse)*, II, 8
Darn! *Zut!* I, 3
date *le rendez-vous*, II, 9; **to have (make) a date/an appointment (with someone)** *avoir (prendre) rendez-vous (avec quelqu'un)*, II, 9
daughter *la fille*, I, 7
day *le jour*, I, 2; **I had a terrible day!** *J'ai passé une journée épouvantable!* II, 5; **It's just not my day!** *C'est pas mon jour!* II, 5; **What a bad day!** *Quelle journée!* II, 5
deadly dull *mortel(le)*, II, 6
December *décembre*, I, 4; **in December** *en décembre*, I, 4
decided *décidé(e)*, I, 10; **Have you decided to take…?** *Vous avez décidé de prendre…?* I, 10; **Have you decided?** *Vous avez choisi?* I, 5
deface *mutiler*, II, 12; **to deface the trees** *mutiler les arbres*, II, 12
Definitely not! *Sûrement pas!* II, 6
delicatessen *la charcuterie*, II, 3
delicious *délicieux (-euse)*, I, 5; **That was delicious!** *C'était délicieux!* II, 3
denim *le jean*, I, 10; **in denim** *en jean*, I, 10
deposit *déposer*, I, 12; **to deposit money** *déposer de l'argent*, I, 12
depressed *déprimé(e)*, II, 9
depressing *déprimant(e)*, II, 11
desk *le bureau*, II, 2
dessert *le dessert*, II, 3
detective or mystery movie *le film policier*, II, 11; **detective or mystery novel** *le roman policier (le polar)*, II, 11
detention: to have detention *être collé(e)*, II, 5
dictionary *le dictionnaire*, I, 3
die *mourir*, II, 6
diet *le régime*, II, 7; **follow a diet that's too strict.** *suivre un régime trop strict*, II, 7
different *différent(e)*, II, 8; **Was it really so different?** *C'était tellement différent?* II, 8
dining room *la salle à manger*, II, 2
dinner *le dîner*, I, 8; **to have**

dinner *dîner*, I, 9
dirty *sale*, II, 8
dishes *la vaisselle*, I, 7; **to do the dishes** *faire la vaisselle*, I, 7
dismissal (when school gets out) *la sortie*, I, 2
do *faire*, I, 4; **All you have to do is…** *Tu n'as qu'à…*, II, 7; **Do you play/do…?** *Est-ce que tu fais…?* I, 4; **Don't do it again.** *Ne recommence pas.* II, 5; **I do.** *Moi, si.* I, 2; **I don't know what to do.** *Je ne sais pas quoi faire.* II, 10; **I don't play/do…** *Je ne fais pas de…*, I, 4; **I have errands to do.** *J'ai des courses à faire.* I, 5; **I just can't do any more!** *Je n'en peux plus!* II, 7; **I play/do…** *Je fais…*, I, 4; **In your opinion, what do I do?** *A ton avis, qu'est-ce que je fais?* I, 9; **It'll do you good.** *Ça te fera du bien.* II, 7; **Sorry. I have homework to do.** *Désolé(e). J'ai des devoirs à faire.* I, 5; **to do homework** *faire les devoirs*, I, 7; **to do the dishes** *faire la vaisselle*, I, 7; **What are you going to do…?** *Qu'est-ce que tu vas faire…?* I, 6, II, 1; **What are you going to do…?** *Tu vas faire quoi…?* I, 6; **What can I do?** *Qu'est-ce que je peux faire?* I, 9; **What can we do?** *Qu'est-ce qu'on peut faire?* II, 4; **What did you do…?** *Qu'est-ce que tu as fait…?* I, 9; **What do you advise me to do?** *Qu'est-ce que tu me conseilles?* I, 9; **What do you do…?** *Qu'est-ce que tu fais…?* I, 4; **What do you do when…?** *Qu'est-ce que tu fais quand…?* I, 4; **What do you like to do?** *Qu'est-ce que tu aimes faire?* II, 1; **What should we do?** *Qu'est-ce qu'on fait?* II, 1
dog *le chien*, I, 7; **to walk the dog** *promener le chien*, I, 7
done, made *fait* (pp. of faire), I, 9
door *la porte*, I, 0
down: go down *descendre*, II, 6; **You go down this street to the next light.** *Vous continuez jusqu'au prochain feu rouge.* I, 12
dozen *la douzaine*, I, 8; **a dozen** *une douzaine de*, I, 8
drama: to do drama *faire du théâtre*, I, 4
dress *la robe*, I, 10
dressed: to get dressed *s'habiller*, II, 4
drink *boire*, I, 5; **What do you have to drink?** *Qu'est-ce que vous avez comme boissons?* I, 5;

What is there to drink? *Qu'est-ce qu'il y a à boire?* I, 5
drive *conduire*, II, 8; **to drive a car** *conduire une voiture*, II, 8
drugstore *la pharmacie*, I, 12
drum (from Africa) *le tam-tam*, II, 8
duck *le canard*, II, 12
dud: It's a dud. *C'est un navet.* II, 11
dull: deadly dull *mortel(le)*, II, 6
dying: I'm dying of hunger! *Je crève de faim!* II, 12; **I'm dying of thirst!** *Je meurs de soif!* II, 12

ear *l'oreille* (f.), II, 7; **My ear hurts.** *J'ai mal à l'oreille.* II, 7
early *tôt*, II, 4
earn *gagner*, I, 9
earrings *les boucles d'oreilles* (f.), I, 10
earth-shattering: It's not earth-shattering. *Ça casse pas des briques.* II, 11
east *l'est*, II, 4; **in the east** *dans l'est*, II, 4; **It's to the east of…** *C'est à l'est de…*, II, 12
easy *facile*, I, 2
eat *manger*, I, 6; II, 7; **to eat too much sugar** *consommer trop de sucre*, II, 7; **someone who loves to eat** *gourmand(e)*, II, 1; **to eat well** *bien se nourrir*, II, 7
egg *l'œuf* (m.), I, 8; II, 3
embarrassed *gêné(e)*, II, 9
English (language) *l'anglais* (m.), I, 1
enjoy *déguster*, II, 4
enter *entrer*, II, 6
entrance *l'entrée* (f.), II, 6; **How much is the entrance fee?** *C'est combien, l'entrée?* II, 6
envelope *l'enveloppe* (f.), I, 12
eraser *la gomme*, I, 3
errands *les courses* (f. pl.), I, 7; **I have errands to do.** *J'ai des courses à faire.* I, 5
especially *surtout*, I, 1
euro *l'euro* (m.), I, 5; II, 3
evening *le soir*, I, 2; **in the evening** *le soir*, I, 2
everyone: Everyone should… *On doit…*, II, 7
everything *tout*, I, 11; **Everything went wrong!** *Tout a été de travers!* II, 5; **I've thought of everything.** *J'ai pensé à tout.* I, 11
exam *l'examen* (m.), I, 1

excellent *excellent(e)*, I, 5; II, 2; **Yes, excellent.** *Oui, excellent.* I, 9

exciting *passionnant(e)*, II, 11; **It's an exciting story.** *C'est une histoire passionnante.* II, 11

excuse: Excuse me. *Excusez-moi.* I, 3; **Excuse me,…, please?** *Pardon,…, s'il vous plaît?* I, 12; **Excuse me, ma'am,…, please?** *Pardon, madame,… s'il vous plaît?* I, 12; **Excuse me, miss. Where is…, please?** *Pardon, mademoiselle. Où est…, s'il vous plaît?* I, 12; **Excuse me, sir. I'm looking for…** *Pardon, monsieur. Je cherche…,* I, 12

exercise *faire de l'exercice*, II, 7

exhausted *crevé(e)*, II, 2; **Yes, I'm exhausted.** *Si, je suis crevé(e).* II, 2

expensive *cher (chère)*, II, 3; **It's too expensive.** *C'est trop cher.* II, 3

explain *expliquer*, II, 10; **Explain to him/her/them.** *Explique-lui/-leur.* II, 10; **to explain what happened (to someone)** *expliquer ce qui s'est passé (à quelqu'un)*, II, 10

eye *l'œil* (m.), II, 1; **eyes** *les yeux* (m. pl.), II, 1

fabric *le tissu*, II, 8

fail *rater*, I, 9; **to fail a test** *rater un examen*, I, 9; **to fail a quiz** *rater une interro*, I, 9

fall *l'automne* (m.), I, 4; **in the fall** *en automne*, I, 4

fall *tomber*, II, 5, **to fall in love (with someone)** *tomber amoureux(-euse) (de quelqu'un)*, II, 9

familiar: Are you familiar with…? *Tu connais…?* II, 11; **I'm not familiar with them (him/her).** *Je ne connais pas.* II, 11

family *la famille*, I, 7

fantastic *sensass (sensationnel)*, I, 10; II, 6

far from *loin de*, I, 12

fascinating *passionnant(e)*, I, 2

fat *gros(se)* (adj.), I, 7; *les matières grasses* (f. pl.), II, 7

father *le père*, I, 7

fault *la faute*, II, 10; **It's my fault.** *C'est de ma faute.* II, 10

favor *le petit service*, I, 12; **Could you do me a favor?**

(Est-ce que) tu pourrais me rendre un petit service? I, 12

favorite *préféré(e)*, II, 1; **What is your favorite…?** *Quel(le) est ton/ta… préféré(e)?* II, 1; **Who is your favorite…?** *Qui est ton/ta… préféré(e)?* II, 1

February *février*, I, 4; **in February** *en février*, I, 4

fee: How much is the entrance fee? *C'est combien, l'entrée?* II, 6

feed *donner à manger*, II, 6; *nourrir*, II, 12; **to feed the animals** *donner à manger aux animaux*, II, 6; *nourrir les animaux*, II, 12

feel *se sentir*, II, 7; **Do you feel like…?** *Tu as envie de…?* II, 1; **I don't feel well.** *Je ne me sens pas bien.* II, 7; **I feel like…** *J'ai envie de…,* I, 11; **No, I don't feel like it.** *Non, je n'ai pas très envie.* II, 7

feelings: No hard feelings. *Je ne t'en veux pas.* II, 10; **No hard feelings?** *Tu ne m'en veux pas?* II, 10

ferris wheel *la grande roue*, II, 6

fever: I have a fever. *J'ai de la fièvre.* II, 7

film *le film*, II, 11; **What films are playing?** *Qu'est-ce qu'on joue comme films?* II, 11

Finally,… *Enfin,… ,* I, 9; II, 1; *Finalement…,* I, 9; II, 4

find *trouver*, I, 9

Fine. *Ça va.* I, 1; **Yes, it was fine.** *Oui, ça a été.* I, 9

first *d'abord*, I, 7, II, 1; **OK, if you… first.** *D'accord, si tu… d'abord.* I, 7

first-aid kit *la trousse de premiers soins*, II, 12

fish *le poisson*, I, 7; II, 3

fish shop *la poissonnerie*, II, 3

fishing *la pêche*, II, 4; **to go fishing** *aller à la pêche*, II, 4; **fishing pole** *la canne à pêche*, II, 12; **fishing village** *le village de pêcheurs*, II, 4

flashlight *la lampe de poche*, II, 12

floor (of a building) *l'étage* (m.), II, 2; **first (ground) floor** *le rez-de-chaussée*, II, 2; **second floor** *le premier étage*, II, 2

florist's shop *le fleuriste*, II, 3

flour *la farine*, I, 8

flower *la fleur*, II, 3

flu *la grippe*, II, 7; **I've got the flu.** *J'ai la grippe.* II, 7

folk (music) *le folk*, II, 11

follow *suivre*, II, 7; **to follow a diet that's too strict** *suivre un régime trop strict*, II, 7; **to follow the marked trails**

suivre les sentiers balisés, II, 12

foot *le pied*, II, 7; **on foot** *à pied*, I, 12; **My foot hurts.** *J'ai mal au pied.* II, 7

football *le football américain*, II, 4; **to play football** *jouer au football américain*, I, 4

for *pour*, I, 3; **It's good for you.** *C'est bon pour toi.* II, 7; **What do you need for…?** (informal) *Qu'est-ce qu'il te faut pour…?* I, 3

forest *la forêt*, I, 11; **to the forest** *en forêt*, I, 11

forget *oublier*, I, 9; **Don't forget.** *N'oublie pas.* I, 8; II, 1; **Forget him/her/them!** *Oublie-le/-la/-les!* I, 9; II, 10; **I didn't forget anything.** *Je n'ai rien oublié.* I, 11; **You didn't forget your…?** *Tu n'as pas oublié ton/ta/tes…?* I, 11

forgive *excuser*, II, 10; *pardonner*, II, 10; **Forgive me.** *Excuse-moi.* II, 10; **to forgive (someone)** *pardonner à (quelqu'un)*, II, 10

forgiveness *le pardon*, II, 10; **to ask (someone's) forgiveness** *demander pardon à (quelqu'un)*, II, 10

Fortunately,… *Heureusement,… ,* II, 9

fox *le renard*, II, 12

frame: photo frame *le cadre*, II, 3

franc (the former French monetary unit) *le franc*, I, 3

French (language) *le français*, I, 1; **French fries** *les frites* (f. pl.), I, 1

Friday *vendredi*, I, 2; **on Fridays** *le vendredi*, I, 2

friend *l'ami(e)*, I, 1; **to go out with friends** *sortir avec les copains*, I, 1

from *de*, I, 0; **From platform…** *Du quai…,* II, 6

front: in front of *devant*, I, 6

fun *amusant(e)*, II, 8 **to have fun** *s'amuser*, II, 4; **Did you have fun?** *Tu t'es amusé(e)?* I, 11; II, 6; **Have fun!** *Amuse-toi bien!* I, 11; **I had a lot of fun.** *Je me suis beaucoup amusé(e).* II, 6; **What do you do to have fun?** *Qu'est-ce que tu fais pour t'amuser?* I, 4

funny *amusant(e)*, I, 7, II, 1; **It's funny.** *C'est drôle (amusant).* II, 11

furious *furieux (-euse)*, II, 9

G

gain *gagner;* **to gain weight** *grossir,* I, 10
game *le match,* I, 6; **to watch a game (on TV)** *regarder un match,* I, 6; **to go see a game** *aller voir un match,* I, 6
geography *la géographie,* I, 2
geometry *la géométrie,* I, 2
German (language) *l'allemand* (m.), I, 2
get: Get… *Prends…,* I, 8; **to get up** *se lever,* II, 4; **You'll get used to it.** *Tu vas t'y faire.* II, 8; **Get well soon!** *Bon rétablissement!* II, 3; **How can we get there?** *Comment est-ce qu'on y va?* I, 12; **It'll get better.** *Ça va aller mieux.* II, 5; **to get a bad grade** *avoir une mauvaise note,* II, 5; **to get lost** *se perdre,* II, 9; **to get ready** *faire les préparatifs,* II, 10
gift *le cadeau,* I, 11; **gift shop** *la boutique de cadeaux,* II, 3; **Have you got a gift idea for…?** *Tu as une idée de cadeau pour…?* II, 3
girl *la fille,* I, 0
give *donner,* I, 5; *offrir (à quelqu'un),* II, 10; **Give him/her (them)…** *Offre-lui (-leur)…,* II, 3; **Please give me…** *Donnez-moi…, s'il vous plaît.* I, 5; **What could I give to…?** *Qu'est-ce que je pourrais offrir à…?* II, 3; **You could give him/her (them)…** *Tu pourrais lui (leur) offrir…,* II, 3; **I'm giving up.** *J'abandonne.* II, 7
Gladly. *Je veux bien.* I, 8
glove *le gant,* II, 1
go *aller,* I, 6; **Could you go by…?** *Tu pourrais passer à…?* I, 12; **Did it go well?** *Ça s'est bien passé?* I, 11; **First, I'm going to…** *D'abord, je vais…,* II, 1; **Go straight ahead.** *Allez tout droit.* II, 2; **Go to the blackboard!** *Allez au tableau!* I, 0; **How about going…?** *Si on allait…?* II, 4; **How did it go?** *Comment ça s'est passé?* II, 5; **How's it going?** *(Comment) ça va?* I, 1; **I'd like… to go with…** *J'aimerais… pour aller avec…,* I, 10; **I'm going…** *Je vais…,* I, 6; **I'm going to…** *Je vais…,* I, 11; **I'm going to have…, please.** *Je vais prendre…, s'il vous plaît.* I, 5; **It doesn't go at all with…** *Il/Elle ne va pas du tout avec…,* I, 10; **It goes very well with…** *Ça va très bien avec…,* I, 10; **Let's go…** *Allons…,* I, 6; **to go back (home)** *rentrer,* II, 6; **to go down** *descendre,* II, 6; **to go for a walk** *faire une promenade,* I, 6; *se promener,* II, 4; **to go out** *sortir,* II, 6; **to go out with friends** *sortir avec les copains,* I, 1; **to go up** *monter,* II, 6; **We can go there…** *On peut y aller…,* I, 12; **What are you going to do…?** *Qu'est-ce que tu vas faire…?* I, 6; II, 1; *Tu vas faire quoi…?* I, 6; **What do you think about going…?** *Ça te dit d'aller…?* II, 4; **Where are you going to go…?** *Où est-ce que tu vas aller…?* I, 11; **Where did you go?** *Tu es allé(e) où?* I, 9; **You're going to like it here.** *Tu vas te plaire ici.* II, 8; **You keep going until the next light.** *Vous continuez jusqu'au prochain feu rouge.* I, 12
golf *le golf,* I, 4; **to play golf** *jouer au golf,* I, 4
good *bon(ne),* I, 5; **Did you have a good…?** *Tu as passé un bon…?* I, 11; **Did you have a good trip?** *Vous avez (Tu as) fait bon voyage?* II, 2; **Good idea!** *Bonne idée!* II, 3, 7; **Have a good trip! (by car)** *Bonne route!* II, 3; **(by plane ship)** *Bon voyage!* I, 11; **It doesn't look good on you at all.** *Il/Elle ne te/vous va pas du tout.* I, 10; **It'll do you good.** *Ça te fera du bien.* II, 7; **It's good for you.** *C'est bon pour toi.* II, 7; **It's really good!** *C'est vraiment bon!* II, 3; **not very good** *pas bon,* I, 5; **pretty good** *pas mauvais,* I, 5; **That's a good idea.** *C'est une bonne idée.* II, 1; **Yes, very good.** *Oui, très bon.* I, 9
Goodbye! *Au revoir!, Salut!* I, 1
goof off *faire le clown,* II, 5; **You can't be goofing off in class!** *Tu ne dois pas faire le clown en classe!* II, 5
got: No, you've got to… *Non, tu dois…,* I, 7
grade *la note,* II, 5; **to get a bad grade** *avoir une mauvaise note,* II, 5
grandfather *le grand-père,* I, 7
grandmother *la grand-mère,* I, 7
grapes *le raisin,* I, 8
great *génial(e),* I, 2; II, 2; *superbe,* II, 6; **Great!** *Super!* I, 1; **It looks great on you!** *C'est tout à fait ton style!* I, 10; **It was great!** *C'était formidable!* I, 11; **Not so great.** *Pas terrible.* I, 1; **What a great day!** *Quelle journée formidable!* II, 5; **What a great weekend!** *Quel week-end formidable!* II, 5; **Your… is really great.** *Il/Elle est vraiment bien, ton/ta…,* II, 2
green *vert(e),* I, 3; **green beans** *les haricots verts* (m.), I, 8
grey *gris(e),* I, 3
grocery store *l'épicerie* (f.), I, 12
gross *dégoûtant(e),* I, 5
grounded: to be "grounded" *être privé(e) de sortie,* II, 9
group *le groupe,* II, 11
grow up *grandir,* I, 10
guava *la goyave,* I, 8
guess *deviner,* II, 9; **Guess what…** *Devine ce que…,* II, 9; **Guess who…** *Devine qui…,* II, 9; **You'll never guess what happened.** *Tu ne devineras jamais ce qui s'est passé.* II, 9
guided *guidé(e),* II, 6; **to take a guided tour** *faire une visite guidée,* II, 6
gym *le sport,* I, 2
gymnastics *la gymnastique,* II, 7; **to do gymnastics** *faire de la gymnastique,* II, 7

H

hair *les cheveux* (m. pl.), II, 1; **black hair** *les cheveux noirs,* II, 1; **blond hair** *les cheveux blonds,* II, 1; **brown hair** *les cheveux châtain,* II, 1; **dark brown hair** *les cheveux bruns,* II, 1; **long hair** *les cheveux longs,* II, 1; **red hair** *les cheveux roux,* II, 1; **short hair** *les cheveux courts,* II, 1
half *demi(e),* I, 6; **half past** *et demie,* I, 6; **(after midi and minuit)** *et demi,* I, 6
ham *le jambon,* I, 5; **toasted ham and cheese sandwich** *le croque-monsieur,* I, 5
hamburger *le hamburger,* I, 1
hand *la main,* I, 0
handsome (beautiful) *beau (belle) (bel),* II, 1
hang glide *faire du deltaplane,* II, 4
hang: Hang in there! *Courage!* II, 5
Hanukkah *le Hanoukkah,* II, 3; **Happy Hanukkah!** *Bonne fête de Hanoukkah!* II, 3
happen *se passer,* I, 9; **What**

happened? *Qu'est-ce qui s'est passé?* I, 9; **to explain what happened (to someone)** *expliquer ce qui s'est passé (à quelqu'un)*, II, 10; **You'll never guess what happened.** *Tu ne devineras jamais ce qui s'est passé.* II, 9

happy *content(e)*, I, 7; *joyeux (-euse)*, II, 3; **Happy birthday!** *Joyeux (Bon) anniversaire!* II, 3; **Happy Hanukkah!** *Bonne fête de Hanoukkah!* II, 3; **Happy holiday! (Happy saint's day!)** *Bonne fête!* II, 3; **Happy New Year!** *Bonne année!* II, 3

hard *difficile*, I, 2; **No hard feelings.** *Je ne t'en veux pas.* II, 10; **No hard feelings?** *Tu ne m'en veux pas?* II, 10

harm *le mal*, II, 10; **No harm done.** *Il n'y a pas de mal.* II, 10

has: He/She has… *Il/Elle a…*, II, 1

hat *le chapeau*, I, 10

have *avoir*, I, 2; **All you have to do is…** *Tu n'as qu'à…*, II, 7; **At what time do you have…?** *Tu as… à quelle heure?* I, 2; **Do you have…?** *Tu as…?* I, 3; *Vous avez…?* I, 2; **Do you have that in…? (size, fabric, color)** *Vous avez ça en…?* I, 10; **Have…** *Prends/Prenez…*, I, 5; **Have a good trip! (by car)** *Bonne route!;* **(by plane, ship)** *Bon voyage!* II, 3; **I don't have…** *Je n'ai pas de…*, I, 3; **I have…** *J'ai…*, I, 2; **I have some things to do.** *J'ai des trucs à faire.* I, 5; **I'll have/I'm going to have…, please.** *Je vais prendre…, s'il vous plaît.* I, 5; **May I have some…?** *Je pourrais avoir…?* II, 3; **to have an accident** *avoir un accident*, II, 9; **to have an argument (with someone)** *se disputer (avec quelqu'un)*, II, 9; **to have fun** *s'amuser*, II, 4; **to take or to have (food, drink)** *prendre*, I, 5; **We have…** *Nous avons…*, I, 2; **What are you having?** *Vous prenez?* I, 5; **What classes do you have…?** *Tu as quels cours…?* I, 2; **What do you have…?** *Tu as quoi…?* I, 2; **What kind of… do you have?** *Qu'est-ce que vous avez comme…?* I, 5; **Will you have…** *Tu prends…?* I, 8; *Vous prenez…?* I, 8; **You have to work harder in class.** *Il faut mieux travailler en classe.* II, 5

have to *devoir*, II, 7

head *la tête*, II, 7

health *le cours de développement personnel et social (DPS)*, I, 2

healthy: It's healthy. *C'est bon pour la santé.* II, 7

hear *entendre*, II, 5; **Did you hear the latest?** *Tu connais la nouvelle?* II, 9; **Let's hear it!** *Dis vite!* II, 9; **to hear the alarm clock** *entendre le réveil*, II, 5

height *la taille*, II, 1; **of medium height** *de taille moyenne*, II, 1

Hello. *Bonjour.* I, 1; **Hello? (on the phone)** *Allô?* I, 9

help *aider*, II, 8; **Can you help me?** *Tu peux m'aider?* II, 10; **May I help you?** *(Est-ce que) je peux vous aider?* I, 10

her *la*, I, 9; **her…** *son/sa/ses…*, I, 7; **to her** *lui*, I, 9

Here. *Voilà.* I, 3; *ici*, II, 8; **Here (There) is…** *Là, c'est…*, II, 2; **Here it is.** *Voilà.* II, 3; **Here you are.** *Tenez (Tiens).* II, 3

Hi! *Salut!* I, 1

high school *le lycée*, II, 2

hike *la randonnée*, I, 11; **to go for a hike** *faire une randonnée pédestre*, II, 12; **to go hiking** *faire de la randonnée*, I, 11

him *le*, I, 9; **to him** *lui*, I, 9

his *son/sa/ses*, I, 7

history *l'histoire* (f.), I, 2

hockey *le hockey*, I, 4; **to play hockey** *jouer au hockey*, I, 4

Hold on. (on the phone) *Ne quittez pas.* I, 9

holiday *la fête*, II, 3; **Happy holiday! (Happy saint's day!)** *Bonne fête!* II, 3

home: Make yourself at home. *Faites (Fais) comme chez vous (toi).* II, 2; **Welcome to my home (our home).** *Bienvenue chez moi (chez nous).* II, 2

homework *les devoirs* (m. pl.), I, 2; **I've got homework to do.** *J'ai des devoirs à faire.* I, 5; **to do homework** *faire les devoirs*, I, 7

horrible *épouvantable*, I, 9; **It was horrible.** *C'était épouvantable.* I, 9; **to have a horrible day** *passer une journée épouvantable*, II, 5

horror movie *le film d'horreur*, II, 11

horseback riding *l'équitation* (f.), I, 1; **to go horseback riding** *faire de l'équitation*, I, 1

hose *le collant*, I, 10

hostel: youth hostel *l'auberge de jeunesse* (f.), II, 2

hot *chaud(e)*, I, 4; **hot chocolate** *le chocolat*, I, 5; **hot dog** *le hot-dog*, I, 5; **It's hot (outside).** *Il fait chaud.* I, 4; **not so hot** *pas super*, I, 2

house *la maison*, II, 2; **at my house** *chez moi*, I, 6; **Is this… 's house?** *Je suis bien chez…?* I, 9; **to clean house** *faire le ménage*, I, 7; **to/at… 's** *chez…*, I, 11

housework *le ménage*, I, 1; **to do housework** *faire le ménage*, I, 1

how *comment*, I, 1; **How did it go?** *Comment ça s'est passé?* II, 5; **How do you like it?** *Comment tu trouves ça?* I, 5; **How old are you?** *Tu as quel âge?* I, 1; **How was it?** *C'était comment?* II, 6; **How was your day (yesterday)?** *Comment s'est passée ta journée (hier)?* II, 5; **How was your vacation?** *Comment se sont passées tes vacances?* II, 5; **How was your weekend?** *Comment s'est passé ton week-end?* II, 5; **How's it going?** *(Comment) ça va?* I, 1

how about: How about…? *On…?* I, 4; **How about buying…?** *Si on achetait…?* II, 8; **How about going…?** *Si on allait…?* II, 4; **How about playing…?** *Si on jouait…?* II, 8; **How about playing baseball?** *On joue au base-ball?* I, 5; **How about skiing?** *On fait du ski?* I, 5; **How about visiting…?** *Si on visitait…?* II, 8

how much *combien*, I, 3; **How much is…?** *C'est combien,…?* I, 3; *Combien coûte…?* II, 3; **How much are…?** *Combien coûtent…?* II, 3; **How much does that make?** *Ça fait combien?* I, 5; **How many (much) do you want?** *Combien en voulez-vous?* II, 3

hundred *cent*, I, 3; **two hundred** *deux cents*, I, 3

hunger *la faim*, II, 2; **I'm dying of hunger!** *Je crève de faim!* II, 12; *Je meurs de faim!* II, 2

hungry: to be hungry *avoir faim*, I, 5; **Aren't you hungry?** *Vous n'avez pas (Tu n'as pas) faim?* II, 2; **He was hungry.** *Il avait faim.* II, 12; **I'm very hungry.** *J'ai très faim!* II, 2; **No thanks. I'm not hungry anymore.** *Non, merci. Je n'ai plus faim.* I, 8

hurt *avoir mal*, II, 7; **I hurt all over!** *J'ai mal partout!* II, 7; **My… hurts.** *J'ai mal à…*, II, 7; **to hurt one's…** *se faire mal à…*, II, 7

husband *le mari*, I, 7

I *je*, I, 1; **I do.** *Moi, si.* I, 2; **I don't.** *Moi, non.* I, 2
ice cream *la glace*, I, 1
ice-skate *faire du patin à glace*, I, 4
idea *l'idée* (f.), I, 4; **Good idea.** *Bonne idée.* I, 4; **I have no idea.** *Je n'en sais rien.* I, 11; **No idea.** *Aucune idée.* II, 9; **That's a good (excellent) idea.** *C'est une bonne (excellente) idée.* II, 1
if *si*, I, 7; **OK, if you… first.** *D'accord, si tu… d'abord.* I, 7
impossible *impossible*, I, 7; II, 10; **It's impossible.** *C'est impossible.* II, 10; **No, that's impossible.** *Non, c'est impossible.* I, 7
in *dans*, I, 6; (**a city or place**) *à*, I, 11; (**before a feminine country**) *en*, I, 11; (**before a masculine country**) *au*, I, 11; (**before a plural noun**) *aux*, I, 11; **in front of** *devant*, I, 6; **in the afternoon** *l'après-midi*, I, 2; **in the evening** *le soir*, I, 2; **in the morning** *le matin*, I, 2; **… is (are) in it.** *C'est avec…,* II, 11; **Who's in it?** *C'est avec qui?* II, 11
in-line skate *le roller en ligne*, I, 4; **to in-line skate** *faire du roller en ligne*, I, 4
incredible *incroyable*, II, 6
indifference: (expression of indifference) *Bof!* I, 1
insect repellent *la lotion anti-moustiques*, II, 12
intend *avoir l'intention de*, I, 11; **I intend to…** *J'ai l'intention de…,* I, 11
interesting *intéressant(e)*, I, 2
invitation *l'invitation* (f.), II, 10;
invite *inviter*, II, 10; **Invite him/her/them.** *Invite-le/-la/-les.* II, 10
is: **He is…** *Il est…,* I, 7; **She is…** *Elle est…,* I, 7; **There's…** *Voilà…,* I, 7; **This is…** *C'est…; Voici…,* I, 7
island *l'île* (f.), II, 4
it *le, la*, I, 9
it's: **It's…** *C'est…,* I, 2; **It's… euros.** *Ça fait… euros.* I, 5

jacket *le blouson*, I, 10; **ski jacket** *l'anorak* (m.), II, 1; **suit**

jacket *la veste*, I, 10
jam *la confiture*, I, 8
January *janvier*, I, 4; **in January** *en janvier*, I, 4
jazz *le jazz*, II, 11
jeans *le jean*, I, 3
jog *faire du jogging*, I, 4
joking: **You're joking!** *Tu plaisantes!* II, 6
July *juillet*, I, 4; **in July** *en juillet*, I, 4
June *juin*, I, 4; **in June** *en juin*, I, 4

kidding: **You're kidding!** *C'est pas vrai!* II, 6
kilogram *le kilo*, I, 8; **a kilogram of** *un kilo de*, I, 8
kind: **What kind of… do you have?** *Qu'est-ce que vous avez comme…?* I, 5
kitchen *la cuisine*, II, 2
knee *le genou*, II, 7; **My knee hurts.** *J'ai mal au genou.* II, 7
know *savoir*, I, 10; **…, you know. …,** *quoi.* II, 9; **Do you know what…?** *Tu sais ce que…?* II, 9; **Do you know who…?** *Tu sais qui…?* II, 9; **I don't know what to do.** *Je ne sais pas quoi faire.* II, 10; **I don't know.** *Je ne sais pas.* I, 10

lab *les travaux pratiques* (m. pl.), I, 2
lame *nul(le)*, II, 6
lamp *la lampe*, II, 2
late *tard*, II, 4
later *plus tard*, I, 9; **Can you call back later?** *Vous pouvez rappeler plus tard?* I, 9; **See you later (the same day)!** *A tout à l'heure!* I, 1
latest: **Did you hear the latest?** *Tu connais la nouvelle?* II, 9
Latin (language) *le latin*, I, 2
lawn *le gazon*, I, 7; **to mow the lawn** *tondre le gazon*, I, 7
learn *apprendre*, I, 0
leather *le cuir*, I, 10; **in leather** *en cuir*, I, 10
leather-goods shop *la maroquinerie*, II, 3

leave *partir*, I, 11; **Can I leave a message?** *Je peux laisser un message?* I, 9; **You can't leave without…** *Tu ne peux pas partir sans…,* I, 11
left *la gauche*, I, 12; **to the left** *à gauche*, I, 12; **on the left** *sur la gauche*, II, 2; **to the left of** *à gauche de*, II, 2
leg *la jambe*, II, 7
lemon *le citron*, I, 8; **lemon soda** *la limonade*, I, 5
lemonade *le citron pressé*, I, 5
less *moins*, I, 6; **Life was more…, less…** *La vie était plus… moins…,* II, 8; **More or less.** *Plus ou moins.* II, 6
let's: **Let's go!** *Allons-y!* I, 4; **Let's go…** *Allons…,* I, 6; **Let's hear it!** *Dis vite!* II, 9
letter *la lettre*, I, 12; **to send letters** *envoyer des lettres*, I, 12
lettuce *la salade*, I, 8
library *la bibliothèque*, I, 6
life *la vie*, II, 8
lift weights *faire de la musculation*, II, 7
like *aimer*, I, 1; **Did you like it?** *Ça t'a plu?* II, 6; **Do you like…?** *Tu aimes…?* I, 1; **Do you like it?** *Il/Elle te/vous plaît?* I, 10; **How do you like…?** *Comment tu trouves…?* I, 10; **How do you like it?** *Comment tu trouves ça?* I, 5; **I (really) like…** *Moi, j'aime (bien)…,* I, 1; **I don't like…** *Je n'aime pas…,* I, 1; **I like…** *J'aime bien…,* II, 1; **I like it, but it's expensive.** *Il/Elle me plaît, mais c'est cher.* I, 10; **I really liked it.** *Ça m'a beaucoup plu.* II, 6; **I'd like …** *Je voudrais…,* I, 3; **I'd like… to go with…** *J'aimerais… pour aller avec…,* I, 10; **I'd like to.** *Je veux bien.* II, 1; **I'd really like…** *Je voudrais bien…,* I, 11; **I'd really like to.** *Je veux bien.* I, 6; **I'd like to buy…** *Je voudrais acheter…,* I, 3; **If you like,…** *Si tu veux,…,* II, 1; **What are they like?** *Ils/Elles sont comment?* I, 7; **What do you like to do?** *Qu'est-ce que tu aimes faire?* II, 1; **What I don't like is…** *Ce que je n'aime pas, c'est…,* II, 4; **What I like is…** *Ce que j'aime bien, c'est…,* II, 4; *Ce qui me plaît, c'est (de)…,* II, 4; **What is he/she like?** *Il /Elle est comment?* I, 7; **What music do you like?** *Qu'est-ce que tu aimes comme musique?* II, 1; **What was it like?** *C'était comment?* II, 8; **What would you like?** *Vous désirez?* I, 10;

You're going to like it here. *Tu vas te plaire ici.* II, 8
listen *écouter*, I, 1; **I'm listening.** *Je t'écoute.* I, 9; **Listen!** *Ecoutez!* I, 0; **to listen to music** *écouter de la musique*, I, 1; **to listen to what he/she says** *écouter ce qu'il/elle dit*, II, 10
liter *le litre*, I, 8; **a liter of** *un litre de*, I, 8
little *petit(e)*, I, 10; **When he/she was little,…** *Quand il/elle était petit(e),…*, II, 8; **When I was little,…** *Quand j'étais petit(e),…* , II, 8; **Yes, a little.** *Si, un peu.* II, 2
lively *vivant(e)*, II, 4
living room *le salon*, II, 2
located: …is located… *…se trouve…*, II, 12; **Where is… located?** *Où se trouve…?* II, 12
long *long(ue)*, II, 11; **long hair** *les cheveux longs*, II, 1
look *regarder*, I, 0; **I'm looking for something for…** *Je cherche quelque chose pour…*, I, 10; **It doesn't look good on you at all.** *Il/Elle ne te/vous va pas du tout.* I, 10; **It looks great on you!** *C'est tout à fait ton style.* I, 10; **Look at the map!** *Regardez la carte!* I, 0; **Look, here's (there's) (it's)…** *Regarde, c'est…*, I, 12; **No, thanks, I'm just looking.** *Non, merci, je regarde.* I, 10; **That doesn't look good on you.** *Ça ne te (vous) va pas du tout.* I, 10; **to look after someone** *garder (quelqu'un)*, I, 7; **to look for** *chercher*, I, 9
loose-leaf binder *le classeur*, I, 3
lose *perdre*, II, 5; **I'm losing it!** *Je craque!* II, 7; **to lose weight** *maigrir*, I, 10
lost: to get lost *se perdre*, II, 9
lot: A lot. *Beaucoup.* I, 4; **I had a lot of fun.** *Je me suis beaucoup amusé(e).* II, 6
lots: I have lots of things to do. *J'ai des tas de choses (trucs) à faire.* I, 12
love *adorer, aimer*, I, 1; **I love…** *J'adore…*, II, 1; **in love** *amoureux (-euse)*, II, 9; **to fall in love (with someone)** *tomber amoureux (-euse) (de quelqu'un)*, II, 9
lower *moins*, I, 0
luck *la chance*, I, 11; **Good luck!** *Bonne chance!* I, 11; *Bon courage!* I, 2; **Tough luck!** *C'est pas de chance, ça!* II, 5
lunch *le déjeuner*, I, 2; **to have lunch** *déjeuner*, I, 9

M

ma'am *madame (Mme)*, I, 1
made *fait* (pp. of faire), I, 9
magazine *le magazine*, I, 3
make *faire*, I, 4; **make up (with someone)** *se réconcilier (avec quelqu'un)*, II, 10; **How much does that make?** *Ça fait combien?* II, 3; **Make the best of it.** *Fais-toi une raison.* II, 8; **to make a date/an appointment (with someone)** *prendre rendez-vous (avec quelqu'un)*, II, 9
mall *le centre commercial*, I, 6
mango *la mangue*, I, 8
many: How many (much) do you want? *Combien en voulez-vous?* II, 3
map *la carte*, I, 0
March *mars*, I, 4; **in March** *en mars*, I, 4
market *le marché*, I, 8
mask *le masque*, II, 8
matches *les allumettes* (f.), II, 12
math *les maths* (f. pl.), I, 1
matter: It doesn't matter. *Ça ne fait rien.* II, 10
May *mai*, I, 4; **in May** *en mai*, I, 4
may: May I…? *(Est-ce que) je peux…?* I, 7; **May I have some…?** *Je pourrais avoir…?* II, 3; **May I help you?** *(Est-ce que) je peux vous aider?* I, 10
maybe *peut-être*, II, 3; **Maybe…** *Peut-être que…*, II, 9; **Maybe you're right.** *Tu as peut-être raison.* II, 9
me *moi*, I, 2; **Me, too.** *Moi aussi.* I, 2; **Not me.** *Pas moi.* I, 2
meal *le repas*, II, 7
mean *méchant(e)*, I, 7
meat *la viande*, I, 8
medicine *les médicaments* (m.), I, 12
meet *rencontrer*, I, 9; **I'd like you to meet…** *Je te (vous) présente…*, I, 7; **Pleased to meet you.** *Très heureux (-euse).* I, 7; **OK, we'll meet…** *Bon, on se retrouve…*, I, 6; **We'll meet…** *Rendez-vous…*, I, 6
menu *la carte*, I, 5; **The menu, please.** *La carte, s'il vous plaît.* I, 5
merry *joyeux (-euse)*, II, 3; **Merry Christmas!** *Joyeux Noël!* II, 3
message *le message*, I, 9; **Can I leave a message?** *Je peux laisser un message?* I, 9
metro *le métro*, I, 6; **at the… metro stop** *au métro…*, I, 6

midnight *minuit*, I, 6; **It's midnight.** *Il est minuit.* I, 6; **It's half past midnight.** *Il est minuit et demi.* I, 6
milk *le lait*, I, 8; II, 3
mind: Would you mind…? *Ça t'embête de…?* II, 10; *Ça t'ennuie de…?* II, 10
mineral water *l'eau minérale* (f.), I, 5
minute *la minute*, I, 9; **Do you have a minute?** *Tu as une minute?* I, 9
miss (Miss) *mademoiselle (Mlle)*, I, 1
miss *rater*, II, 5; *regretter*, II, 8; **I miss…** *Je regrette…*, II, 8; **I miss… (plural subject)** *…me manquent.* II, 8; **(singular subject)** *…me manque.* II, 8; **to miss the bus** *rater le bus*, II, 5; **What I miss is…** *Ce qui me manque, c'est (de)…*, II, 8
mistaken: In my opinion, you're mistaken. *A mon avis, tu te trompes.* II, 9
misunderstanding *le malentendu*, II, 10; **a little misunderstanding** *un petit malentendu*, II, 10
moment *le moment*, I, 5; **One moment, please.** *Un moment, s'il vous plaît.* I, 5
Monday *lundi*, I, 2; **on Mondays** *le lundi*, I, 2
money *l'argent* (m.), I, 11
month *le mois*, I, 4
mood *l'humeur* (f.), II, 9; **in a bad/good mood** *de mauvaise/bonne humeur*, II, 9; **always in a bad mood** *toujours mal luné(e)*, II, 8
moose *l'orignal* (m.), II, 12
more *plus*, II, 6; **I don't want any more.** *Je n'en veux plus.* I, 8; **I just can't do any more!** *Je n'en peux plus!* II, 7; **Life was more…, less…** *La vie était plus… moins…*, II, 8; **More…?** *Encore de…?* I, 8; **More or less.** *Plus ou moins.* II, 6; **One more try!** *Encore un effort!* II, 7; **Some more…?** *Encore …?* II, 3
morning *le matin*, I, 2; **in the morning** *le matin*, I, 2
mosque *la mosquée*, II, 8
mosquito *le moustique*, II, 4
mother *la mère*, I, 7
mountain *la montagne*, I, 11; **to go mountain-bike riding** *faire du vélo de montagne*, II, 12; **to/at the mountains** *à la montagne*, I, 11
movie *le film*, I, 6; **movie theater** *le cinéma*, I, 6; **the movies** *le cinéma*, I, 1; **to go**

see a movie *aller voir un film,* I, 6

mow: to mow the lawn *tondre le gazon,* I, 7

Mr. *monsieur (M.),* I, 1

Mrs. *madame (Mme),* I, 1

much: How much is (are)…? *Combien coûte(nt)…?* II, 3; **How much is…?** *C'est combien,…?* I, 3; **How much is it?** *C'est combien?* I, 3; **How much is it, please?** *Ça fait combien, s'il vous plaît?* I, 5; **How much is the entrance fee?** *C'est combien, l'entrée?* II, 6; **No, not too much.** *Non, pas trop.* I, 2; **Not much.** *Pas grand-chose.* I, 6; **Not too much.** *Pas tellement.* I, 4; **Not very much.** *Pas beaucoup.* I, 4; **Yes, very much.** *Oui, beaucoup.* I, 2

museum *le musée,* I, 6

mushroom *le champignon,* I, 8

music *la musique,* I, 2; **music group** *le groupe,* II, 11; **classical music** *la musique classique,* II, 11; **What music do you like?** *Qu'est-ce que tu aimes comme musique?* II, 1

musician *le musicien (la musicienne),* II, 11

my *mon/ma/mes,* I, 7; **It's just not my day!** *C'est pas mon jour!* II, 5

name: His/Her name is… *Il/Elle s'appelle…,* I, 1; **My name is…** *Je m'appelle…,* I, 1; **What's your name?** *Tu t'appelles comment?* I, 1

nap *la sieste,* II, 8; **to take a nap** *faire la sieste,* II, 8

nature *la nature,* II, 12

natural science *les sciences naturelles (f. pl.),* I, 2

near *près de,* II, 2

neck *le cou,* II, 7; **a pain in the neck** *pénible,* I, 7

need *avoir besoin de,* I, 8; **I need…** *Il me faut…,* I, 3; *J'ai besoin de…,* I, 8; **What do you need for…?** *Qu'est-ce qu'il te/vous faut pour…?* I, 3; **What do you need?** *De quoi est-ce que tu as besoin?* I, 8; *Qu'est-ce qu'il te faut?* I, 8; **Yes, I need…** *Oui, il me faut…,* I, 10

neither: Neither do I. *Moi non plus.* I, 2; **neither tall nor short** *ne… ni grand(e) ni petit(e),* I, 7

never *ne… jamais,* I, 4

new *nouveau (nouvelle) (nouvel),* II, 2; **Happy New Year!** *Bonne année!* II, 3

next *prochain(e),* I, 12; **Next,…** *Ensuite,…,* II, 1; **You go down this street to the next light.** *Vous continuez jusqu'au prochain feu rouge.* I, 12

next to *à côté de,* I, 12; II, 2

nice *gentil(le),* I, 7; II, 1; *sympa, sympathique,* I, 7; II, 1; **It's nice weather.** *Il fait beau.* I, 4; **That's nice of you.** *C'est gentil!* II, 2

nightmare *le cauchemar,* I, 11; **It was a real nightmare!** *C'était un véritable cauchemar!* I, 11

ninety *quatre-vingt-dix,* I, 3

no *non,* I, 1; **No way!** *Pas question!* II, 1

noisy *bruyant(e),* II, 8

none (of it) *en,* I, 8

noon *midi,* I, 6; **It's noon.** *Il est midi.* I, 6; **It's half past noon.** *Il est midi et demi.* I, 6

north *le nord,* II, 4; **in the north** *dans le nord,* II, 4; **It's to the north of…** *C'est au nord de…,* II, 12

nose *le nez,* II, 7; **I've got a runny nose.** *J'ai le nez qui coule.* II, 7

not *pas,* I, 4; **Definitely not!** *Sûrement pas!* II, 6; **No, not really.** *Non, pas vraiment.* I, 11; **No, not too much.** *Non, pas trop.* I, 2; **Not at all.** *Pas du tout.* I, 4; II, 10; **Not me.** *Pas moi.* I, 2; **not so great** *pas terrible,* I, 5; **not very good** *pas bon,* I, 5; **not yet** *ne… pas encore,* I, 9; **Oh, not bad.** *Oh, pas mauvais.* I, 9

notebook *le cahier,* I, 0

nothing *rien,* I, 6; **It's nothing special.** *Ce n'est pas grand-chose.* II, 3; **Nothing special.** *Rien de spécial.* I, 6

novel *le roman,* I, 3

November *novembre,* I, 4; **in November** *en novembre,* I, 4

now *maintenant,* I, 2; **I can't right now.** *Je ne peux pas maintenant.* I, 8

obviously *évidemment,* II, 9; **That's obvious.** *Ça se voit.* II, 9

o'clock *… heure(s),* I, 2; **at…**

o'clock *à… heure(s),* I, 2

October *octobre,* I, 4; **in October** *en octobre,* I, 4

of *de,* I, 0; **Of course.** *Bien sûr.* I, 3; II, 10; **Of course not.** *Bien sûr que non.* II, 10; **of it** *en,* I, 8; **of them** *en,* I, 8

off (free) *libre,* I, 2; **afternoon off** *l'après-midi (m.) libre,* I, 2

often *souvent,* I, 4

oh: Oh no! *Oh là là!* II, 5

OK. *D'accord.* I, 4; II, 1; *Entendu.* I, 6; **Is that OK with you?** *Tu es d'accord?* I, 7; **It was OK.** *C'était assez bien.* II, 6; **No, I'm OK.** *Non, ça va.* II, 2; **Well, OK.** *Bon, d'accord.* I, 8; **Yes, it was OK.** *Oui, ça a été.* I, 9

okra *les gombos (m.),* I, 8

old *vieux (vieille) (vieil),* II, 2; **How old are you?** *Tu as quel âge?* I, 1; **to be… years old** *avoir… ans,* II, 1; **When I was… years old,…** *Quand j'avais… ans,…,* II, 8

older *âgé(e),* I, 7

omelette *l'omelette (f.),* I, 5

on *sur,* II, 2; **Can I try on…?** *Je peux essayer…?* I, 10; **on foot** *à pied,* I, 12; **on Fridays** *le vendredi,* I, 2; **on Mondays** *le lundi,* I, 2; **on Saturdays** *le samedi,* I, 2; **on Sundays** *le dimanche,* I, 2; **on the right (left)** *sur la droite (gauche),* II, 2; **on Thursdays** *le jeudi,* I, 2; **on Tuesdays** *le mardi,* I, 2; **on Wednesdays** *le mercredi,* I, 2

once: once a week *une fois par semaine,* I, 4

one *un(e),* I, 0; **He/She already has one (of them).** *Il/Elle en a déjà un(e).* II, 3

one-way: a one-way ticket *un aller simple,* II, 6

onion *l'oignon (m.),* I, 5

open *ouvrir,* I, 0; II, 6 **Open your books to page…** *Ouvrez vos livres à la page…,* I, 0; **At what time do you open?** *A quelle heure est-ce que vous ouvrez?* II, 6

opinion *l'avis (m.),* I, 9; **In my opinion, you're mistaken.** *A mon avis, tu te trompes.* II, 9; **In your opinion, what do I do?** *A ton avis, qu'est-ce que je fais?* I, 9; **In your opinion, what should I do?** *A ton avis, qu'est-ce que je dois faire?* II, 10

or *ou,* I, 1

orange *orange (adj.),* I, 3; **orange** *l'orange (f.),* I, 8; **orange juice** *le jus d'orange,* I, 5

ordinary *banal(e),* II, 3; **That's**

ordinary. *C'est banal.* II, 3
our *notre/nos,* I, 7
out: go out *sortir,* II, 6; **Out of the question!** *Pas question!* I, 7; **out of style** *démodé(e),* I, 10
oyster *l'huître* (f.), II, 3

P

package *le paquet,* I, 8; **a package/box of** *un paquet de,* I, 8
page *la page,* I, 0
pain: a pain in the neck *pénible* (adj.), II, 1
pair: (a pair of) jeans *le jean,* I, 3; **(a pair of) shorts** *le short,* I, 3; **(a pair of) boots** *les bottes* (f.), II, 1; **(a pair of) gloves** *les gants* (m.), II, 1; **(a pair of) pants** *le pantalon,* I, 10; **(a pair of) sneakers** *les baskets* (f. pl.), II, 1
palm tree *le palmier,* II, 4
pancake: a very thin pancake *la crêpe,* I, 5
papaya *la papaye,* I, 8
paper *le papier,* I, 0; **sheets of paper** *les feuilles de papier* (f.), I, 3
pardon *le pardon,* II, 10; **Pardon me.** *Pardon,* I, 3
parent *le parent,* I, 7
park *le parc,* I, 6; II, 2
party *la boum,* I, 6; **to give a party** *faire une boum,* II, 10; **to go to a party** *aller à une boum,* I, 6
pass *passer,* I, 12; **Would you pass…?** *Vous pourriez (tu pourrais) me passer…?* II, 3; **You'll pass…** *Vous passez devant…?* I, 12
passport *le passeport,* I, 11; II, 1
pasta *les pâtes* (f. pl.), II, 7
pastry *la pâtisserie,* I, 12; **pastry shop** *la pâtisserie;* I, 12; II, 3
pâté *le pâté,* II, 3
peaceful *tranquille,* II, 8
peach *la pêche,* I, 8
pear *la poire,* I, 8
peas *les petits pois* (m.), I, 8
pen *le stylo,* I, 0
pencil *le crayon,* I, 3; **pencil case** *la trousse,* I, 3; **pencil sharpener** *le taille-crayon,* I, 3
perfect *parfait(e),* I, 10; **It's perfect.** *C'est parfait.* I, 10
permission *la permission,* II, 10; **to ask your parents' permission** *demander la permission à tes parents,* II, 10

phone *le téléphone,* I, 1; **Phone him/her/them.** *Téléphone-lui/-leur.* II, 10; **to talk on the phone** *parler au téléphone,* I, 1
photo *la photo,* I, 4; **photo frame** *le cadre,* II, 3
photography: to do photography *faire de la photo,* I, 4
physical education *l'éducation physique et sportive (EPS)* (f.), I, 2
physics *la physique,* I, 2
pick *choisir,* I, 10; **to pick up your room** *ranger ta chambre,* I, 7
picnic *le pique-nique,* I, 6; **to have a picnic** *faire un pique-nique,* I, 6; II, 6
picture *la photo,* I, 4; **to take pictures** *faire des photos,* I, 4; *faire de la photo,* I, 4
pie *la tarte,* I, 8; II, 3
piece *le morceau,* I, 8; **a piece of** *un morceau de,* I, 8
pineapple *l'ananas* (m.), I, 8; II, 4
pink *rose,* I, 3
pizza *la pizza,* I, 1
place *l'endroit* (m.), I, 12
plane *l'avion* (m.), I, 12; **by plane** *en avion,* I, 12; **plane ticket** *le billet d'avion,* I, 11
plans: I don't have any plans. *Je n'ai rien de prévu.* I, 11
plate *l'assiette* (f.), I, 5
platform *le quai,* II, 6; **From which platform…?** *De quel quai…?* II, 6; **From platform…** *Du quai…,* II, 6
play (theatrical) *la pièce,* I, 6; **to see a play** *voir une pièce,* I, 6
play *faire,* I, 4; *jouer,* I, 4; **How about playing…?** *Si on jouait…?* II, 8; **I don't play/do…** *Je ne fais pas de…,* I, 4; **I play…** *Je joue…,* I, 4; **to play (a game)** *jouer à…,* I, 4; **to play sports** *faire du sport,* I, 1; **What sports do you play?** *Qu'est-ce que tu fais comme sport?* I, 4; II, 1
playing: It's playing at… *Ça passe à…,* II, 11; **What films are playing?** *Qu'est-ce qu'on joue comme films?* II, 11; **Where is that playing?** *Ça passe où?* II, 11
please *s'il te/vous plaît,* I, 3; **Yes, please.** *Oui, s'il te/vous plaît.* I, 8
pleased *heureux (-euse),* I, 7; **Pleased to meet you.** *Très heureux (-euse).* I, 7
pleasure *le plaisir,* I, 8; **With pleasure.** *Avec plaisir.* I, 8; II, 10
plot *l'histoire* (f.), II, 11; **It has**

no plot. *Il n'y a pas d'histoire.* II, 11; **It's full of plot twists.** *C'est plein de rebondissements.* II, 11
poetry *la poésie,* II, 11; **book of poetry** *le livre de poésie,* II, 11
point (in time) *le moment,* II, 9; **At that point,…** *A ce moment-là,…,* II, 9
pool *la piscine,* II, 2
poor *pauvre,* II, 5; **You poor thing!** *Pauvre vieux (vieille)!* II, 5
popular (pop), mainstream music *la pop,* II, 11
pork *le porc,* I, 8
possible *possible,* II, 9; **That's not possible.** *Ce n'est pas possible.* II, 9; **That's possible.** *C'est possible.* II, 9
post office *la poste,* I, 12; II, 2
poster *le poster,* I, 0; II, 2
potato *la pomme de terre,* I, 8
pottery *les poteries* (f. pl.), II, 8; **to make pottery** *faire de la poterie*
poultry *la volaille,* II, 3
pound *la livre,* I, 8; **a pound of** *une livre de,* I, 8
practice *répéter,* I, 9
prefer *préférer,* I, 1; **Do you prefer… or…?** *Tu aimes mieux… ou…?* I, 10; **I prefer…** *Je préfère…,* I, 1; II, 1; *J'aime mieux…,* I, 1; II, 1; **No, I prefer…** *Non, je préfère…,* II, 7; **What I prefer is…** *Ce que je préfère, c'est…,* II, 4
problem *le problème,* I, 9; **I have a (little) problem.** *J'ai un (petit) problème.* I, 9; I, 10; **No problem.** *Pas de problème.* II, 10
process: to be in the process of (doing something) *être en train de,* II, 9
pullover (sweater) *le pull-over,* I, 3
purple *violet(te),* I, 3
purse *le sac à main,* II, 3
push-ups *les pompes* (f.); **to do push-ups** *faire des pompes,* II, 7
put *mettre,* I, 10; **put on (clothing)** *mettre,* I, 10

Q

quarter *le quart,* I, 6; **quarter past** *et quart,* I, 6; **quarter to** *moins le quart,* I, 6

question *la question*, I, 7; **Out of the question!** *Pas question!* I, 7
quiche *la quiche*, I, 5
quiz *l'interro* (f.), I, 9

raccoon *le raton laveur*, II, 12
radio *la radio*, I, 3
raincoat *l'imperméable* (m.), II, 1
rainforest: tropical rainforest *la forêt tropicale*, II, 4
raining: It's raining. *Il pleut.* I, 4
raise *lever*, I, 0; **Raise your hand!** *Levez la main!* I, 0
rap *le rap*, II, 11
rarely *rarement*, I, 4
rather *plutôt*, II, 9; **No, I'd rather…** *Non, je préfère…*, II, 1
read *lire*, I, 1
read *lu* (pp. of lire), I, 9
ready: to get ready *faire les préparatifs*, II, 10
really *vraiment*, I, 11; **I (really) like…** *Moi, j'aime (bien)…*, I, 1; **I really liked it.** *Ça m'a beaucoup plu.* II, 6; **I'd really like…** *Je voudrais bien…*, I, 11; **I'd really like to.** *Je veux bien.* I, 6; **No, not really.** *Non, pas vraiment.* I, 11; **Really?** *C'est vrai? (Vraiment?)*, II, 2; **Was it really so different?** *C'était tellement différent?* II, 8; **Your… is really great.** *Il (Elle) est vraiment bien, ton (ta)…* II, 2; **really** *vachement*, II, 9; **really, ultra-** *super*, II, 9
receive *recevoir*, II, 5; **to receive one's report card** *recevoir le bulletin trimestriel*, II, 5
recommend *recommander*, II, 11; **I recommend it.** *Je te le (la) recommande.* II, 11
record store *le disquaire*, I, 12; **at the record store** *chez le disquaire*, I, 12
recreation center *la Maison des jeunes et de la culture (MJC)*, I, 6
red *rouge*, I, 3; **red hair** *les cheveux roux*, II, 1; **red-headed** *roux (rousse)*, I, 7
reggae music *le reggae*, II, 11
rehearse *répéter*, I, 9
relative *le parent*, I, 7
relaxing *relaxant(e)*, II, 8
remember: Remember to take… *Pense à prendre…*, II, 1

repeat *répéter*, I, 0; **Repeat!** *Répétez!* I, 0
report card *le bulletin trimestriel*, II, 5; **to receive one's report card** *recevoir le bulletin trimestriel*, II, 5
respect *respecter*, II, 12; **to respect nature** *respecter la nature*, II, 12
responsibility *la responsabilité*, II, 8; **to have responsibilities** *avoir des responsabilités*, II, 8
restaurant *le restaurant*, I, 6
restroom *les toilettes* (f.) *(les W.-C.)* (m.), II, 2
retro (style) *rétro* (inv.), I, 10
return *retourner*, II, 6; **to return something** *rendre*, I, 12; **to return tests** *rendre les interros*, II, 5
rice *le riz*, I, 8
ride *le tour*, II, 6; **to go horseback riding** *faire de l'équitation*, I, 1; **to take a ride on the ferris wheel** *faire un tour sur la grande roue*, II, 6; **to take a ride on the roller coaster** *faire un tour sur les montagnes russes*, II, 6
ridiculous: That's ridiculous! *N'importe quoi!* II, 6
riding: to go horseback riding *faire de l'équitation*, I, 1
right (direction) *la droite*, I, 12; **on the right** *sur la droite*, II, 2; **to the right** *à droite*, I, 12; **to the right of** *à droite de*, II, 2
right: right away *tout de suite*, I, 6; **I'll go right away.** *J'y vais tout de suite.* I, 8; **I can't right now.** *Je ne peux pas maintenant.* I, 8; **It's right there on the…** *C'est tout de suite à…*, I, 12; **Yeah, right!** *Mon œil!* II, 6; **Yes, right away.** *Oui, tout de suite.* I, 5; **You're right…** *Tu as raison…*, II, 3
rip *déchirer*, II, 5
rock (music) *le rock*, II, 11
roller coaster *les montagnes russes* (f. pl.), II, 6
romance novel *le roman d'amour*, II, 11
romantic movie *le film d'amour*, II, 11
room (of a house) *la pièce*, II, 2
room (bedroom) *la chambre*, I, 7; **to pick up your room** *ranger ta chambre*, I, 7
round-trip ticket *l'aller-retour* (m.), II, 6
rug *le tapis*, II, 2
ruler *la règle*, I, 3
runny: I've got a runny nose. *J'ai le nez qui coule.* II, 7

sailing *la voile*, I, 11; **to go sailing** *faire de la voile*, I, 11; *faire du bateau*, I, 11
salad *la salade*, I, 8; II, 3
salami *le saucisson*, I, 5
salt *le sel*, II, 7
sand *le sable*, II, 4
sandals *les sandales* (f.), I, 10
sandwich *le sandwich*, I, 5; **cheese sandwich** *le sandwich au fromage*, I, 5; **ham sandwich** *le sandwich au jambon*, I, 5; **salami sandwich** *le sandwich au saucisson*, I, 5; **toasted ham and cheese sandwich** *le croque-monsieur*, I, 5
Saturday *samedi*, I, 2; **on Saturdays** *le samedi*, I, 2
scared: I'm scared (of)… *J'ai peur (de la, du, des)…*, II, 12
scarf (for outdoor wear) *l'écharpe* (f.), I, 10; **(dressy)** *le foulard*, II, 3
school *l'école* (f.), I, 1; **high school** *le lycée*, II, 2
science fiction *la science-fiction*, II, 11; **science-fiction novel** *le roman de science-fiction*, II, 11; **science-fiction movie** *le film de science-fiction*, II, 11
scuba dive *faire de la plongée*, I, 11; *faire de la plongée sous-marine*, II, 4
sea *la mer*, II, 4
seafood *les fruits de mer* (m. pl.), II, 3
second *la seconde*, I, 9; **One second, please.** *Une seconde, s'il vous plaît.* I, 9
see *voir*, I, 6, **…you see.** *…tu vois.* II, 9; **See you later (the same day)!** *A tout à l'heure!* I, 1; **See you soon.** *A bientôt.* I, 1; **See you tomorrow.** *A demain.* I, 1; **to go see a game** *aller voir un match*, I, 6; **to go see a movie** *aller voir un film*, I, 6; **to see a play** *voir une pièce*, I, 6; **What is there to see…?** *Qu'est-ce qu'il y a à voir…?* II, 12; **You'll see that…** *Tu vas voir que…*, II, 8
seem *avoir l'air*, II, 9; **You don't look/seem too well.** *Tu n'as pas l'air en forme.* II, 7; **She seemed…** *Elle avait l'air…*, II, 12
seen *vu* (pp. of voir), I, 9
sell *vendre*, I, 9
send *envoyer*, I, 12; **to send letters** *envoyer des lettres*, I, 12; **to send the invitations** *envoyer les invitations*, II, 10

sensational *sensass* (inv.), II, 6
September *septembre*, I, 4; **in September** *en septembre*, I, 4
serious *grave*, II, 5; **It's not serious.** *C'est pas grave.* II, 5
service *le service*, I, 3; **At your service. (You're welcome.)** *A votre service.* I, 3
seventeen *dix-sept*, I, 1
seventy *soixante-dix*, I, 3
shall: Shall we go to the café? *On va au café?* I, 5
shape *la condition*, II, 7; **to get into shape** *se mettre en condition*, II, 7
sheet of paper *la feuille de papier*, I, 0
shelves *les étagères* (f.), II, 2
shirt (men's) *la chemise*, I, 10; **shirt (women's)** *le chemisier*, I, 10
shoes *les chaussures* (f.), I, 10
shop: to window-shop *faire les vitrines*, I, 6
shopping: Can you do the shopping? *Tu peux aller faire les courses?* I, 8; **to go shopping** *faire les courses*, I, 8; *faire les magasins*, I, 1
short (height) *petit(e)*, I, 7; **(length)** *court(e)*, I, 10; **short hair** *les cheveux courts*, II, 1
shorts: (a pair of) shorts *le short*, I, 3; II, 1
should: Everyone should… *On doit…*, II, 7; **I should have…** *J'aurais dû…*, II, 10; **In your opinion, what should I do?** *A ton avis, qu'est-ce que je dois faire?* II, 10; **What do you think I should do?** *Qu'est-ce que tu me conseilles?* II, 10; **What should I…?** *Qu'est-ce que je dois…?* II, 1; **What should we do?** *Qu'est-ce qu'on fait?* II, 1; **You should…** *Tu devrais…*, I, 9; II, 7; **You should have…** *Tu aurais dû…*, II, 10; **You should talk to him/her/them.** *Tu devrais lui/leur parler.* I, 9
shouldn't: You shouldn't… *Tu ne devrais pas…*, II, 7
show *montrer* (v.), I, 9; **sound and light show** *un spectacle son et lumière*, II, 6
showing:… is showing/playing. *On joue…*, II, 11
shrimp *la crevette*, II, 3
shy *timide*, I, 7
sick *malade*, II, 7; **I'm sick to my stomach.** *J'ai mal au cœur.* II, 7; **I'm sick.** *Je suis malade.* II, 7
silly: to do silly things *faire des bêtises*, II, 8
simple *simple*, II, 8

sing *chanter*, I, 9
singer *le chanteur (la chanteuse)*, II, 11
sir *monsieur (M.)*, I, 1
sister *la sœur*, I, 7
sit-ups *les abdominaux* (m.), II, 7; **to do sit-ups** *faire des abdominaux*, II, 7
Sit down! *Asseyez-vous!* I, 0
sixty *soixante*, I, 3
size *la taille*, I, 10
skate: to ice-skate *faire du patin à glace*, I, 4; **to in-line skate** *faire du roller en ligne*, I, 4
ski *faire du ski*, I, 4; **to water-ski** *faire du ski nautique*, I, 4; **ski jacket** *l'anorak* (m.), II, 1
skiing *le ski*, I, 1; **How about skiing?** *On fait du ski?* I, 5
skip *sauter*, II, 7; **Don't skip…** *Ne saute pas…*, II, 7; **skip a meal** *sauter un repas*, II, 7
skirt *la jupe*, I, 10
skunk *la mouffette*, II, 12
sleep *dormir*, I, 1; **I didn't sleep well.** *J'ai mal dormi.* II, 7
sleeping bag *le sac de couchage*, II, 12
slender *mince*, I, 7
slice *la tranche*, I, 8; **a slice of** *une tranche de*, I, 8
small, short *petit(e)*, I, 10; II, 1
smaller *moins grand(e)*, II, 4; **smaller than…** *moins grand(e) que…*, II, 4
smart *intelligent(e)*, I, 7; II, 1
smoking: Avoid smoking. *Evitez de fumer.* II, 7
snack: afternoon snack *le goûter*, I, 8; **snacking between meals** *grignoter entre les repas*, II, 7; **party snacks** *les amuse-gueule* (m.), II, 10
snails *les escargots* (m.), I, 1; II, 3
sneakers *les baskets* (f. pl.), I, 3; II, 1
sneeze *éternuer*, II, 7; **I'm sneezing a lot.** *J'éternue beaucoup.* II, 7
snorkel *faire de la plongée avec un tuba*, II, 4
snowing: It's snowing. *Il neige.* I, 4; **to go snow-shoeing** *faire une randonnée en raquettes*, II, 12
So… *Alors…*, II, 9; **so-so** *comme ci comme ça*, I, 1; II, 6; **not so great** *pas terrible*, I, 5
soccer *le football*, I, 1; **to play soccer** *jouer au foot(ball)*, I, 4
socks *les chaussettes* (f.), I, 10
some *du, de la, de l', des*, I, 8; **Yes, I'd like some.** *Oui j'en veux bien.* I, 8; **Some more…?** *Encore…?* II, 3; **some (of it)** *en*, I, 8; II, 3
something *quelque chose*, II, 10;

I have something to do. *J'ai quelque chose à faire.* II, 10; **I'm looking for something for…** *Je cherche quelque chose pour…*, I, 10
sometimes *quelquefois*, I, 4
son *le fils*, I, 7
song *la chanson*, II, 11
soon *bientôt*, I, 1; **See you soon.** *A bientôt.* I, 1
Sorry. *Je regrette.* I, 3; *Désolé(e).* I, 5; II, 10; **I'm sorry, but I don't have time.** *Je regrette, mais je n'ai pas le temps.* I, 8; **Sorry, but I can't.** *Désolé(e), mais je ne peux pas.* I, 4; **Sorry, I'm busy.** *Désolé(e), je suis occupé(e).* I, 6
sort of *assez*, II, 9
sound *le son*, II, 6; **Does… sound good to you?** *Ça te dit de…?* II, 1; **sound and light show** *le spectacle son et lumière*, II, 6
south *le sud*, II, 4; **in the south** *dans le sud*, II, 4; **It's to the south of…** *C'est au sud de…*, II, 12
Spanish (language) *l'espagnol* (m.), I, 2
speak *parler*, I, 9; **Could I speak to…?** *(Est-ce que) je peux parler à…?* I, 9
special *spécial(e)*, I, 6; **It's nothing special.** *Ce n'est pas grand-chose.* II, 3; **Nothing special.** *Rien de spécial.* I, 6
sports *le sport*, I, 1; **to play sports** *faire du sport*, I, 1; **What sports do you play?** *Qu'est-ce que tu fais comme sport?* I, 4; II, 1
sprain *se fouler*, II, 7; **to sprain one's ankle** *se fouler la cheville*, II, 7
spring *le printemps*, I, 4; **in the spring** *au printemps*, I, 4
squirrel *l'écureuil* (m.), II, 12
stadium *le stade*, I, 6
stamp *le timbre*, I, 12
Stand up! *Levez-vous!* I, 0
start *commencer*, I, 9; **At what time does it start?** *Ça commence à quelle heure?* II, 11
station (train) *la gare*, II, 2
stationery store *la papeterie*, I, 12
stay *rester*, II, 6
steak *le bifteck*, II, 3; **steak and French fries** *le steak-frites*, I, 5
step *la marche*, II, 5; **to miss a step** *rater une marche*, II, 5
stereo *la chaîne stéréo*, II, 2
stomach *le ventre*, II, 7; **I'm sick to my stomach.** *J'ai mal au cœur.* II, 7
stop: at the metro stop… *au métro…*, I, 6

store le magasin, I, 1
story l'histoire (f.), II, 11; **It's a great story.** C'est une belle histoire. II, 11; **It's the story of…** C'est l'histoire de…, II, 11; **What's the story?** Qu'est-ce que ça raconte? II, 11
straight ahead tout droit, I, 12; **You go straight ahead until you get to…** Vous allez tout droit jusqu'à…, I, 12; **Go (Keep going) straight ahead.** Allez (Continuez) tout droit. II, 2
strawberry la fraise, I, 8; **water with strawberry syrup** le sirop de fraise (à l'eau), I, 5
street la rue, I, 12; **You take… Street, then… Street.** Prenez la rue…, puis traversez la rue…, I, 12
stressful stressant(e), II, 8
strict strict(e), II, 7; **to follow a diet that's too strict** suivre un régime trop strict, II, 7
strong fort(e), I, 7; II, 1; **It's not my strong point.** Ce n'est pas mon fort. II, 5
student l'élève (m./f.), I, 2
study étudier, I, 1
study hall l'étude (f.), I, 2
stupid bête, II, 1
style la mode, I, 10; le style, II, 3; **in style** à la mode, I, 10; **That's not his/her style.** Ce n'est pas son style. II, 3
subway le métro, I, 12; **by subway** en métro, I, 12
sugar le sucre, I, 8; **sugar cane fields** les champs (m.) de canne à sucre, I, 4
suit jacket, blazer la veste, I, 10
suit: Does it suit me? Ça me va? I, 10; **It suits you really well.** Il/Elle te/vous va très bien. I, 10
suitcase la valise, I, 11
sulk faire la tête, II, 9
summer l'été (m.), I, 4; **in the summer** en été, I, 4
summer camp la colonie de vacances, I, 11; **to/at a summer camp** en colonie de vacances, I, 11
Sunday dimanche, I, 4; **on Sundays** le dimanche, I, 2
sunglasses les lunettes de soleil (f. pl.), I, 10
super super, I, 2
supermarket le supermarché, I, 8
sure: Oh, I'm not sure. Euh… J'hésite. I, 10
surprised étonné(e), II, 9
suspenseful: It's suspenseful. Il y a du suspense. II, 11
sweater le cardigan, I, 10; le pull, I, 10
sweatshirt le sweat(-shirt), II, 1

swim nager, I, 1; faire de la natation, I, 4; **to go swimming** se baigner, II, 4
swimming pool la piscine, I, 6
syrup: water with strawberry syrup le sirop de fraise à l'eau, I, 5

table la table, I, 7; **to clear the table** débarrasser la table, I, 7
tacky moche, I, 10; **I think it's (they're) really tacky.** Je le/la/les trouve moche(s). I, 10
take or have (food or drink) prendre, I, 5; **Are you going to take it/them?** Vous le/la/les prenez? I, 10; **Are you taking…?** Tu prends…? I, 11; **Have you decided to take…?** Vous avez décidé de prendre…? I, 10; **I'll take… (of them).** Je vais en prendre…, II, 3; **I'll take it/them.** Je le/la/les prends. I, 10; **Remember to take…** Pense à prendre…, II, 1; **Take…** Prends… ; Prenez…, II, 2; **to take a test** passer un examen, I, 9; **to take pictures** faire des photos, I, 4; **We can take…** On peut prendre…, I, 12; **You take… Street, then… cross Street.** Prenez la rue…, puis traversez la rue…, I, 12
take out: Take out a sheet of paper. Prenez une feuille de papier. I, 0; **to take out the trash** sortir la poubelle, I, 7
taken pris (pp. of prendre), I, 9
talk parler, I, 1; **Can I talk to you?** Je peux te parler? I, 9; II, 10; **Talk to him/her/them.** Parle-lui/-leur. II, 10; **to talk on the phone** parler au téléphone, I, 1; **We talked.** Nous avons parlé. I, 9
tall grand(e), I, 7; II, 1
tart la tarte, II, 3; **apple tart** la tarte aux pommes, II, 3
taste déguster, II, 4
taxi le taxi, I, 12; **by taxi** en taxi, I, 12
teacher le professeur, I, 0
tease taquiner, II, 8
teeth les dents (f.), II, 7
telephone le téléphone, I, 0
television la télévision, I, 0
tell dire, I, 9; raconter, II, 5; **Can you tell her/ him that I called?** Vous pouvez lui dire que j'ai téléphoné? I, 9; **Tell him/her/**

them that… Dis-lui/-leur que…, II, 10; **Tell me!** Raconte! II, 5; **to tell (someone) that…** dire à (quelqu'un) que…, II, 10
tennis le tennis, I, 4; **to play tennis** jouer au tennis, I, 4
tent la tente, II, 12
terrible horrible, I, 10; **I had a terrible day!** J'ai passé une journée horrible! II, 5
Terrific! Bravo! II, 5
test l'examen (m.), I, 1; **to take a test** passer un examen, I, 9
than que, II, 4; **bigger than…** plus grand(e) que…, II, 4; **It's better than…** C'est meilleur que…, II, 7; **smaller than…** moins grand(e) que…, II, 4
Thank you. Merci. I, 3, II, 2; **No, thank you.** Non, merci. I, 8; **Yes, thank you.** Oui, s'il vous (te) plaît. I, 8; **No thank you, I've had enough.** Merci, ça va. II, 3; **No thanks. I'm not hungry anymore.** Non, merci. Je n'ai plus faim. I, 8
that ce, cet, cette, I, 3; **That is,…** C'est-à-dire que…, II, 9; **This/That is…** Ça, c'est…, I, 12
theater le théâtre, I, 6; II, 2
their leur/leurs, I, 7
them les, I, 9, **to them** leur, I, 9
then ensuite, I, 9; puis, II, 1; **Then I called…** Ensuite, j'ai téléphoné à…, I, 9; II, 1; **Then,…** Puis,…, II, 1
there -là (noun suffix), I, 3; y, I, 12; **Here (There) is…** Là, c'est…, II, 2; **Is… there, please?** (Est-ce que)… est là, s'il vous plaît? I, 9; **There is/are…** Il y a…, I, 5; II, 2; **There's…** Voilà…, I, 7; **You're almost there!** Tu y es presque! II, 7; **What is there to drink?** Qu'est-ce qu'il y a à boire? I, 5
Therefore,… Donc,…, II, 9
these ces, I, 3; **These/Those are…** Ce sont…, I, 7
thing la chose, I, 5; le truc, I, 5; **It's not my thing.** Ce n'est pas mon truc. II, 7; **I have lots of things to do.** J'ai des tas de choses à faire. I, 5; **I have some things to do.** J'ai des trucs à faire. I, 5
think penser, I, 11; **Do you think so?** Tu trouves? II, 2; **I don't think so.** Je ne crois pas. II, 9; **I think it's/they're…** Je le/la/les trouve…, I, 10; **I think that…** Je crois que…, II, 9; **I've thought of everything.** J'ai pensé à tout. I, 11; **What do you think about going…?** Ça te dit d'aller…? II, 4; **What do**

you think I should do? *Qu'est-ce que tu me conseilles?* II, 10; **What do you think of…?** *Comment tu trouves…?* I, 2; **What do you think of that/it?** *Comment tu trouves ça?* I, 2

thirst *la soif,* II, 2; **I'm dying of thirst!** *Je meurs de soif!* II, 2

thirsty: to be thirsty *avoir soif,* I, 5; **Aren't you thirsty?** *Vous n'avez pas (Tu n'as pas) soif?* II, 2; **I'm not hungry/thirsty anymore.** *Je n'ai plus faim/soif.* II, 3

this *ce, cet, cette,* I, 3; **This is…** *C'est…,* I, 7; **This is…** *Voici…,* I, 7; **This/That is…** *Ça, c'est…,* I, 12

those *ces,* I, 3; **These (those) are…** *Ce sont…,* I, 7

thought *pensé* (pp. of penser), I, 11; **I've thought of everything.** *J'ai pensé à tout.* I, 11

throat *la gorge,* II, 7

throw *jeter,* II, 12; **to throw away (to take with you) your trash** *jeter (remporter) les déchets,* II, 12

Thursday *jeudi,* I, 2; **on Thursdays** *le jeudi,* I, 2

ticket *le billet,* I, 11; *le ticket,* II, 6; **plane ticket** *le billet d'avion,* I, 11; II, 1; **Three (entrance) tickets, please.** *Trois tickets, s'il vous plaît.* II, 6; **train ticket** *le billet de train,* I, 11

tie *la cravate,* I, 10

tight *serré(e),* I, 10

time *l'heure* (f.), I, 6; *le temps,* I, 4; II, 10; **a waste of time** *zéro,* I, 2; **at the time of** *à l'heure de,* I, 1; **At what time?** *A quelle heure?* I, 6; **At what time do you have…?** *Tu as… à quelle heure?* I, 2; **from time to time** *de temps en temps,* I, 4; **I don't have time.** *Je n'ai pas le temps.* II, 10; **I'm sorry, but I don't have time.** *Je regrette, mais je n'ai pas le temps.* I, 8; *Je suis désolé(e), mais je n'ai pas le temps.* I, 12; **At what time does it start?** *Ça commence à quelle heure?* II, 11; **At what time does the train (the bus) for… leave?** *A quelle heure est-ce que le train (le car) pour… part?* II, 6; **What time is it?** *Quelle heure est-il?* I, 6

tired *fatigué(e),* II, 2; **(You're) not too tired?** *Pas trop fatigué(e)?* II, 2; **I'm tired.** *Je suis fatigué(e).* II, 12

tiring *fatigant(e),* II, 2; **It was tiring!** *C'était fatigant!* II, 2

to *à la, à l', au, aux,* I, 6; **(a city or place)** *à,* I, 11; **(before a feminine country)** *en,* I, 11; **(before a masculine country/ noun)** *au,* I, 11; **(before a plural country/noun)** *aux,* I, 11; **to him/her** *lui,* I, 9; **to them** *leur,* I, 9; **five to** *moins cinq,* I, 6

today *aujourd'hui,* I, 2

toilet *les toilettes* (f.) *(les W.-C.)* (m.), II, 2

tomato *la tomate,* I, 8

tomorrow *demain,* I, 2; **See you tomorrow.** *A demain.* I, 1

tonight *ce soir,* I, 7; **Not tonight.** *Pas ce soir.* I, 7

too *aussi,* I, 2; **Me too.** *Moi aussi.* I, 2

too *trop,* I, 10; **It's/They're too…** *Il/Elle est (Ils/Elles sont) trop…,* I, 10; **No it's too expensive.** *Non c'est trop cher.* I, 10; II, 3; **No, not too much.** *Non, pas trop.* I, 2; **Not too much.** *Pas tellement.* I, 4; **too violent** *trop violent,* II, 11

tough: Tough luck! *C'est pas de chance, ça!* II, 5

tour *le circuit,* II, 6; *la visite,* II, 6; **to take a guided tour** *faire une visite guidée,* II, 6; **to tour some châteaux** *faire un circuit des châteaux,* II, 6

tourist information office *l'office de tourisme* (m.), II, 2

tower *la tour,* II, 6; **to go up in a tower** *monter dans une tour,* II, 6

track and field *l'athlétisme* (m.), I, 4; **to do track and field** *faire de l'athlétisme,* I, 4

trail *le sentier,* II, 12; **to follow the marked trails** *suivre les sentiers balisés,* II, 12

train *le train,* I, 12; **by train** *en train,* I, 12; **train station** *la gare,* II, 2; **train ticket** *le billet de train,* I, 11

train for (a sport) *s'entraîner à…,* II, 7

trash *les déchets* (m. pl.), II, 12; **to take out the trash** *sortir la poubelle,* I, 7

trash can *la poubelle,* I, 7

travel *voyager,* I, 1

trip *la route,* II, 3; *le voyage,* II, 2; **Did you have a good trip?** *Vous avez (Tu as) fait bon voyage?* II, 2; **Have a good (car) trip!** *Bonne route!* II, 3; **Have a good trip! (by plane, ship)** *Bon voyage!* II, 3

tropical rainforest *la forêt tropicale,* II, 4

true *vrai(e),* I, 2

try *essayer* (v.), I, 10; *l'effort* (m.), II, 7; **Can I try on…?** *Je peux essayer…?* I, 10; **Can I try it (them) on ?** *Je peux l'(les) essayer?* I, 10; **One more try!** *Encore un effort!* II, 7

T-shirt *le tee-shirt,* I, 3; II, 1

Tuesday *mardi,* I, 2; **on Tuesdays** *le mardi,* I, 2

turn *tourner,* I, 12; **Then, turn left on…** *Puis, tournez à gauche dans/sur…,* II, 2; **You turn…** *Vous tournez…,* I, 12

TV *la télé(vision),* I, 1; **to watch TV** *regarder la télé(vision),* I, 1

twelve *douze,* I, 1

twist *le rebondissement,* II, 11; **It's full of plot twists.** *C'est plein de rebondissements.* II, 11

umbrella *le parapluie,* I, 11

unbelievable *incroyable,* II, 5

uncle *l'oncle* (m.), I, 7

uncomfortable *mal à l'aise,* II, 9

uncooked *cru(e),* I, 5

understand *comprendre,* II, 5 **Unfortunately,…** *Malheureusement, …,* II, 9

unique *original(e),* II, 3; **That's unique.** *C'est original.* II, 3

until *jusqu'à,* I, 12; **You go straight ahead until you get to…** *Vous allez tout droit jusqu'à…,* I, 12

up: go up *monter,* II, 6

used: You'll get used to it. *Tu vas t'y faire.* II, 8

useless *nul(le),* I, 2

usually *d'habitude,* I, 4

vacation *les vacances* (f. pl.), I, 1; **Have a good vacation!** *Bonnes vacances!* I, 11; **on vacation** *en vacances,* I, 4

vacuum *passer l'aspirateur,* I, 7

vase *le vase,* II, 3

VCR (videocassette recorder) *le magnétoscope,* I, 0

vegetables *les légumes* (m.), I, 8; II, 7

very *très,* I, 1; **very cool** *chouette,* II, 2; **Yes, very much.** *Oui, beaucoup.* I, 2; **very well** *très bien,* I, 1

video *la vidéo,* I, 4; **to make**

videos *faire de la vidéo*, I, 4; **to play video games** *jouer à des jeux vidéo*, I, 4

videotape *la vidéocassette*, I, 3

village *le village*, II, 4; **fishing village** *le village de pêcheurs*, II, 4

violent *violent(e)*, II, 11

visit (a place) *visiter*, I, 9; II, 6; **How about visiting…?** *Si on visitait…?* II, 2

volcano *le volcan*, II, 4

volleyball *le volley(-ball)*, I, 4; **to play volleyball** *jouer au volley (-ball)*, I, 4

wait for *attendre*, I, 9

Waiter! *Monsieur!* I, 5

Waitress! *Madame!* I, 5, *Mademoiselle!* I, 5

walk *se promener*, II, 4; **to go for a walk** *faire une promenade*, I, 6; **to walk the dog** *promener le chien*, I, 7

wallet *le portefeuille*, I, 3; II, 3

want *vouloir*, I, 6; **Do you want…?** *Tu veux…?* I, 6; II, 3; *Vous voulez…?* I, 8; II, 3; **I don't want any more.** *Je n'en veux plus.* I, 8; **No, I don't want to.** *Non, je ne veux pas.* II, 8; **Yes, if you want to.** *Oui, si tu veux.* I, 7

wardrobe (armoire) *l'armoire (f.)*, II, 2

wash *laver*, I, 7; **to wash oneself** *se laver*, II, 4; **to wash the car** *laver la voiture*, I, 7

waste: a waste of time *zéro*, I, 2

watch *la montre*, I, 3; **to watch a game (on TV)** *regarder un match*, I, 6; **to watch TV** *regarder la télé(vision)*, I, 1

water *l'eau (f.)*, I, 5; **mineral water** *l'eau minérale*, I, 5; **water with strawberry syrup** *le sirop de fraise (à l'eau)*, I, 5

water-skiing *le ski nautique*, I, 4; **to go water-skiing** *faire du ski nautique*, I, 4

waterfall *une chute d'eau*, II, 4

way: No way! *Pas question!* II, 1; *Pas possible!* II, 6

wear *mettre, porter*, I, 10; **I don't know what to wear for…** *Je ne sais pas quoi mettre pour…*, I, 10; **Wear…** *Mets…*, I, 10; **What shall I wear?** *Qu'est-ce que je mets?* I, 10; **Why don't you wear…?** *Pourquoi est-ce que tu ne mets pas…?* I, 10

weather *le temps*, I, 4; **What's the weather like?** *Quel temps fait-il?* I, 4

Wednesday *mercredi*, I, 2; **on Wednesdays** *le mercredi*, I, 2

week *la semaine*, I, 4; **once a week** *une fois par semaine*, I, 4

weekend *le week-end*, I, 4; **Did you have a good weekend?** *Tu as passé un bon week-end?* I, 9; **on weekends** *le week-end*, I, 4; **this weekend** *ce week-end*, I, 6; **What a (bad) weekend!** *Quel week-end!* II, 5

weight : to lift weights *faire de la musculation*, II, 7

welcome: You're welcome. (At your service.) *A votre service.* I, 3; **Welcome to my home (our home)** *Bienvenue chez moi (chez nous).* II, 2

well *bien*, I, 1; **Did it go well?** *Ça s'est bien passé?* I, 11; **Get well soon!** *Bon rétablissement!* II, 3; **I don't feel well.** *Je ne me sens pas bien.* II, 7; **It went really well!** *Ça s'est très bien passé!* II, 5; **Very well.** *Très bien.* I, 1; **Well done!** *Chapeau!* II, 5; **You don't look well.** *Tu n'as pas l'air en forme.* II, 7; **You would do well to…** *Tu ferais bien de…*, II, 7

went *allé(e)* (pp. of *aller*), I, 9; **Afterwards, I went out.** *Après, je suis sorti(e).* I, 9; **I went…** *Je suis allé(e)…*, I, 9

west *l'ouest (m.)*, II, 4; **in the west** *dans l'ouest*, II, 4; **It's to the west of…** *C'est à l'ouest de…*, II, 12

western (film) *le western*, II, 11

what *comment*, I, 0; *ce qui (subj.)*, II, 4; *ce que (obj.)*, II, 4; **What bores me is…** *Ce qui m'ennuie, c'est (de)…*, II, 4; **What do you think of…?** *Comment tu trouves…?* I, 2; **What do you think of that/it?** *Comment tu trouves ça?* I, 2; **What I don't like is…** *Ce que je n'aime pas, c'est…*, II, 4; **What I like is…** *Ce qui me plaît, c'est (de)…*, II, 4; **What is your name?** *Tu t'appelles comment?* I, 0; **What's his/her name?** *Il/Elle s'appelle comment?* I, 1; **What's it like?** *C'est comment?* II, 4

what *qu'est-ce que*, I, 1; **What are you going to do…?** *Qu'est-ce que tu vas faire…?* I, 6; **What can we do?** *Qu'est-ce qu'on peut faire?* II, 4; **What do you do to have fun?** *Qu'est-ce que tu fais pour t'amuser?* I, 4;

What do you have to drink? *Qu'est-ce que vous avez comme boissons?* I, 5; **What do you need for…?** *Qu'est-ce qu'il te/vous faut pour…?* I, 3; **What happened?** *Qu'est-ce qui s'est passé?* I, 9; **What is there…?** *Qu'est-ce qu'il y a…?* II, 4; **What is there to drink?** *Qu'est-ce qu'il y a à boire?* I, 5; **What kind of… do you have?** *Qu'est-ce que vous avez comme…?* I, 5;

what *quoi*, I, 2; **I don't know what to do.** *Je ne sais pas quoi faire.* II, 10; **I don't know what to wear for…** *Je ne sais pas quoi mettre pour…*, I, 10; **What are you going to do…?** *Tu vas faire quoi…?* I, 6; **What do you have…?** *Tu as quoi…?* I, 2; **What do you need?** *De quoi est-ce que tu as besoin?* I, 5

when *quand*, I, 6; **When?** *Quand (ça)?* I, 6

where *où*, I, 6; **Where?** *Où (ça)?* I, 6; **Where are you going to go…?** *Où est-ce que tu vas aller…?* I, 11; **Where did you go?** *Tu es allé(e) où?* I, 9; **Where is…, please?** *Où est…, s'il vous plaît?* II, 2

which *quel(le)*, II, 6; **From which platform…?** *De quel quai…?* II, 6

white *blanc(he)*, I, 3

who *qui*, I, 9; **Who's calling?** *Qui est à l'appareil?* I, 9

whom *qui*, I, 6; **With whom?** *Avec qui?* I, 6

why *pourquoi*, I, 6; **Why don't you…?** *Pourquoi tu ne… pas?* I, 9; II, 7; **Why not?** *Pourquoi pas?* I, 6

wife *la femme*, I, 7

win *gagner*, I, 9

window *la fenêtre*, I, 0; **to window-shop** *faire les vitrines*, I, 6

windsurfing *la planche à voile*, I, 11; **to windsurf** *faire de la planche à voile*, I, 11; II, 4

winter *l'hiver (m.)*, I, 4; **in the winter** *en hiver*, I, 4

wiped out *raplapla*, II, 7; **I'm wiped out.** *Je suis tout(e) raplapla.* II, 7

wishes *les vœux (m. pl.)*, II, 3; **Best wishes!** *Meilleurs vœux!* II, 3

with *avec*, I, 6; **with me** *avec moi*, I, 6; **With whom?** *Avec qui?* I, 6

withdraw *retirer*, I, 12; **to withdraw money** *retirer de l'argent*, I, 12

without *sans,* I, 11; **You can't leave without…** *Tu ne peux pas partir sans…,* I, 11
wolf *le loup,* II, 12
wonder *se demander,* II, 9; **I wonder…** *Je me demande…,* II, 9
work *travailler,* I, 9
worried *inquiet (inquiète),* II, 9
worries *les soucis* (m.), II, 8; **to have worries** *avoir des soucis,* II, 8
worry: Don't worry! *Ne t'en fais pas!* I, 9; *T'en fais pas.* II, 5
worthless *nul(le),* II, 8; **It's worthless.** *C'est du n'importe quoi.* II, 11
would: What would you do? *Qu'est-ce que tu ferais, toi?* II, 10; **Would you mind…?** *Ça t'embête de…?* II, 10; *Ça t'ennuie de…?* II, 10; **Would you pass me…?** *Vous pourriez (Tu pourrais) me passer…,* II, 3; **Yes, I would.** *Oui, je veux*

bien. II, 3; **You would do well to…** *Tu ferais bien de…,* II, 7
would like: I'd like to buy… *Je voudrais acheter…,* I, 3
write *écrire,* II, 10; **Write to him/ her/them.** *Ecris-lui-/-leur.* II, 10
wrong: Everything went wrong! *Tout a été de travers!* II, 5; **Is something wrong?** *Quelque chose ne va pas?* II, 7; **You look like something's wrong.** *Ça n'a pas l'air d'aller.* II, 5; **What's wrong?** *Qu'est-ce qui t'arrive?* II, 5; *Qu'est-ce que tu as?* II, 7; *Qu'est-ce qu'il y a?* II, 10

yard *le jardin,* II, 2
Yeah. *Mouais.* II, 6; **Yeah, right!** *Mon œil!* II, 6

year *l'an* (m.), I, 1; *l'année* (f.), I, 4; **Happy New Year!** *Bonne année!* II, 3; **I am… years old.** *J'ai … ans.* I, 1; **When I was… years old,…** *Quand j'avais… ans,…,* II, 8
yellow *jaune,* I, 3
yes *oui,* I, 1; **Yes, please.** *Oui, s'il te/vous plaît.* I, 8
yesterday *hier,* I, 9
yet: not yet *ne… pas encore,* I, 9
yogurt *les yaourts* (m.), I, 8
you *tu, vous,* I, 0; **And you?** *Et toi?* I, 1
young *jeune,* I, 7
your *ton/ta/tes/votre/vos,* I, 7

zoo *le zoo,* I, 6; II, 6

This grammar index includes topics introduced in **Allez, viens!** Levels 1 and 2. The roman numeral I preceding the page numbers indicates Level 1; the Roman numeral II indicates Level 2. Page numbers in boldface type refer to **Grammaire** and **Note de grammaire** presentations. Other page numbers refer to grammar structures presented in the **Comment dit-on... ?, Tu te rappelles?, Vocabulaire,** and **A la française** sections. Page numbers beginning with R refer to the Grammar Summary in this reference section (pages R15–R28) or in the Level 1 Grammar Summary.

à: expressions with **jouer** I: **113;** contractions with **le, la, l',** and **les** I: **113, 177,** 360, R21; II: **48,** 190, R29; with cities and countries I: **330,** R21; II: R29

adjectives: adjective agreement and placement I: 86, **87, 210,** R15–R17; II: **11,** R23–R25; and **de** II: **43,** 100; as nouns I: **301,** R18; II: R26; demonstrative I: **85,** R17; II: R25; possessive I: 203, **205,** R18; II: R26; preceding the noun II: **43,** R25

à quelle heure: I: 58, 183, **185,** R20

adverbs: of frequency I: **122;** II: **113,** 196, R27; placement with the **passé composé** I: **272,** R18; II: R27

agreement: adjectives I: **87, 210,** R15–R17; II: **11,** R23–R25; in the **passé composé** II: **167,** R39; in the **passé composé** of reflexive verbs II: **192,** R38; in the **passé composé** with direct object pronouns II: **293,** R30

aller: I: 151, 173, **174,** 328, 329, R26; with an infinitive I: **174,** R27; II: **21,** R42; in the **passé composé** I: 270, 338, R28; II: **140,** R39

articles: definite articles **le, la, l',** and **les** I: **28,** R19; definite articles with days of the week I: **173;** indefinite articles **un, une,** and **des** I: 79, **81,** R19; II: R27; partitive articles **du, de la,** and **de l'** I: 235, **236,** 364, R19; II: 67, **73,** R27

avec qui: I: 183, **185,** R20; II: R28

avoir: I: **55,** R26; II: **10,** R35; **avoir besoin de** I: **238; avoir envie de** I: 329; II: 18, 197; **avoir l'air** II: **259;** expressions with II: 10, 38, 76, 135, 143, 189, 197, 354; imperfect II: **227,** 296, R40; with the **passé composé** I: **271,** 273, 277, 303, 338, R28; II: **136,** R39

ce, cet, cette, and **ces:** I: **85,** R17; II: R25
ce que, ce qui: See relative pronouns.

c'est: versus **il/elle est** + adjective I: **310;** II: **315,** R32

cognates: I: 7

commands: I: 10, 148, 151, **152,** R28; II: **15,** R42; with object pronouns I: 151, 240, **279,** 336, R22; II: R30–R32

comparisons: II: 102, 202, 226; superlative II: 143

conditional: II: 76, 168, 197, 202, 286, 287, 291, 356; in the past II: 294

connaître: II: 263, 313, **314,** R36; **passé composé** II: **314,** R36

contractions: See **à** or **de.**

countries: prepositions with countries I: **330,** R21; II: R29

de: before modified nouns II: **43,** 100, R25; contractions I: **116, 369,** R21; II: 43, R29; expressions with **faire** I: **113;** indefinite articles (negative) I: **81;** II: R27; indicating relationship or ownership I: **204;** II: R29; partitive article I: **236,** R19; II: R27; with expressions of quantity I: **242**

definite articles: I: **28,** R19

demonstrative adjectives: I: **85,** R17; II: R25

devoir: I: 213, R27; II: 15, 143, **197,** 286, R35; **devrais** I: 279, 330; II: **197,** 202

dire: I: 276, R27

direct object pronouns: I: **279, 309,** 336, R22; II: 286, **288,** 324, R30

dormir: I: **334,** R26; II: R34

elle(s): See pronouns.
emporter: II: **354,** R33

en: pronoun I: 247, **248**, 333, R23; II: **66, 196,**
   R31; before geographic names I: **330,** R21;
   II: R29
-er verbs: I: 26, 31, 32, **33,** 119, R24; II: R33; with
   passé composé I: **271,** 273, 338, R28; II: **136,**
   R39
est-ce que: I: **115, 185,** R20; II: R28
être: I: 61, 179, 183, 203, 209, 210, **211,** R26; II:
   10, R35; interrupted action II: **269,** R41;
   imperfect II: 72, 139, **164,** 226, **227,** 229, 260,
   265, 314, R40; with the passé composé I: R28;
   II: **140, 167,** 265, R39

faire: I: **116,** R26; II: R35; with de + activity I:
   113, 116; weather I: 118
falloir: il me/te faut I: 82, 238, 301, R22
formal versus familiar (tu/vous): I: **33;** II: **38,**
   R30
future (near): form of aller + infinitive I: **174,**
   R27; II: **21,** R42; using the present tense I: 175,
   334

il(s): See pronouns.
il(elle)/ils(elles) est/sont: + adjective I: 209, **210;**
   versus c'est + adjective I: **310;** II: **275,** R32
il y a: I: 151; II: 39, 102, 226, 294, 324, 348
imperatives: See commands.
imperfect: II: 106, **164,** 226, 228, **229, 230,** 237,
   358, R40; avait II: **227,** 229, R40; était II: **164,**
   227, 259, R40; il y avait II: 226; interrupted
   actions II: **269;** with si on... II: 106, **237,** R40;
   versus passé composé II: **265, 269, 359,** R41
indefinite articles: I: 79, **81,** R19; II: R27
indirect object pronouns: I: 276, **279,** 336, R23;
   II: **76,** R31
interrogatives: See question words.
-ir verbs: I: **303,** R24; II: **14,** R33; with the passé
   composé I: **303,** R28; II: **136,** R39

je: See pronouns.

leur: See pronouns.
lui: See pronouns.

manquer: II: 225
mettre: I: **299,** R27
mourir: II: 167; meurs: II: 38, 354

ne... jamais: I: **122,** R18; II: R27
ne... ni... ni... : I: 208, 209
ne... pas: I: **26,** 61; with indefinite articles I: **81,**
   82, **116,** R19
ne... que: II: 197
ne... rien: I: 122, 146, 179, 329, 330; with the
   passé composé I: 333
negation: I: **26,** 61; of indefinite articles (ne...
   pas de) I: 80, **81,** 116, R19; with rien I: 122,
   146, 179, 329, 333; with the passé composé
   I: **271,** 338
negative statements or questions and si: I: **54,**
   R20
nourrir (se): II: **201,** R33
nous: See pronouns.

object pronouns: See pronouns.
on: I: **117;** with suggestions I: 122, 145
où: I: 183, **185,** 329, R20
ouvrir: II: 172, **173,** R37

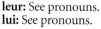

partir: I: **334,** R26; II: R34
partitive articles: I: 235, **236,** 364, R19; II: 67, **73,**
   R27
passé composé: agreement of the direct object
   in the II: **293,** R30; with avoir I: 269, 270, **271,**
   273, 277, 338, R28; II: 134, **136, 314,** R39; with
   être I: R28; II: **140,** 162, **167,** 191, R39; versus
   imperfect II: **265, 269, 359,** R41
placement of adjectives I: **87,** R17; II: R25; of
   adverbs I: **122, 272,** R18; II: R27; of object
   pronouns II: **288, 295,** R32

X 349333

plaître: II: 107, 225; **in the passé composé** II: 164
possessive adjectives: I: **205**, R18; II: R26
pourquoi: I: 179, 240, 279, 300, 330
pouvoir: I: 122, 146, 179, 213, 240, **241**, R27; II: 18, **72**, 286, 291, R35; **pourrais** I: 364; **pourrait** II: 18
prendre: I: 148, **149**, R27; II: R36
prepositions: I: **369**, R21; à II: **48**, R29; **à and en** I: **330**, R21; **de** I: **204, 242**, R21; II: 43, R29; expressions with **faire** and **jouer** I: **113; chez** I: 183

pronouns: and infinitives I: 279, 301; agreement with the direct object pronoun in the **passé composé** II: **293**, R30; direct object pronouns I: **279, 309**, 336, R22; II: 286, 287, **288**, 324, R30; **en** I: 242, 247, **248**, 333, R23; II: **66, 196**, R31; formal versus familiar **(tu/vous)** I: **33**, II: **38**, R30; indirect object pronouns I: 276, **279**, 336, R23; II: **76**, R31; placement of II: **288, 295**, R32; relative II: 107, **108**, 225, **327**, R32; subject pronouns I: 24, 26, **33, 117**, R22; **(tu/vous)** I: **33**; II: **38**, R30; reflexive II: **105, 107, 112**, R31; **y** I: 151, 240, 364, 366, **367**, R23; II: R30

quand: I: 118, 183, **185**, R20; II: R28
quantities: I: **242;** II: 65, 66
que: II: **327**, R32
quel(s), quelle(s): See question words.
qu'est-ce que: I: **185**, 329, 330, 337; II: 12, 76, 102, 106, 189, 286, 320, 326, 348, 356
qu'est-ce qui: II: 135
question formation: I: **115**, R20 II: **38**, R28; formal II: **172**, R28; informal II: **172**, R28
question words: I: 58, 183, **185**, R20; II: R28; **quel** I: 25; II: **12**, R26; **quelle** II: **12**, R28; **quels** I: 55; II: **12**, R28; **pourquoi** I: 179, 240, 279, 300, 330
qui: I: 183, **185**, R20; relative pronoun II: 263, **327**, R32
quoi: I: 55, **185**, 300

savoir: II: 263, 286
se: See reflexive pronouns.
si: I: **54**, R20; indicating condition I: 213, 364; in suggestions II: **237**, R40
sortir: I: **334**, R26; II: R34
subject pronouns: I: 24, 26, **33, 117**, R22; **(tu/vous)** I: **33**; II: **38**, R30

tenir: II: 72
time: I: **58, 183**
tu: See pronouns.

un, une, des: I: 79, **81**, R19; II: R27

y: I: 151, 240, 364, 366, **367**, R23; II: R30

venir: I: 179
verbs: agreement in the **passé composé** of reflexives II: 191, **192**, R38; commands I: 11, 148, 151, **152**, R28; II: **15**, R42; **-er** I: 26, 31, 32, **33**, 119, R24; II: R33; **connaître:** II: 263, 313, 274, R36; **passé composé** of **connaître** II: **274**, R36; **devoir:** I: 213, R27; II: 15, 143, **197**, 286, R35; **devrais** I: 279, 330; II: **197**, 202; **emporter:** II: **354**, R33; future I: **174**; II: R42; **-ir** I: **303**, R24; II: **14, 136**, R33, R39; imperfect: II: 106, 164, 226, 228, 229, **230**, 237, 358, R40; **avait** II: **227**, 229; R40; **était** II: **164, 227, 259**, R40; **il y avait** II: 226; interrupted actions and the imperfect II: R41; imperfect with **si on...** II: 106, **237**, R40; imperfect versus **passé composé** II: **265, 269, 359**, R41; **passé composé** with **avoir** I: 269, 271, 273, **277**, 303, 338, R28; II: **136**, R39; **passé composé** with **être** I: 270, 337, 338, R28; II: **140, 167**, R39; **-re** I: **277**, R24; II: **136**, R34; reflexive II: 102, **105, 107**, 111, **112**, R38
vouloir: I: 179, **180**, R27; II: **72**, R35; in the imperfect II: 296
vous: See pronouns.

re-: prefix I: 241
-re verbs: I: 276, **277**, R24; II: R34; with the **passé composé** I: **277**, 338, R28; II: **136, 140**, R39
reflexive pronouns: See pronouns.
reflexive verbs: See verbs.
relative pronouns: See pronouns.
rien: See **ne... rien.**

R91

ACKNOWLEDGMENTS

PHOTO CREDITS

Abbreviations used: (t) top, (c) center, (b) bottom, (l) left, (r) right
Rencontre culturelle students: HRW Photo/ John Langford
Panorama fabric: Copyright (c) 1992 by Dover Publications, Inc.
Remaining fabric: HRW Photo
All globes: Mountain High Maps(r) Copyright (c)1997 Digital Wisdom, Inc.
All euros: (c)European Communities
Jeu de rôle masks: (c)PhotoSpin, Inc.

TABLE OF CONTENTS: vii (t), HRW photo/Marty Granger/Edge Productions; (b), Eric Beggs; viii, © Ulrike Welsch; ix, HRW Photo/Marty Granger/Edge Productions; x (both), HRW Photo/Marty Granger/Edge Productions;xi (t), HRW Photo/Marty Granger/Edge Productions; (b), © Lawrence Manning/CORBIS; xii, © Audrey Gottlieb; xiii, © Tony Freeman/PhotoEdit; xiv (both), HRW Photo/Louis Boireau; xv (t), HRW Photo/ Marty Granger/Edge Productions; (b), Robert Fried; xvi (t), Bokelberg/The Image Bank; (b), HRW Photo/ Marty Granger/Edge Productions; xvii, Owen Franken/ Stock Boston; xviii (t), HRW Photo/Eric Beggs; (b), HRW Photo/Marty Granger/Edge Productions; xix, Corbis Images; xx, HRW Photo/Marty Granger/Edge Productions; xxi (both), HRW Photo/Marty Granger/ Edge Productions.

LOCATION: PARIS REGION: xxvi–1, Phillipe Chardon/ Option Photo; 2 (t), Bill Wassman/The Stock Market; (c), George Seurat, French, 1859–1891, A Sunday on La Grande Jatte-1884, oil on canvas, 1884–86, 207.6 x 308 cm, Helen Birch Bartlett Memorial Collection, 1926.224; (bl), Brigitte Perigois/Option Photo; (br), Marc Deville/Gamma Liaison; 3 (tl), HRW Photo/Marty Granger/Edge Productions; (tr), J. Reznicki/The Stock Market; (bl), S. Kanno/FPG International; (br), Steve Elmore/Stone. **Chapter 1:** 4–5, Eric Beggs; 6 (all), HRW Photo/Marty Granger/Edge Productions; 7 (all), HRW Photo/Marty Granger/Edge Productions; 8 (all), HRW Photo/Marty Granger/Edge Productions; 9 (l), Walter Chandoha; (c), HRW Photo by May Polycarpe; (cl, cr, r), HRW Photo/Marty Granger/Edge Productions; 10 (l), Banaroch/Sipa Press; (cl), Philippe Denis/Sipa Press; (cr), Sebastien Raymond/Sipa Press; (r), Toussaint/Sipa Press; 12, HRW Photo/May Polycarpe; 13 (both), Mark Antman/The Image Works; 14 (both), HRW Photo by Sam Dudgeon; 16 (l), Serge Côté/L'Imagier; (r), HBJ Photo/Pierre Capretz; 17 (l), HRW photo/Louis Boireau/ Edge Productions; (c, r), HRW Photo/Marty Granger/ Edge Productions; 18 (both), HRW Photo/Marty Granger/ Edge Productions; 19 (l), Ulrike Welsch/PhotoEdit; (r), Emmanuel Rongieras d'Usseau; 21 (both), Everett Collection; 22 (b), HRW Photo/Peter Van Steen; 23 (br),

© VCG/FPG International; 26 (tl), HRW Photo/Victoria Smith; (tc, tr), Digital imagery® © 2003 PhotoDisc, Inc.; (bl), HRW Photo/Sam Dudgeon; (br), HRW Photo/ Russell Dian; 30 (l), HRW Photo/Russell Dian; (c), HRW Photo/Henry Friedman; (r), Tony Freeman/PhotoEdit. **Chapter 2:** 32–33, © Ulrike Welsch; 34–36 (all), HRW Photo/Marty Granger/Edge Productions; 38 (tl), HRW Photo/Marty Granger/Edge Productions; (tr), R. Lucas/ The Image Works; (bl), HRW Photo/Sam Dudgeon; (br), Chapman/IPA/The Image Works; 39 (l), HRW Photo/ Marty Granger/Edge Productions; (c), Michelle Bridwell/ Frontera Fotos; (r), HRW Photo/Sam Dudgeon; 40 (l, cl, cr), HRW Photo/Marty Granger/Edge Productions; (r), HRW Photo/Sam Dudgeon; 42 (tl), HRW Photo; (tc), HRW Photo/Sam Dudgeon; (tr, bl), HRW Photo/ Marty Granger/Edge Productions; (br), John Miller/ Leo de Wys, Inc.; 45 (all), HRW Photo/Marty Granger/ Edge Productions; 47 (tl), HRW Photo/John Langford; (tc, tr, br), HRW Photo/Marty Granger/Edge Productions; (bl), HBJ Photo/Oscar Buitrago; (bc), IPA/The Image Works; 48 (both) HRW Photo/Marty Granger/Edge Productions; 50, HRW Photo/Marty Granger/Edge Productions; 53 (l), Michelle Bridwell/Frontera Fotos; (cl, cr), HRW Photo/Marty Granger/Edge Productions; (r), Chapman/IPA/The Image Works; 58 (l), HRW Photo/Sam Dudgeon; (c), UPI Photo/UPI/Bettmann; (r), Michelle Bridwell/Fronteras Fotos. **Chapter 3:** 60–64 (all), HRW Photo/Marty Granger/Edge Productions; 69 (all), HRW Photo/Marty Granger/Edge Productions; 70, HRW Photo; 71 (t), HRW Photo/Sam Dudgeon; (b), HRW Photo/ Cooke Photographic; 74, © European Communities; 76, HRW Photo/Marty Granger/Edge Productions; 78 (c), HRW Photo/Marty Granger/Edge Productions; 78 (remaining), HRW Photo/Sam Dudgeon; 80 (t), Paul Lanue; (b), Amy Reichman/Envision; 81 (both), HRW Photo/Sam Dudgeon; 82, HRW Photo/Marty Granger/Edge Productions; 84, HRW Photo/Victoria Smith; 88 (all), HRW Photo/Sam Dudgeon.

LOCATION: MARTINIQUE: 90–93, HRW Photo/Marty Granger/Edge Productions. **Chapter 4:** 94–97, HRW Photo/Marty Granger/Edge Productions; 98 (cr), Pamela Pate; (remaining), HRW Photo/Marty Granger/Edge Productions; 99 (t,c), HRW Photo/Marty Granger/Edge Productions; (b), Bettmann/CORBIS; 101 (cl), Robert Rattner; (remaining), HRW Photo/Marty Granger/Edge Productions; 103 (l), HRW Photo/Edge Productions; 103 (c, r), HRW Photo/Marty Granger/Edge Productions; 104 (tl, tr), HRW Photo/Marty Granger/Edge Productions; (b), Allan A. Philiba; 105 (Row 1 l), Robert Fried; (Row 1 c), Allan A. Philiba; (Row 1 r), Robert Fried; (Row 2 l), HRW Photo/Marty Granger/Edge Productions; (Row 2 c), Kit Kittle/Viesti Associates; (Row 2 r), HRW Photo/ Marty Granger/Edge Productions; (Row 3 l), Robert Fried; (Row 3 c, r), HRW Photo/Marty Granger/Edge Productions; (Row 4), Robert Fried; 107, HRW Photo/

Marty Granger/Edge Productions; 109 (all), Joe Viesti/ Viesti Associates; 114 (both), HRW Photo/Sam Dudgeon; 115, HRW Photo/Sam Dudgeon; 116 (all), HRW Photo/ Marty Granger/Edge Productions; 119, HRW Photo/ Marty Granger/Edge Productions; 120, Allan A. Philiba

LOCATION: TOURAINE: 124–125, HRW Photo/Marty Granger/Edge Productions; 126 (t), HRW Photo/Marty Granger/Edge Productions; (cl), Giraudon/Art Resource, NY; (cr), Culver Pictures, Inc.; (b), Steve Vidler/Super Stock; 127 (tl), HRW Photo/Marty Granger/Edge Productions; (tr), Dennis Hallinan/FPG International; (tc, cl), SuperStock; (cr), Four By Five/Superstock; (b), E. Scorcelletti/Liaison Agency. **Chapter 5:** 128–129, © Lawrence Manning/CORBIS; 130–131 (all), HRW Photo/ Marty Granger/Edge Productions; 138, HRW Photo/Sam Dudgeon; 141 (l), HRW Photo/Marty Granger/Edge Productions; (c, r), HRW Photo/Sam Dudgeon; 144 (all), HRW Photo; 145 (all), HRW Photo/Marty Granger/Edge Productions; 149, Corbis Images. **Chapter 6:** 156–157, © Audrey Gottlieb; 158–160 (all), HRW Photo/Marty Granger/Edge Productions; 161 (tl), Paul Barton/The Stock Market; (tr, bl), © AFP/CORBIS; (br), T. Mogi/ Superstock; 162 (tl), Robert Fried/Stock Boston; (tc), Jose Carrillo/PhotoEdit; (tr), W. Bertsch/Bruce Coleman; (cl), Owen Franken/Stock Boston; (ccl), Michael Melford/The Image Bank; (ccr), HRW Photo/Marty Granger/Edge Productions; (cr), The Image Bank; (bl), Robert Fried; (bc), H. Kanus/Superstock; (br), Adam Woolfitt/Woodfin Camp & Associates; 163 (l), Charlie Waite/ Stone; (cl), SuperStock; (cr), Don Smetzer/Click/ Stone; (r), Bruce Fier/Liaison International; 170 (all), HRW Photo/Marty Granger/Edge Productions; 176 (l), HRW Photo/Marty Granger/Edge Productions; (r), © AFP/CORBIS; 178 (all), HRW Photo/Marty Granger/Edge Productions; 180, Culver Pictures, Inc.; 182 (l, c), HRW Photo/Marty Granger/Edge Productions; (r), Tony Freeman/PhotoEdit. **Chapter 7:** 184–185, © Tony Freeman/PhotoEdit; 186–188 (all), HRW Photo/Marty Granger/Edge Productions; 191, HRW Photo/Marty Granger/Edge Productions; 195 (tl, tr), HRW Photo/Marty Granger/Edge Productions; (tc), Richard Hutchings/PhotoEdit; (bl), Tony Freeman/ PhotoEdit; (bc), Robert Fried; (br), HRW Photo/ Michelle Bridwell; 196 (l), Al Tielemans/Duomo Photography; (c), Vandystadt/AllSport; (r), Chris Trotman/Duomo Photography; 199 (all), HRW Photo/ Marty Granger/Edge Productions; 203 (l), HRW Photo/ Sam Dudgeon; (c), Robert Fried; (r), Michelle Bridwell/ Frontera Fotos; 209 (tl), HRW Photo/Richard Haynes; (tc), HRW Photo/Michelle Bridwell; (tr), HRW Photo/ Park Street; (bl), HRW Photo/Russell Dian; (br), HRW Photo/Patrick Courtault; 212 (l, r), HRW Photo/Marty Granger/Edge Productions; (c), Richard Hutchings/ PhotoEdit.

LOCATION: COTE D'IVOIRE: 214–217 (all), HRW Photo/ Louis Boireau. **Chapter 8:** 218–219, HRW Photo/Louis

Boireau; 220 (tc, tr), HRW Photo; 220 (remaining), HRW Photo/Louis Boireau; 221 (cl), HRW Photo; (remaining), HRW Photo/Louis Boireau; 223–224 (all), HRW Photo/Louis Boireau; 225 (tr), Marc & Evelyne Bernheim/Woodfin Camp & Associates; (c), Kevin Syms/ David R. Frazier Photolibrary; (l, br), HRW Photo/Louis Boireau; 226, HRW Photo/Louis Boireau; 231 (tl, tr, bl), Marc & Evelyne Bernheim/Woodfin Camp & Associates; (bc), HRW Photo; (br), William Stevens/Gamma Liaison; 233 (all), HRW Photo/Marty Granger/Edge Productions; 234–235 (all), HRW Photo/Louis Boireau; 237 (l), Richard Wood/The Picture Cube; 237 (remaining), HRW Photo/Louis Boireau; 240, Jacky Gucia/The Image Bank; 246 (l), Mary Kate Denny/PhotoEdit; (c), HRW Photo/ Sam Dudgeon; (r), Cleo Freelance Photo/PhotoEdit.

LOCATION: PROVENCE: 248–249, P Jacques/FOC Photo; 250 (t), Nik Wheeler; (b), R. Palomba/FOC Photo; 251 (tl), Robert Fried; (tr), Nik Wheeler; (c), Allan A. Philiba; (bl), Scala/Art Resource, New York; (bl frame), © 2003 Image Farm Inc.; (br), HRW Photo/Marty Granger/Edge Productions. **Chapter 9:** 252–253, Robert Fried; 254–257 (all), HRW Photo/Marty Granger/Edge Productions; 261 (l), HRW Photo/Louis Boireau; (c, r), HRW Photo/Marty Granger/Edge Productions; 266, Sebastien Raymond/ Sipa Press; 267 (both), HRW Photo/Marty Granger/Edge Productions; 270–271 (background), Daniel J. Schaefer; 270–271 (masks) Digital imagery® © 2003 PhotoDisc, Inc.; 272 (l), HRW Photo/John Langford; (c), HRW Photo/Sam Dudgeon; (r), HRW Photo/Victoria Smith. **Chapter 10:** 280–281, Bokelberg/The Image Bank; 282–284 (all), HRW Photo/Marty Granger/Edge Productions; 285 (t, bl, br), HRW Photo/Mark Antman; (cl), HRW Photo/Russell Dian; (cr), Mat Jacob/ The Image Works; 291 (tl), HRW Photo/Marty Granger/ Edge Productions; (tr), HRW Photo/Russell Dian; (bl), HBJ Photo/Mark Antman; (remaining), HRW Photo/ Sam Dudgeon; 293 (all), HRW Photo/Sam Dudgeon; 294 (l), HRW Photo/Marty Granger/Edge Productions; (b), HRW Photo/Daniel Aubry; 295 (tl), HRW Photo/ François Vikar; (tc), HRW Photo/Patrick Courtault; (tr), HRW Photo/Sam Dudgeon; (bl), HRW Photo/Daniel Aubry; (br), Michelle Bridwell/Frontera Fotos; 297 (l), HRW Photo/Marty Granger/Edge Productions; (c), HRW Photo/Louis Boireau; (r), HRW Photo; 300 (l, r), HRW Photo/Marty Granger/Edge Productions; (cl), HRW Photo/Russell Dian; (cr), Robert Fried/Stock Boston; 302, HRW photo/Sam Dudgeon; 306 (l, c), HRW Photo/Sam Dugeon; (r), Michelle Bridwell/ Frontera Fotos. **Chapter 11:** 308–309, Owen Franken/ Stock Boston; 310–311 (all), HRW Photo/Marty Granger/Edge Productions; 312 (b), HRW Photo/Patrice Maurin; (remaining), HRW Photo/Marty Granger/Edge Productions; 314 (tl), Benainous-Scorcellett/Liaison International; (tr), Allen/Liaison International; (bl), HRW Photo/Sam Dudgeon; (br), Michel Renaudeau/

Liaison International; 316 (l), HRW Photo/Sam Dudgeon; (c), Bob Riha/Liaison International; (r), © TRIP/ASK Images; 318 (l, r), HRW Photo/Marty Granger/Edge Productions; (c), HRW Photo/Louis Boireau; 321 (tl, tr), Motion Picture and TV Photo Archive; (tc, bl), Ciné-Plus Photothèque; (cl), ILM/Universal/Shooting Star; (c), Paramount/Voyeur Coll./Shooting Star International; (cr), © 1997 Danjaq, LLC and United Artists Pictures, Inc. All Right Reserved/Keith Hamshere/Photofest; (bc), © 1997 Paramount Pictures/Twentieth Century Fox/ Photofest; (br), Photofest; 323 (both), HRW Photo/ Cherie Mitschke; 324 (t), *Daïren* by Alain Paris. HRW Photo/Sam Dudgeon; (b), *La Cantatrice Chave,* suivi *de La Leçon,* Courtesy folio books, HRW Photo/Sam Dudgeon; 325 (Row 1 l), *Mort sur le Nil* by Agatha Christie, translated by Louis Postif. Copyright © 1948 by Agatha Christie, Librairie des Champs-Elysées. Reprinted by permission of Librairie des Champs-Elysées. HRW Photo/Sam Dudgeon; (Row 2 l), *Un amour de Swann* by Marcel Proust. Copyright © 1954 by Editions Gallimard. Reprinted by permission of Editions Gaillimard. HRW Photo/Sam Dudgeon; (Row 2 r), *Les années métalliques* by Michel Demuth. Copyright © 1977 by Editions Robert Laffont, S.A. Reprinted by permission of Editions J'ai Lu. HRW Photo/Sam Dudgeon; (Row4 l), *Les Misérables* by Victor Hugo. Copyright © 1985 by Le Livre Poche. Reprinted by permission of Le Livre Poche. HRW Photo/Sam Dudgeon; (Row 1 r), *L'enfant noir* by Camara Laye. Copyright © 1953 by Librairie Plon. Reprinted by permission of Pocket Books. HRW Photo/Sam Dudgeon; (Row 3 l), *Les aventures de Tintin: Le Secret de la Licorne* by Hergé. Copyright © 1947, 1974 by Casterman. Reprinted by permission of Casterman and Moulinsart SA. HRW Photo/Sam Dudgeon; (Row 3 r), Cover of *Paroles: Selected Poems* by Jacques Prévert, translated by Lawrence Ferlinghetti. Translation copyright © 1958 by Lawrence Ferlinghetti. Cover photo by Izis Bidermanas. Reprinted by permission of City Lights Books. HRW Photo/Sam Dudgeon; (Row 4 r), Cover of *La tragédie du Roi Christophe* by Aimé Césaire. Copyright © 1963 by Présence Africaine. Reprinted by permission of Présence Africaine. HRW Photo/Sam Dudgeon; 326 (all), Ciné-Plus Photothèque; 327, cartoon of TINTIN © Hergé/ MOULINSART 1998; 328–329 (background) HRW Photo; (t), Motion Picture & TV Archive; (b), Ciné Plus; 329 (t), Fotos International/Archive Photos; (c), Twentieth Century Fox/Shooting Star; (b) Ciné Plus; 330, Pono Presse/Liaison International

LOCATION: QUEBEC: 338–339, HRW Photo/Marty Granger/Edge Productions; 340 (b), Winston Fraser; (remaining), HRW Photo/Marty Granger/Edge Productions; 341 (t, cl), Winston Fraser; (cr), Maryo Goudreault/L'Imagier; (b), P. H. Cornut/ Stone. **Chapter 12:** 342–346, (all) HRW Photo/Marty Granger/Edge Productions; 348 (l), Winston Fraser; (r), HRW Photo/ Marty Granger/Edge Productions; (c), L'imagier; 349 (tl, br), Serge Côté/L'imagier; (tlc), Stephen J. Krasemann/ AllStock/Stone; (trc), L.L. Rue/SuperStock; (tr), HRW Photo/Marty Granger/Edge Productions; (bl), Darrell Gulin/AllStock/Stone; (bcl), Daniel J. Cox/AllStock/ Stone; (bcr), Renee Lynn/AllStock; 350 (tl, tcr, b), HRW Photo/Marty Granger/Edge Productions; (tcl), L'imagier; (tr), Winston Fraser; (c), N. Paquin/L'imagier; 352 (all), HRW Photo/Victoria Smith; 353 (t), HRW Photo/Marty Granger/Edge Productions; (c), HRW Photo/Eric Beggs; (remaining), HRW Photo/Sam Dudgeon; 357 (l, r), HRW Photo/Marty Granger/Edge Productions; (c), HRW Photo/Louis Boireau; 358, Winston Fraser; 361 (both), HRW Photo/Marty Granger/Edge Productions; 364 (row 1), Daniel J. Cox/AllStock/ Stone; (row 2), Serge Côté/ L'imagier; (row 3), Renee Lynn/AllStock; (row 4), Serge Côté/L'imagier; (row 5), HRW Photo/Marty Granger/ Edge Productions; (row 6), Darrell Gulin/AllStock/Stone; (row 7), L.L. Rue/SuperStock.

SI TU AS OUBLIÉ: R14 (t, bl. bc. br), HRW Photo/Sam Dudgeon; (cl, c, cr), Digital imagery ® © 2003 PhotoDisc, Inc.; R15 (tc, ctl, c), Corbis Images; (cbl), EyeWire, Inc.; (remaining), Digital imagery ® © 2003 PhotoDisc, Inc.

ADDITIONAL VOCABULARY: R16 (t), HRW Photo/ Patrick Courtault; (c, br), HRW Photo/Sam Dudgeon; (bl), © Stockbyte; R17 (tl, b), HRW Photo/Sam Dudgeon; (tc), Digital imagery ® © 2003 PhotoDisc, Inc.; (cl), Greg Meadors/Stock Boston; (c), Robert Fried/Stock Boston; (tr), EyeWire, Inc.; (cr), Corbis Images; R18 (bl), ©1997 Radlund & Associates for Artville; (br), ©PhotoSpin, Inc.; (remaining), Digital imagery ® © 2003 PhotoDisc, Inc.; R19 (t), EyeWire, Inc.; (remaining), Digital imagery ® © 2003 PhotoDisc, Inc.; R20 (tr), © Digital Vision; (remaining), Digital imagery ® © 2003 PhotoDisc, Inc.; R21 (b), Mountain High Maps ® © 1997 Digital Wisdom, Inc.; (remaining), Digital imagery ® © 2003 PhotoDisc, Inc.; R22 (t), EyeWire, Inc. Image Club Graphics © 1997 Adobe Systems, Inc.; (c), Corbis Images; (b), Digital imagery® copyright (current©here) PhotoDisc, Inc.

ILLUSTRATION AND CARTOGRAPHY CREDITS

Front Matter: Page xxii, MapQuest.com; xxiii, MapQuest.com; xxiv, MapQuest.com; xxv, MapQuest.com.

LOCATION: PARIS REGION

Page 1, MapQuest.com. **Chapter 1:** Page 9, Jocelyne Bouchard; 13, Maria Lyle; 16, Yves Larvor; 20 (t), Bruce Roberts; 20 (c), Vincent Rio; 24, Guy Maestracci; 25, Jocelyne Bouchard; 28, Jocelyne Bouchard; 30, Jocelyne Bouchard. **Chapter 2:** Page 37, Bruce Roberts; 39, Jocelyne Bouchard; 41, Neil Wilson; 42, Jocelyne Bouchard; 54, Jocelyne Bouchard; 55, Anne Stanely. **Chapter 3:** Page 67, Jean-Jacques Larrière; 73, Françoise Amadieu; 77 (l), Jocelyne Bouchard; 77 (cr), Jean-Jacques Larrière; 78, Jean-Jacques Larrière.

LOCATION: MARTINIQUE

Page 90, MapQuest.com. **Chapter 4:** Page 100, Anne Stanley; 106, Anne de Masson; 110, Anne de Masson; 111, Lynne Russell; 118, Lynnn Russell; 120, Anne Stanley; 122, Anne de Masson.

LOCATION: TOURAINE

Page 124, MapQuest.com. **Chapter 5:** Page 134, Gilles-Marie Baur; 135, Françoise Amadieu; 136, Gilles-Marie Baur; 148, Gilles-Marie Baur; 151, Jocelyne Bouchard; 154, Gilles-Marie Baur. **Chapter 6:** Page 165, Guy Maestracci; 166, Gilles-Marie Baur; 174–175, Pat Lucas Morris; **Chapter 7:** Page 189 (tr, cl), Bruce Roberts; 189 (br), Gilles-Marie Baur; 190 (tr), Gilles-Marie Baur; 190 (b), Jocelyne Bouchard; 191, Gilles-Marie Baur; 192, Jocelyne Bouchard; 193, Bruce Roberts; 198, Jocelyne Bouchard; 200, Fançoise Amadieu; 206, Jocelyne Bouchard.

LOCATION: COTE D'IVOIRE

Page 214, MapQuest.com. **Chapter 8:** 222, Gilbert Gnangbel; 228, Gilbert Gnangbel; 232, Gilles-Marie Baur; 236, Gilbert Gnangbel; 241; Gilles-Marie Baur; 242, Gilbert Gnangbel; 244, Gilbert Gnangbel; 246, Gilbert Gnangbel.

LOCATION: PROVENCE

Page 248, MapQuest.com. **Chapter 9:** Page 258, Gilles-Marie Baur; 260, Jocelyne Bouchard; 262, Jean-Jacques Larrière; 264 (t), Jocelyne Bouchard; 264 (br), Bruce Roberts; 268, Jocelyne Bouchard; 276, Guy Maestracci; 278, Bruce Roberts. **Chapter 10:** Page 286, Jocelyne Bouchard; 287, Gilles-Marie Baur; 289, Anne de Masson; 292, Jocelyne Bouchard; 295, Vincent Rio; 303, Jean-Pierre Foissy. **Chapter 11:** Page 315, Yves Larvor; 316, Bruce Roberts; 331, Bruce Roberts; 333, Jocelyne Bouchard.

LOCATION: QUEBEC

Page 338, GeoSystems. **Chapter 12:** Page 347, Anne Stanley; 351, Yves Larvor; 354, Gilles-Marie Baur; 355, Bruce Roberts; 356, Gilles-Marie Baur; 360, Jocelyne Bouchard; 362-363, Hilber Nelson; 366, Jocelyne Bouchard; 370, Jocelyne Bouchard.